Johanna Bleker, Volker Hess (Hg.)

Die Charité

Die Charité

Geschichte(n) eines Krankenhauses

Herausgegeben von
Johanna Bleker, Volker Hess

Akademie Verlag

Bibliografische Information der Deutschen Nationalbibliothek
Die Deutsche Nationalbibliothek verzeichnet diese Publikation in der Deutschen Nationalbibliografie; detaillierte bibliografische Daten sind im Internet über http://dnb.d-nb.de abrufbar.

ISBN 978-3-05-004525-2

Das eingesetzte Papier ist alterungsbeständig nach DIN/ISO 9706.

Foto auf Schutzumschlag: Wiebke Peitz, Medien CFM Charité
Einbandgestaltung: NORDSONNE IDENTITY, Berlin
Satz: Ingo Scheffler, Berlin
Druck und Bindung: Druckhaus »Thomas Müntzer« GmbH, Bad Langensalza

Printed in the Federal Republic of Germany

Inhaltsverzeichnis

Verzeichnis der Tabellen

Verzeichnis der Abbildungen

Anhang

Johanna Bleker und Volker Hess

Einleitung

Die Charité ist heute das größte Universitätsklinikum Europas und zugleich eine der bekanntesten medizinischen Einrichtungen in Deutschland. Der Name erinnert an die Glanzzeit der deutschen Medizin am Ende des 19. und Anfang des frühen 20. Jahrhunderts. Damals strömten Studierende und Ärzte aus aller Welt nach Berlin, und konnten dort viele der neuesten Entwicklungen am Ort des Geschehens miterleben. Wenn heute alles, was in Berlin mit universitärer Medizin zu tun hat, den Namen Charité trägt, so geschieht dies in dem erklärten Willen, an diese große Tradition anzuknüpfen.

Die heute übliche Gleichsetzung von Charité und Medizinischer Fakultät hat indessen zu bestimmten historiographischen Stereotypen geführt, die von Ernst Jäckel bis hin zu den neuesten Publikationen den Aufstieg eines Pestlazaretts zum weithin anerkannten Leuchtturm der medizinischen Wissenschaften rühmen und auf die Ingeniosität herausragender Wissenschaftler und klinischer Koryphäen zurückführen.[1] Die Charité war jedoch die längste Zeit ihrer 300jährigen Geschichte keineswegs mit der Universitätsmedizin identisch. Und so haben sich die Autoren des vorliegenden Bandes entschlossen, eine Geschichte zu schreiben, die die Charité in ihrem eigenen historischen Recht begreift und in ihrer genuinen Bedeutung, wie z. B. als zentrale Institution des Berliner Gesundheitssystems oder als Schrittmacher einer modernen Krankenhausmedizin, beschreibt.

Die 1710 als Pesthaus erbaute Einrichtung wurde nach 1727 mit dem Namen „Charité" versehen und als Königliche Stiftung zur Behandlung der armen Kranken und zur Ausbildung von Feldscheren für die Armee bestimmt. Dieser Stiftungsauftrag, auf den die Stadt Berlin bis weit ins 20. Jahrhundert bestand, sah die unentgeltliche Versorgung von Bedürftigen aus der Stadt vor, was wiederum weit reichende Konsequenzen für die Entwicklung des Berliner Gesundheitssystems nach sich zog. Denn ungeachtet der Kommunalisierung der Armenfürsorge, des Aufkommens der ersten Krankenversicherungen und der enormen sozialen und wirtschaftlichen Zwängen einer rasant wachsenden Stadt verzichtete die Berliner Kommune jahrzehntelang darauf, eigene Städtische Krankenhäuser zu errichten. Stattdessen nahm die Stadtverwaltung, so weit es ihr möglich war, Einfluss auf die Unterbringung und Behandlung der Patientinnen und Patienten.

Im Gegensatz zu den meist sehr kleinen Universitätsklinika sah sich die Charité also von Anfang an mit den Realitäten einer modernen und urbanen Krankenversorgung konfrontiert. Von den aufwendigen Behandlungsmethoden in den Universitätsklinika, die an einer kleinen und ausgesuchten Zahl von Kranken erprobt wurden, unterschied sich der

„Massenbetrieb" am Königlichen Charité-Krankenhaus deutlich. Hier folgte die Prüfung von therapeutischen Verfahren oder die Einführung neuer chirurgischer Techniken in der Regel ganz pragmatisch jenen Zwängen, denen sich heute auch die Universitätsmedizin ausgesetzt sieht: der Aufgabe, eine große Zahl von Patienten möglichst erfolgreich und möglichst effizient, das heißt rasch und sparsam, zu versorgen. Auch der zweite Stiftungszweck, der die Charité zu einem militärmedizinischen Ausbildungskrankenhaus bestimmt hatte, orientierte sich an den Maximen einer rationalen Versorgung vieler Kranker, so dass die 1810 gegründete Berliner Universität von einer Nutzung der Charité absah und eigene Universitätsklinika errichtete.

Allerdings begann wenig später ein Prozess der quasi schleichenden Bemächtigung des Krankenhauses durch die Universität. 1828 wurde die Medizinische Universitätsklinik in Krankensäle der Inneren Abteilung der Charité verlagert, Mitte des Jahrhunderts wurde in dieser Klinik der erste Zivilassistent der Charité berufen. In den folgenden Jahrzehnten wurden in den alten Abteilungen neue Kliniken eingerichtet, bestehende Kliniken den Professoren der Medizinischen Fakultät anvertraut, und nach dem 1917 abgeschlossenen großen Um- und Neubau der Charité gab es keinen Bettensaal der Charité, der nicht in irgendeiner Weise für Forschung und Lehre verwendet wurde, und kein Labor, das nicht von der Medizinischen Fakultät genutzt und finanziert wurde.

Dennoch blieb die Charité eine eigene Körperschaft und damit ein „Königliches Krankenhaus" bzw. eine staatliche Einrichtung, auch in der Weimarer Zeit. Der bekannte Nobelpreisträger, der berühmte Laborwissenschaftler, der geniale Chirurg, von denen in der populären Charité-Geschichtsschreibung so gerne die Rede ist, waren nicht an der Charité tätig, sondern haben als Mitglieder der Medizinischen Fakultät zum Ruhm der Berliner Medizin beigetragen. Weder Robert Koch noch Emil Behring oder Paul Ehrlich gehörten der Charité an,[2] von Johannes Müller, Emil du Bois-Reymond und Max Rubner ganz zu schweigen.[3] Auch unter den viel gerühmten Klinikern finden sich nur selten leitende Ärzte der Charité. Ob Albrecht Graefe, Berhard von Langenbeck oder Ernst von Bergmann: Der Glanz dieser Namen fällt auf die Klinika der Berliner Universität, nicht auf das Königliche Krankenhaus mit seinen militärischen Traditionen. Diese Einrichtungen der Medizinischen Fakultät der heutigen Humboldt-Universität blicken inzwischen auch auf zweihundert Jahre ihres Bestehens zurück. Die Geschichte der Institute und Kliniken der Medizinischen Fakultät der Berliner Universität, die den Ruf der Berliner Medizin begründeten, wird in der sechsbändigen Festschrift der Humboldt-Universität gewürdigt, die parallel zu der hier vorgelegten Geschichte der Charité erscheint.[4]

Erst in der DDR wurden die theoretischen Institute und die Universitätsklinika unter dem Dach der Charité zusammengeführt, Forschung, Lehre und Krankenbehandlung in die Hand der Universität gegeben. Die Charité wurde zum Aushängeschild der universitären Medizin ausgebaut, ein Prozess, der nach der Wende von 1989 mit der Integration der klinischen Einrichtungen und medizinischen Fachbereiche der Freien Universität fortgesetzt und 2003 zu einem zumindest vorläufigen Abschluss kam. In zwei Schritten wurden erst das Nordklinikum (Rudolf-Virchow), dann das Südklinikum (Benjamin-Franklin) und die Vorklinik der Freien Universität mit der Charité fusioniert – und die Hochschulmedizin zugleich als eine interuniversitäre Gliedkörperschaft verselbständigt. Ob dieser Prozess abgeschlossen ist, wird sich erst zeigen müssen.

Unsere Geschichte der Charité wird also redlicher Weise auf viele der vertrauten großen Namen und manche beliebte Anekdote verzichten müssen. Sie wird sich stattdessen der Geschichte eines ungewöhnlichen Krankenhauses zuwenden, insbesondere denjenigen, die seit jeher im Mittelpunkt des Krankenhaus stehen: den Kranken, dem Pflegepersonal und den Ärztinnen und Ärzten. Pflege und Betreuung, Behandlung und Fürsorge waren und sind die wesentlichen Handlungsfelder der Charité.

Welche Behandlungsmöglichkeiten gibt es? Welchen Nutzen hat der einzelne Kranke davon? Und wer soll das bezahlen? Das sind die Grundfragen jeder medizinischen Praxis, die spezifisch für die Charité um die Achse der klinischen Forschung und militärärztlichen Ausbildung erweitert werden müssen: Wie wurden die medizinischen Wissenschaften am Krankenbett vermittelt? Auf welche Weise wurden klinische wie laborexperimentelle Forschung in den Krankenhausbetrieb integriert? Und welchen Nutzen hatten die Kranken davon, wenn sie zum Objekt der wissenschaftlichen Neugier wurden?

Anhand dieser Fragen lässt die Geschichte nicht nur den für die Charité konstitutiven Dualismus von Krankenhaus und Fakultät deutlich werden. Sie erlauben auch eine Konfliktlinie nachzuzeichnen, die nicht nur an der modernen Charité, sondern ganz allgemein das Verhältnis von Krankenhaus und universitärer Forschung und Lehre bestimmt. Nicht erst in heutiger Zeit stellen sich Fragen nach dem Verhältnis von Krankenversorgung einerseits und akademische Forschung und Lehre anderseits. Was sind die Leitlinien der Einrichtung – und mit welchen Handlungsstrategien werden sie verwirklicht? Wenn die Charité heute „Heilen – Helfen – Forschen – Lehren" dezidiert als ihre „Mission" begreift (Leitbild 2010), so sind diese Maximen einer wissenschaftlichen Medizin weder von ihrem Ziel noch von ihrer Aufgabenstellung her kongruent. Sie stehen vielmehr seit jeher in einem systematischen Widerspruch und geraten immer wieder in Konflikt, spätestens dann, wenn eine neue politisch verordnete Sparrunde ansteht. Diese Maximen in eine institutionelle Übereinstimmung zu bringen, ist auch heute die zentrale Herausforderung einer universitären Medizin.

Behandlung und Pflege, Integration in das Berliner Gesundheitssystem, Ausbildung und Training am Krankenbett, klinische Forschung und Wissenschaft – das sind die vier Elemente, die sich sehr beständig seit dreihundert Jahren durch die Geschichte der Charité ziehen. Sie bilden auch die vier Stränge, die wir versuchen, durch alle Kapitel dieses Buches zu verfolgen. Diese Komplexität lässt sich nahe liegender Weise nicht systematisch für alle Fächer oder gar klinischen Einrichtungen über dreihundert Jahre hinweg einlösen. Daher fokussiert die Darstellung für einzelne Zeiträume auf jeweils ein Fachgebiet, mit dem sich nach unserer Meinung und nach dem derzeitigen Forschungsstand die Entwicklung der damaligen Medizin im Allgemeinen und der Charité im Besonderen besonders gut charakterisieren lässt. Für den Zeitraum 1710 bis1790 haben wir die ledigen Schwangeren und die Behandlung der Venerischen in den Mittelpunkt gestellt. Von 1790 bis 1820 beleuchten wir die Anfänge der wissenschaftlichen Psychiatrie, 1820 bis 1850 die Etablierung der klinischen Wissenschaft, 1850 bis 1890 den Weg zur modernen Chirurgie, 1890 bis 1918 die Etablierung der Kinderheilkunde, und das Kapitel 1918 bis 1933 fokussiert auf Dermatologie und Neurologie. Dabei werden sich die ersten sechs Kapiteln jeweils um ein Patientenschicksal gruppieren, um im Konkreten die für einen bestimmten Zeitabschnitt charakteristischen Zusammenhänge, bedeutenden Räume, beteiligten Personen und die Konflikte der involvierten Institutionen darzustellen. Auch die wissenschaftlichen Triumphe und Errungenschaften werden durch diese Perspektive betrachtet, womit sich zugleich die Rolle und Bedeutung der theoretischen Medizin, die in der Festschrift der Humboldt-Universität dargestellt wird, in der Praxis eines Krankenhauses widerspiegeln soll.

In den letzten drei Kapiteln, in denen die Geschichte der Charité von der Zeit von 1933 bis zum Mauerbau behandelt wird, konnte dieser Ansatz nicht mit der gleichen Konsequenz durchhalten werden. Das ist sowohl den großen Forschungslücken als auch einer Entwicklung in der gegenwärtigen Medizin geschuldet, für die es noch keine befriedigenden Beschreibungsmodelle gibt: Die zunehmende Auflösung fachdisziplinärer Grenzen bei gleichzeitiger technischer Aufrüstung von Behandlung und Forschung zu hochkomplexen industrieförmigen Aggregaten. Stattdessen werden die für die Charité nicht minder prägenden Auswirkungen der politischen Systemwechsel 1933 und 1945–49 im Mittelpunkt stehen, über die Sabine Schleiermacher und Udo Schagen in den letzten Jahren mehrere Publikationen vorgelegt haben, aus denen die Autoren auch in der vorliegenden Darstellung schöpfen, wobei ihre Texte schmerzhafte Kürzungen und andere redaktionelle Eingriffe erdulden mussten.

Der vorliegende Band ist ein gemeinschaftliches Projekt des Instituts für Geschichte der Medizin, zu dessen Gelingen – neben den Autorinnen und Autoren – alle Mitarbeiterinnen und Mitarbeiter beigetragen haben. Geholfen haben Klaus von Fleischbein, Christa Mohaupt, Vera Seehausen und Rainer Herrn bei den Illustrationen, Sabine Selle und Stefanie Voth bei der Textbearbeitung und Jutta Buchin, Almuth Kliesch und Melanie Scholz bei der Recherche und Beschaffung der Forschungsliteratur. An der Entwicklung des Konzepts und der Inhalte waren Susanne Doetz, Eric Engstrom, Axel Hüntelmann, Anja Laukötter, Benjamin Marcus und Ulrike Thoms beteiligt. Bedanken müssen wir uns auch bei allen Doktorandinnen und Doktoranden, deren abgeschlossenen oder noch laufenden Forschungen in den vorliegenden Band mit eingegangen sind: Ralf Beig, Rainer Gorgas, Frank-Peter Kirsch, Susanne Doetz, Eric Hilf, Ole Dohrmann, Klaus-Peter Ruppert. Nicht vergessen wollen wir, dass jedes Werk nur die Arbeit von Zwergen auf der Schulter von Riesen (die wiederum selbst nur etc) darstellt, weshalb wir an das langjährige Wirken von Rolf Winau (1937–2006) erinnern. Seine gemeinsam mit Arleen Tuchman veröffentlichte „Medizin in Berlin" legte den Grundstein für viele der in diesem Band vorgestellten Forschungen. Ebenfalls genannt werden soll die Hilfsbereitschaft, mit der die Kollegen vom Berliner Medizinhistorischen Museum der Charité, namentlich Petra Lennig und Thomas Schnalke, unser Projekt begleitet haben. Ein Dank gilt schließlich noch Elvira Damm, Alexander Steinicke, Peter Nötzold und Peter Walther in dem von Elmar Tenorth geleiteten Projekt „Universitätsgeschichte" der Humboldt-Universität, die mit ihren Recherchen und Vorarbeiten auch zum Gelingen dieses Vorhabens beigetragen haben.

Ilona Marz

1. Das Charité-Lazarett (1710–1790)

Die Geschichte der Charité beginnt unspektakulär. An ihrem Anfang stand ein Gebäude, dessen Zweck durch glückliche Fügung hinfällig geworden war. Erst zögernd einer medizinischen Nutzung zugeführt, erhielt dieses Haus schließlich fast ebenso zufällig seinen Namen, der das spurlos verschwundene Ursprungsgebäude und verschiedene Nachfolgebauten längst überdauert hat und heute zum festen Begriff für eine medizinische Einrichtung in Berlin und in ganz Deutschland geworden ist.

Davon war natürlich noch nichts zu ahnen, als im Winter 1727/28 die ledige M[arie] S., 24 Jahre alt, in das kürzlich eröffnete Lazarett der Charité aufgenommen wurde. Die Unglückliche war nicht nur von ihrem Liebsten verlassen und inzwischen im sechsten Monat schwanger. Er hatte sie auch mit der Syphilis infiziert und zwar in einem solchen Maße, dass Dr. Eller die junge Frau außer der Reihe, d.h. ohne den obligatorischen Einweisungsschein der Armendirektion, zum Krankenhaus geschickt hatte. Die erschütternde Geschichte der Marie S., die uns Johann Theodor Eller (1689–1760), der erste Dirigierende Arzt der Charité, in Grundzügen hinterlassen hat,[1] soll im zweiten Teil dieses Kapitels einen Eindruck von der Medizin im 18. Jahrhundert vermitteln. Zuvor aber wird der Leser einige Informationen darüber benötigen, wie und warum das Charité-Krankenhaus überhaupt zustande kam und was dies damals in der Stadt Berlin bedeutete.

1.1 Das Haus bekommt einen Zweck und seinen Namen

Diese Geschichte beginnt kurz nach der Gründung des Königreichs Preußen im Januar 1701 und der Krönung des Kurfürsten Friedrich III. zum König Friedrich I. (1657–1713) in Preußen.[2] Dies zog im Brandenburger Land und in der Residenzstadt Berlin bedeutsame Veränderungen nach sich, sicher zum Nutzen der Untertanen, mehr noch zur Macht- und Prachtdemonstration des neuen Königs. Für den in den 1690ern begonnenen Ausbau seiner Residenz mit Adelspalais, Bürgerhäusern, Kirchen, neuen Manufakturen und Kasernen und für den Bau eines großen „Hospitals" für Gebrechliche und Waisen (das später nach ihm benannte *Große Friedrichs-Hospital*), stellte der König in sorgfältiger Abwägung mehr oder weniger staatliche Fördergelder zur Verfügung. Von den zahlreichen Repräsentationsbauten in Berlin, Potsdam und in der Mark verschlang allein der quasi Neubau des Berliner Stadtschlosses viele „Tonnen von Gold".

Abb. 1.1 Die Charité um 1730 (nach dem sogenannten Eller-Stich).

Schon der Große Kurfürst hatte damit begonnen, seinem an natürlichen Reichtümern armen und durch den Dreißigjährigen Krieg entvölkerten Land durch eine gezielte Zuwanderungspolitik neue Ressourcen zu gewinnen, indem er die Grenzen für die aus den katholischen Ländern vertriebenen, meist nicht unbemittelten und an Spezialkenntnissen reichen Protestanten öffnete. Darunter bildeten die Hugenotten, neben Pfälzern und Schweizern die zahlenmäßig größte Gruppe. Um 1650 hatte die Zahl der in der Doppelstadt Berlin-Cölln lebenden Menschen kaum noch 8.000 betragen. Als 1709 Berlin und Cölln mit den barocken Neustädten Friedrichswerder, Dorotheenstadt und Friedrichsstadt unter einem Magistrat zusammengefasst wurden, zählte man bereits 56.000 Einwohner und in den nächsten drei Jahrzehnten sollte sich diese Zahl noch einmal auf 110.000 verdoppeln.[3]

Folglich herrschte im Jahre 1709 nach dem morgendlichen Öffnen der Stadttore und Festungsbrücken ein reges Treiben: ein- und ausströmende Fuhrwerke und Karren, Marktleute und Händler, Bauleute, Gesellen aller Handwerkerzweige, Kunsthandwerker und Künstler, aber auch Tagelöhner, Vagabunden, Bettler, Invalide, Gebrechliche und geschäftig hin und her eilendes Gesinde. Und so dürfte sich die Nachricht rasch verbreitet haben, dass in Ostpreußen die Pest aufgetreten sei und inzwischen schon Tausende von Toten gefordert habe, und dass zu befürchten sei, dass die Seuche über kurz oder lang auch Berlin erreichen werde. Schon gab es die ersten polizeilichen Anweisungen zum korrekten Verhalten vor und nach Ausbruch der Seuche.[4] Einen sicheren Schutz konnte jedoch weder das seit 1685 als *Medicinal-Collegium* eingerichtete Beratungs- und Verwaltungsgremium aus Stadt-, Hof- und Leibärzten versprechen, noch die seit 1701 bestehende *Societät der Wissenschaften*, obwohl diese doch nicht um des bloßen Wissens Willen geschaffen worden war sondern explizit dem Zweck dienen sollte, die von der Wissenschaft gefundenen „Wunder der Natur und Kunst" nutzbar zu machen zur „Nahrung der Armen", zur „Wohlfahrt des Vaterlandes" und zur „Exterminierung theurer Zeit, Pest und Krieges".[5]

Immerhin entschloss man sich nach ausländischem Vorbild, außerhalb der Stadt ein geräumiges „Pesthaus" zu errichten, in dem die Erkrankten isoliert und aus dem die Toten ohne Gefährdung und Beunruhigung der Stadtbevölkerung in die Massengräber gebracht werden konnten. Am 14. November 1709 unterzeichnete der König die Ordre, auf den sumpfigen Wiesen nördlich der Spree und westlich der Panke, und somit eine halbe Stunde Wegs von den nördlichen Stadttoren entfernt, mit dem Bau des Pesthauses zu beginnen. Im Lauf des Jahres 1710 war es fertig gestellt: ein in zwei Stockwerken aufgeführter quadratischer Fachwerkbau, der um einen Innenhof errichtet war und eine rund 50 mal 50 Meter große Fläche einnahm.[6] Vier Pavillons gleichende Türme überragten an jeder Gebäudeecke das Dach – so wenigstens wird das Haus einige Jahre später beschrieben.[7]

1711 erlosch die Pest in Ostpreußen. Sie hatte dort schätzungsweise 200.000 Menschen und damit ein Drittel der Bevölkerung getötet. Nach Berlin (und Brandenburg) war sie nicht gekommen. Das Haus vor den Toren der Stadt stand leer. Nach und nach wurde es von Obdachlosen besiedelt: die städtische Armenverwaltung schickte Bettler und Landstreicher in das Gebäude und verlagerte nach und nach auch einen Teil der „Hospitaliten", d.h. arme, gebrechliche oder greise Menschen, in die leerstehenden Räume. Auch die Garnison nutzte das Gebäude als Ausweich-Lazarett, jedoch ungern. Denn die Chirurgen scheuten den langen Weg zu den kranken Soldaten.

Die königliche Bautätigkeit, die Hofhaltung und Verwaltung und der Ausbau der Armee erschöpften die Staatskasse[8] und so kamen neben der Akzise (einer Steuer auf alle wichtigen Verbrauchsgüter) eine Flut von Sondersteuern über das schwache Bürgertum und die ohnehin schon armseligen Bauern.[9] Das Volk stöhnte unter den Teuerungen, litt unter zunehmender Armut und im Gefolge davon unter Krankheit und Not. Die Inanspruchnahme ärztlicher Hilfe durch die Mehrzahl der Einwohner unterblieb, schon wegen der hohen Medizinaltaxe.[10] Die Tatsache, dass das ganze 18. Jahrhundert hindurch, trotz ständig steigender Bevölkerungszahl nicht mehr als 50 Ärzte in der Stadt tätig wurden und auch die Zahl der von ihren Zünften zugelassenen Chirurgen, Bader und Barbiere konstant blieb, ist somit nicht nur ein Beleg für die erfolgreiche Verteidigung ständischer Privilegien. Die für die Medizinalberufe interessanten zahlungskräftigen Schichten blieben schmal.

Wer aus Kostengründen weder bei Ärzten und Chirurgen noch bei Barbieren oder Badern Hilfe suchen konnte, wer nicht einmal einen der zahlreichen umherreisenden Kurpfuscher[11] zu bezahlen vermochte, der musste um Unterstützung nachsuchen. Dann stellte der Gemeindeprediger dem Ärmsten nach dem demütigenden Bekenntnis seiner und seiner Anverwandten Mittellosigkeit ein Armutszeugnis aus, mit dem er monatlich Almosen aus der öffentlichen Armenkasse sowie kostenlose Medizin gegen seine Leiden erhalten konnte.[12] Bei Bedarf überwies ein in der Armenkommission tätiger Arzt den Kranken je nach augenscheinlichem Befinden und Schwere der Krankheit zur Behandlung an einen von der Stadt honorierten Armenarzt.[13]

Hatte der Kranke kein Bett und kein Heim, konnte er, falls dort Platz war, zur Pflege in die Krankenstube eines Hospitals aufgenommen werden. Die in dieser Zeit als Hospitäler bezeichneten Einrichtungen waren keine Krankhäuser im modernen Sinn. Sie dienten nicht wie heute einer intensivierten medizinischen Versorgung, sondern waren Asyle für Sieche und Gebrechliche, die so genannten „Hospitaliten". Die Hospitaliten waren meist nicht bettlägerig und benötigten auch keine medizinische Versorgung, da ihre Gebrechen als unheilbar eingestuft waren. Das heißt, sie blieben in der Regel die Monate oder Jahre ihres verbleibenden Lebens im Hospital, das, einmal belegt, kaum noch Kapazitäten für Neuaufnahmen hatte. Eine Ausnahme bildeten hier nur die in manchen Hospitälern vorhandenen Armen-Krankenstuben, in denen zwischen vier und zehn akut Kranke temporär gepflegt und sogar ärztlich versorgt werden konnten. Gemessen an der Zahl der Bedürftigen waren die bestehenden Angebote allerdings völlig unzureichend.

Um die medizinische Versorgung des Militärs stand es nicht besser. In seinem Buch *Der kranke Soldat* (1690) hatte der kurfürstliche, später königliche Leibarzt Janus Abraham à Gehema (1647–1715) das Schicksal des verwundeten Soldaten eindrucksvoll beschrieben: Es fehle den Unglücklichen nicht nur an einer guten Unterbringung, an Wartung, Hilfe und Reinlichkeit. Es fehle auch an ordentlich ausgebildeten und handwerklich geschickten Feldscheren. Dies galt nicht nur im Krieg, sondern auch in Friedenszeiten. Die preußische Armee brauchte ein Übungs- und Betätigungsfeld für ihre Chirurgen. Mit Kabinettsordre vom 18. November 1726 bestimmte der König, dass in dem ehemaligen Pesthaus neben dem bereits bestehenden „Hospital" ein ständiges „Lazareth" für kranke Soldaten und arme Bürger eingerichtet werden solle, womit er gleichzeitig eine praktische Ausbildungsstätte für die seit 1724 am *Collegium medico-chirurgicum* unterrichteten angehenden Militärchirurgen schuf:

> Es sollen auch die Krancken darin, sowohl Soldaten als Bürger von dem Dr. Eller und Regiments-Feldscherer Senff tractirt werden, und soll jederzeit ein Feldscherer von denen 8 Königlichen Chirurges pensionairs darin beständig wohnen und monatlich, nebst frey Essen und Quartier, 8 Thlr. Tractament geniessen.
> Potsdam, den 18. November 1726.
> Friedrich Wilhelm.[14]

Die Namensgebung durch Friedrich Wilhelm I. (1713–1740) erfolgte zwei Monate später am 14. Januar 1727: Auf den Rand eines Schriftstücks, das der Einrichtung die Zahlung der auf Verbrauchsgüter erhobenen Steuern erließ, schrieb seine Majestät: „es soll das haus die charité heißen".[15] Der Name sollte nicht nur die königliche Mildtätigkeit bezeugen, sondern war gleichermaßen eine Aufforderung an alle Bürger, Barmherzigkeit zu üben. Dies unterstreichend, brachte man am Eingang des Hauses einen Opferstock für finanzielle Zuwendungen an.

Doch die Barmherzigkeit war keineswegs der Hauptzweck der neuen Einrichtung. Die königliche Hauptsorge war die schlechte Versorgung der Soldaten durch weitgehend unfähige Armeechirurgen oder Feldschere. Damals wurde die Chirurgie ebenso wie das Handwerk der Bader und Barbiere praktisch im Meister-Lehrlings-Verhältnis vermittelt, während an deutschen Universitäten nur die „reine", d.h. theoretische Medizin gelehrt wurde. So mussten Regimentschirurgen auf Staatskosten nach Holland oder Paris geschickt werden, wenn sie denn eine wissenschaftlich qualifizierte Ausbildung erhalten sollten. Schon 1713, im Jahr seines Amtsantritts, hatte der Soldatenkönig zur besseren Bildung des medizinischen Personals in den Räumlichkeiten der *Societät der Wissenschaften* ein *Theatrum anatomicum* einrichten lassen, in dem öffentliche Sektionen stattfanden. Diese erregten anfangs höchste Neugier bei Medizinern und Laien, kamen aber bald weitgehend zum Erliegen. Die Bildung der Barbiere und Feldschere, die oft kaum schreiben und rechnen konnten, war damit kaum gehoben worden.

Am 3. Januar 1724 hatte der König daraufhin die inhaltliche, räumliche und personelle Erweiterung des Anatomischen Theaters zu einem *Collegium medico-chirurgicum* befohlen. Dort wurde nun nicht nur der Bau des menschlichen Körpers gelehrt, sondern auch Mathematik, Chemie und Botanik, Verbands- und Operationslehre, Heilmittellehre und allgemeine Krankheitslehre. Der in dem Gründungsschreiben des Charité-Krankenhauses genannte Johann Theodor Eller, war eigens nach Berlin berufen und zum Leibarzt und Feldmedicus ernannt worden, um das *Collegium* wissenschaftlich zu verstärken. Und um es seinen Landeskindern zu ermöglichen, von dieser Bildungseinrichtung zu profitieren, hatte der König am 18. März 1724 acht Stipendien, oder wie es damals hieß „Pensionen" für junge Militärchirurgen „von gutem Naturel und gehörigen Fähigkeiten" ausgesetzt, damit sie drei Jahre lang am *Collegium medico-chirurgicum* studieren und sich für die höhere feldärztliche Laufbahn qualifizieren konnten.[16]

Des Weiteren war unter Mitwirkung Ellers und des weithin berühmten Georg Ernst Stahl (1659–1734) im Jahre 1725 eine neue Medizinalordnung erarbeitet worden, die für alle Medizinalpersonen (Ärzte, Chirurgen, Bader, Hebammen und Apotheker), die sich in Berlin niederlassen wollten, Prüfungen vor dem *Medicinal-Collegium* vorschrieb, das nun als *Ober-Medicinal-Collegium* bezeichnet wurde. Geprüft werden sollten nicht nur die theoretischen Kenntnisse, sondern auch die Ausarbeitung eines konkreten „Falls". Doch noch immer gab es keine praktische Aus- und Weiterbildungsmöglichkeit in der Stadt Berlin. Mit dem Bürger-Lazareth vor dem Spandauer Tor war nun eine Einrichtung entstanden, in der die Militärärzte auch in Friedenszeiten das äußerliche und innerliche Kurieren, Verbands- und Operationstechniken und die gleichzeitige Besorgung von vielen Leidenden an einem Ort erfahren und erproben konnten.

Durch ihre Funktion als Ausbildungskrankenhaus erhielt die Charité so von Anfang an eine überdurchschnittlich gute Ausstattung mit medizinischem Personal bzw. Hilfspersonal. Während die ernannten Leitenden Ärzte oder Chirurgen dem üblichen Standard der Krankenhausmedizin entsprechend allenfalls ein- bis zweimal pro Woche die Charité besuchten, würde der auf königlichen Befehl an die Charité abgeordnete „Pensionärschirurg", unterstützt von mehreren Barbieren oder Feldscheren, ständig für die Kranken da sein. Die hiermit festgelegte konstante medizinische Betreuung der Krankenhauspatienten war ein in dieser Zeit beispielloses Novum.

1.2 Militärärztliche Ausbildung und Gründung der Pépinière

Ein Beispiel für die militärchirurgische Ausbildung gibt der außerordentliche berufliche Werdegang des heute wenig bekannten Johann Christian Anton Theden (1714–1797). Der Barbiergeselle stieg unter der Regierung dreier preußischer Könige schließlich zum Ersten General-Chirurgen der Preußischen Armee auf und bereitete mit seinen Reformvorschlägen den Boden für die Gründung einer militärchirurgischen Spezialschule am Ende des 19. Jahrhunderts vor.

Thedens Karriere beleuchtet zugleich die sozialen Aufstiegsmöglichkeiten, die eine militärchirurgische Ausbildung bot. 1714 im mecklenburgischen Steinbeck geboren, hatte der des Lesens, Schreibens und Rechnens kundige Sohn eines Kleinbauern (Erbpächter) zunächst eine handwerkliche chirurgische Ausbildung zum Barbiergesellen durchlaufen. Nach weiteren drei Gesellenjahren trat der „Ausländer" 1737 als Eskadronchirurg in preußische Dienste. Dort erwies sich der Feldscher als so geschickt und zuverlässig, dass ihm eine Pensionärchirurgenstelle am *Collegium medico-chirurgicum* versprochen wurde. Erst nach dem zweiten Schlesischen Krieg 1745 konnte er dieses Privileg jedoch wahrnehmen, um sich in Berlin zum Medico-Chirurgen weiterbilden zu lassen. Hierfür stand das Berliner *Collegium medico-chirurgicum* und der praktische Unterricht in der Charité ein – eine Kombination aus Vorlesungen, praktischer Vermittlung von anatomischen Kenntnissen im *Theatrum anatomicum* und schließlich einer weitgehend selbständigen Tätigkeit am Krankenbett. Dort hatte Theden neben der Verantwortung für ein ordentlich geführtes Krankenjournal auch die ärztlichen Verordnungen auszuführen, die Arzneimittel zu verwalten und die Arbeit der Unterchirurgen zu überwachen. Darüber hinaus musste er die Diätverordnungen ausarbeiten und die täglichen Speiseanforderungen zusammenstellen sowie die Küche bei der Zubereitung derselben kontrollieren. Es war also ein weitreichendes medizinisches wie administratives Tätigkeitsfeld, mit dem sich Theden für den höheren Militärdienst qualifizierte. Mehr noch: die Ausbildung, die Theden wie jeder Medico-Chirurg durchlief, war auf die Behandlung und Versorgung vieler Patienten mit ähnlichen oder vergleichbaren Erkrankungen ausgerichtet – eine Form von serieller klinischer Praxis, die sich von dem universitären Ideal einer hausärztlichen Krankenbettmedizin deutlich unterschied (vgl. hierzu Kapitel 2).

Nach drei Ausbildungsjahren und erfolgreicher Prüfung wurde Theden zum Regimentsfeldscher berufen und 1758 zum Dritten General-Chirurgus der Armee befördert. Ab 1768 gehörte er zur Berliner „Montagsgesellschaft" und 1773 wurde er Mitglied der *Kaiserlichen Akademie der Naturforscher Leopoldina*. Seinen akademischen Kollegen stand Theden somit in nichts nach. Eifrig publizierte er über seine chirurgischen Erfahrungen und Verbesserungen, ja Neuerungen chirurgischer Hilfsmittel. Er führte hölzerne Hohlschienen in die Frakturbehandlung sowie die „Knebeladerpresse" zur Blutstillung bei Operationen ein. In den 1770er Jahren nutzte er das neue Material Naturkautschuk für die Herstellung elastischer Kanülen, wie Katheter und Dehnsonden (Bougies) und konstruierte eine Milchpumpe für Wöchnerinnen. 1786 wurde er schließlich zum Ersten General-Chirurgen ernannt.

Obwohl die Anzahl der Pensionen im Laufe des 18. Jahrhunderts schließlich auf 16 erhöht wurde, blieb die Ausbildung der Militärchirurgen unbefriedigend. Das *Collegium medico-chirurgicum* war nicht in der Lage, den wachsenden Bedarf der Armee zu decken. Im *Collegium* waren über den Verlauf des 18. Jahrhunderts zwar knapp viertausend Hörer eingeschrieben, die zu zwei Dritteln eine chirurgische Vorbildung hatten. Die allgemeine und handwerkliche Vorbildung war oft jedoch nicht ausreichend, und ohne einen festen Ort sowie ein verbindliches Curriculum war mit der Einschreibung im *Collegium* nicht notwendigerweise eine strukturierte Ausbildung verbunden. Mit der Matrikel wurde zwar ein Anrecht auf Unterrichtung erworben, doch der Besuch dieses Unterrichts lag weitgehend in der Verantwortung der eingeschriebenen Studierenden.

Tabelle 1.1 Studenten am Collegium medico-chirurgicum (Matrikel 1730–1797)[1]

Vorbildung	n	Prozent
Militärchirurgen	99	2,6
davon Pensionärs	8	0,21
Chirurgen, Bader und Barbiere (cand. chir. und stud. chirurg. eingeschlossen)	2.569	67,6
Ärzte (cand. med. und stud. med. eingeschlossen)	976	26,1
davon zwecks Staatsprüfung	56	1,47
Apotheker (stud. pharm. eingeschlossen)	142	3,7
insgesamt	**3.802**	**100**

Wie die Übersicht zeigt, verfehlte das *Collegium* einen seiner wesentlichen Zwecke: Die Ausbildung von tüchtigen Ärzten für die preußische Armee. Das war ein wesentlicher Grund, weshalb Theden 1786 einen Plan zur Einrichtung „eines stehenden Feldlazareths im Frieden als Pflanzschule für Unterchirurgen" ausarbeitete.[18] Die Zeit war jedoch nicht reif. Erst die dramatischen Niederlagen auf preußischer Seite im ersten Koalitionskrieg (1792–95) machten den Weg für die Gründung einer solchen *Pépinière* bzw. Pflanzschule frei.

Es war schließlich Thedens Stellvertreter und Nachfolger im Amt des General-Chirurgen, der junge und ehrgeizige Johann Friedrich Goercke (1750–1822), der Friedrich Wilhelm II. (1786–1797) von dem Plan überzeugte. Er rechnete dem König einen Bedarf von insgesamt 2.156 Armeechirurgen vor, darunter 116 in höherem Dienstrang. Goercke stand nicht allein mit der Ansicht, dass Krieg quasi ein Naturgesetz sei – und der Frieden nur der Vorbereitung auf den nächsten Krieg diene: „Es ist Friede, Kameraden; lasst uns aber den Krieg nie aus den Augen verlieren! Wir sind Soldaten; daher sei unser ganzes Leben entweder dem Kriege, oder der Vorbereitung zu demselben geweiht!".[19] 1795 wurde die *Pépinière* schließlich mit den Einnahmen aus der Königlichen Lotterie gegründet. Sie bot Platz für 50 Stipendiaten aus dem niederen Lazarettdienst, die sich am *Collegium* theoretisch sowie als Unter-Chirurgen der Charité praktisch qualifizierten. Damit folgte Preußen dem österreichischen Beispiel, wo an der 1785 gegründeten medico-chirurgischen Militärakademie 200 angehende Militärärzte ausgebildet wurden.

Mit Gründung der *Pépinière* wurde die Charité endgültig zum militärärztlichen Lehrkrankenhaus – eine folgenreiche Entscheidung, die das Selbstverständnis und die Funktion des Königlichen Krankenhauses bis zum Ende der militärärztlichen Privilegien nach dem Ersten Weltkrieg prägen sollte.

1.3 Zur Organisation eines Großkrankenhauses im 18. Jahrhundert

Doch die Charité des 18. Jahrhunderts war von dem modernen Begriff eines Krankenhauses weit entfernt. In ihrer isolierten Lage abseits der Stadt bildete sie für viele hundert Menschen – Kranke und Gebrechliche, arbeitsfähige Arme und bezahltes Personal – einen Mikrokosmos, in dem gelitten und gelebt, geboren und gestorben wurde, in dem man buk und braute, pflanzte und erntete, in dem manche nur Wochen oder Monate, viele auch Jahre und vielleicht ihr ganzes Leben verbrachten.

Räumlichkeiten

Im Hinblick auf die neue Zweckbestimmung erwiesen sich die Räumlichkeiten schnell als unzureichend, zumal im ebenerdigen Geschoss schon mehr als 300 Hospitaliten lebten.[20] Das erste Stockwerk sollte die Kranken aufnehmen. Durch die schrittweise Erhöhung dreier

Gebäudeflügel um ein weiteres Stockwerk sollten separate Zimmer für hochinfektiöse Kranke, vorwiegend mit Geschlechtskrankheiten, gewonnen werden.[21]

Um die Wende 1727/1728 begann man mit der Errichtung eines ersten großen Seitengebäudes. In dessen großen, dickwandigen, daher kühlen Kellerräumen mit stabilem Kreuzgewölbe zum Lagern von Bier und Lebensmitteln befanden sich die Backstube, die Brandweinbrennerei und das Waschhaus. In dem darüber liegenden ebenerdigen Geschoss bot ein großer Speisesaal mehr als 100 Menschen gleichzeitig Platz. Er wurde daher auch für die Gottesdienste genutzt. Am Ende des Saales schloss sich die Küche an. Die oberen Charité-Angestellten[22] hatten einen eigenen Speisesaal auf der anderen Seite der Küche. An diesen Saal schlossen sich die Speise- und Vorratskammern an. Auch das sich anschließende Brauhaus und die Stallungen konnten noch im gleichen Jahr fertig gestellt werden.[23] Die Bodenräume über den beiden Wirtschaftsgebäuden dienten der Lagerung großer Mengen Korn zum Brauen und Backen. Um eine weitestgehende Selbstversorgung abzusichern, legte man schließlich unter Hilfe zahlreicher alter Hospitaliten hausnah einen Zier- und Nutzgarten an. Außerhalb der umzäunten Charité zwischen der Hauptfront und der Panke trennte ein kleiner Stichkanal eine zur Charité gehörende Wiese vom Kohlgarten. Der Pankeabzweig endete unmittelbar an einer Pforte, nur durch eine wenige Meter breite Straße von dem Charité-Portal an der Westseite getrennt. Das lässt vermuten, dass Waren und gegebenenfalls Kranke auch auf dem Wasserweg ins Krankenhaus gebracht werden konnten.[24]

Die Versorgung und Betreuung der wachsenden Zahl Kranker und Bedürftiger bei ständig unsicherer Finanzierung stellte höchste Anforderungen an die Verwaltung und das medizinische Personal. An der Unterbringung der Hospitaliten in acht „Lebensräumen" mit einer unterschiedlichen Bettenzahl in der unteren Etage änderte sich mit Sicherheit nichts zu deren Bequemlichkeit.[25] Die eigentlichen Krankenzimmer befanden sich in den darüber liegenden Ebenen, die durch ihre Anordnung und Zweckbestimmung bereits annähernd Abteilungscharakter trugen.[26] Allen Stockwerken war der hofseitig umlaufende galerieartige Korridor gemein. Die Zimmeranordnung mit jeweils separaten Türen zu diesem Korridor schien aus hygienischen Gründen zum Abtransport von Unrat und zwecks Durchlüftung sinnvoll. In der zweiten Ebene befand sich die frühe Form der späteren geburtshilflichen Abteilung mit einem Kreißsaal, einer Stube für Schwangere, einem „Sechs-Wöchnerinnen-Zimmer", sowie einer Kammer für die Hebamme.[27]

Streng nach Geschlechtern getrennt unterschied man Zimmer für Patienten mit „inneren" und „äußerlichen" Erkrankungen. Allerdings gibt es auch einen ersten Hinweis auf eine Mehrklassenmedizin in diesem Armenkrankenhaus. Zur bequemeren Unterbringung und besseren Verpflegung reservierten die Zünfte zu einem besonderen Tagessatz für kranke Schuhmacher- und Schneidergesellen eine Stube, später kamen weitere Gewerbe hinzu.

Da Krätzige und Geschlechtskranke als „infiziert" galten, befanden sich die Zimmer für diese Patienten in einem großen Abstand zu den üblichen Krankenräumen. Darüber hinaus war die damals übliche Quecksilbertherapie dieser Patienten von ekelerregenden Nebenwirkungen begleitet. Mit der zusätzlichen Anlage von kleinen Abzügen in jedem Zimmer, unterstützt von obligaten Räucherungen, sollten die „ansteckenden Dünste" auf kurzem Weg zum Dach hinaus entweichen können.

Finanzen

Mit der Bestimmung der Charité nicht allein zu einem Armenkrankenhaus, sondern vorrangig zu einer praktischen Ausbildungsstätte in Ergänzung des *Collegium medico-chirurgicum*, sah sich Friedrich Wilhelm I. gewissermaßen in einer Finanzierungspflicht. Der bauliche Erhalt der Immobilie, die zwingenden Um- und Ausbauten sowie die Anbauten mehrerer Wirtschaftsgebäude ließen sich aus der Armenkasse nicht bestreiten.[28] Ein reichsweiter Spendenaufruf bewirkte schließlich eine grotesk anmutende Mischfinanzierung aus direkten Bargeldspenden und indirekten Zuwendungen in Form von Zinsgeldern aus größeren Beträgen, Erträgen aus Grundbesitz, Sachspenden, Naturalien, Vermächtnissen und auch den anonymen mildtätigen Gaben in dem erlaubten Opferstock am Eingang des Krankenhauses.[29]

Man spendete aus der von Friedrich Wilhelm I. angemahnten Barmherzigkeit, wohl aber auch, um den jeweiligen König auf sich aufmerksam zu machen, ihn gnädig zu stimmen, in Erwartung von Vergünstigung oder schlicht zur Hebung des allgemeinen Ansehens. Dem Vorbild des jeweiligen Monarchen folgte der Adel und die wohlhabenden Bürger ebenso wie um 1740 ein durch Wucherzinsen zu schnellem Geld gekommener Bankier.[30]

Da die finanziellen Zuwendungen für die Charité über die allgemeine Armenkasse erfolgten, ergaben sich immer wieder Unklarheiten über den wirklich Begünstigten und es scheint, als seien die Gelder auch zur Deckung der Bedürfnisse anderer Armeneinrichtungen verwandt worden. Der König hatte offensichtlich versäumt, der Charité ausdrücklich eine eigene Vermögensbildung zuzugestehen, auch wenn die wohlbegründeten Zuwendungen diese Absicht erkennen ließen. Die Armenverwaltung hingegen nutzte diese Schwachstelle und verstand es ausgezeichnet, die Verfügungsgewalt über das sich mehrende Vermögen zu behalten, auch wenn durch eine Order von 1739 endlich die Trennung der Kapitalien erfolgte und die Charité eine eigene Hauptkasse mit separater Verwaltung erhielt.[31] Damit nahm die Charité fortan und im Rechtsverständnis der Zeit den Status einer juristischen Person ein.

Dennoch reichten weder die spärlichen Gelder aus der Armenkasse, aus der primär die Mittel für die aktenkundigen armen Patienten kommen sollten, noch die Kost- und Kurkosten der zahlungspflichtigen Patienten zur Absicherung des laufenden Krankenhausbetriebes aus, so dass sachliche und finanzielle Zuwendungen auch aus der Staatskasse unverzichtbar blieben. Dazu gehörte seit 1727 der Akzisesteuererlass[32], seit 1735 die jährlichen Zinsen aus 100.000 Reichstalern Kapitaleinlage[33], ein jährliches Holzdeputat und bei Bedarf kostenlose Baumaterialien sowie unentgeltliche Medikamente in erforderlichen Mengen

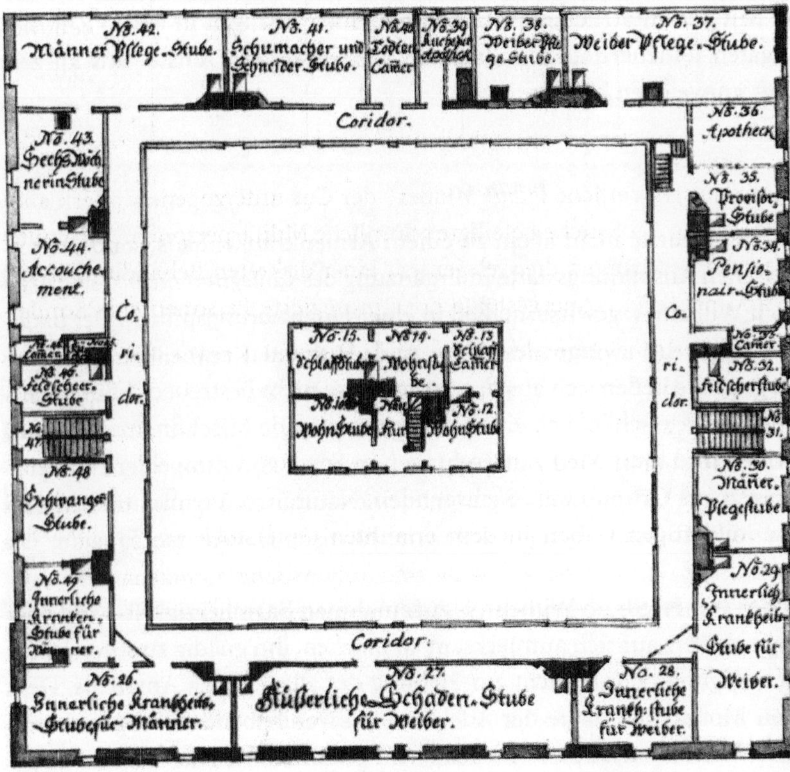

Abb. 1.2 Grundriss der mittleren Etage des Charité-Gebäudes um 1760 mit Stuben für kranke Männer und Frauen. Im Hof das Inspektorenhaus. Nach Johann Friedrich Walther 1768.

aus der Hofapotheke.[34] Eine weitere Geldquelle sprudelte seit 1729 durch die Enteignung überführter Steuersünder. Ein Viertel des konfiszierten Warenwertes ging als Prämie an die Fahnder in Gestalt der „Landreuter und Rathsdiener", der Rest an die Charité. Seit 1733 erbrachte eine landesweite, hin und wieder erweiterte Gebührenordnung für Verwaltungsprodukte (wie man heute sagt), wie z. B. Geburts- und Lehrbriefe (je 12 Groschen) und Kundschaften (je 4 Groschen), die beträchtliche Summe von jährlich rund 20.000 silberwerten[35] Reichstalern ein. Nach Aufhebung des Zunftzwanges wurde diese Summe durch einen festen Staatszuschuss von 18.000 Reichstalern ersetzt.

Schließlich zog die Charité aus übereignetem bzw. erworbenem Grundbesitz finanziellen Nutzen. Durch eine erhebliche Geldzuwendung, die der König um die Hälfte erhöhte, konnte das in Schlesien liegende einträgliche Amt Prieborn, zu dem sieben Dörfer gehörten, erworben werden. Aus den transportablen land- und forstwirtschaftlichen Produkten sowie aus dem Erlös der vor Ort verkauften frischen Nahrungsmittel wie Eier und Milchprodukte, erhielt die Charité über Jahrzehnte eine unverzichtbare Unterstützung. Eher als ein Kuriosum denn als einträgliche Geldquelle mag das Anlegen einer Maulbeerbaumplantage für die Seidenraupenzucht auf einem vom Inspektor Habermaaß von der Stadt günstig erworbenen Grundstück anzusehen sein, das er der Charité überließ. Für die Bewässerungsarbeiten auf der Plantage ließ er sich Waisenjungen aus dem *Großen Friedrichs-Hospital* zuweisen, die vermutlich wie die Hospitaliten keinerlei Lohn dafür erhielten.

Am Ende des Jahrhunderts umfasste das eigentliche, gut bewirtschaftete Charité-Gelände 114 preußische Morgen, also rund 28 Hektar, und nahm damit aus heutiger Sicht das Gebiet zwischen Spree – Spandauer Schifffahrtskanal – Invalidenstraße – Luisenstraße – Schumannstraße ein.

Personal

Die dreifach zweckbestimmte Einrichtung der Charité als Hospital, Krankenhaus und Ausbildungseinrichtung erforderte klar abgegrenzte Verantwortungsbereiche mit kompetenten Leitern. Als zentrale staatliche Behörde herrschte über die Charité, anders als man heute vermuten würde, nicht die oberste Medizinalbehörde, das *Ober-Collegium medicum*, sondern das Armendirektorium.[36] Dieses berief zur Interessendurchsetzung und unmittelbaren Amtsausübung für das Hospital einen Direktor von „höchster Uneigennützigkeit".[37] Die unzweifelhafte Bestimmung der Charité als zivile und militärische Krankenanstalt zum Nutzen der praktischen militärmedizinischen Ausbildung machte es erforderlich, die Verantwortung für den Unterricht am Krankenbett und eine entsprechende Weisungsbefugnis einem militärischen Direktorium zu übertragen. Diesem stand mit Ernst Conrad Holtzendorff (1688–1751) der oberste Chirurg des preußischen Heeres vor. Ihm unterstellt versahen, wie in der oben genannten Kabinettorder festgelegt, als gleichberechtigte medizinische Leiter der Arzt Johann Theodor Eller und der Chirurg Gabriel Senff († 1737), beide mit höherem militärmedizinischen Rang, ihren Dienst am Patienten. Mit Ellers Berufung rückte ein zur wissenschaftlichen Vervollkommnung weit gereister, medizinisch und chirurgisch gleichermaßen gebildeter Arzt an die Spitze der Berliner Ärzte, der mit Senff einen praxisnahen medizinischen und chirurgischen Unterricht am Krankenbett konzeptionell gestalten und erstmalig in einem deutschsprachigen Land beispielhaft durchsetzen konnte.[38] Über das ganze Jahrhundert musste die Charité in der Regel mit einem akademisch ausgebildeten Arzt, einem Chirurgen, ein bis zwei Pensionärchirurgen, die nach heutigem Verständnis in der Funktion eines Oberarztes standen, weiteren vier bis sechs Unterchirurgen und einer Hebamme auskommen.

Von den leitenden Ärzten erwartete man im Interesse des Unterrichts und der Aufsicht über die Krankenversorgung eine regelmäßige ein- bis zweimal wöchentliche Anwesenheit für zwei Stunden. Die Anwesenheitspflicht galt selbstverständlich auch für die leitenden Chirurgen. Dass sie, bedingt durch die aufwendigen Operationen, mehr Zeit bei den Charité-Patienten verbrachten als die Ärzte, darf vermutet werden. Allen Medizinern gemeinsam war aber eine Ämterfülle außerhalb der Charité, die nicht selten zu einer anderen Prioritätensetzung führte. Sie versahen schließlich ihre Arbeit im Krankenhaus im Nebenamt, wobei die Verpflichtungen als Leibarzt des Königs natürlich von höherer Bedeutung waren.

Auch die Wahrnehmung der umfangreichen und einträglichen Privatpraxis, die Verantwortung als oberster Beamter in der Medizinalverwaltung oder im Armendirektorium, nicht zuletzt die Sitzungen der Akademie der Wissenschaften boten Grund für Versäumnisse, zumal hier die neuesten Ergebnisse aller Wissenschaftszweige vorgetragen und diskutiert wurden. Eller beklagte seine Überlastung und legte bereits 1735 sein Amt in der Charité nieder. Zu diesem Zeitpunkt befanden sich dort rund 480 Kranke bei einer Kapazität von 400 Betten.[39]

Die dem leitenden Chirurgen zur Unterstützung in der Krankenversorgung zugeordneten Pensionärchirurgen kamen auf ein ehrenvolles Kommando hin zur Ausbildung als Medico-Chirurgen an die Charité. Mit den Pensionärchirurgen nahm das moderne Assistenz- bzw. Oberarztarztwesen seinen Anfang. Den Pensionärchirurgen waren handwerksmäßig ausgebildete Barbiere als Hilfspersonal unterstellt; abhängig vom Personaletat wurden zwischen vier und sechs dieser Unterchirurgen beschäftigt. Diese waren von einem Armeechirurgen für die Feldscherlaufbahn ausgewählt worden, um in der Charité erste praktische Fertigkeiten zu erwerben.

Problematisch erwies sich oftmals das Unterstellungsverhältnis der Pensionärchirurgen, denn obwohl Holtzendorff, Senff und Eller ihre unmittelbaren Vorgesetzten waren, gab es genügend Reibungspunkte mit der zivilen Charité-Direktion. Dabei konnte es um die eigenmächtige Aufnahme Hilfe suchender Schwerkranker ohne Einweisungsschein gehen oder um zu teure Diätpläne. Sogar das Verhalten am gemeinsamen Mittagstisch mit den Predigern, dem Hausvater und der Hausmutter, dem „gehobenen" Charité-Personal also, rief Beschwerden hervor, etwa wenn die jungen Chirurgen verbotenerweise über das Essen sprachen.

Nach dem Ausscheiden von Eller und Senff kam es zu heftigen administrativen Kompetenzstreitigkeiten zwischen der Armenbehörde zusammen mit dem Inspektor auf der einen Seite und dem leitenden Arzt und dem leitenden Chirurgen auf der anderen Seite. Einen aktenkundigen Anlass bot Ende der 1730er Jahre die Vernachlässigung der Patienten durch Fehlzeiten des medizinischen Personals. Demnach unterblieben die pflichtgemäßen, zweimal wöchentlichen Visiten, der Unterricht am Krankenbett und auch Operationen fanden nicht statt. Nach Angaben des in einem Gartenhaus der Krankenanstalt wohnenden Inspektors lagen die aufgenommenen Patienten tagelang ohne ärztlichen Befund und Therapieplan des leitenden Arztes oder Chirurgen, daher ohne Behandlung, in den Betten oder es unterblieb die Therapieverlaufskontrolle mit oft fatalen Folgen. Die Armenverwaltung wollte diese Verletzungen der Aufsichts- und Behandlungspflicht, insbesondere in Hinblick auf die daraus resultierenden längeren Liegezeiten der Patienten nicht hinnehmen, zumal auch immer weniger Patienten als geheilt entlassen werden konnten. Die kritisierten Ärzte Samuel Schaarschmidt (1709–1747) und Otto Theodor Sproegel (1699–1760) wehrten sich gegen den ihre fachliche Kompetenz in Zweifel ziehenden Vorwurf. Sie sahen das Verschulden bei der Armendirektion, die aus sozialer Indikation zunehmend unheilbar Kranke, also nicht in ein Krankenhaus gehörende Patienten eingewiesen habe. Des ungeachtet kam es nach sich häufenden Klagen zur Amtsenthebung der Ärzte Sproegel und Schaarschmidt.[40]

Die fehlende Dienstaufsicht der medizinischen Leitung hatte nämlich auch den ihr unterstellten Pensionärchirurgen Mund zur Disziplinlosigkeit verführt, der nach dem Frühstück in die Stadt entschwand. Durch seine regelmäßige vormittägliche Abwesenheit unterblieb die Versorgung der Patienten mit Medikamenten, neuen Verbänden und sogar mit ausreichender Nahrung. Die ihm wiederum unterstellten Unterchirurgen blieben sich, gleichfalls nicht zum Vorteil der Patienten, selbst überlassen.

Die im günstigsten Fall anwesenden zwei Pensionärchirurgen erwiesen sich mit der Aufsicht über das medizinische Hilfspersonal ebenso überfordert wie mit der Versorgung von damals mehr als 230 zum Teil schwer kranken Patienten. Die Armendirektion erließ daher in den Jahren 1737, 1743 und 1791 Instruktionen für die Pensionärchirurgen mit eindeutigen Dienstanweisungen. In diesen Instruktionen steckte ein hohes Maß an Disziplinierungspotential bei gleichzeitig zugewiesener höherer Eigenverantwortung. Im Jahr 1755 erreichte die Unterordnung mit der Eidespflicht ihren eigentlichen Höhepunkt:[41]

> Ich [...] schwoere zu Gott, dem Allmächtigen einen loiblichen Eyd, daß nachdem ich als Pensionair-Chirurgus, bey hiesigen Maison de Charité angenommen worden, ich solcher mir anvertraueter Function, nach meinem besten Wissen, Gewissen und Wissenschaft treulich vorstehen; denen Vorgesetzten des Hauses schuldigen Gehorsam und Folge leisten; mich nach dem was die Herren Professores mir aufgeben [...] richten und überhaupt der mir schriftlich erteilten Instruction, welche mir jetzo vorgelesen worden, mit allem Fleiße nachkommen [... und mich als ...] einen treuen und gewissenhaften Pensionair-Chirurgo [... erweisen werde,] so wahr mir etc.[42]

Die ökonomische Verwaltung, die Einstellung und Aufsicht über das nichtmedizinische Personal sowie wesentliche organisatorische Aufgaben (die gesamte Einweisungsprozedur einschließlich der Verwahrung der privaten Patientenkleidung) lagen in der Verantwortung des jeweiligen Inspektors.[43] Für die unmittelbare Haus- und Personalverwaltung und den reibungslosen Ablauf des alltäglichen Krankenhausbetriebes sorgte ein Hausvater mit seiner Ehefrau. Ihm unterstand daher das zivile nichtmedizinische Personal, einschließlich der Unterchirurgen, wenn diese noch keinen Militärdienst geleistet hatten. Mit zwischen 40 und 100 Bediensteten einschließlich der wenigstens 14 Krankenwärter und Krankenwärterinnen galt es 75 Zimmer für durchschnittlich 400 Kranke und 300 Hospitaliten zu versorgen.[44]

Dem Wartungspersonal kam innerhalb des Krankenhausbetriebes eine eigentümliche Funktion zu. Seine Dienstaufgaben bestanden, wie es der Name sagt, in der „Wartung", das meint im Beaufsichtigen der Kranken. Ein Krankenwärter bzw. eine Krankenwärterin versorgte je eine Krankenstube mit 15 bis 30 Patienten ihres Geschlechts. Dazu gehörten Handreichungen für geschwächte Patienten, Verabreichen von Speisen und Getränken mit Hilfe der zur Arbeit angehaltenen Hospitaliten sowie alle in- und außerhalb der Krankenstuben anfallenden Hausarbeiten. Pflegeaufgaben im heutigen Sinne bestanden nicht.

Medizinische Hilfsleistungen wie das Verabreichen der Medizin, das Wechseln der Verbände oder das Reinigen der chirurgischen Gerätschaften war Aufgabe der Unterchirurgen, die an der Charité eine Ausbildung zum Barbierchirurgen bzw. Feldscher erhielten und die ihre Arbeit oft mit geringen Basiskenntnissen und wenig Feingefühl verrichteten. Da das Wartepersonal quasi in einem 24-Stundendienst stand, musste es unmittelbar neben den Krankenstuben wohnen, Ehepaare in einer gemeinsamen Kammer. Neben freier Wohnung und Beköstigung am Gesindetisch (ohne Abendessen) erhielten sie einen kärglichen monatlichen Lohn von 10 bis 12 Groschen, der weit unter dem monatlichen Existenzminimum lag, folglich den Familienunterhalt nicht sichern konnte. Nebenbei bemerkt genehmigte sich der Inspektor das 50fache Entgelt im Monat.[45]

Das aus Gründen der Lohnkostenersparnis bewusst knapp gehaltene Personal versuchte der Hausvater mehr schlecht als recht durch die Inanspruchnahme der Hospitaliten, von „Abarbeitenden", also ehemaligen Patienten, selbst durch die Knaben des Waisenhauses auszugleichen.[46] Dass diese Art Dienstverpflichtung überhaupt möglich war, lag an der Dienststellung des Charité-Inspektors. Dieser war gleichzeitig Oberinspektor aller Armeneinrichtungen der Stadt und konnte daher ohne Probleme über die arbeitsfähigen Armen verfügen. Eine nützliche Betätigung der im Erdgeschoss hospitalisierten Gebrechlichen in Abhängigkeit von ihrem körperlichen und geistigen Vermögen wurde gelegentlich auch vom leitenden Arzt befürwortet oder angeregt.[47] Für die Bewirtschaftung in Haus und Garten zog man für gewöhnlich Männer heran. Den Frauen übertrug man Arbeiten in den Krankenstuben, etwa die Versorgung der Nachtgeschirre (entleeren und sorgfältig reinigen). Die Ersparnis konnte pro Personalstelle einer Hausmagd durchaus 8 Taler im Jahr betragen, wenn man den Lohn in der Stadt zugrunde legte.

Patienten

> Nichts ist in der gantzen Natur unerträglicher, als Kranckheit bey äusserster Dürfftigkeit und Armuth; folglich ist keine Wohlthat in der Welt grösser als diejenige, wenn armen, elenden und gebrechlichen Leuten in gefährlichen, langwürigen und schmertzhafften Kranckheit beygesprungen und Hülffe geleistet wird. (Johann Theodor Eller 1730)

In der Population der Charité stellten die Kranken zunächst eine Minderheit dar. Angeblich standen bei der Eröffnung des Hauses 70 Betten mit dem nötigen Bettzeug für sie bereit. Jedes davon sollte nur einen Kranken aufnehmen, während bei den Hospitaliten zwei bis drei in einem Bett schlafen mussten, falls sie kein eigenes mit in die Charité gebracht hatten. Zudem sollte das Bettleinen alle vier Wochen gewaschen, das Bettstroh wann immer nötig durch frisches ersetzt werden, und zwischen den Betten gab es genug Raum für Lüftung, Reinigung und Wartung. Die Kranken erhielten bei der Aufnahme saubere Anstaltskleidung, während ihre eigenen Kleidungsstücke gereinigt und bis zur Entlassung für sie verwahrt wurden. Eine stärkende und bekömmliche Diät stellte für die aus armen und ärmsten

Verhältnissen stammenden Kranken meist den wirkungsvollsten Teil der Therapie dar und unterlag konsequenterweise der ärztlichen Verordnung; „denn wo die Verpflegung fehlet, da können die Medicamenten wenigen Nutzen schaffen, und thut offtmahls diese bey armen Krancken mehr als die besten Artzeneyen“, befand Eller.[48] Zu den täglichen drei Mahlzeiten gab es an Wochentagen Brot mit Butter oder Salz, Suppen aus verschiedenen Getreidegrützen, kräftigende Biersuppen, Rinderbrühen, Hülsenfrüchte- und Obstsuppen, verschiedene Fischgerichte, Gemüse gekocht oder als Salate bereitet. Ein Fleischgericht aus einem halben Pfund Rind pro Portion gab es sonn- und feiertags. Das hauptsächliche Getränk war das ab 1728 in der Charité gebraute Bier.

Wie lange sich jedoch der ursprünglich geplante Idealzustand im Lazarett verwirklichen ließ, ist unbekannt. Bis Ende der 1760er Jahre wurden jährlich zwischen 500 und 700 Kranke neu aufgenommen. Anfang der 1770er Jahre stieg die Zahl der jährlichen Neuaufnahmen auf etwa 1.500, wobei die erhöhte Frequenz wohl teilweise durch kürzere Liegezeiten aufgefangen werden konnte. Wurden anfangs nur etwa die Hälfte der Patienten innerhalb der ersten acht Wochen wieder entlassen, waren es 1770 zwei Drittel. Und wenn sich in den 1730er Jahren jeder fünfte Patient noch nach einem halben Jahr im Lazarett aufhielt, tat dies in den 1770ern nur noch jeder zwanzigste.[49] In den 1790er Jahren zählte Ludwig Formey (1766–1823) jährlich über 2.500 bis 3.500 in der Charité behandelte Patienten, wobei sich zwischen 700 und 800 Kranke gleichzeitig im Charité-Lazarett aufhielten.[50] Dass dies in den Räumlichkeiten des alten Pesthauses zu unerträglichen Zuständen führen musste, ist gut nachvollziehbar. Doch davon später.

Tabelle 1.2 **Durchschnittliche Aufnahmen pro Jahr und Sterblichkeit in Prozent für Männer und Frauen im Charité-Lazarett 1731–1772.[55]**

Jahrzehnt	Aufnahmen im Jahr			davon gestorben		
	im Mittel	davon ♂	davon ♀	% von allen	% der ♂	% der ♀
1730er	615	53 %	47 %	28,4	31,2	25,1
1740er	680	67 %	33 %	23,4	29,4	18,3
1750er	561	44 %	56 %	27,5	34,4	22,3
1760er[56]	491	37 %	63 %	30,2	36,8	26,2
1770er	1.478	45 %	55 %	34,8	38,4	32,7

Nach den geltenden Bestimmungen sollten alle armen Kranken, sofern sie wenigstens drei Jahre in Berlin ansässig waren, unentgeltlich in der Charité behandelt werden. Aufgenommen wurden auch alle Soldaten, wenn sie in den bestehenden Garnisonslazaretten nicht kuriert werden konnten, sowie die Soldatenfrauen und -kinder. Die Angehörigen des Militärs stellten über Jahrzehnte hinweg stets etwa 40 Prozent der aufgenommenen Kranken, wobei ab den 1760er Jahren die Zahl der Soldatenfrauen und -töchter die der Männer überstieg. Neben den amtlich Armen und den Garnisonsangehörigen konnten auch Handwerker, die in den Gesellenherbergen nicht gesund werden konnten, gegen Gebühr aufgenommen werden, wobei Innungs- oder Gesellschaftskassen für die Bezahlung eintraten. „Vornehme Häuser" konnten, ebenfalls gegen Entgelt, verletzte Domestiken und erkranktes Haus-Gesinde in die Charité abschieben.[51] In den 1730er und 1740er Jahren waren zunächst mehr Männer als Frauen ins Lazarett gekommen[52], ab den 1750er Jahren überwog jedoch der Anteil der Frauen.[53] Davon waren zwischen 50 Prozent und 63 Prozent ledig.[54] Über 50 Prozent der aufgenommenen Männer und mindestens 60 Prozent der aufgenommenen Frauen waren weniger als 30 Jahre alt.

Diese Zahlen haben zweifellos auch damit zu tun, dass das Lazarett der Charité neben der wohltätigen Aufgabe der Krankenbehandlung und -pflege wichtige ordnungs-, gesundheits- und bevölkerungspolitische Funktionen erfüllte, deren Zielgruppe vor allem Frauen waren. Aufgenommen wurden alle ledigen Schwangeren acht Tage vor der voraussichtlichen Niederkunft und die von der Polizei aufgegriffenen „infizierten" Huren. Indem die verlassenen Schwangeren vor und während der Geburt unter die Kontrolle der Charité-Hebamme gestellt wurden, mit dem strikten Verbot einander unbeobachtet zu Hilfe zu kommen, sollte dem Kindsmord vorgebeugt werden, der oft hinter Schutzbehauptungen wie „das Kind sei tot geboren oder bei der Geburt unglücklich gefallen etc.", versteckt wurde. Mit der Aufnahme der unehelich Schwangeren in die Charité wurde ein neuer Weg beschritten, dem Kindsmord vorzubeugen, dessen Absicht vor allem vermutet wurde, wenn Frauen ihre Schwangerschaft verschwiegen und ihr Kind heimlich zur Welt bringen wollten. Deshalb sollten Frauen, die ihr Kind in der Charité zur Welt brachten, von den wegen angeblicher Hurerei verhängten Strafen ausgenommen sein, die von Geldstrafen bis zur öffentlichen Auspeitschung reichten.[57]

Abb. 1.3 Auspeitschen lediger Mütter. Radierung von Daniel Chodowiecki.

Die Einrichtung einer eigenen Hebammenschule an der Charité im Jahre 1751 hatte offenbar weder einen positiven noch einen negativen Einfluss auf das Schicksal der zur Geburt aufgenommenen Schwangeren.[58] Deren Zahl lag bis Ende der 1760er Jahre bei rund einhundert jährlich, wovon durchschnittlich sechs unter der Geburt starben. Für die mit Geschlechtskrankheiten infizierten Prostituierten galt, dass die, die sich freiwillig zur Quecksilberkur bereit fanden, nicht bestraft werden sollten. Die Zahl der wegen venerischer Krankheiten eingewiesenen Frauen stieg im Laufe der Zeit an. Sie lag Anfang der 1770er Jahre bei durchschnittlich 370 im Jahr, das waren rund 45 Prozent aller weiblichen Patienten.

Da rund die Hälfte der weiblichen Patienten zur Niederkunft oder zur Behandlung einer Geschlechtskrankheit aufgenommen wurde, was beides mit einem vergleichsweise geringen Mortalitätsrisiko einherging, war die Krankenhausmortalität der Frauen deutlich geringer als die der Männer (siehe Tabelle 1.3 und 1.4). So starb im Lauf des 18. Jahrhunderts von allen aufgenommenen Kranken etwa ein Drittel, wobei sich die Ergebnisse gegen Ende des untersuchten Zeitraums verschlechterten: In den 1740er Jahren betrug die Mortalität bei den Männern knapp 30 Prozent, bei den Frauen gut 18 Prozent. Anfang der 1770er Jahre starben 38 der männlichen und 33 Prozent der weiblichen Patienten. Im Jahre 1763, also am Ende des Siebenjährigen Krieges, starben sogar über 42 Prozent der Männer und fast 36 Prozent der Frauen.

Tabelle 1.3 Die häufigsten Gründe für die Aufnahme ins Charité-Lazarett 1730–1772.

Krankheiten in %	Zeitraum A 1731–1742		Zeitraum B 1743–1752		Zeitraum C 1754–1772	
	Männer	Frauen	Männer	Frauen	Männer	Frauen
Brustkrankheiten	12,4	4,2	17,4	5,3	10,0	3,8
Fieber	10.5	9,0	12,1	4,9	19,0	12,7
„infiziert“	12,9	14,0	16,2	18,9	7,7	17,0
„Schaden“	14,0	10,8	17,0	9,5	>6,4	6,8
Schwangerschaft		15,6		34,4		23,2

Zu den häufigsten in der Charité behandelten Krankheiten gehörten – neben den aus gesundheitspolizeilicher Raison aufgenommenen – Geschlechtskrankheiten bei Frauen und auch Männern, die damals vor allem unter wandernden Handwerkern grassierende Krätze, leichtere und schwerere Verletzungen, „Fieber“ und verschiedene, oft tödlich verlaufende „Brustkrankheiten“, worunter auch die Lungentuberkulose vermutet werden kann. Große Operationen, allen voran die gefürchtete Blasensteinoperation, deren Durchführung einen für Patienten, Operateur und Zuschauer heroischen Akt bedeutete, waren eher selten. Auch wenn die leitenden Charité-Chirurgen hierbei als besonders qualifiziert angesehen wurden, mehr als die Hälfte der Patienten überlebte die Operation nicht.

Unter dem Begriff „Infiziert" wurden in der Regel die Geschlechtskranken registriert, unter der Rubrik der äußeren „Schäden" Hautausschläge und Geschwüre. Brustkrankheiten bezeichnen alle mit Husten, Atemnot oder Brustschmerzen einhergehenden oft langwierigen Leiden, während Fieber meist eher akute Krankheitsverläufe bezeichnen. Dabei wurde nicht die objektive Körpertemperatur, sondern die Empfindung des Kranken und der Puls als Fieberzeichen gewertet (siehe auch Kap. 3).[59]

Es ist heute medizinisch nicht mehr nachvollziehbar, woran die damaligen Charité-Patienten starben; denn die Krankheitsbezeichnungen des 18. Jahrhunderts sind nicht in unsere heutigen Vorstellungen übertragbar. Nicht nur, weil die angegebenen Bezeichnungen zu vage sind, sie gründen auch auf ganz anderen Vorstellungen von Krankheit.

Tabelle 1.4 **Die Sterberate bei einigen der häufigsten im Charité-Lazarett behandelten Krankheiten und Zustände. Deutlich ist, dass bei allen Krankheiten und auch bei den Geburten die Sterblichkeit zum Ende des Jahrhunderts hin ansteigt.**

Letalität	**Zeitraum A** 1731–1742	**Zeitraum B** 1743–1752	**Zeitraum C** 1754–1772
Brustkrankheiten	47,9	55,4	61,15
Fieber	28,0	16,4	38,4
„infiziert"	14,2	10,1	24,3
„Schaden"	26,0	22,9	34,4
unter und nach der Geburt	5,2	3,3	8,1

Auch welche Faktoren die Sterblichkeit beeinflussten, lässt sich bestenfalls vermuten. Hier können wechselnde, außerhalb des Krankenhauses liegende Ereignisse, wie Kriege, Missernten, Epidemien (gerade in den 1760er Jahren grassierten in Berlin die Pocken) ebenso vermutet werden wie Ereignisse innerhalb des Lazaretts, etwa Personalwechsel, Überfüllung, Ausbrüche von Wund- oder Kindbettfieber, oder sich ändernde Ex- und Inklusionsprozesse bei der Aufnahme oder Entlassung von Kranken. Die Tatsache, dass die Krankenhaussterblichkeit gegen Ende des Jahrhunderts deutlich anstieg, muss sicher mit der Überlastung der Charité in Zusammenhang gesehen werden.

1.4 Die Medizin an der Charité

Die Chirurgie

Die großen, von dem leitenden Chirurgen persönlich ausgeführten Operationen zählten zu den Höhepunkten im Krankenhaus.[60] Der versierte Senff hatte es durch seine Blasensteinschnitte zu einiger Berühmtheit gebracht. Selbst der Generalarzt Holtzendorff kam eigens aus der Garnison Potsdam angereist, um dem Ereignis beizuwohnen.[61] Senff operierte zudem Bauchdeckenabszesse, Unterschenkelgeschwüre, nahm Amputationen vor, entfernte Brusttumore einschließlich der Lymphknoten in den Achselhöhlen, Abszesse auch in der Herzmuskulatur und führte verschiedene Augenoperationen durch. Pflichtgemäß fanden sich alle Pensionärchirurgen des *Collegium medico-chirurgicum* und die Feldscherer der Garnison als Zuschauer ein. Selbst interessierte Berliner Chirurgen kamen als gerne gesehene Gäste. Wann immer möglich, war auch der leitende Arzt Eller zugegen.[62]

Der Gegensatz zur heutigen Praxis hätte größer nicht sein können: Die Lagerung des Patienten erfolgte auf einem mit Decken und Laken belegten langen Tisch. Keine der während der Operation benutzten Instrumente, Verbandstoffe usw. entsprachen den einfachsten heute üblichen antiseptischen oder gar aseptischen Anforderungen. Eine Schmerzausschaltung fand nicht statt. Der Patient schrie und tobte, fiel in Ohnmacht oder, was selten vorkam und von dem Chirurgen bewundert wurde, ertrug den Eingriff stumm.[63] Die frisch operierten Patienten blieben zunächst im Operationssaal, wo Tag und Nacht ein pflegender Unterchirurg anwesend sein musste, um bei sich andeutenden postoperativen Komplikationen Hilfe zu holen.[64] Kleinere chirurgische Eingriffe durften die Pensionärchirurgen, die als Kompaniechirurgen schon einige Erfahrungen besaßen, in den Krankenstuben und regulär unter der Aufsicht von Senff oder Eller selbst durchführen.

Wenn Eller und Senff außerhalb der Operationstermine oder in dringenden Fällen pflichtgemäß ein- oder zweimal wöchentlich für zwei [!] Stunden in die Charité kamen, veränderte sich der Stationsalltag. Zuerst erfolgte bei den in ihrer Abwesenheit aufgenom-

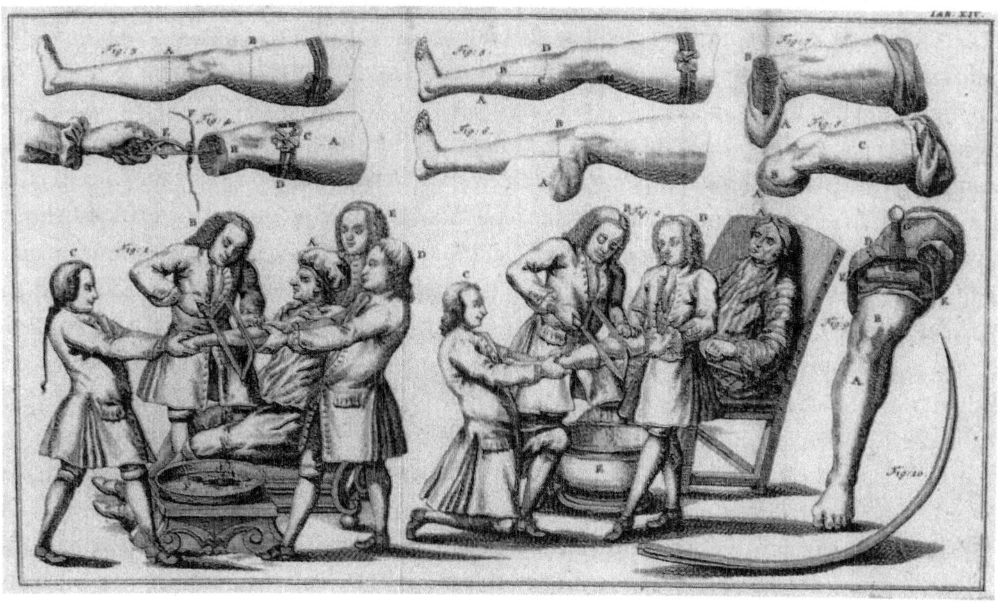

Abb. 1.4 Chirurgische Verrichtungen im 18. Jahrhundert

menen Patienten im Beisein der Pensionärchirurgen und Unterchirurgen eine medizinisch oder chirurgisch gewichtete Befunderhebung, Diagnostik und Therapiefestlegung.

Kurze Zeit später herrschte erhebliche Unruhe im Krankenhaus. Die Visite in Verbindung mit dem klinischen Unterricht begann. In Uniformen mit blitzenden Knöpfen folgte eine „preußischblau-rote Wolke" den vorauseilenden Chefs auf Schritt und Tritt. Die schweren Stiefel aller dem medizinischen Dienst zugewiesenen Studierenden des *Collegium medico-chirurgicum* ließen die Treppen, die Holzdielen in den Krankenräumen und auf den Gängen beben. Von Zimmer zu Zimmer, von Bett zu Bett erfolgte in Gegenwart der Zuhörer die Untersuchung der Patienten, die Fallbesprechung bis hin zu detaillierten Therapieanweisungen und einer für den Patienten nicht immer tröstlichen Prognose.[65] Selten dauerte der mit der Visite verbundene klinische Unterricht länger als die vorgesehenen zwei Stunden – rein formal war vielleicht nicht einmal eine halbe Minute Zeit für jeden Patienten. Wenig, zu wenig Zeit für die Kranken der Charité – doch in der Stadt warteten zahlungskräftige Patienten, ehrenvolle Einladungen und illustre Abendveranstaltungen.

Innere Kuren und die Behandlung der Syphilis

Die Medizin der Aufklärung vereinigte traditionelle therapeutische Prinzipien aus der so genannten Humoralpathologie mit einem zunehmenden Interesse an der Erforschung der menschlichen „Maschine" und einem regen Erfindungsgeist, der vor allem auf dem Gebiet der Chirurgie Früchte trug. Die Innere Medizin versuchte, die als Ursache der verschiedensten Symptome vermutete Säfteverderbnis durch Diät und die Entfernung der im Blut zirkulierenden Schadstoffe zu beeinflussen, die teils als Gifte oder als Miasmen, teils als Schärfen oder Säuren, teils als Fäulnisprodukte vorgestellt wurden. Das allgemeine Ziel, den Kranken zu kräftigen und den Körper bei der Austreibung der Schädlichkeiten zu unterstützen, war in fast allen Fällen gleich. Aber die Wahl der Mittel hing von den Erfahrungen des jeweiligen Arztes, den vor Ort vorhandenen Bedingungen und den finanziellen Möglichkeiten ab. Zum Einsatz kamen Abführ- und Brechmittel in verschiedener Stärke, schweiß- und harntreibende Mittel, Aderlass, Schröpfköpfe und Blasenpflaster, heiße und kalte Umschläge, Dämpfungen und Bäder. Die „inwendig" verabreichten Arzneien konnten aus Heilkräutern oder aus Mineralien zubereitet sein. Oft handelte es sich um hochkomplizierte und kostspielige Zubereitungen, denen zur besseren Akzeptanz noch wohlriechende oder wohlschmeckende Elemente beigemischt waren. Dabei trugen die Ärzte in klassischer Weise der individuellen Konstitution und Lebensweise ihrer Patienten Rechnung. So war es klar, dass zarte Individuen anders behandelt werden mussten als robuste, vollblütige anders als hagere und dass arme und geschwächte Kranke eine andere Diät benötigten als empfindliche oder verwöhnte Reiche.

Die Geschlechtskranken gehörten zwar traditionell zur Klientel der Chirurgen, weil sie „äußere Schäden" wie Hautveränderungen und Geschwüre aufwiesen, doch ihre Behandlung geschah durch „inwendige Mittel". Als einzige verlässliche und bezahlbare Therapie galt dem dirigierenden Arzt Eller die Quecksilberkur, womit er sich im Einklang mit der Mehrheit der europäischen Ärzte befand. Schon 1730 hatte er an der Charité, wie er schrieb „etliche 100 Personen" durch diese Kur geheilt. Er ging davon aus, dass die Lustseuche beim Geschlechtsakt durch ein „venerisches Miasma" übertragen würde, das im Blut des Kranken eine „venerische Schärfe" entstehen ließ, die die Ursache von Hautausschlägen, Lymphknotenschwellungen, Ödemen, Eiterungen und Geschwüren darstellte.[66] Ziel der Therapie musste es sein, das „venerische Gift" wieder aus dem Körper zu entfernen, wozu die üblichen Schweiß- und Abführkuren nicht ausreichten. Durch die Quecksilberkur kam es (als Zeichen der Quecksilbervergiftung) zu Durchfällen, allgemeinen Schweißausbrüchen und heftigem, übelriechenden Speichelfluss. Dabei wurde die so genannte „Salivation" als entscheidende Phase im Heilungsprozess begriffen, weil – so die Theorie – mit dem „häufigen Abfluß eines dicken zähen, oft scharfen und stinkenden Speichels" das venerische Gift aus dem Körper eliminiert wurde. Die Nebenwirkungen der Quecksilbervergiftung (wie Mundgeschwüre, Zahnausfall, Leibkrämpfe, Durchfälle und Erbrechen, Muskelzuckungen und Erregungszustände) wurden zu diesem Zweck in Kauf genommen.

Eller selbst sah diese Kur als grausam an und mahnte alle, die meinten, dass „dergleichen Kranckheit als eine Straffe der Geilheit und verbothenen Üppigkeit anzusehen" und daher des christlichen Mitleids nicht wert sei, dennoch Nächstenliebe walten zu lassen, „da die schmerzlichen Zufälle, welche diese peinliche Cur insgemein zu begleiten pflegen" für die Betroffenen schon Strafe genug seien. Die Aufgabe der Charité, durch Zwangsbehandlung der Infizierten die Ausbreitung von Geschlechtskrankheiten einzudämmen, traf vor allem ledige Frauen. Nach den vorliegenden Zahlen waren zwischen 55 Prozent und 63 Prozent aller in der Charité behandelten Frauen ledig, wobei zu Anfang die Zahl der ledigen Schwangeren die der Geschlechtskranken überwog. Anfang der 1770er Jahre wurden schließlich 45 Prozent aller Charité-Patientinnen wegen einer venerischen Infektion aufgenommen.

Tabelle 1.5 Anteil der Ledigen, Schwangeren und Venerischen an allen Lazarett-Patientinnen.

	1730er	1740er	1750er	1760er	1770er
	%	%	%	%	%
ledig /unehelich	63,2	62,5	62,6	54,5	55,9
schwanger	17,0	34,0	33,0	29,4	20,0
„infiziert"	14,0	18,8	k. A.	k. A.	45,3

Natürlich wurden nicht nur „liederliche ledige Weiber" der Cur unterzogen, sondern auch zahlreiche, an der Verbreitung der Seuche beteiligte männliche Militärpersonen. Auch nutzten offenbar nicht nur die Bedürftigen die Gelegenheit einer diskreten Behandlung in der Charité. Dabei erfuhren natürlich höhergestellte oder protegierte Personen eine Sonderbehandlung. So z.B. eine „Anno 1729 [...] von Potsdam in unser Lazareth gesandte Frau N.H.", die 39 Jahre alt war. Bei ihrer Untersuchung fand Eller eine generalisierte syphilitische Symptomatik vor: „Weil diese Patientin zur besondren Aufsicht anbefohlen war, so hielt man [es] für rathsam, sie in eine kleine Stube apart zu bringen." Und da die Patientin zudem eine „schwache Brust" hatte, beschloss Eller, auf die eigentlich gebotene Quecksilberkur zu verzichten. Stattdessen erhielt die Kranke über zwei Monate hinweg schweißtreibende Arzneien und milde Abführmittel, sowie eine Mixtur, in der sich auch das seit dem 16. Jahrhundert als Syphilistherapeutikum umstrittene, teure Guajak-Holz befand. Nach zehn Wochen „verließ diese höchst infiziert gewesene Patientin mit Vergnügen unser Lazareth, und die vor kurzem noch eingezogenen Nachrichten von einer völligen Gesundheit bekräftigten, dass die Genesung gründlich" war.[67]

Die glückliche Kur der Marie S.

Die schwangere und geschlechtskranke Marie S., 24 Jahre alt und ledig,[68] konnte solche Rücksichtnahme nicht erwarten. Doch für einen Menschen in ihrer Lage war schon die Tatsache, dass sie in der Charité Aufnahme fand, eine Wohltat. Während andere Schwangere, die auf ihre Niederkunft warteten, innerhalb des Hospizes untergebracht waren und sich im Sinne der Anstalt nützlich machen sollten, erhielt Marie, wie alle neu aufgenommenen Kranken, saubere Anstaltskleidung und ein ordentliches sauberes Bett. Und da die syphilitische Symptomatik mit Rücksicht auf das Kind im Mutterleib noch nicht mit Quecksilber behandelt werden konnte, gab man ihr nur spezielle Abkochungen und „ordnete ihr eine gute Diaet zu." Außerdem versuchte man, als die Geburt näher rückte, die erhebliche Schwellung und Geschwürbildung an den Genitalien durch lindernde Umschläge zu mindern, was jedoch nicht gelang. Und schließlich kam die Patientin zur erwarteten Zeit „wieder alles Vermuthen glücklich nieder". Und auch das Neugeborene war ebenfalls „wieder alles Vermuthen gesund und frisch."

Die besondere Pflege und Schonung im Wochenbett galt Ärzten und Laien als unverzichtbar. Und so blieben die Mütter mit ihren Kindern selbstverständlich nach der Geburt noch sechs Wochen in der Wöchnerinnenstube der Charité. Anschließend war vorgesehen, dass die Frauen die ihnen angediehenen Wohltaten durch Arbeit in der Charité zurückzahlten, wozu auch eine Tätigkeit als Säugamme gezählt wurde. Im Fall von Marie S. wollte man, um eine Infektion des Kindes durch die Mutter zu vermeiden, eine der anderen Wöchnerinnen dazu bringen, das Kind zu stillen. Doch „die Weibsstücke [...] weigerten sich aufs äußerste, solch Kind anzulegen, wozu man sie auch vernünftiger Weise nicht wohl zwingen konnte." So musste das unschuldige Kind statt gesunder Muttermilch „heßlichen venerischen Eyter" aus den Brüsten seiner Mutter saugen.

Nachdem die sechs Wochen vorüber waren, wurde Marie S. aus der Wochenstube verlegt und zusammen mit sechs oder sieben Mitpatientinnen in die Salivations-Stube gebracht, einen Raum, der mit einem tüchtigen Ofen ausgestattet war und dessen Fenster und Türen hermetisch abgedichtet werden konnten. Am 18. März 1728 wurde mit der Salivations-Kur angefangen. Diese begann zur Mobilisierung der die Krankheit verursachenden Materie mit einem drastischen Abführmittel auf der Basis von *Resina Jalapae*, einem stark und unangenehm riechenden, widerlich bitter schmeckenden pulverisiertem Harz, dem man zur Geschmacksverbesserung fein verriebene Mandeln beigemengt hatte. Danach gab es eine erste orale Gabe *Mercurii dulcis*[69]. An weiteren 34 Tagen wurden der Patientin in vorsichtig gesteigerter, gelegentlich auch wieder etwas reduzierter Dosierung nicht weniger als 19 Gramm dieser Quecksilberzubereitungen verabreicht. Nach fünf Tagen stellte sich erstmals mäßiger Speichelfluss ein. Am zehnten Tag gelang es der durch die beständige Hitze und den infernalischen Gestank in Panik geratenen Patientin jedoch, der engen übelriechenden Stube zu entkommen und sich dabei der frischen Luft auszusetzen. Prompt setzte der Speichelfluss aus, und sie bekam „ein Fieber", und die „in Bewegung gebrachte Lymphe" suchte sich andere Wege: An mehreren Tagen hatte die Patientin Durchfälle, was den zögernd wieder einsetzenden Speichelfluss erneut zum Versiegen brachte.

Es kam ziemlich häufig vor, dass Patienten unter der Quecksilber-Kur in Erregungszustände verfielen und versuchten, sich gewaltsam zu befreien. Deshalb wurden die Salivations-Stuben extra bewacht und das Wartungspersonal sollte möglichst aus Personen bestehen, die schon selber eine derartige Kur überstanden hatten. Auch sollten in den Stuben, deren Fußboden bald von stinkendem Schleim bedeckt war, regelmäßig Räucherungen durchgeführt werden. Dagegen sollten die Kranken für die Dauer der Kur nicht die Krankenhauswäsche wechseln, sondern erst an deren Ende frische Kleidung erhalten. Man achtete natürlich auch darauf, dass die Kranken reichliche Flüssigkeit zu sich nahmen. Marie S. bekam abgekochte Getränke, Hafergrütze, gewärmtes „Speise-Bier", natürlich aus dem Brauhaus der Charité, Fleischbrühen und Gerstensuppen – also Speisen, die nach humoralpathologischer Lehre als schleimfördernd galten. Am 17. und am 19. April verabreichte man der Patientin zudem eine „*Stricade* am *tarso*", also eine Einreibung auf dem Fußrücken, bestehend aus ½ Drachme (entspricht 1,88 Gramm) metallischem Quecksilber in Fett angerührt, einer Zubereitung, die auch noch im 19. und frühen 20. Jahrhundert unter dem Begriff der „grauen Salbe"[70] reichliche Verwendung finden sollte. Am Tag darauf fing die Kranke endlich an, reichlich Speichel abzusondern. Darauf verloren sich bald alle Hautunreinigkeiten und auch die „Geschwüre und Geschwelle" im Schambereich verschwanden schließlich ganz.

Während der ganzen Kur hatte Marie S. ihr Kind gestillt, denn nur so hatte der Säugling überhaupt eine Chance zu überleben. Eine einigermaßen verträgliche künstliche Säuglingsnahrung sollte erst um 1900 in der Kinderklinik der Charité entwickelt werden. Doch obwohl das Kind, wie Eller schrieb, während „der Salivation der Mutter, durch das tägliche laxiren [d.h. abführen], als ein *Sceleton* ausgezehret [...] war, so vermochte es doch nicht zu sterben".[71] Vielmehr reinigte sich auch sein „Geblüth", und ein hässlicher Ausschlag, der sich zwischenzeitlich entwickelt hatte, verlor sich ganz. Nach dem Ende der Kur, als die Mutter wieder mit großem Appetit zu essen begann, nahm auch das Kind wieder zu und wuchs gehörig, sodass schließlich, d.h. mindestens acht Monate nach Maries Aufnahme, „Mutter und Kind bei voller Gesundheit unser Lazareth verließen". – Das war aus heutiger Sicht eine fatale Fehleinschätzung. Doch bei dem Leben, das die junge Mutter und ihr Kind außerhalb der Charité erwartete, werden die beiden die Spätfolgen der Infektion und ihrer Therapie voraussichtlich nicht mehr erlebt haben.

1.5 Charité-Kritik am Ende des 18. Jahrhunderts

Die Charité blieb bis zur Wende zum 19. Jahrhundert das Armenkrankenhaus Berlins vor den Toren der Stadt. Die ständig wachsende Zahl an Aufnahmen, Raumnot, Überfüllung, Hospitalbrand (wie die gefürchteten Wundinfektionen bezeichnet wurden), Gestank und eine miserable Versorgung prägten weiterhin das Bild in der Öffentlichkeit. Selbst der Charité-Prediger Johann Georg Wilhelm Prahmer (1770–1812) beschritt1798 notgedrungen den Weg, mit „einige[n] Worte[n] über die Berliner Charité zur Beherzigung aller Menschenfreunde" den Mangel öffentlich anzuprangern.[72] Die Wärter seien oft selbst meist noch krank und gebrechlich, sie würden die ärztlichen Anordnungen nicht gleich oder überhaupt nicht ausführen, die Beheizung sei unzureichend und die Lagerung von frisch operierten Patienten auf Strohsäcken unmenschlich. Eine zeitgleiche Satire pries die Charité gar als förmliches „Entvölkerungsinstitut". Der Vergleich mit der Tierarzneischule auf der anderen Seite der Luisenstraße trieb die Kritik auf die Spitze:

> Solche kleine Unannehmlichkeiten, wie die Verunreinigung der engen Wohnstuben, die von lauwarmen Pestdampf geschwängerte Athmosphäre, und die durch Ausdünstungen aller Art herbeygeführten Fieber und Seuchen sind beynahe von allen Armenanstalten unzertrennbar. Davon also kein Wort! Durch die Erweiterung des Gebäudes, die, wie man versichert, im Werk ist, wird dem Allem in Zukunft vorgebeugt. – Wie viel aber die leidende Menschheit von dieser vorhabenden Reform erwarten darf, ist jedem einleuchtend, der die unendlich prachtvolle Ecole vétérinaire mit ihren kostbaren Dampfbädern und angestellten Professoren für kranke – Pferde und Schooßhunde in Augenschein genommen hat.[73]

Während man tatsächlich an der Panke für die königlichen Rösser ein Dampfbad eingerichtet hatte, blieben die sanitären Verhältnisse an der Charité schlecht. Daran änderte auch der Neubau nichts, für den 1785 nach langen Querelen um die Finanzierung endlich der Grundstein gelegt wurde. Der Abschluss der Baumaßnahme sollte sich jedoch bis über die Jahrhundertwende hinziehen. Man praktizierte das gleiche Verfahren wie 100 Jahre später beim Neubau der Psychiatrischen Klinik bzw. 1912 beim Neubau der Medizinischen Kliniken: Im laufenden Betrieb wurde das Krankenhaus quasi scheibchenweise leergezogen, abgetragen und dann stückchenweise das neue Gebäude auf der Grundfläche des alten errichtet. 1788 konnte ein Seitenflügel des Neubaus bezogen worden. 1794 folgte der zweite

Seitenflügel, und im Sommer 1800 war schließlich auch der verbindende ca. 150 Meter lange Mitteltrakt fertig gestellt, so dass man noch im ersten Jahr des neuen Jahrhunderts die Einweihung feiern konnte. Davon nahm die Berliner Bevölkerung jedoch kaum Notiz. Das lag nicht nur daran, dass den wohlsituierten Bürger die Armeneinrichtung vor den Toren der Stadt wenig berührte. Vielmehr hielten zu diesem Zeitpunkt andere Ereignisse die Einwohner Preußens in Atem, denn mit den Niederlagen der österreichischen Armee gegen Napoleon zeichnete sich das nahende Ende des alten Reichs immer deutlicher ab.[74]

Die Hoffnungen auf eine Besserung der Zustände erfüllte der später als *Alte Charité* bezeichnete Neubau aber nicht. Auf die Einrichtungen von Toiletten oder Abtritten hatte man aus Kostengründen verzichtet, fließend Wasser gab es nur im Erdgeschoß, und die Zahl der Kranken stieg weiter an.[75] Wieder wurden Kommissionen beauftragt – diesmal waren es Johann Ludwig Formey (1766–1823) und der alte Heim, wie die Berliner den beliebten Stadtarzt Ernst Ludwig Heim (1747–1834) nannten, die im Auftrag von Friedrich Wilhelm III. (1770–1840) die Charité visitierten – und die altbekannten Vorwürfe bestätigten. Daraufhin wurde zwar die jährliche Zuweisung aus dem Staatshaushalt erhöht, doch völlig unzureichend, so dass die Charité weiterhin chronisch unterfinanziert blieb (ein Berliner Dauerbrenner). Als 1810 die Medizinische Fakultät gegründet wurde, waren diese grundlegenden Mängel – neben den im Kapitel zwei erörterten Gründen – ein weiterer Anlass, die Charité nicht für die universitäre Ausbildung heranzuziehen. Als Armenkrankenhaus und ohne ausreichende Mittel war auch mit einem Königlichen Krankenhaus keine Wissenschaft zu machen.

Volker Hess

2. *Die Alte Charité, die moderne Irrenabteilung und die Klinik (1790–1820)*

Am Samstag, dem 1. August 1812, traf Christian Friedrich Baudius in der preußischen Residenzstadt ein. Er und seine Reisebegleiter waren erschöpft. Der Weg war lang gewesen vom sächsischen Luckau. Von der Hitzewelle der kommenden Tage war noch nichts zu spüren, vielmehr war es kalt und der Postweg bei Goißen wegen des vielen Regens kaum passierbar. Mehr als einen Tag waren der 52jährige Landprediger und seine Begleiter unterwegs gewesen. Nun mussten sie nur noch die Stadtmitte queren, um die im Nordwesten gelegene Charité zu erreichen. Auf ihrem Weg quer durch die aufsässige Residenz passierten sie mehrmals französische Militärwachen, die aus Angst vor Aufständen und Sabotageakten seitens der feindseligen Bevölkerung patrouillierten. Noch stand der Stern Napoleons, der die Stadt 1806 besetzt hatte, hoch am Himmel Europas. Seine *Grande Armee* drang siegreich in Russland vor. Doch im zwangsverbündeten Preußen regte sich Widerstand. Wenige Tage später sollten bei der Berliner Parade zu Ehren von Napoleons Geburtstag Steine fliegen. Doch da hatte die kleine Reisegruppe die Stadt längst über die Spandauer Vorstadt wieder verlassen. Kurz vor zwei wurde Baudius am Tor der Charité gemeldet.[1]

Für die Familie – und womöglich auch für Baudius selbst – war die Reise zur Charité die letzte Hoffnung. Alle Versuche, die 1803 erstmals aufgetretene Geisteskrankheit zu behandeln, waren vergebens geblieben. Auch das „berühmte Mineralbad", zu dem Baudius zweimal gereist war, hatte nicht geholfen. Zwar hatte sich der Landprediger zwischenzeitlich etwas erholt und sein Amtsgeschäft wieder aufgenommen, doch verbrachte er die meiste Zeit schwermütig im Bett, nur selten unterbrochen von Ausbrüchen unvermuteter Heiterkeit. In den letzten Monaten hatte sich die Situation dramatisch zugespitzt, als die „Schwermuth" in eine „ausgelassene Lebhaftigkeit, unbiegsamsten Eigensinn, und eitelste Ruhmrederei" überging und „seine Begierden ihm Gesetz, seine Willkühr Vernunft" wurde. In diesen Anfällen hatte Baudius nicht nur seine Frau und Kinder misshandelt, sondern sie und sich mit dem Messer bedroht. Schließlich hatte man keine andere Möglichkeit gesehen, als sich an das Königliche Armendirektorium im gut 60 Kilometer entfernten Berlin zu wenden. Vor Ort gab es keine Einrichtungen für die Behandlung Geisteskranker. Und eine Unterbringung im Armen- oder Zuchthaus, die Ende des 18. Jahrhunderts noch als bevorzugte „Gelegenheit zur Verwahrung von dergleichen wahnwitzigen und tollen Leuten" angesehen wurden, wäre für den studierten Prediger wegen des damit verbundenen Gangs vor das „Pupillengericht“ (Vormundschaftsgericht) gleichbedeutend gewesen mit einem „bürgerlichen Tod“.[2]

Der mühsame Weg nach Berlin sollte sich lohnen. Fast auf den Tag vier Monate später wurde Baudius als geheilt in den Kreis der Familie nach Luckau entlassen.[3] In den Augen des behandelnden Arztes verdankte sich dieser Erfolg fraglos den neuen Behandlungsmethoden, die gestützt auf die neuesten Erkenntnisse eine wissenschaftliche Kur der Geisteszerrüttungen erlaubte.

An dem Schicksal des Landpredigers lässt sich paradigmatisch der Aufbruch der Psychiatrie nachvollziehen, der sich an – und mit – der Charité in den ersten Jahrzehnten des 19. Jahrhunderts vollzog. Die eben geschilderte Krankengeschichte bietet hierbei einen roten Faden, an dem entlang wir den Wandel der Charité zu einer medizinischen Behandlungseinrichtung verfolgen können. Das ist Grund genug, Baudius auf seinem weiteren Weg durch die Irrenanstalt (so der zeitgenössische Begriff) zu begleiten, und an seinem Beispiel die rasanten Veränderungen in der Charité greifbar werden zu lassen.

2.1 Neue Patienten für die Charité

Die Irrenanstalt in der Charité war ein Novum. Sie verdankte sich mehr oder weniger einem unglücklichen Zufall. Als im Herbst 1798 das Berliner Tollhaus in der Krausenstraße abgebrannt war, hatte das Berliner Armendirektorium in seiner Not einen Teil der Insassen in die Charité verbringen lassen. Die anderen kamen in das Arbeitshaus zu den dort festgehaltenen Bettlern und Vaganten, armen und pflegebedürftigen Alten, Gebrechlichen und Siechen. Der wesentliche Unterschied zwischen der Charité und dem bisherigen Irrenhaus bestand darin, dass es dort noch Ketten und aus starken Bohlen gezimmerte Tollkästen gegeben hatte, mit denen man die Rasenden zu bändigen pflegte.[4] Die Unterbringung der Irren in der Charité war lediglich als Zwischenlösung bis zum Neubau einer eigenen Anstalt gedacht. Sie hatte das Königliche Krankenhaus in große Verlegenheit gestürzt und den chronischen Platzmangel noch drängender werden lassen. Denn just war mit dem Abriss des alten, 1710 errichteten Fachwerkbaus begonnen worden. Er sollte Platz für den Mitteltrakt schaffen, der die bereits fertiggestellten Seitenflügel (1788 bzw. 1794) des lange geplanten Neubaus verbinden und damit den später als *Alte Charité* bezeichneten Dreiflügelbau komplettieren sollte. Nur wenig Entspannung brachte die Auflösung des Charité-Hospitals mit seinen knapp 160 pflegebedürftigen Hospitaliten, die in das nahe der Inselbrücke gelegene *Neue Hospital* verlegt wurden. Auch wenn eine getrennte Unterbringung von psychisch und somatisch Kranken kaum möglich war, hatte die Charité mit der Aufnahme von Geisteskranken zwei mächtige Schritte auf dem Weg zum modernen Krankenhaus getan: Erstens wurde mit der Einrichtung einer eigenen Abteilung den Irren ein Krankenstatus zuerkannt. Zweitens beschränkte die lange geforderte, nun durch die Platznot erzwungene

Verlegung der Hospitaliten die Klientel auf „heilbare Kranke" und beendete damit formal die lange Nutzung der Charité als Versorgungsanstalt und Sozialasyl.

Das notdürftige Provisorium erwies sich nämlich als erstaunlich beständig. Obwohl in den Planungen der Reformbürokratie nicht vorgesehen, sollte sich die Irrenabteilung der Charité schnell zu einem wichtigen Motor im Aufbau einer medizinischen Versorgung der Geisteskranken entwickeln. Als 1801 die erste „eigentliche" Irrenanstalt Preußens in Neuruppin auf Veranlassung der Berliner Land-Armen- und Invaliden-Verpflegungs-Direktion eröffnet wurde, war diese schnell mit chronisch Kranken überfüllt. Die Irrenanstalt der Berliner Charité hingegen erfreute sich zunehmend der Gunst des Publikums. In der Hoffnung auf Heilung wurde selbst „von entfernten Gegenden um die Aufnahme neuer Geisteskranker" nachgesucht.[5] Weder geplant noch vorgesehen, entstand aus der behelfsmäßigen Unterbringung die größte Irrenanstalt Preußens. Über den Berliner Raum hinaus übernahm die Charité bald eine zentrale Rolle für die Versorgung einer bislang marginalisierten Krankenklientel.

Die Aufnahme des Landpredigers aus dem fast 70 Kilometer entfernten Luckau im Spreewald war somit keine Ausnahme, wenn ihr auch eine langwierige bürokratische Prozedur vorausgegangen war. Es hatte eines längeren Schriftwechsels mit Attesten des Luckauer Arztes und Eingaben der Familie bedurft, um die Berliner Behörde von der Notwendigkeit einer Aufnahme Baudius' zu überzeugen, welche noch immer unter den Auswirkungen der immensen Kontributionszahlungen während der Besatzungszeit litt. Doch die Order, die nun vor dem Schreiber im „Kranken-Aufnahme-Bureau" lag, rechtfertigte diese Mühen. Nach einem kurzen Blick auf den vom Konsistorialpräsidenten Christian Friedrich von Schewe (1751–1812) unterzeichneten Brief trug der Schreiber alle Angaben zu Person,

Abb. 2.1 Die Alte Charité von Nordwesten um 1815.

Alter, Beruf und Herkunft in einen Quart-Band ein, nahm die stolze Vorauszahlung in Höhe von 50 Reichstalern entgegen und stellte ein jeweils spezielles Formular für den Oberkrankenwärter und den Stationschirurgen der Irrenabteilung aus.

Ein Gang durchs Krankenhaus

Nach der Registrierung wurde Baudius abgeholt und fast durch das gesamte Gebäude geführt. Die Irrenanstalt war im Kopfende des rechten Seitenflügels über alle drei Stockwerke untergebracht, so dass sich Baudius, wäre er nicht vollauf damit beschäftigt gewesen, den ihn begleitenden Sub-Chirurgen als Leibarzt zu requirieren, das ganze Elend einer Armenanstalt dargeboten hätte. Der Gang durch den fast 150 Meter langen Korridor des großen Dreiflügelbaus war erschreckend. Mit Bangen und Hoffen dürften die Angehörigen Baudius durch die langen Flure der Charité begleitet haben, „stutzend über den Anblick des Mischmasches, der halb bedeckten, halb zerlumpten, auch wohl bald nackenden Wesen, wovon die Stuben vollgepropft waren", bis sie ihn endlich im Kopf des rechten Seitenflügels in einem für „zahlende Kranke" vorbehaltenen Zimmer abgeben konnten.[6]

Am schlimmsten war der Gestank. Viele Zeitgenossen prangerten übereinstimmend den „widerlichen Geruch" in den Krankensälen an, der umso schlimmer war, je mehr man sich den Krankenbetten näherte. Selbst abgebrühte Lazarettärzte mussten „sich überwinden, [um] der Prüfung einzelner Kranker die gehörige Ruhe und Zeit zu widmen".[7] Ursache war nicht allein die der Heizkostenersparnis wegen unterlassene Lüftung der Räume. Auch die Reinigung der Kranken war unzureichend. Es gab kein fließendes Wasser auf den Stockwerken. Jeder Eimer musste einzeln über Treppen und Flure herangeschafft werden. Auch behielten die meisten Kranken ihre verlumpten Kleider an (eine Krankenhauskluft wurde erst 1815 eingeführt), und das Stroh der Betten wurde oft erst gewechselt, wenn es verwanzt und zu Häcksel verrottet war. Toiletten waren weder in den Krankensälen noch auf den Fluren vorhanden. Die Exkremente wurden in hölzernen Eimern gesammelt, die nach kurzem Gebrauch kaum noch sauber zu bekommen waren. Für Nachteimer aus Metall fehlte trotz beständiger Klagen das Geld. Die Entsorgung erfolgte frühmorgens durch den so genannten Abtritt, einen hölzernen Kasten, der mit einem Räderwerk an der Außenwand entlang abgelassen wurde. Und die Fäkaliengrube, in der aller Unrat entsorgt wurde, lag gerade einmal dreißig Meter vom Kopf des linken Seitenflügel entfernt – mit einem Wort: Die hygienischen Zustände spotteten jeder Beschreibung und der Berliner Volksmund meinte, die Pferde der Königlichen Tierarzneischule auf der anderen Seite der Luisenstraße seien besser verpflegt und sauberer gehalten als die Kranken der Charité. In der Tat gab es dort ein aufwendiges Warmwasserbad für die königlichen Rösser.

Diese Missstände waren seit Jahren weithin bekannt. 1798 hatte eine bitterböse Satire den Verantwortlichen in Form einer fingierten Bittschrift vorgeworfen, dass die Charité im Verein mit den Berliner Destillateuren den gleichen wohltätigen Effekt auf ein all zu schnelles

Wachstum der Bevölkerung hätte wie die Guillotinen in Paris oder die Findelhäuser zu Amsterdam. Wilhelm Prahmer (1770–1812), der Geistliche der Charité, hatte diese Kritik mit einer ausführlichen Beschreibung der Verhältnisse weitgehend bestätigt. Wie in solchen Fällen üblich, wurde eine Königliche Kommission zur Untersuchung der Übelstände eingesetzt. Deren Berichte waren jedoch gewohnheitsgemäß geschönt und wie üblich blieben die eingeleiteten Maßnahmen unzureichend.

Abb. 2.2 Die 1800 fertig gestellte Alte Charité um 1839 von Süden gesehen.

Jetzt, in den Sommermonaten 1812, war überhaupt nicht auf grundlegende Verbesserungen zu hoffen. Hof und König waren erst seit wenigen Monaten wieder in der Stadt, der Staatssäckel durch die hohen Tributzahlungen an die Franzosen leer, das Inventar und Personal der Charité durch die mehr als zweijährige Nutzung als französisches Lazarett verschlissen und die leitenden Ärzte der Anstalt tief in Intrigen und Machtkämpfe bis vor das Berliner Kammergericht verstrickt. Von dem Aufbruch und den einschneidenden Reformen, die in den letzten fünf Jahren die preußische Gesellschaft zutiefst erschüttert hatten, war in den Krankensälen wenig zu spüren. Noch im Vorjahr war eine unangemeldete Inspektion der Berliner Polizeibehörde auf die altbekannten Missstände getroffen und hatte allerorten großen „Mangel“ und „Übelstand“ konstatiert.[8]

Davon war auch die Irrenanstalt nicht ausgenommen. Baudius blieb als zahlender Kranker jedoch von einigen Anmutungen einer Armenanstalt verschont, als er vom Hausvater und einem der drei Subchirurgen der Abteilung empfangen wurde. Der Hausvater übertrug den Laufzettel der Aufnahme in das Stationsbuch, der Chirurg befragte Baudius nach einem eigens für diese Abteilung festgelegten Anamneseschema. Außerdem untersuchte er „die innere und äußere Beschaffenheit“ des Patienten. So notierte der angehende Militärarzt in seiner Kladde das auffällig scharfe Gehör, den kurzen Schlaf, die unregelmäßigen Schweiß- und Harnabsonderungen sowie die beständige Unruhe des mageren und fast gänzlich grauhaarigen Kranken. Außer „blinden Hämorrhoiden" fand er jedoch keinen körperlichen Krankheitsbefund, so dass der Subchirurg wie üblich die Verordnungen, vor allem aber den Essensplan, für den nächsten Tag festlegte und das wichtigste in Stichworten auf der Tafel am Kopfende des Bettes notierte, zu dem man Baudius nun brachte.[9]

Tabelle 2.1 Verpflegungssätze der Charité pro Monat (1818).

einfach	4 Taler
erhöht	4 Taler 16 Sgr.
zahlende Kranke	6 Taler
zahlende Kranke (erhöht)	14 Taler
mit eigenem Wärter	25–50 Taler

Spätestens in diesem Moment wurde offensichtlich, welch privilegierten Status Baudius genoss. Er wurde nicht wie die anderen Kranken in einen der großen, 30 bis 40 Betten Platz bietenden Krankensäle gelegt. Stattdessen bezog Baudius eine kleine Krankenstube. Mehr noch: Die Ärzte hatten sich die Mühe gemacht, ihn dort mit Kranken von „ähnlichem Status und Bildung" zusammenzubringen. Baudius war beileibe kein „armer Kranker". Die praenumerando gezahlten 50 Taler überstiegen bei weitem den einfachen Verpflegungssatz (Tabelle 2.1). Das hob ihn von den meisten Patientinnen und Patienten ab – und macht zugleich deutlich, dass mit der „Irrenreform" des 19. Jahrhunderts die Unterbringung und Behandlung von geisteskranken Angehörigen in einem Krankenhause selbst für bürgerliche Kreise eine ernsthafte, wenn auch kostspielige Option darstellte.

Fürsorge und Armenwesen

Baudius war von Stand und Herkunft eine Ausnahme. In der überwiegenden Mehrheit rekrutierten sich die Patienten der Charité aus dem Kreise der in Berlin registrierten Armen. Trotz der eingeleiteten Reformen fungierte die Charité nach wie vor als Armenkrankenhaus der Stadt Berlin. Selbst in den Kriegsjahren waren dort meist mehr als 800 Kranke untergebracht, obwohl die Krankensäle nur Platz für maximal 750 Betten boten. Auch die jährliche Belegung stieg, sieht man von den Engpässen in den Besatzungs- und Kriegsjahren (1806–08/1813–14) ab, stetig an (Tabelle 2.2). Von der Zahl der Betten (über 200) war die Irrenabteilung die größte, es folgte die Abteilung für Geschlechts- und Krätzkranke mit rund 200 Betten, die Abteilung für innerlich Kranke verfügte über 150 Betten, und die chirurgische und geburtshilfliche Abteilung ebenfalls je über rund 150 Betten. Wegen der langen Liegezeiten gingen in der jährlichen Statistik die 230 bis 300 neu in die Irrenabteilung aufgenommenen Kranken jedoch fast unter. Rund 5 Prozent betrug ihr Anteil im langjährigen Mittel (siehe Tabelle 2.2 und 2.4).

Tabelle 2.2 Jährliche Aufnahmen in die Charité, 1796–1817 (abgeglichen und gerundet).[10]

Jahr	1796	1799	1802	1805	1808	1811	1814	1817
Aufnahmen	3.200	3.700	4.500	5.150	4.300	4.350	3.900	5.850

Zeitzeugen zufolge hatte Berlin am Ende des Ancien Regime noch einem bunten Gemenge geglichen aus „Residenz, Manufaktur-, Handels- und Landstadt, Dorf und Meierei – alles in einer Ringmauer zusammen". Zunehmend bestimmten jedoch Manufakturen das Bild. Dort fanden bereits 1782 rund 18.000 Arbeiter Brot und Lohn, eine Zahl, die bis zur Jahrhundertwende auf 35.000 Arbeiter anstieg. Die preußische Kapitale begann sich mehr und mehr in eine Industriestadt und ein wirtschaftliches Zentrum zu verwandeln. Bereits vor Einführung der Freizügigkeit wuchs die Bevölkerung im wesentlichen durch eine verstärkte Migration, insbesondere aus den Ostprovinzen: Zählte die Residenzstadt 1780 offiziell 140.625 Einwohner, darunter 20.000 Militärs, so war die Stadtbevölkerung 1804, also am Vorabend des Endes des alten Reiches, auf gut 182.000 Einwohner angewachsen (ein Plus von 22 Prozent). Bereits zu diesem Zeitpunkt hatte sich die brandenburgische Landstadt, die 1680 nicht einmal 10.000 Einwohner gehabt hatte, an die sechste Stelle aller europäischen Städte gesetzt. Keine 50 Jahre später hatte sich die Einwohnerzahl erneut mehr als verdoppelt (vgl. Tabelle 2.2) – und mit ihr alle Probleme, die der bis Ende des 19. Jahrhunderts andauernde Zuzug in die wachsende Industriemetropole mit sich brachte.[11]

Tabelle 2.3 Die Bevölkerungsentwicklung Berlins (in 1.000 Einwohner inkl. Garnison).

Jahr	1780	1790	1800	1810	1820	1830	1840	1850
absolut	141	151	172	163	203	239	330	424
relativ	100	107	122	116	144	170	234	301

Für diese Entwicklungen lieferte die Preußische Reformgesetzgebung von 1807 bis 1812 gewissermaßen die Initialzündung. Die mit dem Oktoberedikt von 1807 eingeleitete Abschaffung ständischer Schanken und Dienstverhältnisse verlieh der Landbevölkerung eine bis dahin unbekannte persönliche Freiheit, das Regulierungsedikt von 1811 erhöhte mit der Verpflichtung zur finanziellen Ablösung des übertragenen Grundbesitzes den Druck, diese Freiheiten auch zu nutzen. Mit der Einführung der Gewerbefreiheit im Jahre 1810 und dem Edikt zur Emanzipation der Juden von 1812 versprach die Stadt als Lebens- und Wirtschaftsraum dem Tüchtigen freie Berufswahl, wirtschaftliche Prosperität und sozialen Aufstieg, da die ständischen Monopole und kameralistischen Traditionen aufgebrochen waren. Die Suche nach Arbeit und Teilhabe am wirtschaftlichen Aufschwung ließ viele bislang leibeigenen Bauer nach Berlin aufbrechen, wo sie in den rasch wachsenden Vorstädten (vor allem in der Rosenthaler und Oranienburger Vorstadt) der langsam einsetzenden Industrialisierung ein schier unerschöpfliches Reservoir an billigen Arbeitskräften für Handwerksbetriebe, Manufakturen und Fabriken bereitstellten. Die Kehrseite war, dass die liberalen Freiheiten im gleichen Zuge mit dem Abbau traditioneller Rechte und Pflichten erkauft wurden. Das galt insbesondere für jede Form der sozialen Fürsorge im Rahmen des *Ganzen Hauses*: Im Kleinen des bürgerlichen Haushalts entband das Abschieben der Dienstboten innerhalb des ersten Jahres die Dienstherrschaft von der Versorgungs- und Betreuungspflicht im Krankheitsfalle. Die Zünfte büßten mit den alten Privilegien auch ihre soziale Funktion für kranke und gebrechliche Handwerker, Witwen und Waisen ein. Und die Städteordnung von 1808 entband im „großen Haus" den Staat von der Armen- und Krankenfürsorge und überantworte diese der eben eingeführten Selbstverwaltung der Kommunen. Die großen Problemfelder des 19. Jahrhunderts – Urbanisierung, Industrialisierung und soziale Frage sowie die Ressourcen zu ihrer Bewältigung – wurden damit an die Städte abgegeben.[12]

Im Jahr 1812 war für Berlin noch nicht absehbar, welche gravierenden Folgen die Städteordnung bringen sollte (hierzu mehr in Kapitel 3). Denn bis 1819 blieb in der Königlichen Residenz die Armenfürsorge noch in staatlicher Hand. Doch mit der Bevölkerung wuchs die Armut. 1800 zählte die Armenbehörde rund 9.400 registrierte Arme, wobei die tatsächliche Anzahl wegen der nicht miterfassten Familienmitglieder deutlich höher gelegen haben dürfte. Man geht davon aus, dass de facto 30–40.000 Menschen auf die Armenfürsorge angewiesen waren. 1828, noch bevor die Pauperisierung ihr Maximum erreichte, waren gut 16 Prozent der Berliner Familien von der Mietsteuer befreit. Damit war nach den strengen Regeln der Berliner Armendirektion jeder fünfte oder sechste Berliner nicht in der Lage, den dringendsten Lebensbedarf selbst zu decken.

Unter den Aufgaben der Armenfürsorge kam der medizinischen Versorgung wiederum eine entscheidende Stellung zu, da Dienstboten, Handwerker, Lohnarbeiter und kleine Gewerbetreibende der Unterstützung der Armenfürsorge anheim fielen, wenn sie infolge einer Erkrankung Arbeit und Einkommen verloren. Innerhalb der Armenkrankenpflege wiederum hatte die Charité eine ganz zentrale Rolle. Die Wohnverhältnisse der meisten Armen waren bedrückend, jede Hand wurde für den Lebensunterhalt gebraucht, so dass die stationäre Aufnahme oft die einzige Möglichkeit für einen „armen Kranken" war, eine angemessene Verpflegung zu bekommen. Über 11.000 Kranke insgesamt wurden 1824 über die Armenkrankenpflege versorgt, hiervon rund 1.500 in der Charité.[13]

2.2 Die „psychische Kur"

Noch am Tag der Aufnahme wurde für Baudius eine Krankenakte angelegt. Diese Form einer patientenbezogenen Aktenführung war erst seit ein paar Jahren in der Irrenabteilung eingeführt worden – und nur dort. In allen anderen Abteilungen der Charité wurden nach wie vor für alle Kranken gemeinsam Tag für Tag die auffälligen Beobachtungen und erforderlichen Anordnungen in einem großen Journal vermerkt. Doch Ernst Horn, der seit 1806 für die Abteilung verantwortliche „zweite Arzt" der Charité, hatte mit dieser Aufzeichnungspraxis „à jour" gebrochen und darauf bestanden, dass alle „Reden, Handlungen und Gebärden der Kranken" schriftlich festgehalten würden – und dafür reichte die Spalte des üblichen Journals nicht aus. Das Krankenjournal gab nun nicht mehr den tagtäglichen Überblick über das Geschehen des Krankensaals oder der Abteilung, sondern dokumentierte stattdessen den Verlauf einer einzelnen Erkrankung, ihre besondere Geschichte, die auf diese Weise ein Gegenstand der klinischen Aufmerksamkeit und der medizinischen Neugier wurde.

Schon die Einführung dieser ausführlichen Dokumentation machte die besondere Aufmerksamkeit für das Phänomen der Geisteskrankheit augenfällig, die eine entscheidende Voraussetzung für die Psychiatriereform war. In Berlin trug eine besondere personelle Konstellation zur Durchsetzung des neuen Konzepts bei. Mit dem späteren Kultusminister Karl vom Stein zum Altenstein (1770–1840) war 1810 auch der fränkische Reformpsychiater Johann Gottfried Langermann (1768–1832) als Staatsrat für Medizinalangelegenheiten nach Berlin berufen worden. Langermann hatte wenige Jahre zuvor das Bayreuther Irrenasyl St. Georgen in eine moderne Heilanstalt für Geisteskranke umgewandelt. In Berlin fand er in Ernst Horn (1774–1848) einen kongenialen Praktiker vor, der der Irrenabteilung sein besonderes Engagement widmete. Als dritter Kopf der Berliner Reformen ist Johann Christian Reil (1759–1813) zu nennen, der mit der Gründung der Berliner Universität 1810 zum Professor für die Innere Medizin berufen wurde. Reil hatte lange als Professor und Stadtphysikus in Halle gewirkt, doch beruhte sein medizinischer Ruf auf seinen hirnphysiologischen Arbeiten und seinen theoretischen Schriften, darunter auch die „Rhapsodien über die Anwendung der psychischen Curmethode auf Geisteszerrüttungen" (1803), die mit ihrer Kritik am bestehenden Irrenwesen ein breites und aufmerksames Publikum gefunden hatten. Denn weit über den Kreis der in Verwaltung oder Fürsorge unmittelbar betroffenen Professionellen hinaus erregten Irrenanstalten und Tollhäuser schon Ende des 18. Jahrhunderts das Interesse der aufgeklärten Öffentlichkeit.

Sichtbares Zeichen war eine breite literarische Aktivität, die sich von Karl Philipp Moritz' (1756–1793) Unternehmen eines *Magazins für Erfahrungsseelenkunde* (1783–1793) über die Geburt des psychologischen Romans bis hin zu den zahlreichen Reise- und Besuchsberichten erstreckte. Welche Faszination und Betroffenheit von dem Phänomen des Wahnsinns ausging und die Reformen auf diesem Feld vorantrieb, verdeutlicht der Bericht eines unbekannten Autors, der 1805 die Irrenabteilung der Charité mit einer „Dante'schen Höllen-Vision" verglich, zugleich aber von der „scharfen Bestimmtheit und wahren Tiefe" jener „Wunderwesen" zutiefst in Bann gezogen war. Nicht die konkreten Verhältnisse, sondern der Wahnsinn als Möglichkeit und Gegenentwurf einer rationalen und bürgerlichen Welt waren es, die den unbekannten Autor faszinierten und in den Geisteskranken der Charité „jene innere unmittelbare Berührung des Gefühls" erblicken ließen, „die der Grund aller

Stunden-Plan,

nach welchem die Geisteskranken in der Irrenanstalt des Königl. Charité-Krankenhauses zu Berlin im Sommerhalbjahre 1818 beschäftigt und behandelt wurden.

Stunden	Sonntag	Montag	Dienstag	Mittwoch	Donnerstag	Freitag	Sonnabend.
5 — 6	Pünktliches Aufstehen, Reinigen und Frühstücken.						
6 — 7	Religiöse Erbauungen durch lautes Vorlesen passender, dem Fassungsvermögen der Kranken angemessener, Werke.						
7 — 8	Spazierengehen im Garten	Holzschneiden und Graben des Landes im Hofe.					
8 — 9	und gemeinschaftliche Spiele, als	Wechselseitiges Ziehen und Fahren eines eigenen Wagens für Irrenkranke im Garten.					
9 — 10	Schaukeln, Kegelspiele für weibliche Irren.	Militärische Exerzirübungen.					
10 — 11	Besuch der Charité-Kirche	Anwendung der Bäder; warme, kühle, kalte, Uebergießungen und Sturzbäder, mit Benutzung der Douche nach verschiedenen Graden und Stufen.					
11 — 12	für die Ruhigen und sonst sich Eignenden.	Unterricht im Zeichnen und Malen.					
12 — 1	Mittagsessen.						
1 — 2	Freistunden.						
2 — 3	Unterricht und Uebungen im Drechseln und in Tischlerarbeiten. Musikstunden.						
3 — 4	Vergnügungen und Spiele	Geographischer Unterricht nach einem gedruckten Leitfaden, durch Landkarten und Globen erläutert.					
4 — 5	im Garten	Spazierengehen im Irrengarten, Bewegungen und Balanzir-Uebungen, Gebrauch der Schaukeln und Stelzen.					
5 — 6	und auf dem Hofe.	Lautes, wechselndes, Vorlesen aus unterhaltenden, leicht faßlichen, Schriften.					
6 — 7	Abendessen.						
7 — 8½	Musik oder Spiele.	Bei gutem Wetter Kegelschieben für kleine Prämien. Bei schlechtem Wetter gemeinschaftliche Spiele im Zimmer, als Karten-, Domino-, Lotterie-, Schach- und Damenspiel.					
8½ — 9	Gebet und religiöse Erbauungen durch lautes Vorlesen rc., wie beim Aufstehen.						

Männer und Weiber haben zu verschiedenen Stunden, in verschiedenen von einander getrennten Zimmern und Räumen, dieselben Beschäftigungen, nur mit dem Unterschiede, daß während die Männer mit der Musik und dem Zeichnen und Malen beschäftigt sind, die Weiber zum Stricken, Nähen, Ausbessern der Wäsche, und andern weiblichen Arbeiten unter Aufsicht angehalten werden.

Abb. 2.3 Stundenplan für die Patienten der Irrenabteilung 1818.

menschlichen Verbindungen und der Keim der sich entfaltenden Vernunft ist".[14] Die Auseinandersetzung mit der Psychiatrie bot dem entstehenden Bürgertum die Möglichkeit der Identifikation, Abgrenzung, und Selbstvergewisserung. Nach der These von Doris Kaufmann institutionalisierte sich mit der Psychiatrie gewissermaßen das Andere einer modernen Vernunft, in dem ein bürgerliches Selbstbewusstsein zu sich fand. Auch wenn man diese These nicht teilen mag, so macht der Umgang mit den Geisteskranken in der Irrenabteilung der Charité den Aufbruch in eine neue Zeit deutlich.

Das fing bei dem strengen Zeitregime an, dem die Kranken ohne Rücksicht auf Herkunft und Stand unterworfen wurden (Abbildung 2.3). Penibel war geregelt, was die Patienten beiderlei Geschlechts von 5 Uhr morgens bis 9 Uhr abends zu tun hatten. Auch Baudius wurde mit „Ernst und Strenge zu einer äußeren Ordnung im Leben" angehalten, wie die Krankengeschichte vermerkte: „Schlafen, Essen, Trinken, Arbeiten, An- und Auskleiden, Reinigen seines Körpers" – alles geschah unter Aufsicht „nach bestimmter Regel und Zeitbestimmung" und wurde laufend dokumentiert. Hier kam die neue Form der patientenbezogenen Aktenführung zum Einsatz, die auf den Bögen der „Krankheits-Geschichte" ausreichend Platz vorhielt, um „jeden Excess, jede Verunreinigung, Spielerei, Neckerei der Nachbarkranken, unanständige Benehmen" und deren Bestrafung festzuhalten, ebenso jedes Zeichen der Besserung, das mit „Zufriedenheit und Lob" honoriert wurde.[15]

Der Unterschied zur früheren Einsperrung im Toll- oder Armenhaus hätte größer nicht sein können. Alles, was den Kranken zugemutet wurde, war medizinisch begründet und basierte auf einem wissenschaftlichen Theoriemodell, in das die neuesten anatomischen und physiologischen Erkenntnisse über das Hirn und die Nerven eingeflossen waren. Und auch der nach wie vor übliche Einsatz von Zwangsmitteln war in den Augen der Irrenreformer nicht Gewalt, sondern eine unerfreuliche, aber notwendige Begleiterscheinung eines eigentlich vernünftigen, humanen und aufgeklärten Vorgehens. Was die Ärzte der Charité mit Baudius machten, entsprach ziemlich genau der „psychischen Curmethode", die Reil wenige Jahre zuvor in ebenso schnellen wie kühnen Strichen skizziert, aber selber wohl nie praktiziert hatte. Jede Maßnahme begründete sich ausschließlich auf die vermittelte oder direkte Einwirkung auf das Seelenorgan. Auch Züchtigungen, soweit Kranke diese Strafe verdienten, und „unschädliche Arten" der Tortur hatten in dem Arsenal der Zwangsmaßnahmen ihren Platz. Die „Unterjochung" des Kranken war aber nur der erste Schritt eines ausgefeilten Stufenplans, mit dem der Geisteskranke „von den äussersten und rohesten Aussenwerken des Nervensystems [...] zu den mehr veredelten Nerven in den Sinnesorganen und von da zur Cultur des Seelenorgans selbst" zur eigenen „Geistesthätigkeit" und damit Vernunft gebracht werden sollte.[16] Die Reformer waren grundsätzlich davon überzeugt, dass der Kranke seiner Vernunft nicht beraubt sei und „für alle Thorheiten und für alle Handlungen, die den Pflichten und der Würde eines vernünftigen Menschen zuwider sind" verantwortlich bleibe, weshalb der Arzt ihm wie ein erziehender Vater, als verkörpertes Prinzip der Vernunft, gegenübertrat: „Uebung und Anstrengung der Körperkräfte" durch

Garten und Feldarbeit, „Uebung und regelmässige Ausbildung der Geisteskräfte und des Verstandes durch förmlichen Unterricht" und schließlich das anhaltende „Streben nach sittlicher Entwicklung".[17]

So wurde Baudius in den ersten Wochen vor allem körperlich beschäftigt. Jeden Vormittag wurde der Prediger „mit Strenge" für einige Stunden zum Holz sägen und Erde umgraben im Charité-Garten herangezogen. Diese für einen Mann des Wortes ungewohnte „Anstrengung der Körperkräfte" galt als besonders starkes Reizmittel, um die „Besonnenheit des Kranken und Gehorsam zu erzwingen". Kranke Frauen durften mit Holzgewehren und Sand gefüllten Tornistern marschieren und exerzieren. Als entscheidend galt das „System von Regelmäßigkeit", in das auch Baudius eingepasst wurde. Die äußere Strukturierung sollte auf die innere Unordnung übergreifen, die Aufmerksamkeit fokussieren und „das Verhältnis der Sinnlichkeit zu den Verstandeskräften" ausbalancieren. War erst die Besonnenheit geweckt und die Aufmerksamkeit der Verstandeskräfte gewonnen, wurde der Kranke in einem zweiten Schritt „zur eigenen Thätigkeit" genötigt, wobei von den Hand- über Kunst- zu den Geistesarbeiten übergehend weitere Reizmittel entsprechend den Gewohnheiten des Kranken zum Einsatz kamen. Baudius wurde zur täglichen Teilnahme an den mehrstündigen Vorlesungen (Reisebeschreibungen, historische Schriften etc.) angehalten, nicht als pädagogische Maßnahme, sondern als Teil der Therapie, mit der die höheren Seelentätigkeiten angesprochen werden sollten. Unserem Patienten wurde – als erster Schritt auf dem Weg der Besserung – bald das Geschäft des Vorlesens überantwortet. Schließlich wurden ihm sogar „passende Schriften zum Selbststudium überlassen" und der Kranke damit an seine vorherige Berufstätigkeit herangeführt.

Somit wurden die hochfliegenden Ideen des Reformprogramms an der Charité zumindest ansatzweise in die Praxis umgesetzt. Doch die politisch-administrative Unterstützung durch Langermann oder die wissenschaftliche Flankierung durch Reil hätten allein dieses Reformwerk auch an der Charité nicht ins Werk gesetzt. Der ganze wunderbare Apparat der Therapie, den Baudius während seiner Behandlung am eigenen Leib erfahren durfte, das instrumentelle Arsenal, das Horn einsetzte, wurde nämlich weitgehend finanziert durch das Engagement von „Freunden und Wohlthätern", die in der bürgerlichen Organisationsform einer „Unterstützungs-Kasse" die Irrenanstalt alimentierten. Mehr als 1.300 Taler waren auf diesem Wege zusammengekommen, von denen der Kaleschwagen für die körperliche Ertüchtigung im Charité-Garten ebenso bezahlt wurde wie Erd- und Himmelsgloben, Schreib- und Zeichenutensilien, Landkarten, Lesebücher und Zeitungen, die für die Vorlesungs- und Unterrichtsstunden angeschafft worden waren.

Das therapeutische Bemühen der Charité-Ärzte erschöpfte sich aber keineswegs in einer physischen und psychischen Erziehung. Auch Arzneimittel wurden breit eingesetzt. Baudius erhielt Brechmittel, bald in großen, bald in kleinen Dosen, und andere Ekel erregende Medikamente, um seine Erregung und Sprunghaftigkeit zu dämpfen und ihn zugleich für die Einwirkung der *psychischen Mittel* empfänglich zu machen. Selbst eine fast vergessen geglaubte Therapie kam zu Ehren: das Haarseil. Nach einem doppelten Einschnitt wurde Baudius ein breites Haarseil durch die Haut im Nacken gezogen und dort für längere Zeit belassen. Die Folge war eine heftige, lang andauernde und – darauf legten die Ärzte den meisten Wert – äußerst schmerzhafte Eiterung. Denn die wohltätige Wirkung, die man regelmäßig beobachtete, beruhte nach Ansicht der Ärzte nicht auf der physischen Entzündung, sondern auf den psychischen Auswirkungen des starken (mechanischen) Schmerzreizes.

Den letzten Ausschlag für die Heilung gab nach Ansicht der Ärzte der Einsatz der Drehmaschine. Dieser ein ganzes Zimmer füllende Apparat zählte zu den allerneuesten Erfindungen – der britische Irrenarzt Joseph Mason Cox (1763–1818) hatte seinen Einsatz erstmals 1803 beschrieben. Unmittelbar nach seinem Dienstantritt hatte Horn die Konstruktion und Einrichtung einer verbesserten Maschine veranlasst. Allen finanziellen Nöten zum Trotz war dieses High-Tech-Gerät der damaligen Psychiatrie (ihr Bau verschlang fast das Jahresgehalt eines Assistenzarztes) noch während der französischen Besatzung in Betrieb genommen worden: Eine Art hölzerne Zentrifuge, die über einen komplizierten Mechanismus in rasche Drehungen gebracht werden konnte. Mit dem Kopf nach außen hatte man Baudius auf der schmalen Auflage der Drehmaschine festgebunden und solange im Kreise herumgeschleudert, bis Einblutungen in die Bindehäute der Augen anzeigten, dass genügend Blut aus Rumpf und Beinen in den Kopf geströmt war.

Abb. 2.4 Drehmaschine zur Therapie von Geisteskranken um 1818.

Wir wissen nicht, ob die Patienten jener Zeit in der Lage waren, die gute Absicht, den höheren Sinn und die für die damaligen Ärzte unstrittige Rationalität dieses Arsenals von Zwangs- und Gewaltmaßnahmen zu erkennen und zu würdigen. Zumindest im Falle von Baudius war deren Wirkung frappierend, wie die Ärzte zufrieden notierten: „Auf der Stelle" änderte er „sein ganzes Wesen" und gab „einen vollständigen Wiedereintritt der Harmonie der psychischen Funktionen zu erkennen". Obwohl Horn die Behandlung angesichts des langen Krankheitsverlaufes „nur mit schwacher Hoffnung" angefangen hatte, war Baudius bereits Mitte September zum Erstaunen aller so weit wiederhergestellt, dass er alle Belastungstests bestand. Nach weiteren sechs Wochen Schonung wurde Baudius am 30. November 1812 nach Hause entlassen. Als er Berlin verließ, war die Situation in der Hauptstadt hochgradig angespannt, aber noch ruhig. Wenige Tage später traf die Nachricht von Napoleons Flucht und dem schmählichen Ende des Russlandfeldzuges ein und machte in unglaublicher Geschwindigkeit die Runde. Das Ende der französischen Besatzung war gekommen.

2.3 Die Gehirnlehre als Ratio der psychiatrischen Therapie

Das Schicksal des Landpredigers ist sicherlich nicht im statistischen Sinne repräsentativ, wohl aber – und das in mehrfacher Hinsicht – charakteristisch für den neuen Umgang mit Geisteskranken. Baudius war kein typischer Charité-Patient und alles andere als ein Klient der Armenpflege. Dennoch steht sein Fall prototypisch für ein neues Interesse der bürgerlichen Welt, das sich keineswegs im Kitzel bei der Lektüre von Reiseberichten oder in der Faszination für einen in seinem Wahnsinn als klarsichtig und den eigentlichen Sinn der Dinge sehenden „Ver-rückten" erschöpfte. Vielmehr zeugt die Behandlung, die man Baudius wie anderen Kranken der Abteilung zukommen ließ, von dem enormen Vertrauen, das man in eine moralische Erziehung hatte, die auf die Vermittlung bürgerlicher Werte (Ordnung, Pünktlichkeit und Disziplin) und bürgerlicher Bildung (Vorlesung und Lektüre) abzielte. Mehr noch: In der bürgerlichen Welt traute man der neuen Institution der Psychiatrie offensichtlich viel zu, zumindest so viel, dass die Familien ihr jene Angehörigen anvertrauten, die man kaum in ein Toll- oder Armenhaus gegeben hätte. Baudius war, wie wir auch aus anderen Fällen wissen, nicht der einzige bürgerliche Patient mit einem akademischen Bildungshintergrund. Das unterscheidet die Psychiatrie deutlich von anderen medizinischen Disziplinen, in denen das öffentliche Krankenhaus erst gegen Ende des 19. Jahrhunderts eine ernsthafte Behandlungsoption darstellte. Die in der Charité für Kranke der höheren Stände vorbehaltenen kleinen, einfenstrigen Krankenzimmer waren immer gut belegt.

Zudem steht die Geschichte von Baudius' wunderbarer Heilung auch für den enormen therapeutischen Optimismus und die Aufbruchsstimmung, die man in vielen zeitgenössischen medizinischen Abhandlungen zur Irrenbehandlung spüren kann. Auch dieser Optimismus war nicht statistisch gedeckt. Ganz im Gegenteil wies die Irrenabteilung regelmäßig eine wesentlich geringere Heilungsrate, dafür aber deutlich höhere Sterblichkeit als die anderen Abteilungen der Charité auf. Zahlen aus dem friedlichen Jahr 1805 und (in Klammern) für das Kriegs- und Krisenjahr 1813 mögen dies belegen. So wurden 40 (bzw. 41) Prozent der aufgenommenen Geisteskranken als geheilt entlassen, während auf der inneren Abteilung knapp 85 (83) Prozent und in der chirurgischen immerhin noch 71 (68) Prozent der Kranken dem Urteil der Ärzte zufolge geheilt die Charité verließen. In den gleichen Jahren verstarben 40 (bzw. 14[!]) Prozent der aufgenommen Geisteskranken, während es auf der inneren 11 (24) und auf der chirurgischen Abteilung 12 (16) Prozent waren.[18] Dennoch betrachtete die Medizin Geisteskrankheiten nun als eine prinzipiell behandel- und heilbare Erkrankung, als Geistesstörung, die dem äußeren Zugriff ebenso zugänglich war wie dem Willen der Betroffenen – vorausgesetzt, es gelang deren „Besonnenheit" zu wecken. Der therapeutische Optimismus gründete auf der Wissenschaftlichkeit des therapeutischen Ansatzes, nicht auf einer praktisch nachgewiesenen Wirksamkeit. In diesem Sinne steht der Fall Baudius' für ein therapeutisches Konzept, das sich in jedem Behandlungsschritt und bei jeder disziplinarischen Maßnahme und Gewaltanwendung als rationale, logische, in sich schlüssige – mit einem Wort: wissenschaftliche Umsetzung der zeitgenössischen Hirnforschung begriff. Der Begriff „Hirnforschung" mag hoch gegriffen erscheinen, doch wurde damals tatsächlich der Anfang einer systematischen neurowissenschaftlichen Erkundung des Denkens gemacht. Geisteskrankheiten waren für Horn, Reil und andere Reformer immer auch körperliche Krankheiten – wobei man im Gegensatz zu dem von Wilhelm Griesinger (1817–1868) nach der Jahrhundertmitte vertretenen Lokalismus sehr bewusst darauf verzichtete, sich auf einen konkreten Ort festzulegen. Der materielle Aspekt bzw. die Beteiligung des Gehirns wurde immer „im Ganzen" gedacht, nicht als morphologisch abgrenzbare Störung einer umschriebenen Region. Reil benutzte hier den Begriff des „Seelenorgans", wobei er die alte Vorstellung einer psycho-physischen Umschaltzentrale in eine funktionelle Konzeption übersetzte und damit der Medizin (und der Philosophie) einen Ausweg aus der langen und inzwischen unfruchtbar gewordenen Gegenüberstellung von Geist und Körper bot.[19] Dabei sah Reil – und mit ihm die Reformer Johann Gottfried Langermann (1768–1832), Horn und dessen Nachfolger Carl Wilhelm Ideler (1795–1860) – das Problem der psychophysischen Einheit von Empfinden, Wahrnehmen, Denken und Handeln in erster Linie unter dem Aspekt der medizinisch-praktischen Relevanz – und nicht wie das 18. Jahrhundert als medizintheoretisches und philosophisches Problem. Hier bot die frühromantische Naturphilosophie Reil und seinen Zeitgenossen einen begrifflichen Rahmen, um an sich unvereinbare Gegensätze zusammen denken zu können, ohne in einen ontologischen Dualismus zu verfallen. Auf diese Weise lässt sich Reils dynamisches Konzept der Seele mit seinen physiologischen Forschungen in Bezug setzen. Beide sind – über den naturphilosophischen Identitätsgedanken – eng aufeinander bezogen. In sie fügen sich Reils rhapsodische Überlegungen zur psychischen Kur ein, die entgegen dem Spott zeitgenössischer Rezensenten keineswegs nur der „prasselnde Schwarm von Gedankenblitzen eines leicht ergriffenen Mannes" waren, sondern sich als systematische Suchbewegung für eine rationale Basis der psychiatrischen Therapie verstanden.

In seinen umfangreichen neuroanatomischen Studien hatte Reil unter anderem das Gangliensystem (heute: autonomes Nervensystem) abgegrenzt und dessen Unabhängigkeit vom zentralen Cerebralsystem herausgearbeitet. Ebenso differenzierte er die Gehirnsubstanz nach materiellen und mechanischen Eigenschaften, um den „dynamischen Vereinigungspunkt“ aufzuzeigen, in dem unterschiedliche anatomische Strukturen in einem harmonischen Mit- und Nebeneinander eigenständiger, aber funktionell aufeinander bezogener Systeme aufgehen. Das Seelenorgan war bei Reil nicht mehr das gesuchte „Organ des Denkens“, sondern Modell für eine dynamische Integration dreier grundsätzlich verschiedener Vorstellungsweisen, die sich jeweils im nächst höheren System aufhoben: Die des eigenen Körpers (über die Körperorgane), die der Welt (über die Sinnesnerven), und schließlich die des eigenen Selbst (über das Gehirn). Jedem Vorstellungsmodus entsprach gewissermaßen einer der drei Schritte der psychischen Kur mit der körperlichen Zucht (Gartenarbeit und Exerzieren im Charité-Garten), der Reizung der höheren Sinne (Vorlesungen historischen und geographischen Inhalts) und der Selbsterfahrung (im Einüben und Erproben einer bürgerlichen Gesprächspraxis). In diesem Sinne waren psychiatrische Phänomene Störungen des Geistes und des Körpers: Wenn das „Gangliensystem auf das Gehirn durchschlägt“, so Reil, dann folgen Sinne und Muskeln nicht mehr den „Zügeln der Vernunft, sondern dem durchgebrochenen Strom der Erregbarkeiten“.[20]

Die Rücksichtslosigkeit, ja Radikalität, mit denen die Irren an der Charité einer psychischen Kur unterworfen wurden, brachte den zeitgenössischen Glauben an die Wissenschaft zum Ausdruck. Das Arsenal der Zwangsmaßnahmen legitimierte sich als wissenschaftlich begründetes und abgesichertes Behandlungsverfahren. Es realisierte in den Augen der Zeitgenossen nicht nur den medizinischen Erkenntnisfortschritt in Anatomie und Physiologie. Vielmehr war der therapeutische Ansatz in seiner Radikalität der Versuch, dieses neue Wissen möglichst umgehend zum Wohle der Kranken fruchtbar zu machen. Uns fällt es heute angesichts der drastischen Folgen für die Kranken schwer, diese selbstgewisse Überzeugung der Medizin und der Gesellschaft zu teilen. Doch muss man den Ärzten zugestehen, dass ihr theoretischer und therapeutischer Zugriff die Möglichkeit eröffnete, Wahnsinn in den physischen oder physiologischen Systemen des Denkens zu verorten und damit als eine Äußerungsform des Nervensystems zu begreifen.

Wissenschaft und Klinik – die Charité als alternatives Modell

Während Reil als theoretischer Kopf und Ideengeber der Irrenreform auf keine eigenen Erfahrungen in der Behandlung von Geisteskranken bauen konnte, verfügte der für die Irrenabteilung der Charité verantwortliche Arzt Ernst Horn über eine respektable praktische Ausbildung. Er hatte während des Studiums in Jena an Hufelands ambulatorischer Klinik und an dem *Collegium clinicum* in Loders Accouchierhaus teilgenommen, anschließend bei August Gottlieb Richter (1742–1812) in Göttingen das kennen gelernt, was im

Ausland als „neue deutsche Schule" galt,[21] und schließlich bei Johann Peter Frank (1745–1821) im Wiener Allgemeinen Krankenhaus sowie in Paris bei Philippe Pinel (1755–1821) sich dezidiert mit der Behandlung von Geisteskranken beschäftigt. Horn kannte damit aus eigener Anschauung sowohl die Institution des Wiener Narrenturms als auch Pinels *traitement moral*.

Nach einer mehrjährigen Anstellung als Garnisonsarzt in Braunschweig gelang Horn 1804 der Sprung auf das ersehnte Lehramt: Zum Sommersemester folgte er dem Ruf auf die Professur für praktische Medizin in Wittenberg, bereits im Oktober wechselte er auf die gleiche Position in Erlangen, die zusätzlich mit der Leitung des Städtischen Krankenhauses verbunden war, und im Frühjahr 1806 wurde der 32jährige als zweiter dirigierender Arzt an die Charité berufen, wo er sein Amt Ende September antrat.[22]

Tabelle 2.4 Abteilungen der Charité nach ihrem Anteil an Belegung und Sterblichkeit, 1796–1817 (aufsummiert).

	Innere	Chirurgie	Geburtshilfe	Säuglinge	Venerisch	Krätzige	Geisteskranke	Summe
behandelt absolut	29.890	9.663	5.753	4.992	10.344	15.409	3.869	**79.920**
– % der Aufnahmen	37	12	7	6	13	19	5	**100**
gestorben absolut	8.815	1.503	150	686	257	250	911	**12.572**
– % der Gestorbenen	70	12	1	5	2	2	7	**100**

Horn war kein Psychiater im Sinne moderner Spezialisierung. An der Charité war Horn – neben der Irrenabteilung – auch für die Abteilung für innerlich Kranke und die Abteilung für Geschlechts- und Krätzekranke verantwortlich. Er hatte damit für die Mehrzahl der Charité-Patienten (vgl. Tabelle 2.4) zu sorgen – und das in weitgehend eigener Verantwortung. Nominell war Horn zwar dem „ersten Arzt" der Anstalt nachgeordnet, doch hatte Christoph Wilhelm Hufeland (1762–1836), der dieses Amt seit 1801 ausübte, sich stets um andere Aufgaben zu kümmern. Insbesondere in den ersten Jahren seiner Tätigkeit an der Charité war Horn allein, da Hufeland als Leibarzt des Königs mit dem Hof aus Berlin geflohen war.

Horn trat aber nicht nur die Nachfolge von Johann Friedrich Fritze (1735–1807) als Arzt der Charité an. Er übernahm auch dessen Lehramt am *Collegium medico-chirurgicum* und war damit in die Ausbildung angehender Chirurgen und Ärzte eingebunden. Das schloss auch die Leitung des *Klinischen Kursus* ein, der 1789 aufgrund der Vorschläge Fritzes und des Generalchirurgen Johann Christian Anton Theden (1714–1797) aus der Taufe gehoben worden war. Die Berufung von Horn stand damit in jeder Hinsicht für einen in jener Zeit spezifischen Geist der Charité, bei der Krankenversorgung, medizinische Wissenschaft und klinische Ausbildung zwar jeweils auf der Höhe der Zeit waren, aber Forschung und Lehre weitgehend isoliert nebeneinander bestanden. So zeigt gerade das Beispiel der Irrenabteilung die enge Verzahnung von therapeutischer Praxis und neurophysiologischer Theorie. Das innovative Potential, das diese Verschränkung sowohl für die weitere Hirnforschung als auch für den Umgang mit Geisteskranken bereits erahnen ließ, wurde aber von der medizinischen Ausbildung nicht aufgegriffen. Die Lehre dieser Zeit orientierte sich vorrangig an pragmatischen Erfordernissen. Das sollte sich mit der Gründung der Universität zunächst nicht ändern. Denn es vergingen mehr als zwei Jahrzehnte, bis die Abteilung für Geisteskranke für den klinischen Unterricht der regulären Medizinstudenten herangezogen wurde. In den 1830er Jahren nutzte Carl Ideler, der Nachfolger Horns, seine Stellung als Leitender Arzt, um in den Kursen, die er als Extraordinarius der Medizinischen Fakultät auch im Vorlesungsverzeichnis der Universität anbot, Geisteskranke der Abteilung vorzustellen. Der Erfolg war allerdings mehr als mäßig. Erst unter Wilhelm Griesinger, dem Nachfolger Idelers, wurde die Leitung der Irrenabteilung im Charité-Krankenhaus mit dem Lehrstuhl für Psychiatrie der Berliner Universität verbunden.[23]

Der *Klinische Kursus*, den Horn mit seinem Amtsantritt an der Charité übernahm, repräsentierte hingegen ein anderes Ausbildungsmodell, das Ende des 18. Jahrhunderts in Berlin mit der Gründung der *Pépinière* institutionalisiert worden war: Das Modell einer Spezial- oder Fachschule, die vorrangig, wenn nicht sogar ausschließlich, auf die Vermittlung unmittelbar verwertbarer praktischer Kenntnisse und Fertigkeiten abzielte. Dieses Ausbildungsmodell war zutiefst der Aufklärung des 18. Jahrhunderts und ihrer Fokussierung auf die Nutzanwendung der Wissenschaften verpflichtet. Bereits Gottfried Wilhelm Leibniz (1646–1716) hatte der Medizin ein Arbeitsprogramm vorgegeben, das, in der Berliner Societät verankert, auf die „Realia" ausgerichtet war, und das sich insbesondere in der Sammlung anatomischer Beschreibungen und pathologischer Monstrositäten niedergeschlagen hatte. Der geringe Stellenwert eines Unterrichts in Irrenpflege war diesem anderen Ausbildungsmodell geschuldet.

Im Folgenden soll dieses Ausbildungsmodell anhand der dreifachen Funktion von Ernst Horn, nämlich als Leiter der Irrenabteilung, als Professor am *Collegium medico-chirurgicum* und als Verantwortlicher für den *Klinischen Kursus* etwas anschaulicher werden. Dabei soll auch der scharfe Gegensatz zu den Vorstellungen und Absichten deutlich werden, die zur Gründung der Berliner Universität 1809/1810 führten.

Wesentliche Merkmale für das Ausbildungsmodell der Spezialschule waren erstens die Konzentration auf wenige, auf die Erfordernisse des späteren Berufslebens zugeschnittene Studiengänge, zweitens die Einhaltung von vorgeschriebenen Studienordnungen, festen Stundenplänen und regelmäßigen Prüfungen, drittens der Verzicht auf ein allgemein qualifizierendes Bildungspatent. Damit einher ging die Beschränkung der Ausbildung auf „Staatsdiener im weitesten Sinne", die als Fachleute bei dem Aus- und Aufbau der Verwaltung und der Reorganisation des Militärapparats eingesetzt wurden. Viertens schließlich waren viele Spezialschulen offen für eine postgraduale Ausbildung, die im Sinne einer praktischen Qualifikationsphase sowohl auf einem handwerklichen Ausbildungspatent als auch einem grundständigen Universitätsstudium aufbauten.[24]

2.4 Die Charité als Klinik der Pépinière

Eine solche Spezialschule stellte das *Collegium medico-chirurgicum* dar (nicht zu verwechseln mit dem *Collegium medicum*, dem Organ der Medizinalverwaltung). Ende 1723 vom König autorisiert, umfasste es zunächst sieben ordentliche Professorenstellen, die 1797/98 um weitere Professuren für Militärmedizin, Zoologie, Naturgeschichte, Logik und angewandte Mathematik erweitert wurden. Das *Collegium medico-chirurgicum* war damit weit besser als eine durchschnittliche Fakultät ausgestattet. Der Lehrkörper rekrutierte sich vor allem aus den Hof- und Leibärzten, den leitenden Chirurgen und Ärzten des Militärs, einem Chemiker und Apotheker sowie weiteren Fachleuten. Es repräsentierte damit die medizinische Elite der Hauptstadt. Im Gegensatz zu einer Universität verfügte das *Collegium* aber weder über Geld noch Räume noch über eigene Gerichtsbarkeit: Die Societät gab das Geld, das *Theatrum anatomicum* die Unterrichtsräume, die Hofapotheke das Laboratorium, der Botanische Garten das Herbarium – und die Verantwortung lag letztlich in den Händen des Staatsministers als Vorsitzendem des medizinischen Fachkollegiums.

Grundsätzlich konnte jeder an der Spezialschule studieren. Die Mehrzahl der Immatrikulierten waren Studierende der Medizin und der Chirurgie, aber auch Pharmazeuten sowie „Beflissene der Badekunst". Das Gros der Hörer stellten indes – den Vorbehalten Friedrich Wilhelms I. (1713–1740) gegen eine praxisferne Kathedergelehrsamkeit folgend – die Militärchirurgen. Die Vergrößerung des *Collegiums* erfolgte parallel zum Ausbau der militärchirurgischen Ausbildung. Nachdem im Laufe des 18. Jahrhunderts die Stellen für zunächst acht, schließlich 16 Pensionärchirurgen aufgestockt worden waren, wurde 1795 der letzte Schritt zur Institutionalisierung getan und eine eigene militärchirurgische Schule gegründet: Nach langem Drängen ließ sich der König von Johann Friedrich Goercke (1750–1822), Generalstabs-Chirurgus und ehemaliger Pensionärchirurg, zur Gründung einer *Pépinière*, also einer „Pflanzschule", überreden, um den steigenden Bedarf an Militärärzten zu decken. Um sich für den Regimentsdienst zu qualifizieren, bekam eine Auswahl von 50 aus dem ersten Koalitionskrieg heimkehrenden Lazarettchirurgen die Chance, in Berlin bei freier Kost und Logis die höhere Chirurgie zu studieren. Das *Collegium medico-chirugicum* erhielt damit die Funktion einer offiziellen Lehranstalt der *Pépinière*.

1797 wurde die Zahl der Stipendien auf 90 aufgestockt und der Zugang für jeden Bewerber geöffnet, wobei chirurgische Vorkenntnisse erwünscht, aber nicht Bedingung waren. Die weitgehend kostenfreie Ausbildung zum Arzt bzw. Chirurgen war mit der Verpflichtung eines anschließenden achtjährigen Militärdienstes verbunden, was vor allem für Söhne weniger bemittelter Familien ein großer Anreiz war. Außer für Uniform, Zivilkleidung und zusätzliches Taschengeld hatten die Eleven keine Kosten aufzubringen. Anders die Volontäre, von denen je zwei in jedem Semester neu aufgenommen wurden für die Vorauszahlung von halbjährlich 114 Talern für Matrikel, Hörergelder und Krankenkasse sowie Beiträge zur Speisegelderkasse und für die Unterkunft. Neben den rund 110 Zöglingen beherbergte die *Pépinière* rund 60 Regimentschirurgen, die in der Tradition der Pensionärchirurgen für ein, später zwei Jahre zur Weiterbildung abkommandiert waren und sowohl in der Charité als auch im Invalidenhaus Dienst taten.

Unterrichtet wurden die Eleven vom *Collegium medico-chirurgicum*, das damit zum Lehrkörper der militärärztlichen Ausbildungsstätte aufstieg. Seit 1797 erhielten die Professoren des Kollegiums ein zusätzliches Gehalt, das auch die Hörergelder der Eleven für die *privatim* angebotenen Lehrveranstaltungen abdeckte. Auch die Charité wurde zur Ausbildung der Eleven herangezogen: Jeglicher klinische Unterricht für Militärchirurgen fand an der Charité statt, die damit mehr oder minder die Funktion eines militärmedizinischen Klinikums erhielt – ein Status, der mit der Gründung der *Pépinière* auch formal zementiert wurde. In ihrem letzten Ausbildungsjahr wurden die „Pépins" als Sub-Chirurgen in einer Rotation über die verschiedenen Abteilungen der Charité eingesetzt, wo sie unter Anleitung der Stabs- und Oberchirurgen den ärztlichen Dienst in den Abteilungen übernahmen. Damit wurden die Zöglinge der Militärärztlichen Bildungsanstalten weit umfassender in der medizinischen Praxis ausbildet als jeder zeitgenössische Medizinstudent.

Neben der praktischen Unterweisung für Militärchirurgen hatten die dirigierenden Ärzte schon früher interessierte Studierende, „so sich zur praxi appliciren" wollten, zu ihren zweimal die Woche stattfindenden Visiten an die Charité mit hinausgenommen. Ebenso konnten an den damals weitaus selteneren Operationen alle Pensionärchirurgen und auszubildenden Feldschere sowie alle weiteren „dieser Profession zugetanen" Personen teilnehmen. 1789 wurde dieses prinzipielle Angebot ein Stück weit formalisiert und der bereits erwähnte *Klinische Kursus* eingerichtet: Schnell hatte man in der inneren Abteilung der Charité zwölf Betten separiert, an denen Mittwochs und Samstags von zwei bis fünf Uhr praktischer Unterricht stattfinden sollte. Der Ablauf des Unterrichts war genau geregelt: Ein Studierender hatte die neu aufgenommenen Kranken zu „examinieren", ein zweiter Name, Alter, Handwerk und die Symptome der Erkrankung im klinischen Journal zu notieren, während ein dritter das Ganze vorlesen sollte, damit alle Kursisten gemeinsam die Krankengeschichte im Hinblick auf Diagnose, Behandlung und Prognose diskutieren konnten.

Diese Form des klinischen Unterrichts folgte dem Leidener Beispiel. Dort hatte Herman Boerhaave (1668–1738) nach der Übernahme des Lehrstuhls für praktische Medizin 1714 damit begonnen, zweimal wöchentlich im Cäcilienhospital an zwölf Patienten, sechs Frauen und sechs Männern, praktische Demonstrationen abzuhalten. Boerhaaves kleine Lehrklinik wurde zum Vorbild aller klinischen Einrichtungen, die in den folgenden Jahrzehnten entstanden (Halle 1722–85, 1788; Wien 1753, Tübingen 1760, Freiburg 1768, Würzburg 1769, Göttingen 1773, Erlangen 1778). Wie die Berliner Einrichtung waren diese Kliniken nicht an eine Universität angebunden, sondern wurden von den Ärzten und Chirurgen vor Ort als *Collegium clinicum*, d.h. als kollegiale Weiterbildung am Krankenbett (*gr.* cline), organisiert.[25]

Die Einrichtung des *Klinischen Kursus* an der Charité erfolgte somit vergleichsweise spät – und sie war zunächst alles andere als erfolgreich. Bereits nach einem Jahr sah sich Fritze gezwungen, den Unterricht in der Charité aufzugeben, da „theils [...] die weite Entfernung desselben [Klinikums] kein geringes Hindernis, theils die Menge der daselbst befindlichen Kranken [...] dergestalt [war], dass der intendierte Zweck gar nicht oder doch nur sehr mangelhaft erreicht wurde".[26] Aus heutiger Perspektive ist diese Begründung nur schwer nachvollziehbar. Dass den angehenden Doctores der Weg an die Charité zu weit war, spricht für den damals geringen Stellenwert der praktischen Ausbildung und ist im Hinblick auf die schwierigen Wegverhältnisse und die mühsame Querung des Panke-Grabens noch plausibel. Ein weiterer, nicht zu vernachlässigender Grund war aber auch, dass ein allgemeines Krankenhaus als ungeeigneter Ort für einen klinischen Unterricht galt, was im Folgenden noch zu diskutieren sein wird. Auf jeden Fall wurde der klinische Kursus nach zwei Semestern in die Stadt verlegt, wo Fritze ein Privathaus in der Heilig-Geist-Straße zur Verfügung gestellt wurde.

Ein dritter Grund, den Fritze für den mangelhaften Besuch seiner Klinik ausgemacht zu haben glaubte, war dessen Freiwilligkeit. Nach einigem Drängen wurde 1797 das Reglement für die „Prüfung der angehenden Aerzte, Wundärzte und Apotheker" dahingehend revidiert, dass anstelle eines schriftlichen Aufsatzes zu einer vom *Ober-Collegium medicum* aufgegebenen Frage von nun an jeder angehende Arzt eine Krankengeschichte über zwei ihm zugewiesene Patienten (je ein chronisch und ein akut Erkrankter) nebst Plan für die erforderliche Behandlung und deren Begründung zu erstellen hatte. Damit wurde der Besuch des *Klinischen Kursus* obligat. Wer in Preußen künftig medizinisch praktizieren wollte, musste den weiten Weg zur Charité auf sich nehmen, wohin der Kursus zurückverlegt wurde. Jeweils im Februar jeden Jahres startete der Kurs über mindestens vier Wochen, worüber bei der Königlichen Examinationskommission das „Journal" einzureichen war. Allein im Winter 1801 wurde der *Cursus* von 70 angehenden Ärzten, Wundärzten und Apothekern absolviert, knapp die Hälfte von ihnen tat dies im Rahmen einer militärchirurgischen Ausbildung.[27]

Durch das neue Reglement wurde die Charité endgültig zum Klinikum, also zu einer praktisch-medizinischen Ausbildungseinrichtung, für die Militär- wie für die zivile Medizin erhoben. Viele der Kandidaten nutzten die Gelegenheit zu praktischem Unterricht über den vierwöchigen *Cursus* hinaus, um den für die Zulassung als Arzt geforderten dreimonatigen Besuch von klinischen Lehrübungen nachzuweisen. Der *Cursus* entwickelte sich auf diese Weise mehr und mehr zu einer „stehenden Klinik", für die zwei bis drei Zimmer der

Inneren Abteilung abgetrennt blieben. Das war die Geburtsstunde der *Deutschen Klinik*, wie diese vor allem von den angehenden (und des Lateinischen unkundigen) Militärärzten genutzte Einrichtung im Gegensatz zur *Lateinischen Klinik*, dem 1813 in der Ziegelstraße errichteten Pendant der Medizinischen Fakultät, genannt wurde.

Den letzten Jahren des 18. Jahrhunderts kommt somit in mehrfacher Hinsicht eine Schlüsselstellung in der Entwicklung der Charité zu einer modernen Behandlungseinrichtung zu. Erstens wurde eine bislang vernachlässigte Patientengruppe als Klientel entdeckt und ein bevorzugtes Objekt therapeutischer Bemühungen. Zweitens wurde mit den Hospitaliten das Element einer sozialen Pflegeeinrichtung aus der Charité ausgelagert. Drittens erhielt das Königliche Krankenhaus mit der Gründung der *Pépinière* auch formal den Status

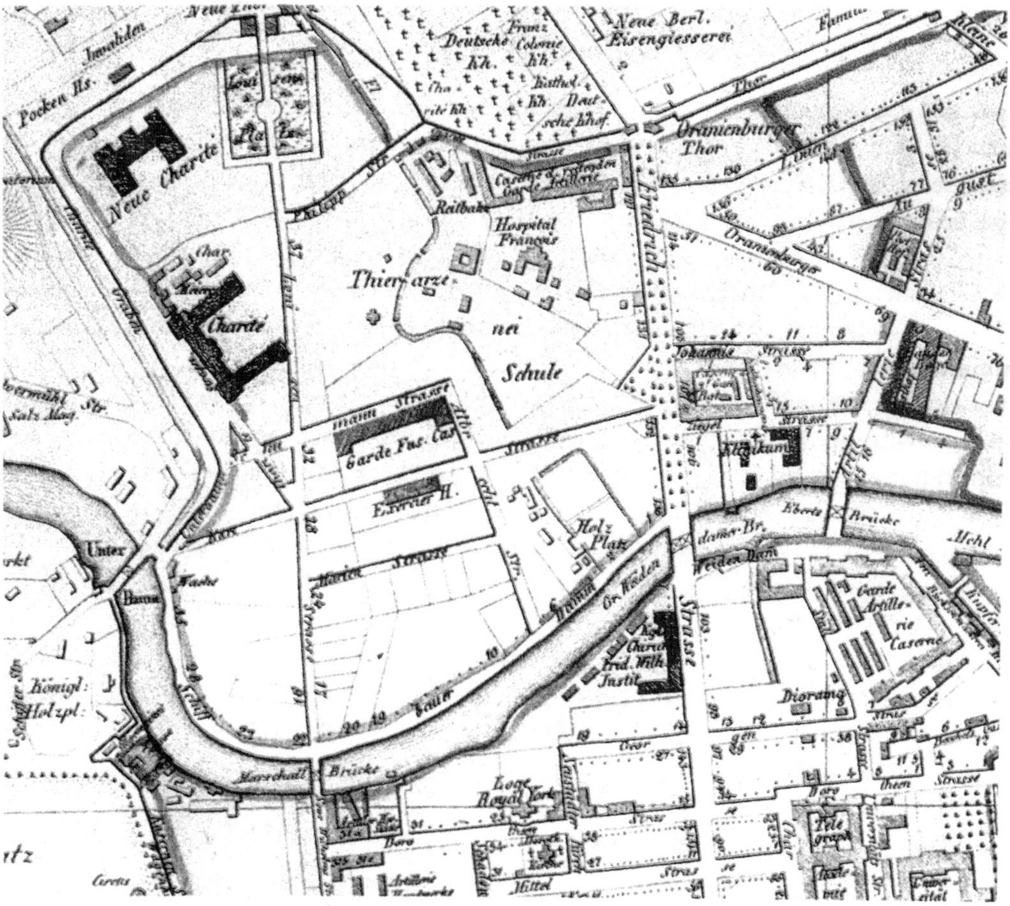

Abb. 2.5 Plan von Berlin 1839 (Ausschnitt). Hervorgehoben sind die Alte und die Neue Charité, das Universitätsklinikum an der Ziegelstraße und das Königliche Friedrich-Wilhelms-Institut an der Friedrichstraße südlich der Spree. Die Universität ist rechts unten gerade noch erkennbar.

eines militärärztlichen Klinikums. Viertens schließlich wurde mit dem *Cursus* die klinische Ausbildung generell in der Charité verankert.

Während der französischen Besatzung konnte die *Pépinière* nur mit Mühe erhalten werden. Als sich nach Abzug der französischen Besatzungstruppen die Lage entspannte, schien die Kombination aus bestalltem Lehrkörper und klinischer Ausbildung in einem staatlichen Krankenhaus ausreichend stabilisiert und im Sinne einer militärärztlichen Akademie institutionell etabliert. Doch genau diese Einbindung in eine Spezialschule wurde keine drei Jahre später prinzipiell in Frage gestellt: Im Dezember 1809 wurde das *Collegium medico-chirurgicum* offiziell aufgelöst und dessen Professoren in die neu gestiftete Universität überführt. Als am 29. Oktober 1810 die Medizinische Fakultät ihre Arbeit aufnahm, hatte die *Pépinière* ihren Lehrerkörper – und damit die Grundlage ihrer Existenz als Pflanzschule – verloren.

Höhere Bildung versus Routiniers

Die Gründe und Absichten, die zur Gründung der Berliner Universität durch die preußische Reformbürokratie geführt haben, sind hinreichend untersucht. Bereits Max Lenz hat auf die Debatte um die beiden Modelle der ärztlichen Ausbildung aufmerksam gemacht, die bei den Vorbereitungen verhandelt wurden: Auf der einen Seite fochten die Traditionalisten um Christoph Wilhelm Hufeland für die Aufnahme praktischer Elemente in den akademischen Unterricht, auf der anderen Seite standen die Reformer um Wilhelm von Humboldt (1767–1835), für die eine akademische Ausbildung allein auf die reinen Wissenschaften abheben sollte, die als solche keinem anderen Zweck folgen sollten als ihrer eigenen Selbstentwicklung. Diese Gegenüberstellung erfasst sehr schön die Frage nach dem wissenschaftlichen Status der Medizin und die daraus folgende Ausrichtung eines universitären Medizinstudiums, um das in jenen Jahren hitzig gestritten wurde. Dabei wird jedoch gerne übersehen, dass sich die beiden Parteien in einem Punkte einig waren: Die Charité war nicht der geeignete Ort, um akademische Ärzte angemessen und ordentlich auszubilden.[28]

Grund dieser Vorbehalte waren weniger die konkreten Verhältnisse vor Ort, obwohl die Zustände an der Charité immer ein Argument gegen ihre Einbeziehung in die akademische Ausbildung waren. Vielmehr wurde grundsätzlich argumentiert. Für die Traditionalisten und Vertreter einer pragmatischen Medizin war ein Armenkrankenhaus grundsätzlich nicht der geeignete Ort, um das für eine erfolgreiche Praxis erforderliche *Savoir faire* zu erwerben. Darunter verstand man jene besonderen Fertigkeiten die es brauchte, um als Arzt in der bürgerlichen Welt sein Glück zu machen. Vor Einführung der allgemeinen Versicherungspflicht bezog ein niedergelassener Arzt den wesentlichen Anteil seines Einkommens in Form des Honorars, das im Sinne eines Ehrengeschenks Ausdruck für die Zufriedenheit mit dem Hausarzt war. Und gegenüber diesem Patron galt es sowohl Unabhängigkeit als auch Autorität zu wahren, ein schwieriges Unterfangen, das einiges Geschick erforderte. Bürgerliche Umgangsformen, der erforderliche Takt, um im Krankenexamen auch heikle Punkte anzusprechen und nicht zuletzt die argumentativen Fertigkeiten, das eigene Urteil gegen die Ansichten und Deutungen der Kranken und Angehörigen durchzusetzen, waren im Krankenhaus jedoch kaum zu erlernen. Christian Friedrich Baudius, dessen Weg wir so lange begleitet haben, wäre als studierter Mann und Prediger möglicherweise ein geeigneter Diskussionspartner gewesen – die überwiegende Mehrzahl der Patientinnen und Patienten der Charité jedoch nicht. Die vollkommen von der Armenfürsorge abhängige Klientel der Charité war von Erziehung und Bildung her sicher nicht in der Lage, sich an der dramatischen Inszenierung eines aufgeklärten Krankenexamens angemessen zu beteiligen. In einem allgemeinen Krankenhaus wie der Charité ließ sich wohl das Know-how erlernen, das man für die Betreuung und Versorgung großer Zahlen von Kranken mit ähnlicher oder vergleichbarer Krankheitssymptomatik braucht (also z. B. im Krieg oder bei Epidemien), nicht aber die Grundlagen einer privatärztlichen Praxis.[29]

Die Bildungsreformer hingegen wollten jede utilitaristische Zweckbestimmung grundsätzlich von der Universität verbannen und „die Nützlichkeitsapostel [...] in die Industrieschulen verwiesen" wissen. Was dies für die Medizin bedeutete, hatte Johann Christian Reil in seinem Gutachten für die Gründung einer Medizinischen Fakultät umrissen, in dem er das universitäre Studium als Einführung in die „reine Wissenschaft, allgemein, ohne Beziehung systematisch und für jedermann" von der praktischen Ausbildung abgegrenzte.[30] Die Auseinandersetzung um die Struktur und Ausrichtung des zukünftigen Curriculums tangierte die Charité somit kaum. Keiner der an den Planungen beteiligten Fachleute zog ernsthaft die Möglichkeit in Betracht, die Charité für die klinische Ausbildung der Medizinstudenten zu nutzen. Gestritten wurde vielmehr um das pragmatische Modell einer integrierten theoretischen und poliklinischen Ausbildung für die Medizinstudenten einerseits und die Kombination aus allgemeiner Spezialschule für Militärärzte und einer speziellen höheren Bildung, die sich auf das Studium der Naturwissenschaften konzentrierte, andererseits.

Die personelle Zusammensetzung der neu gegründeten Fakultät macht deutlich, dass die ehrgeizigen Pläne der Reformer nur in Ansätzen verwirklicht wurden. Die Berufung Reils in die neue Fakultät, die überdies wegen des frühen Todes des Klinikers im Sommer 1813 kaum Spuren hinterließ, war mehr oder weniger Kosmetik, die nur notdürftig die personelle Kontinuität mit dem alten *Collegium medico-chirurgicum* verbarg. Hufeland bekam die von ihm so geliebte Poliklinik, die wegen der Behandlung der Kranken in ihrem häuslichen Umfeld eine bessere Vorbereitung auf die spätere Praxis zu versprechen schien. Der Unterricht am Krankenbett hingegen wurde in zwei kleinen Klinika vermittelt. Die beiden Neugründungen folgten von Größe wie Konzeption dem Boerhaave'schen Vorbild – und wurden als vollständig von der Charité unabhängige Einrichtungen etabliert. Das war die Geburtsstunde der später berühmten Berliner Klinik, die in der Friedrichstraße 101 in einigen angemieteten Zimmern ihren Anfang nahm. Sie lag damit nah genug zum Hauptgebäude der Universität, dem ehemaligen Kronprinzen-Palais. Universitäre Klinik und Krankenhaus gingen damals noch nicht zusammen.

Die wichtigste und für die weitere Entwicklung zur klinischen Lehranstalt zugleich entscheidende Folge der Universitätsgründung wurde mit der Kabinetsordre vom 27. Juli 1811 getroffen. Nach heftiger Intervention der Militärs hob der König die *Medizinisch-chirurgische Akademie für das Militär* aus der Taufe. Die Akademie sollte das aufgelöste *Collegium medico-chirurgicum* ersetzen und der *Pépinière* als Lehranstalt dienen. Es hätte auch andere Möglichkeiten gegeben. Doch die Professoren der Universität qua Amt für einen unentgeltlichen Unterricht der Militärchirurgen zu verpflichten, wie es die Militärmediziner ursprünglich vorgeschlagen hatten, erschien den Beteiligten wegen des damit verbundenen Verlusts an Hörergeldern nicht durchsetzbar. Der Ruf an die Akademie hingegen schuf ein zwar nicht üppig dotiertes Amt, doch einen Einstieg in die akademische Laufbahn, was in den folgenden Jahren von vielen Klinikern gerne aufgegriffen wurde (es wurde ein Gehalt zwischen 200 und 800 Talern als Kompensation für die Hörergelder gezahlt). Die Gründung der militärchirurgischen Akademie bedeutete zugleich aber auch, dass die Möglichkeit, die Charité letztlich doch für die Ausbildung ziviler Ärzte heranzuziehen und enger an die Medizinische Fakultät zu binden, nachhaltig verbaut wurde: „Die Charité bleibt auf alle Fälle [...] vorzüglich für die Akademie bestimmt". Damit wurde die spätere Transformation der Charité in eine klinische Einrichtung verhindert und der Grundstein für jene gedoppelte Struktur der medizinischen Ausbildung gelegt, die die Berliner Medizin bis ins frühe 20. Jahrhundert prägen sollte: Auf der einen Seite die Kliniken der Charité in militärmedizinischer Tradition, auf der anderen die Universitätskliniken, die in der Ziegelstraße und ihrer Umgebung errichtet wurden.[31]

Die Etablierung der Psychiatrie als akademisches Lehrfach

Da in den folgenden Kapiteln dieses Buches andere Abteilungen der Charité im Mittelpunkt stehen werden, sollen hier noch einige Daten zur weiteren Entwicklung der Psychiatrie an der Charité genannt sein. Die preußische Reform der Irrenpflege blieb weitgehend Programm. Für die geforderte Einrichtung neuer Anstalten fehlte der Regierung gerade in den Kriegs- und Nachkriegsjahren das Geld. Die 1825 errichtete Modellheilanstalt Siegburg wurde nicht von Berlin, sondern den rheinischen Provinzialverbänden finanziert. In Anbetracht der immensen Kosten für den Bau neuer Heilanstalten war die Ausbildung von „psychischen Ärzten" ein vergleichsweise preiswertes und schnell zu realisierendes Instrument, das sowohl innerhalb der Medizinalbehörden, als auch außerhalb der Profession als probates Mittel zur Verbesserung der „Irrenpflege" galt. Eine Öffnung der Irrenabteilung für den klinischen Unterricht stand somit in der logischen Weiterführung der 1790 angestoßenen Reformen. Erste zaghafte Anfänge hierzu sollten jedoch erst durch die erwähnte Initiative Carl Idelers nach der Jahrhundertmitte erfolgen. Als Ideler 1860 starb, lehnte die Charité-Verwaltung die Berufung eines klinischen Lehrers für die Leitung der Irrenabteilung noch mit dem Argument ab, dass ein Psychiater sich beständig in Klagen über die doch nicht zu ändernden Zustände der Charité ergehen und damit den Ruf der Anstalt schädigen werde. Stattdessen solle das Ministerium einen echten Krankenhausarzt ernennen, der nicht sein Renommee als Irrenarzt, sondern das Wohl der ganzen Anstalt im Blick habe.[32]

Es ist bezeichnend für die weitere Entwicklung der Psychiatrie und die wachsende Rolle der Charité für die Ausbildung zukünftiger Ärzte, dass das Kultusministerium diesem Vorschlag nicht entsprach. Stattdessen wurde nach einer vierjährigen Vakanz 1864 Wilhelm Griesinger berufen. Griesinger erhielt mit dem Ordinariat für Psychiatrie an der Medizinischen Fakultät auch die Leitung der Irrenabteilung der Charité nebst einer neu eingerichteten Abteilung für Nervenkranke, womit der psychiatrische Unterricht im Krankenhaus in das medizinische Curriculum integriert wurde. Das militärmedizinische Privileg, die Abteilungsleiterposten im Charité-Krankenhaus zu besetzen, war damit erstmals durchbrochen. Als Psychiater entsprach Griesinger voll den Befürchtungen der Charité-Verwaltung. Mit seinem Einsatz für ein umfassendes *Non-restraint-System* und seinem Vorschlag einer radikalen institutionellen Differenzierung zwischen der Akutversorgung in Form kleiner Stadtkliniken und der Behandlung chronischer Patienten in so genannten *agricolen Colonien* sollte er die Berliner Fachwelt zutiefst erschüttern. Mit der Berufung von Griesinger vollendeten sich gewissermaßen die um 1800 angestoßenen Reformen zur Irrenpflege und zur Integration der Geistes- und Gemütskrankheiten in das Aufgabengebiet der akademischen Medizin.[33]

Volker Hess

3. Fieberbehandlung und klinische Wissenschaft (1820–1850)

An einem trüben Samstagmorgen im frühen Januar 1850 wurde Heinrich Götze in die Charité aufgenommen. Es hatte schon die letzten Tage leicht gefroren, doch der große Frost mit zweistelligen Minusgraden im Tagesmittel sollte erst zur Mitte des Monats kommen. Am Wetter lag es folglich nicht, dass der Schuhmachergeselle seit Tagen an beständigem „Frieren" litt, wie der behandelnde Arzt in der Anamnese vermerkte. Bereits seit Weihnachten war Goetze bettlägerig, und nun hatte ihm der zuständige Gewerkearzt einen Aufnahmeschein ausgehändigt, der ihn zur schnellen und vor allem kostenlosen Aufnahme in die Charité berechtigte. Noch am gleichen Abend sah ihn der Assistenzarzt der Station, der nicht nur die schwere Reduktion des Allgemeinzustandes, Appetitlosigkeit, Durst, Verstopfung, Kopf- und Rückenschmerzen sowie Ohrsausen in der Krankenakte vermerkte. Der neuaufgenommene Patient wurde vielmehr einer umfangreichen physikalischen Untersuchung unterzogen, das heißt Brust und Bauch wurden abgeklopft sowie Lunge und Herz abgehört:[1]

> Wangen wenig geröthet, Haut und Lippen trocken, ebenso die weißbelegte Zunge; Abdomen das Niveau des Thorax nicht erreichend, wenig gespannt, überall empfindlich gegen Druck; Percussionsschall leer, … Milz nicht fühlbar, … Leberrand [schmal tastbar], 16 costo-abdominelle Inspirationen; Percussionsschall am Thorax normal, hinten beiderseits vesikuläres Athmen, weder Rasseln noch Pfeifen. Auf dem Abdomen 6 bis 8 Roseola-Flecke, keine Miliaria.

Wie dieser hochfieberhafte Zustand zu bewerten sei, war aus der Sicht des behandelnden Arztes keine Frage. Die Diagnose eines Abdominaltyphus sei, so wurde in der zusammenfassenden Beurteilung festgehalten, „so gewiss, als es bei dem gegenwärtigen Stande der Diagnostik überhaupt sein kann".

Heute liegt – trotz effizienter Antibiotika-Therapie – die Sterblichkeit bei dieser bakteriellen Darmentzündung selbst im Krankenhaus bei rund einem Prozent. Damals war die Letalität dramatisch: Von den fünf anderen Patienten, die nachweislich gleichfalls im Herbst und Winter wegen dieser hochfieberhaften Erkrankung in der Abteilung behandelt wurden, überlebte keiner. Heinrich Götze hatte jedoch Glück. Ob es an seiner kräftigen Konstitution lag, oder an der neuen Behandlungsmethode des zuständigen Arztes: Am 20. Januar wurde anhand des Rückgangs von Schweiß und erhöhtem Puls das Abklingen des Fiebers diagnostiziert – und fünf Wochen später, am 23. Februar, verließ der Handwerksgeselle vollständig wiederhergestellt die Charité.

Die Krankengeschichte des Schuhmachergesellen ist in mehrfacher Hinsicht geeignet, um exemplarisch die tief greifenden Veränderungen zu erörtern, die sich im zweiten Drittel des 19. Jahrhunderts an der Charité vollzogen. Sie ist nämlich *erstens* ein Beispiel für die therapeutische Revolution, die sich im 19. Jahrhundert vollzog. Im 18. Jahrhundert hätte man den armen Schuhmacher wegen seines Fiebers noch mit Aderlässen oder wegen der Verstopfung mit Abführmitteln und Klistieren traktiert – eine aus heutiger Sicht sichere Methode, die Erkrankung zu befördern. Nun wurde Heinrich Götze einer sehr zurückhaltenden Therapie unterworfen, was für die neue Aufmerksamkeit der Medizin für die Effektivität therapeutischer Maßnahmen spricht. In diesem Fall kam sogar eine experimentelle Therapie zum Einsatz. Götze war einer der ersten Patienten, die trotz ihres hochfieberhaften Zustandes mit kaltem Wasser übergossen wurden – eine neue Behandlung, die gegen alle traditionellen Regeln der Kunst verstieß, sich aber als überraschend erfolgreich erweisen sollte.

Nicht nur aus diesem Grund ist der Fall ein Beispiel für die Fortschritte der klinischen Wissenschaften. So lässt sich an diesem Beispiel *zweitens* die Verwissenschaftlichung der klinischen Medizin verfolgen. Dazu zählen keineswegs nur die neuen physikalischen Untersuchungstechniken oder instrumentellen Messverfahren, die für die Absicherung der therapeutischen Effekte eingesetzt wurden. Bereits die Überzeugung, mit der in diesem Falle ein Abdominaltyphus diagnostiziert wurde, stellt ein beachtliches wissenschaftliches Statement dar. Denn die Unterscheidung der verschiedenen hochfieberhaften Darmerkrankungen war seinerzeit keineswegs so gewiss, wie es der behandelnde Assistenzarzt in seiner epikritischen Zusammenfassung des Falls uns glauben lassen will. So war die Differenzierung hochfieberhafter Erkrankungen in unterschiedliche Krankheitsformen äußerst umstritten. Viele negierten die Eigenständigkeit solcher Krankheitsbilder, wenn sie allein auf dem Wege der klinischen Beobachtung und Beschreibung gewonnen worden waren. Das galt insbesondere für die Unterscheidung zwischen Fleckfieber und Typhus, die in jenen Jahren immer wieder als Beleg für die Haltlosigkeit solcher Differentialdiagnosen herangezogen wurde. Die kleine Krankengeschichte führt uns folglich mitten hinein in eine der heftigsten Kontroversen um die wissenschaftliche Ausrichtung der Medizin, die die Medizingeschichte kennt, nämlich die Frage, ob die klinische Beobachtung hinreichend für die Abgrenzung und Bestimmung einer Krankheit sei, auch wenn sich diese diagnostische Entität (noch) nicht anhand makro- und mikroskopischer Gewebeveränderungen oder nachweisbarer Störungen der physiologischen Abläufe begründen lasse. Die explizite Festlegung auf einen Abdominaltyphus schloss somit ein Bekenntnis um den wissenschaftlichen Status der Medizin ein.

Damit lässt sich mit dieser Krankengeschichte *drittens* ein exemplarischer Zusammenhang zwischen großen gesellschaftlichen Reformen und den medizinischen und wissenschaftlichen Entwicklungen beleuchten. Hermann Götze war gewissermaßen ein Repräsentant des neuen Patienten: jung, in Arbeit stehend, akut erkrankt – und (das ist der entscheidende Punkt) über eine Krankenkasse versichert. Den Schein, der Götze den Weg in die Aufnahme geebnet hatte, hatte ein Gewerkearzt des Gesundheitspflegevereins ausgestellt. Hinter dieser „freien Assoziation" verbarg sich die genossenschaftliche Bewegung der Arbeiterverbrüderung, die zumindest in Teilen ein Modell für die Einführung des Berliner Krankenkassensystems lieferte. Der hochfieberhafte Schustergeselle war kein *Armer Kranker* im engeren Sinne, seine Behandlung wurde nicht mehr von der Armenfürsorge finanziert, sondern von einer Krankenkasse erstattet. Die Charité war an dieser Entwicklung maßgeblich beteiligt, wie im ersten Abschnitt gezeigt wird, allerdings nicht als Schrittmacher, sondern als Anstoß und Anlass der tief greifenden Reorganisation, der das Berliner Gesundheitswesen zwischen 1820 und 1860 unterzogen wurde. Denn als Königliches Krankenhaus wurde die Charité bei der Kommunalisierung nicht wie die anderen Einrichtungen der Berliner Armenfürsorge in die Verantwortung der Stadt überführt – was zu Folge hatte, dass die Stadt auf andere Mittel und Wege sann, ihrer Verpflichtung für das Wohl der Berliner Bevölkerung nachzukommen. Es war somit ein mittelbares Resultat der Entwicklung von alternativen Versorgungskonzepten, dass gerade hoch akut und schwer erkrankte Patienten wie Heinrich Götze in die Charité verlegt wurden – was zugleich speziell dieses Krankengut für die medizinische Wissenschaft interessant werden ließ, wie der therapeutische Aufwand zeigt, der Götze zuteil wurde.

Viertens steht die kleine Krankengeschichte auch für einen neuen Arzt-Typus ein. An der Behandlung war zum einen Johann Lukas Schönlein (1793–1864) beteiligt. Dieser Gründer einer neuen klinischen Richtung war sehr bewusst nach Berlin berufen worden, um dort „Schule zu machen" (wie es damals hieß), was ihm an der Charité aber nicht gelang, wie wir sehen werden. Für die „revolutionäre" Behandlung war zum anderen Ludwig Traube (1818–1876) verantwortlich, der beileibe kein treuer Schüler Schönleins war. Als Vorreiter für eine enge Verbindung von Labor und Klinik steht Traube – und die von ihm geleitete Abteilung in der Charité – vielmehr für den Versuch ein, das methodische Vorgehen der Laborwissenschaften in die Klinik zu übertragen. Was sich an diesem Beispiel folglich sehr schön verfolgen lässt, ist der Übergang von einer naturhistorischen in eine naturwissenschaftlich orientierte Klinik.

Fünftens steht der Fall des Schuhmachers schließlich in doppelter Weise für eine förmliche Revolution der Ausbildung. Ludwig Traube war der erste zivile Assistenzarzt, der an der Charité beschäftigt wurde. Seine Einstellung schlug eine Bresche in die Phalanx der Stabsärzte. In der zweiten Hälfte des 19. Jahrhunderts sollten weitere zivile Assistenzarztstellen folgen, so dass Traube gewissermaßen den Anfang vom Ende des militärärztlichen Ausbildungsprivilegs und den ersten Schritt auf dem Weg der Charité zu einer universitären Einrichtung markiert.

Abb. 3.1 Stadtplan von Berlin um 1857 (Ausschnitt).

3.1 Streit um die Charité: Eine Großstadt ohne Krankenhaus

Die Umsetzung der Steinschen Städtereform von 1808 zog sich in der Residenzstadt Berlin hin. Erst Anfang 1819 wurde das Berliner Armenwesen wie vom Gesetz vorgesehen in die städtische Verwaltung übergeben. Die Folgen waren drastisch: Obwohl sich alle Beteiligten – von den Stadtvätern über den Polizeipräsidenten und den Kultusminister bis hin zum preußischen König – darin einig waren, dass die Charité vornehmlich der Versorgung der städtischen Armen diene, wurde der Stadt der unmittelbare Zugriff auf „ihr" Krankenhaus verwehrt. Alle Eingaben blieben vergebens. Die Armenfürsorge war fortan städtisch, das zugehörige Armenkrankenhaus blieb jedoch staatlich. Schuld waren – wie bereits bei Gründung der Universität – die unterschiedlichen Interessen und Ansprüche an der Charité, die nicht aufzulösen waren. Aufgrund der Einsprüche des Kriegsministers und der Kultusbehörde beschied der König dem Berliner Magistrat, dass die Charité „unter allen Gesichtspunkten als eine Staats-Anstalt betrachtet werden" müsse. Selbst ein Widerspruchsrecht wurde der „hiesigen Stadtgemeinde" verwehrt. Mit der Kommunalisierung der Armenfürsorge war sie nun für die medizinische Betreuung und Behandlung der städtischen Armen verantwortlich, während ihr gleichzeitig die Mittel, nämlich die Verfügung und freie Belegung des bislang hierfür herangezogenen Krankenhauses, entzogen wurden. Die Stadt sah sich sogar mit der Forderung konfrontiert, der Charité fortan die Kur- und Verpflegungskosten für die Behandlung der *Armen Kranken* zu erstatten.[2]

Die Folgen kann man sich nicht drastisch genug ausmalen: Mit Ende der Freiheitskriege und Stabilisierung der politischen Lage war die Einwanderung nach Berlin rasant angestiegen – auch das eine Folge der preußischen Reformen. Bis zur Mitte des Jahrhunderts stieg die Einwohnerzahl auf rund 420.000 an und hatte sich damit binnen einer Generation verdoppelt. Das enorme Wachstum, das Berlin auf den vierten Platz der europäischen Metropolen katapultierte, hätte auch ein funktionierendes Sozialwesen vor enorme Belastungen gestellt, eine kommunale Selbstverwaltung im Aufbau war erst recht überfordert. Die Zuwanderer waren zudem meist keine Stadtbürger (und damit Steuerzahler), sondern Landarbeiter aus der Mark (zu 40 Prozent), Sachsen (14 Prozent) und den ostpreußischen Provinzen (insgesamt 17 Prozent), die ihr Glück in der wachsenden Großstadt suchten. Dort vermehrten sie die Schar der Tagelöhner, Gesellen, Handarbeiter, Flickschuster und Dienstboten, also jenen Teil der städtischen Unterschichten, der Mitte des Jahrhunderts dann als *Proletariat* bezeichnet wurde. Waren 1815 rund acht Prozent der Berliner Familien von den Wohnsteuern befreit und damit offiziell arm, so wurden 1828 knapp 17 Prozent von den städtischen Armenkommissionen als bedürftig anerkannt. Mitte der 1830er Jahre wurde der größte Anteil des städtischen Etats für die Armenfürsorge ausgegeben. Und als sich in den 1840er Jahren allmählich abzuzeichnen begann, dass die rasch wachsenden Industriebetriebe (Kattundruckereien, Maschinen- und Lokomotivenbau) zunehmend in der Lage waren, den anhaltenden Strom Arbeit suchender Zuwanderer aufzunehmen, veränderte sich das Bild der städtischen Armut endgültig. Die Aufmerksamkeit der Öffentlichkeit richtete sich nun auf die „verschämten" oder „potentiell Armen", also jene arbeitenden Unterschichten, die in England als *labouring poor* bezeichnet wurden.

Das Problem der Armenfürsorge war somit nicht mehr die dank demographischen und sozialen Wandels kleine Zahl gebrechlicher oder alter Menschen, sondern der rasch wachsende Anteil der Hand- und Fabrikarbeiter sowie Handwerker,[3] die in guten Zeiten – mehr schlecht als recht – in der Lage waren, den eigenen Lebensunterhalt zu besorgen, bei Erkrankung aber erst Arbeit und Einkommen verloren und damit der Armenfürsorge anheim fielen. Nicht die klassische Klientel der Armenfürsorge, also die Alten, Lahmen, Siechen und Gebrechlichen, stand im Fokus der politischen und gesellschaftlichen Aufmerksamkeit.

Die Stadt traf der Verlust ihres Krankenhauses folglich doppelt. Sie sah sich nicht nur ihrer traditionellen Versorgungseinrichtung beraubt. Ihr blieb auch jener Weg versperrt, den andere Ortsgemeinden gingen, nämlich den neuen Anforderungen an die Armenfürsorge durch einen raschen Ausbau der Krankenhausbehandlung zu begegnen. Dies galt allgemein als Mittel der Wahl angesichts der eilends hochgezogenen Wohnquartiere und Mietskasernen der Vorstädte, wo Wohn- und Lebensverhältnisse eine häusliche Krankenpflege unmöglich machten. Wurden 1842 in Preußen lediglich einer von 1.841 Einwohnern stationär behandelt, so waren es im Jahr 1852 einer von 121, und drei Jahre später bereits einer von 86 Menschen.[4]

Tabelle 3.1. Aufnahmen in die Charité zwischen 1835 und 1868 mit Nachweis der durch die Armenfürsorge oder durch die Ordnungsbehörden eingewiesenen Patienten.

Jahr	1831	1835	1840	1845	1847	1854	1868
Aufnahmen insgesamt	5.185	5.316	9.022	7.993	9.003	9.393	13.603
durch Armenfürsorge	k.A.	3.341	6.374	4.293	4.776	2.559	2.899
durch Ordnungsbehörden	k.A.	1.474	2.110	1.199	1.524	2.248	k.A.
Verpflegungstage	127.000	k.A.	k.A.	k.A.	322.000	k.A.	428.000

Anders in Berlin: Während sich die Bevölkerung Berlins zwischen 1831 und 1867 knapp vervierfachte, stieg die Anzahl der Krankenhausaufenthalte nur um das Zweieinhalbfache. Wurden 1831 knapp 5.200 Personen in der Charité verpflegt, so waren es 1847 – nach der Einweihung des Neubaus – ziemlich genau 9.000 und 20 Jahre später, im Jahre 1868, insgesamt 13.603 Personen. Im Gegensatz zum allgemeinen Trend stieg der Anteil der im Krankenhaus behandelten Einwohner in Berlin nicht an, sondern fiel stattdessen deutlich.[5] Das war eine unmittelbare Folge des Streits um die Charité.

Vergebens hatten die Stadtväter Anspruch auf freie Nutzung der Charité erhoben. Nach jahrelangem Streit stellte der König 1835 schließlich der Kommune 100.000 freie Verpflegungstage jährlich bereit. Dieses Kontingent war zu diesem Zeitpunkt durchaus großzügig und entsprach ungefähr der Anzahl der an der Charité behandelten Kranken. Alle Versuche, das Kontingent der Freibetten parallel mit der wachsenden Bevölkerung zu erhöhen, blieben jedoch vergebens.[6]

Alle Reformen des Berliner Gesundheitssystems nahmen somit – direkt oder vermittelt – ihren Ausgang von der Charité und ihrem Status als staatliches Krankenhaus: Einerseits bemühten sich die Stadtväter, eine Einweisung an die Charité zu vermeiden, und entwickelten mit dem energischen Ausbau der ambulanten Krankenpflege ein alternatives Versorgungsmodell.[7] Ab 1823 waren zwölf Armenärzte für alle erkrankten Arme zuständig: Sie behandelten die Erkrankten am häuslichen Krankenbett, verschrieben die erforderlichen Arzneien und medizinischen Hilfsmittel und übernahmen die Koordination der weitergehenden materiellen und finanziellen Unterstützung. Erst als letzter Ausweg erfolgte eine Überweisung in die Charité. Alternativ versuchten die Stadtväter den Kreis der Bedürftigen durch die Einführung einer Krankenversicherungspflicht zu reduzieren.[8] Sie nutzten umgehend die vom preußischen Gesetzgeber eröffnete Möglichkeit zur Einrichtung von Krankenkassen und verpflichteten mit dem Ortsstatut vom 1. November 1850 alle arbeitenden Gesellen zum Beitritt in eine Gewerkekasse. Drei Jahre darauf folgte die Pflicht für alle „gegen Entgelt beschäftigten männlichen Arbeiter“ zum Eintritt in die betreffende „Fabrik-Arbeiter-Unterstützungs-Kasse“.[9] Sieht man von Knechten und Dienstboten ab, waren alle in Berlin arbeitenden Männer aus den unteren sozialen Schichten seit 1853 krankenversichert.

Den Erfolg dieser Maßnahme zeigt Tabelle 3.1: An der Charité sank der Anteil der Menschen, deren Behandlung von der Armenfürsorge getragen wurde, drastisch, obwohl zugleich die Zahl der Aufnahmen stieg. Stellten die *Armen Kranken* in den 1830er Jahre noch zwei Drittel der Klientel, so waren es zur Mitte des Jahrhunderts nur noch die Hälfte, und dieser Anteil sollte sich in den folgenden Jahren auf 20 bis 25 Prozent reduzieren. Im strengen Sinne des Wortes war die Charité zur Mitte des 19. Jahrhunderts somit kein Armenkrankenhaus mehr: Die Mehrzahl ihrer Patienten wurden nicht durch die Armenärzte und Armenkommissionen hospitalisiert. Sie kamen stattdessen auf anderen Wegen ins Krankenhaus (vgl. Tabelle 3.2).

Tabelle 3.2. Anzahl der zahlenden Berliner Patienten („Selbstzahler“) in der Charité zwischen 1834–1847 und deren Zugehörigkeit zu einer Krankenkasse.

Jahr	1834	1839	1840	1841	1842	1843	1844	1845	1846	1847
aus Berlin insg.	5.031	8.835	8.694	8.212	8.173	8.294	7.979	7.747	8.099	8.725
„Selbstzahler“	1.510	3.637	3.314	3.727	3.674	3.651	3.475	4.030	4.884	5.920
davon Gesellenverbände	317	1.507	1.512	1.521	1.583	1.627	1.649	1.574	1.587	1.737

Der krankenversicherte Patient

Auch Heinrich Götze zählte zu dieser neuen Klientel. Für seine Behandlung kam, wie der Aufnahmebeamte vermerkte, „die Gesellschaft“ auf, dass heißt die Gemeinschaft der Schuhmacher-Gesellen.[10] Dafür hatte Götze einen monatlichen Beitrag entrichtet, der ihm nun die Tür ins Krankenhaus öffnete. Das Modell dieser Krankenkasse ging zurück auf die alten Gesellen- oder Zunftkassen, die mit den regelmäßigen Beiträgen der Gesellen ebenso die Fürsorge für bedürfte Mitglieder wie die Unterstützung wandernder Gesellen bestritten hatten. Mit der Gewerbefreiheit waren diese Zunftkassen formal aufgelöst worden.

Das Beispiel unseres Schuhmachers verweist jedoch nicht auf das Überleben der alten Gesellenladen. Es illustriert vielmehr deren Transformation in eine genossen- oder gewerkschaftliche Organisation. Denn die Schuhmacher zählten zu einer der ersten Gewerk- oder Genossenschaften, die sich – zusammen mit Schneidern, Kattundruckern, Seidenwirkern, Droschkenkutschern und Buchbindern – unter dem Dach des Berliner *Gesundheitspflegevereins* zusammenfanden. 1850 folgten die Goldmacher, Zigarrenarbeiter, Posamentierer und Handschuhmacher. Natürlich war es kein Zufall, dass es die ärmeren Gewerke mit einem hohen Anteil nicht zur Innung gehörender Meister waren, die sich zur Assoziation zusammenschlossen. Der *Gesundheitspflegeverein* übernahm als eine Art Dachverband die ambulante Behandlung. So war auch Götze vermutlich in den ersten zwei Wochen seiner Erkrankung von einem der in der demokratischen Bewegung organisierten Ärzte behandelt worden.[11] Ob dabei allerdings mehrere Ärzte der Wahl hinzugezogen wurden, wissen wir aber nicht.

Der *Gesundheitspflegeverein* gewährte den Mitgliedern der ihm angeschlossenen Gesellschaften ein breites Leistungsspektrum. Versprochen war

> neben der freien Arzenei und der Pflege eines Arztes, welcher gleichsam Hausarzt ist [...]: 1) die Gewährung von Bruchbändern und Brillen; bei schweren oder langwierigen Kranken die Hinzuziehung eines oder mehrerer Aerzte zum Zwecke einer Berathung oder gemeinschaftlichen Behandlung; 3) eine sichere unparteiische Festsetzung über die Arbeitsunfähigkeit[...]; 4) [die Erstellung von] für die Allgemeinheit . [...] wichtige[n] statistische[n] Materialien über den Gesundheitszustand der arbeitenden Klassen [...].[12]

In drei Punkten unterschied sich der *Gesundheitspflegeverein* von den alten Gesellenkassen: Erstens nahm die solidarische Gemeinschaft die „Ungleichheit des Verbrauchs der einzelnen Genossenschaften“ bewusst in Kauf. Im Gegensatz zu anderen Kassen wurde zweitens auch die Behandlung und Pflege von Erkrankungen übernommen, die wie zum Beispiel Syphilis als selbstverschuldet galten und daher üblicherweise aus dem Leistungskatalog der Gewerke- und Fabrikkassen ausgeschlossen waren. Drittens nahm der Gesundheitspflegeverein ab 1850 auch freie Mitglieder auf, die unmittelbar, also ohne Mitgliedschaft in einer bestehenden Gewerkekasse, versichert wurden – darunter zum ersten und für lange Zeit einzigen Mal auch Arbeiterinnen.

Der *Gesundheitspflegeverein* war Teil der frühen kommunistischen Bewegung. Ihn traf damit das Verbot der *Berliner Arbeiterverbrüderung* im April 1853. Zu diesem Zeitpunkt vereinigte die freie Assoziation mehr als 10.000 Handwerker und Fabrikarbeiter, also knapp 15 Prozent der unter die Versicherungspflicht fallenden Arbeiter.[13] Auch die Reorganisation als *Gewerks-Kranken-Verein* fiel der politischen Verfolgung bald zum Opfer. Die sozial- und gesundheitspolitische Funktion des Vereins wurde jedoch von den Berliner Stadtvätern übernommen und als Dachverband der Gewerke-Kassen unter Aufsicht des Berliner Magistrats fortgeführt. 1857 waren schließlich 47.000 Handwerker in rund 70 Kassen krankenversichert. Dies blieb jedoch weitgehend ein Privileg der männlichen Arbeiterschaft. Auch wenn das Hilfskassengesetz von 1876 und das Krankenkassengesetz von 1883 den Kassen die Möglichkeit gab, ihre Leistungen freiwillig auf Familienangehörige der versicherten Arbeiter auszudehnen, nahm nur eine Minderzahl der Kassen dieses Angebot wahr.[14]

Doch zurück zu unserem Schuhmacher-Gesellen, der in zweierlei Hinsicht repräsentativ für die neue Klientel der Charité ist: Götze war zum einen Mitglied der organisierten Arbeiterbewegung und steht damit auch für die zunehmende Rolle der organisierten Arbeiterschaft für die weitere Entwicklung des Krankenhauses im Allgemeinen und der Charité im Besonderen (vgl. Kapitel 5) ein.[15] Zum anderen war der Schuhmacher-Geselle über die Krankenkasse in die Charité gekommen. Das war erstens gleichbedeutend mit einer raschen Aufnahme: Während am Anfang des Jahrhunderts für die Aufnahme von Christian Friedrich Baudius noch ein längerer Schriftwechsel mit der Armenbehörde erforderlich war, öffnete nun der vom Arzt unterzeichnete und von der Gewerkekasse bestätigte Einweisungsschein umgehend die Tür zur Charité: Die Zeitspanne zwischen dem Krankheitsbeginn und der stationären Aufnahme verkürzte sich merklich. Das unterschied die krankenversicherten Patienten von der traditionellen Klientel der Armenfürsorge mit zeitaufwendiger Prüfung von Anspruch und „Würdigkeit". Zweitens waren die krankenversicherten Patienten hochakut krank, jung und – auch das war eine Folge der neuen Krankenversicherung – männlich. Wenn wir nach den geschlechtsspezifischen Einschreibungen in den modernen Wissensbestand der klinischen Medizin fragen, dann ist mit der Beschränkung der Versicherungspflicht auf männliche Arbeiter einer der entscheidenden Momente zu finden. Erst mit Einführung der gesetzlichen Pflichtversicherung wurden auch weibliche Arbeiter gegen die Risiken einer Erkrankung geschützt.[16] Drittens schließlich zeichnete diese neue Klientel ein anderes Selbstverständnis aus. Kur und Verpflegung waren nicht länger eine obrigkeitliche Gnade oder Wohltat, sondern wurden nun als Gegenleistung regelmäßiger Kassenbeiträge in Anspruch genommen – mit allen Konsequenzen, die dieser Leistungsanspruch für die Institution des Krankenhauses hatte. Der „Fortfall des Kasernentones" und eine liebevolle Behandlung nebst höchstens 18 Patienten pro Krankensaal, abgetrennten Toiletten und Waschräumen waren im Zeitalter der allgemeinen Krankenversicherung selbstverständliche Forderungen, mit denen auch die Charité konfrontiert werden sollte.[17]

„Neu“ war an dieser Klientel aber weder soziale Herkunft noch Status. Die von den Gewerkeärzten eingewiesenen Patienten waren ebenso arm und bedürftig wie die traditionelle Armenklientel. Sie wurden jedoch – im Gegensatz zur Armenfürsorge – nicht wegen ihrer Armut, sondern wegen akuter Erkrankung und zur Verhinderung der daraus resultierenden Armut hospitalisiert. Die Einweisung in die Charité war für diese Patienten keine Maßnahme der Armenfürsorge unter vielen anderen, sondern ganz im Gegenteil die Chance, mit Hilfe der Medizin der institutionalisierten Armenfürsorge und ihrer entwürdigenden Prüfung von Bedürftigkeit zu entkommen. Die Charité bekam – zumindest für diese Klientel – damit eine andere Funktion. Mitte des 19. Jahrhunderts war der Wandel in eine medizinische Behandlungseinrichtung weitgehend vollzogen.

3.2 Eine therapeutische Revolution

Begleiten wir Heinrich Götze weiter auf seinem Weg durch die Charité. Noch am Abend der Aufnahme erhielt er auf den klinischen Sälen der inneren Abteilung zweistündlich einen Esslöffel *Solut. acidi muriatici*, zu deutsch: verdünnte Salzsäure, ein einstmals revolutionäres und heute noch in der Homöopathie gebräuchliches Fiebermittel.[18] Nachdem am folgenden Tag selbst Rizinusöl keine Erleichterung brachte, wurde schließlich versüßtes Quecksilber (Kalomel oder Quecksilber(I)-chlorid) verordnet, ein seit der frühen Neuzeit bewährtes Arznei- und Abführmittel. Die nur schwer wasserlösliche und damit kaum im Darm resorbierbare Quecksilberverbindung hatte einen festen Platz in der Behandlung von Syphilis und anderen Hauterkrankungen. Es wurde auch bei Brechdurchfall, Verstopfung sowie Lungen und Gallenleiden eingesetzt – und Johann Lukas Schönlein, der als klinischer Lehrer den Krankensälen vorstand, galt als ganz besonders eifriger Verfechter der Kalomelbehandlung.[19]

Traube war im Falle von Heinrich Götze jedoch mit dem Erfolg nicht zufrieden, der „keineswegs den gehegten Erwartungen“ entsprach. Vielmehr wurde der Kranke immer unruhiger, fiel in den Fieberwahn und war schließlich noch benommener als bei der Aufnahme. In dieser Situation entschloss sich Traube, das bewährte Therapieschema Schönleins zu ignorieren. Stattdessen setzte er – soweit sich dies aus seinen publizierten Krankengeschichten rekonstruieren lässt – erstmals ein neues Behandlungsverfahren ein: Der hochfiebernde Patient wurde mit „15 Eimern kalten Wassers“ übergossen, in den nächsten Tagen folgten je sechs Eimer. Der Effekt war überraschend: Laut wörtlichem Zitat aus der Epikrise war der Patient bereits nach der zweiten Übergießung in der Lage, „einzelne, an ihn gerichtete Fragen sachgemäß zu beantworten“. Und nach der dritten Übergießung kehrte das Bewusstsein so weit zurück, dass der Kranke aus freien Stücken zu trinken verlangte. Für den behandelnden Arzt war offensichtlich, dass allein „der energische Einsatz des kalten Wassers“ die entscheidende Wende herbeigeführt hatte.[20]

Dieser Schritt war in mehrfacher Hinsicht bemerkenswert. Zum einen manifestierte sich in der therapeutischen Entscheidung des Assistenzarztes ein kritischer Geist: Das vom leitenden Arzt angesetzte Verfahren wurde hinterfragt, überprüft und schließlich sogar verworfen. Ein derart kritischer Umgang mit den Anordnungen der Vorgesetzten war für die Charité mehr als ungewöhnlich. Üblicherweise waren die Unter- und Assistenzärzte durch die militärische Subordination in die Disziplin des Krankenhauses eingebunden. Die Selbständigkeit und das selbstbewusste Vorgehen waren keineswegs nur der Persönlichkeit Traubes geschuldet, dem Zeitgenossen bereits zu dieser Zeit eine besondere Autorität zugestanden. Vielmehr artikulierte sich im kritischen Widerspruch wie im eigenständigen Handeln ein Stück akademischer Freiheit. Die Einrichtung der ersten zivilen Assistenzarztstelle hatte nicht nur symbolische Bedeutung, worauf zu einem späteren Zeitpunkt noch einzugehen sein wird.

Zum anderen war auch der Einsatz der Kaltwasserbehandlung selbst erstaunlich, da es lange her war, dass deutsche Kliniker den therapeutischen Wert dieses Ansatzes für Fiebererkrankungen erprobt hatten. An der Charité war die Kaltwasserbehandlung bereits Anfang des 19. Jahrhunderts verworfen worden, nachdem die britische Hydrotherapie ausgiebig klinisch getestet worden war. Als Traube diesen Ansatz erneut in den Krankensälen der inneren Abteilung erprobte, zählte die Methode eher zum Repertoire der berühmten Wasserkuren von Vincenz Priesnitz (1799–1851). Doch Traube verband die Belebung des eigentlich alten Therapieansatzes mit einer experimentellen Intervention. Er zeichnete nicht nur gewissenhaft und penibel die Messdaten auf, mit denen die körperlichen Reaktionen beurteilt wurden, sondern versuchte ein physiologisches Erklärungsmodell für seine Therapie aufzustellen.

Die Kaltwasserbehandlung, so wie Traube sie verwendete, war Teil eines sorgfältig überwachten Regimes: Täglich wurde das Auf und Ab des Herzschlages ausgezählt und als Messvariable des Behandlungsversuchs eingesetzt. Wie seine Zeitgenossen betrachtete Traube den Puls als entscheidendes Kriterium für die Schwere und das Ausmaß einer Fiebererkrankung. So gab der Pulsanstieg von 92 (am 6. Januar) auf 104 Schläge (am 9. Januar) die Indikation zum Abbruch des Schönleinschen Therapieschemas. Auch der Effekt der Kaltwasserbehandlung wurde gewissenhaft am Verlauf der Herzfrequenz verfolgt. Verwundert war Traube jedoch über das Missverhältnis zwischen klinischem Befund und den aufgezeichneten Daten. Obwohl es Götze nach den kalten Übergießungen klinisch eindeutig besser ging, nahm weder die Puls- noch Herzfrequenz ab. Der Patient kam wieder zu Bewusstsein und war ansprechbar, doch der Puls blieb hoch. Traubes Erklärungsversuche klingen eher hilflos: Er führte die „abnorme Herztätigkeit" auf einen typhösen Vernarbungsprozess der Darmschleimhaut zurück – eine spekulative Vermutung, die durch eine Sektion hätte geklärt werden können, was dank erfolgreicher Behandlung nicht möglich war.

Warum der Puls offensichtlich ungeeignet war, um den klinischen Effekt der Behandlung zu vermessen, stellte für Traube zu diesem Zeitpunkt ein wesentliches Problem seiner klinischen Versuchsanordnung dar. Eher beiläufig führte er in der Krankengeschichte an, er habe die Körpertemperatur mit der „zufühlenden Hand“ gemessen und diese – angesichts der genauen Pulsmessungen in einer wenig differenzierenden Weise – als „stark erhöht“ bemerkt. Diese Missachtung entsprang ebenfalls der zeitgenössischen Fieberlehre, der zufolge Hitze *und* Frost zu den Leitsymptomen einer Fieberkrankheit gehörten, weshalb die Hitze allein wenig aussagekräftig war.

Kein halbes Jahr später hatte sich die Versuchsanordnung komplett gewandelt. Statt mit der Hand maß Traube nun die Körpertemperatur mit der gleichen Akribie wie einst den Puls. Er hatte feststellen müssen, dass sich das Thermometer nicht nur zur Überprüfung der therapeutisch angemessenen Wassertemperaturen einsetzen ließ, sondern auch den unmittelbaren Erfolg der Behandlung viel genauer wiedergab. Den in dieser Zeit publizierten Fallberichten ist eine gewisse Verlegenheit anzumerken, mit der nun, angesichts dieser überraschenden Aussagekraft, die bislang nicht erhobenen Temperaturmessungen als eklatanter Mangel empfunden wurden. Schnell drehte sich die experimentelle Anordnung um und der einstige Randparameter „Temperatur“ rückte in den Mittelpunkt der Aufmerksamkeit. Ab August 1850 finden sich in allen veröffentlichten Krankengeschichten regelmäßig Angaben zur Körpertemperatur. Gleichzeitig begann Traube den Effekt der kalten Übergießungen bei einem anderen Kranken der Abteilung systematisch zu vermessen. Selbst in der publizierten Form ist die akribische Protokollierung jeder einzelnen Messung nachzuvollziehen, die den experimentellen Charakter des Therapieversuches verdeutlicht:

> Gegenwärtig (10 Uhr 14 Min) 83 große, weiche Pulse, 34 Respirat., Temperatur nach 14 Min = 38°,3; nach 27 Min = 38°,7; nach 35 Min = 38°,8; nach 44 Min. = 39°; nach 58 Min = 39,1° (Zimmertemperatur = 24°,2). 10 Uhr 17 Min.: Begiessung mit 3 Eim. kalten Wassers [...]
> 10 Uhr 22 Min.: 74 Pulse; Rumpfhaut geröthet [...];
> 10 Uhr 33 Min.: wird das Thermometer appliciert.
> 10 Uhr 45 Min.: 81 Pulse, 26 Resp., Temperat. = 38°,2.
> 10 Uhr 56 Min.: Temperatur = 38°,8;
> 11 Uhr 13 Min.: Temperatur noch immer 38°,8. Pat. schläft.

Unsere Krankengeschichte markiert somit den Anfang vom Ende der klassischen Fieberlehre. Nicht mehr die Erhöhung des Pulses bildete das Leitsymptom des Fiebers, sondern die der Temperatur. Im Sommer 1851 führte Traube schließlich die graphische Darstellung des Temperaturverlaufes in Form einer Kurve ein und übertrug damit ein wissenschaftliches Aufzeichnungsverfahren aus dem Labor in die klinische Praxis. Darauf werde ich später zurückkommen.

Zunächst ist festzuhalten, dass die Absetzbewegung von der autoritativen Therapie auch den Anfang einer neuen diagnostischen Technik einschloss, die über den Verlauf des nächsten Jahres an der Charité erprobt wurde und sich dann binnen eines halben Jahrzehnts schnell verbreitete. Die systematisch erhobenen Temperaturmessungen beendeten auf diese Weise einen jahrhundertealten Streit über die Natur des Fiebers und seiner unterschiedlichen Krankheitsformen durch eine schlichte instrumentelle Operationalisierung, die die Fieberlehre schließlich ihres Gegenstandes beraubte. Mit der Etablierung dieser diagnostischen Technik wurde Fieber zu einem Symptom degradiert – und aus der umständlichen Körpertemperaturmessung die auch im Alltag leicht zu praktizierende Fiebermessung.

Den hierfür entscheidenden Schritt hatte Traube Ende 1851 in seiner Studie über die „Krisen und Kritische Tage" vollzogen. Es ist hier nicht der Raum, die diffizile Argumentation in Gänze zu entfalten: Sehr bewusst mobilisierte Traube die antike Lehre von den kritischen Ausscheidungen.[21] Darunter verstand man den plötzlichen Schweißausbruch, die Änderung des Harnstatus bzw. die einsetzende Urinausscheidung, die als prognostisches Zeichen der Besserung galten. Traube verglich nun sehr sorgfältig die verschiedenen diagnostischen und prognostischen Zeichen und Symptome, um schließlich mit Verweis auf die antike Tradition der kritischen Ausscheidungen zu postulieren, dass der Puls meist „keinen Anhaltspunkt zur Beurtheilung der Intensität des Fiebers" gäbe. Stattdessen bestünde das Fieber, wie die hier erstmals eingesetzte physiologische Darstellungsform einer scheinbar kontinuierlichen Messkurve veranschaulichte, „wesentlich in einer Temperaturerhöhung des Blutes".[22]

Was also lag näher, als diese Temperaturerhöhung mit kaltem Wasser zu bekämpfen? Anfang der 1860er Jahre machten Traubes Versuche Schule: In Kiel wurde gezeigt, dass unter der neuen Behandlung nur sechs von 250 an Abdominaltyphus erkrankten Patienten starben. In Basel sank die Sterblichkeit dieser Krankheit in einer großen Kohorte von rund 3.000 Patienten von knapp 30 Prozent auf unter 10 Prozent. Der empirische Nachweis für die Wirksamkeit der Kaltwasserbehandlung war beeindruckend und die Therapie – verglichen mit der entleerenden Behandlung der frühen Neuzeit – ein in vielen Fällen effektives, lebensrettendes und kuratives Verfahren. Georges Rosenberg spricht zu Recht von einer „therapeutischen Revolution" des 19. Jahrhunderts.[23] Dazu zählen nicht allein die neuen therapeutischen Ansätze wie die Kaltwasserbehandlung oder die medikamentöse Fiebersenkung mit Salicylsäure, dem aus der Weide gewonnenen Salz der Hydroxybenzoesäure, an deren Einführung und Erprobung übrigens auch die Charité in den 1870er Jahren beteiligt war.[24] Wesentliche Grundlage dieser Revolution war vor allen anderen Dingen die „stärkende Diät", die bereits Anfang des Jahrhunderts als Reiztherapie eingeführt wurde. Die Verordnung von Fleisch, Wein und anderen stärkenden Nahrungsmitteln – anstelle einer entleerenden Therapie mit Brechmitteln, Laxantien und Aderlass – wirkte gerade bei den meist unterernährten Patienten des Krankenhauses wahre Wunder. Sicherlich war die Krankenhausküche schlecht und viele Nahrungsmittel minderer Qualität. Mit dem Pro-Kopf-Verbrauch von mehr als einem Kilo Fleisch pro Woche (erste Diät) dürften viele Patienten dennoch im Krankenhaus besser als außerhalb versorgt worden sein – und die zahlreichen und zum Unwillen der Krankenhausverwaltung „üppigen" Sonderverordnungen taten das ihrige. Manche Patienten erinnerten gar ihren Krankenhausaufenthalt als die „beste Zeit" ihres Lebens.[25]

Ob das auch für unseren Schuhmacher-Gesellen zutrifft, wissen wir nicht. Angesichts der langen Rekonvaleszenz können wir jedoch davon ausgehen, dass sich die Entlassung an der vollständigen Wiederherstellung der Arbeitsfähigkeit (und nicht wie heute an der „Transportfähigkeit“) orientierte. Fünf Wochen kam Heinrich Götze in den Genuss der ersten Diät, bevor er vollkommen geheilt und wiederhergestellt das Krankenhaus verließ.

Mitte des 19. Jahrhunderts hatte sich die Charité somit nicht nur in eine medizinische Behandlungseinrichtung verwandelt. Sie hatte darüber hinaus auch effektive Behandlungsmöglichkeiten anzubieten. Diese Entwicklung galt besonders für den Bereich der inneren Medizin, was im folgenden Abschnitt diskutiert werden soll. Zunächst wollen wir noch einen Blick auf den Ort werfen, an dem Heinrich Götze so überraschend genas: Die erste medizinische Universitätsklinik in der Charité.

3.3 Charité und Universitätsmedizin

Die Behandlung des Schuhmacher-Gesellen illustriert jene Entwicklung, die in der zweiten Hälfte des 19. Jahrhunderts die Charité prägen, ja sogar tief greifend verändern sollte: Die allmähliche Nutzung der Krankensäle für die klinische Ausbildung von Medizinstudenten – und die damit einhergehende Umwandlung von Krankenabteilungen in eigenständige Kliniken. Angesichts der Vorbehalte der Medizinischen Fakultät bei Gründung der Universität ist diese Entwicklung überraschend. Es waren – nicht nur in Berlin – zwei Momente, die das Krankenhaus aus Perspektive der Universitätsmedizin interessant werden ließen: Erstens die Ausgliederung traditioneller Funktionsbereiche, und zweitens die Klientel, den der Funktionswandel des Krankenhauses mit sich brachte. Mitte des Jahrhunderts häuften sich in der medizinischen Fachpublizistik die Klagen, dass sparsame Stadtväter und ignorante Krankenhausverwaltungen die wissenschaftliche Weiterentwicklung der Medizin behinderten, da sie ihre Krankenhäuser nicht vorbehaltlos den wissenschaftlichen Erkenntnisinteressen der Studenten und Professoren zur Verfügung stellten, die Verordnung teurer Extraportionen und aufwendiger Medikamente einschränkten oder gar die freie Aufnahme von Patienten unterbanden. Zwar ging nicht jeder besorgte Kommunalpolitiker so weit wie der Münchener Bürgermeister, der die Universitätsklinik als ein Krebsgeschwür des städtischen Krankenhauses bezeichnete – doch die Konflikte um die Nutzung des allgemeinen Krankenhauses markieren einen allgemeinen Trend, der sich, wenn auch nur sehr langsam, ebenfalls an der Charité abzuzeichnen begann: Die *Klinifizierung* des allgemeinen Krankenhauses, d.h. die Vereinnahmung einer Institution der Krankenbehandlung und -versorgung durch und für die Universität. Dabei wurden die Handlungsmaximen eines ökonomischen Krankenhausbetriebes, also der sparsame Umgang mit beschränkten Ressourcen Schritt für Schritt den Leitideen von Forschung und Lehre angepasst und untergeordnet, wie zum Beispiel hinsichtlich der freien Verfügung über Patienten für Unterricht und Forschung, der

Ausrichtung des Stationsbetriebes auf Studentenunterricht oder der Einrichtung und des Unterhalts komplementärer Labore.[26]

Berlin bot seit Anfang der 1830er Jahre ja eigentlich gute Voraussetzungen für den weiteren Ausbau der Medizinischen Klinik durch die Medizinische Fakultät an der Charité. Denn das Königliche Krankenhaus unterstand nicht länger der Armenverwaltung. Mit der Einführung der ersten Krankenkassen begann sich auch die Zusammensetzung ihrer Klientel zu ändern. Und schließlich waren die traditionellen Aufgabenbereiche eines Hospitals endgültig ausgegliedert oder separiert worden. So wurden die gesundheitspolizeilichen und ordnungspolitischen Funktionen innerhalb der Charité von den medizinischen zunehmend räumlich und organisatorisch getrennt: 1835 wurde endlich der Erweiterungsbau, die *Neue Charité* eingeweiht, der seit der Übernahme der Irren in die Charité geplant war. Der große Dreiflügelbau nordwestlich der *Alten Charité* stand auf dem Gelände der heutigen Psychiatrischen und Nervenklinik (vgl. Abbildung 3.1) und glich Aussagen von Zeitgenossen zufolge mehr einem Gefängnis als einer Krankenanstalt – im Gegensatz zur ansprechenden Fassadengestaltung der *Alten Charité*: Im Neubau wurden vornehmlich die Kranken untergebracht, die man einer besonderen Aufsicht unterstellen zu müssen glaubte: die Geistes- und Krampfkranken, die kranken Kriminalgefangenen sowie die bei Bordell-Kontrollen aufgegriffenen infizierten Huren beziehungsweise die ebenfalls an Haut- und Geschlechtskrankheiten leidenden Männer, hauptsächlich Handwerksgesellen und Lehrlinge. In der *Alten Charité* hingegen verblieben die innere und die chirurgische Abteilung, neu eingerichtet wurde mit der Berufung Traubes eine Spezialstation für Brustkranke (siehe unten) sowie 1864 eine neurologische Abteilung für Wilhelm Griesinger (1817–1868). Mit dem Neubau wurde somit eine funktionale Differenzierung der Patientenschaft vorgenommen: Aufsicht und Disziplinierung wurden in der *Neuen Charité* „gepflegt", während die *Alte Charité* mit der inneren und chirurgischen Abteilung (inklusive Augenklinik) vorrangig der Behandlung von akuten Erkrankungen vorbehalten war.

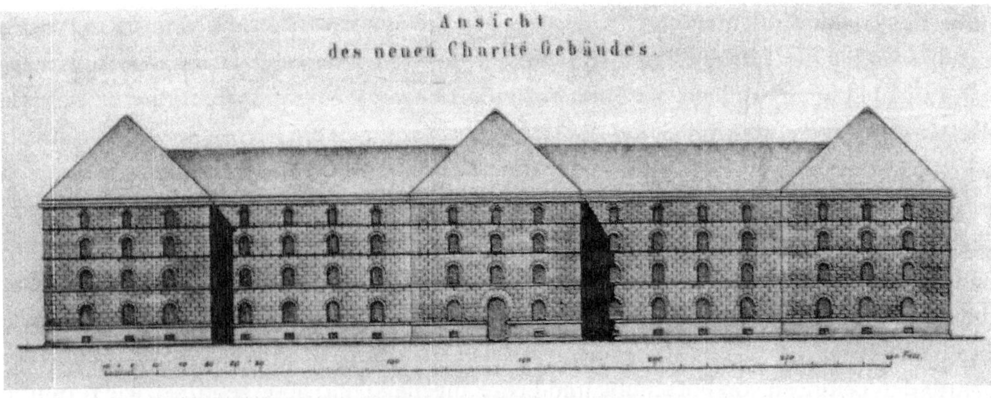

Abb. 3.2 Die 1835 fertig gestellte Neue Charité, Ansicht von Norden.

Trotz aller anfänglichen Bedenken (siehe Kapitel 2) hatte die Medizinische Fakultät bald die Vorteile des klinischen Ausbildungsmodells der *Pépinière* erkannt. Bereits 1814 nahm sie einen ersten Anlauf, am reichen Patientengut der Charité zu partizipieren. Die Fakultät hätte es gerne gesehen, wenn sich alle Armen Kranken vor einer Aufnahme in die Charité erst in den Universitätsklinika vorgestellt hätten, damit sich die Universitätsprofessoren die für ihren Unterricht geeigneten Fälle hätten aussuchen können. Das Kriegsministerium hintertrieb jedoch derartige Bemühungen weitgehend, wie sich bei der Verlagerung der Medizinischen Universitätsklinik an die Charité zeigte: 1828 ergriff das Kultusministerium die Gelegenheit der Neubesetzung des Lehrstuhls für spezielle Pathologie und Therapie auf, um die kleine 12-Betten-Klinik aus der Ziegelstraße in die Charité zu verlagern. Dort erhielt die Klinik im Kopfende des südöstlichen Seitenflügels der *Alten Charité* zwei Krankensäle für je 16 bis 18 Betten, einen für männliche, einen für weibliche Kranke. Dem neuberufenen Professor standen somit deutlich mehr Betten zur Verfügung. Gleichzeitig aber wurden seine Rechte als klinischer Lehrer massiv beschränkt: Am Krankenbett durften weiterhin nur die Zöglinge des Königlichen Friedrich-Wilhelms-Instituts tätig werden, während für Zivilstudenten der Zugang zu den Krankensälen auf die Unterrichtsstunden beschränkt blieb. Auch Operationen durften nur von angehenden Militärärzten ausgeführt werden. Die gravierendste Einschränkung betraf jedoch die Rekrutierung des akademischen Nachwuchses, der im Humboldtschen Modell eine zentrale Rolle zukam. Den Klinikern blieb es versagt, wie es damals hieß, „Schule zu machen". Während andernorts die klinischen Professoren die Assistentenstellen nutzten, um ihren besten Studenten den Weg in die Wissenschaft zu weisen, fanden sie an der Charité stattdessen einen Stabsarzt der militärärztlichen Bildungsstätten vor, der die Klinik im Zuge der Rotation nach wenigen Monaten bereits wieder verließ.[27] Letztlich profitierte die militärärztliche Ausbildung am meisten von der Verlagerung der Universitätsklinik. Selbst Johann Lukas Schönlein, der 1840 mit großer Erwartung berufen worden war, konnte seine Klinik nicht von diesen Restriktionen des militärischen Ausbildungsprivilegs befreien.

Für die Annäherung von Medizinischer Fakultät und Charité war somit nicht die räumliche Verlegung der Klinik maßgeblich. Das größere Angebot der Patienten wog die Nachteile eines militärärztlichen Ausbildungskrankenhauses bei weitem nicht auf. Um die Anforderungen der universitären Ausbildung zu befriedigen, bedurfte es der Einführung weiterer, zum Teil sehr diffiziler Verfahren für die Auswahl und Verteilung der Patienten innerhalb der Charité. Auch die Anstellung eines privaten Assistenten, die Schönlein versuchte, war kein Ersatz für die Ausbildung zukünftiger „klinischer Lehrer". Denn auch Schönleins Privatassistent durfte nicht am Krankenbett tätig werden, sondern hatte sich auf die chemische Untersuchung von Blut- und Urinproben zu beschränken. Ebenfalls stellte die Überlassung einer Abstellkammer, die für Schönleins wissenschaftliche Zwecke frei geräumt worden war, keinen ernsthaften Ersatz für die Einrichtung jener speziellen Labore dar, mit deren Hilfe die Kliniker sich bald bemühen sollten, mit den Entwicklungen der

Experimentalwissenschaften Schritt zu halten. Und schließlich waren ökonomische Zwänge, militärische Subordination und das Bemühen der Verwaltung um Wahrung der institutionellen Einheit und Selbständigkeit des Königlichen Krankenhauses nicht geeignet, der akademischen „Einsamkeit und Freiheit" ausreichend Raum zu geben. Das „Wenige, was in der Charité beobachtet wird, ist nicht einmal der Erwähnung wert" – so lautete zusammenfassend das vernichtende Resümee eines Zeitgenossen, der Mitte des 19. Jahrhunderts die wissenschaftlichen Einrichtungen Berlins zu begutachten hatte.[28]

Revolution an der Charité

Der zivilen Medizin Eingang in die Charité zu schaffen, war angesichts der militärmedizinischen Dominanz gleichbedeutend mit einer förmlichen Revolution. In der Tat kam es erst in Folge des gewaltsamen Auf- und Umbruchs, der die preußische Gesellschaft im Frühjahr 1848 erschütterte, zu einer Öffnung der Charité. Hierbei spielten weniger die kleineren oder größeren Heldentaten der an den Barrikadenkämpfen beteiligten Ärzte eine Rolle als die anschwellende und nachhaltige Debatte über eine Reform des Medizinalwesens. Der Zusammenhang zwischen Krankheit, Armut, Verelendung und Pauperisierung war so offensichtlich, dass die Notwendigkeit einer Reform des preußischen Gesundheitssystems und der medizinischen Ausbildung nicht ignoriert werden konnte.

Eine zentrale Rolle spielte hierbei – um auf das Leitmotiv dieses Kapitels wieder zurückzukommen – der Typhus, allerdings nicht der Abdominaltyphus, sondern das Fleckfieber. Nach den Missernten der Jahre 1846/47 grassierte diese Seuche in den Hungergebieten Oberschlesiens und schürte soziale Unruhe. Der junge Militärarzt, den die preußische Kultusbehörde auf öffentlichen Druck hin in das Seuchengebiet geschickt hatte, interessierte sich folglich weniger für die pathologische Charakterisierung der Erkrankung als für die epidemiologische Differenzierung ihrer Ursachen. Rudolf Virchows Bericht an das Ministerium formulierte eine schonungslose Anklage gegen die preußische Verwaltung und katholische Hierarchie: Der Typhus sei, so die knappe Diagnose, weit mehr als nur eine akute und lebensbedrohliche Erkrankung. Typhus war vielmehr der fleischgewordene Mangel an Essen, Bildung, Unterkunft und angemessener Entlohnung – und die Therapie dieser Krankheit erforderte eine „Medizin im Großen", also politische Maßnahmen.[29] Veröffentlicht wurde dieser Bericht allerdings erst im Sommer 1848, also nach den Zugeständnissen des preußischen Königs an sein revoltierendes Volk – und noch vor der reaktionären Wende, die zur Absetzung der liberalen März-Regierung führte.

Viele junge Ärzte hatte das um sich greifende Krisengefühl des Vormärz erfasst und zu einem sozialpolitischen Engagement veranlasst. Die programmatische Forderung nach Rationalität, Fortschritt und Objektivität der Wissenschaften war hierbei oft mit einem politischen Bekenntnis und liberalen, wenn nicht sogar demokratischen Ansichten gleichzusetzen. Virchows Selbstbezichtigung, dass er „als Naturforscher nur Republikaner [...]

sein" könne, stand gewissermaßen für eine ganze Generation, die selbstverständlich davon ausging, dass „die Verwirklichung der Forderungen, welche die Naturgesetze bedingen, [...] nur in der republikanischen Staatsform wirklich ausführbar" sei.[30]

Abb. 3.3 Die Revolution von 1848. Barrikaden in Berlin.

Als nach den Barrikadenkämpfen und dem Abmarsch der preußischen Truppen im Sommer 1848 eine breite öffentliche Debatte über die zukünftige Gestaltung der Gesellschaft einsetzte, waren zahlreiche Ärzte, die sich bis dahin vor allem wissenschaftlich ausgezeichnet hatten, unter den Wortführern zu finden: Zu ihnen zählte Robert Remak (1815–1865) ebenso wie Rudolf Leubuscher (1821–1861), Rudolf Virchow (1821–1902), Salomon Neumann (1819–1908), aber auch etablierte und wohl angesehene Ärzte wie Carl Mayer (1795–1868), der Begründer der Berliner gynäkologischen Gesellschaft. Und während die Professoren der Universität unter ihrem Rektor Johannes Müller eine Ergebenheitsadresse an das preußische Königshaus richteten, sammelten sich die angehenden Ärzte und jungen Wissenschaftler in politischen Clubs verschiedener Couleur, wo über die zukünftige Verfassung des Staates diskutiert und gestritten wurde. Ihr Sprachrohr wurde sehr bald die *Medicinische Reform*, wie sich die von Virchow und Leubuscher herausgegebene Wochenschrift programmatisch nannte. Dort artikulierten sich die Forderungen nach einer demokratischen Verfassung der Universitäten, nach „Aufhebung der militärärztlichen Bildungsanstalten", Abschaffung der traditionellen militärärztlichen Privilegien und Ausbau eines staatlichen Medizinalwesens am lautesten. Jede politische Maßnahme zur Verbesserung der medizinischen Versorgung zog zwangsläufig die Frage der Umgestaltung des Studiums, insbesondere einer Verbesserung der praktischen Ausbildung nach.[31]

Schnell geriet die Charité in den Fokus der Debatte um eine Reform des preußischen Medizinalwesens. Vor allem die Forderung nach mehr Praxis in der Ausbildung kam nicht überraschend. Schon im Vormärz hatte sich angesichts der verkrusteten Verhältnisse außerhalb der Fakultät (von der Charité ganz zu schweigen) ein kleines, aber feines Angebot an privat organisiertem Unterricht etabliert, das zwar indirekt, aber nachdrücklich den auffälligen Mangel entsprechender Lehrangebote im offiziellen Curriculum offenbarte. Carl Mayer hatte beispielsweise die ihm von der Armendirektion zugewiesenen Patienten seiner Sprechstunde für praktische Unterweisungen herangezogen. Ludwig Traube bot Kurse in Auskultation und Perkussion an, die sich auch mangels Alternativen reger Nachfrage erfreuten. Heinrich Romberg (1795–1873), der Leiter der Universitätspoliklinik, forderte seine Studierenden sogar explizit zum Besuch dieser außeruniversitären Veranstaltung auf. Traube musste seine Kurse jedoch bald einstellen, da ihm die Armenbehörde die Verwendung von *Armen Kranken* untersagte, um diese vor der Belästigung zu schützen.[32]

Der Mangel an praktischer Ausbildung stand oben auf der Tagesordnung. Bereits Ende März bis Anfang April 1848 fand sich eine Gruppe von Medizinstudenten zusammen, die unter der Federführung von Carl Adolph Diesterweg (1824-1875) eine Bittschrift an das Kultusministerium richtete: Zum einen baten sie um die Berufung von Bernhard Langenbeck (1810–1887) zum Leiter der chirurgischen Universitätsklinik und von Karl Gustav Theodor Simon (1810–1857) zum Leiter der Abteilung für Haut- und Geschlechtskrankheiten, zum anderen drängten sie auf Einrichtung einer besonderen Station für Brustkranke. Dezidiert forderten sie, Ludwig Traube als Leiter dieser neuen Abteilung zu benennen. Insgesamt 75 Ärzte und Studenten unterzeichneten den Aufruf, was ebenso den großen Rückhalt deutlich macht, den das Anliegen in der Berliner Ärzteschaft fand, wie auch die Nachfrage und Beliebtheit der privat angebotenen Untersuchungskurse.[33]

Dabei sollte es nicht bleiben. Als sich im Sommer 1848 die „Generalversammlung der Berliner Ärzte“ gründete, wurde das Privileg der militärärztlichen Ausbildung grundsätzlich zur Disposition gestellt. Auf Anregung von Robert Remak verabschiedete die Versammlung den Antrag, eine gewisse „Anzahl von Medicinern aus dem Civilstande nach Beendigung der Studien als Gehülfen in der Charité (Charité-Chirurgen) anzustellen“ und damit das praktische Ausbildungsmodell der *Pépinière* auf das zivile Medizinstudium zu übertragen. Die nicht in der Generalversammlung verbliebenen Medizinstudenten erneuerten im September 1848 in einer zweiten Petition an das Ministerium ihrerseits den Wunsch nach Einrichtung einer neuen Spezial-Abteilung.[34] Das Vorrecht des preußischen Militärs stand auf der Kippe.

Die einsetzende Reaktion beendete alle Hoffnungen auf eine umfassende Entmilitarisierung der Charité. Im November 1848 marschierte die preußische Armee in Berlin ein, nachdem die Verlegung der Nationalversammlung in die Stadt Brandenburg angekündigt worden war. Doch die Verhängung des Belagerungszustandes machte nicht alle demokratischen Tendenzen zunichte. Bei den Wahlen zur Zweiten Kammer des preußischen Abgeordnetenhauses gingen die Berliner Wahlkreise an die demokratische und liberale Opposition – und der Jubel, mit dem die Berliner Bevölkerung die im Frühjahr 1849 aus Frankfurt anreisende Kaiserdeputation empfing, signalisierte deutlich, dass die Reaktion (noch) nicht vollständig gesiegt hatte.

Zu diesem Zeitpunkt war die erste Zivilassistenten-Stelle an der Charité bereits besetzt. Ungeachtet der politischen Entwicklung war das Kultusministerium der Forderung der Studentenschaft nachgekommen. Mit Stolz vermeldete die Medicinische Reform am 19. Januar 1849, dass die „unter der Direction des Herrn Geheimen Obermedicinalraths Schönlein stehende (lateinische) Klinik in der Charité um 25 Betten für Brustkranke vermehrt und die Stelle des Assistenzarztes in derselben dem Privatdocenten Herrn Dr. L. Traube übertragen worden“ war, „mit der Befugnis, die neu hinzukommende Abtheilung zum Unterricht in der Auskultation und Perkussion und in der Diagnostik der Brustkrankheiten zu benutzen“.[35]

Traube blieb nicht lange der einzige Zivilassistent. Schnell zogen die anderen Abteilungen nach. Der Leiter der Irrenabteilung Carl Wilhelm Ideler (1795–1860) war der nächste, dem es 1852 mit tatkräftiger Unterstützung der Kultusbehörde gelang, dem Kriegsminister eine Stelle für einen Zivilassistenzarzt abzutrotzen. 1851 war bereits eine weitere Stelle im Pockenhaus eingerichtet worden, die 1856, mit der Umwandlung von Traubes Abteilung in eine eigene Klinik, dem Nachfolger Schönleins zugeordnet wurde. Im gleichen Jahr erhielt das neugegründete pathologische Institut eine Assistentenstelle – und so vermehrte sich die Zahl der Zivilassistenten langsam aber stetig, bis der Versailler Vertrag mit den militärärztlichen Privilegien endgültig brach.[36]

1876 sollte Rudolf Virchow in seiner Eloge auf Traube behaupten, erst die Revolution habe einem Juden den Weg auf eine Assistenzarztstelle in der Charité eröffnet. Dieser Eindruck mag dem in den 1870er Jahren verstärkt einsetzenden Antisemitismus geschuldet sein. Als ehemaliger Zögling der *Pépinière* übersah Virchow jedoch, dass es nicht die jüdische Herkunft, sondern der Status des Zivilarztes war, der Traube den Zugang zu den Patienten der Charité verwehrt hatte. Der jüdischen Konfession dagegen kam bis dahin bei allen Versuchen, eine akademische Laufbahn zu beschreiten, eine entscheidende Rolle zu. Welche Schwierigkeiten preußische Wissenschaftler jüdischen Glaubens auf ihrem Weg in die akademische Korporation in jenen Jahren überwinden mussten, hat Heinz-Peter Schmiedebach am Beispiel von Robert Remak eindrücklich dargestellt. Das fortschrittliche Emanzipationsedikt von 1812 war während des restaurativen *roll-back* in den 1820er und 1830er Jahren weitgehend außer Kraft gesetzt worden. Und trotz einer gewissen Liberalisierung nach dem Thronwechsel 1840 blieben die Chancen auf Zulassung zur Habilitation schlecht, da die Kultusbehörde wegen der niedrigen Studentenzahlen den Weg zum Privatdozenten erschwerte. Erst mit dem Gesetz vom 23. Juli 1847 wurde die Zulassung von Juden zum akademischen Lehramt – und damit theoretisch auch zum Ordinariat – gestattet. Auf diese Weise hatte Remak im Oktober 1847 als erster jüdischer Wissenschaftler und Arzt die Lehrbefugnis an der Berliner Universität erlangt. Der Weg in ein Ordinariat blieb jüdischen Wissenschaftlern – trotz formaler Gleichberechtigung – jedoch versperrt. Bei Staatsbeamten war die Religion keine Privatsache: Unter der Idee eines christlichen Staates und einer lutherischen Konstruktion der Einheit von Landes- und Kirchenherrn galten Juden grundsätzlich als suspekt, weshalb man ihnen staatliche Repräsentations- und Leitungsfunktionen vorenthielt. Der Antisemitismus der preußischen Verwaltung bezog sich – im Unterschied zum späten 19. Jahrhundert – allein auf die Konfession: Wenn ein *professorabler* Kandidat der in der Regel informellen Aufforderung des Kultusministers zur Taufe nachkam, stand seiner Berufung auf ein hohes Lehramt nichts im Wege. Das unterscheidet die konfessionelle Diskriminierung von der späteren rassistisch motivierten.[37] Ludwig Traube kam – wie viele Wissenschaftler dieser Jahrzehnte – aus Oberschlesien, wo er 1818 als Sohn eines Weingroßhändlers in Ratibor zur Welt gekommen war. Nach dem Besuch des örtlichen Gymnasiums hatte er in Breslau (1835–37) und Berlin (1837–41) Medizin studiert. Mit Ausnahme des Unterrichts bei Johannes Müller (1801–1858) hatte ihn das Lehrangebot der hiesigen Fakultät wenig begeistert. Stattdessen setzte sich Traube – im Kreise mit Gleichgesinnten – privatim mit den Ansätzen der neuen französischen Medizin auseinander, allen voran mit den Arbeiten von François Magendie (1783–1855), Réné Théophile Hyacinthe Laennec (1781–1826), François-Achille Longet (1811–1871) und Claude Bernard (1813–1878) – worauf noch einzugehen sein wird. Zu diesem kleinen Lesezirkel gehörten neben Rudolf Virchow auch der spätere Bonner Kliniker Hugo Rühle (1824–1888) sowie Joseph Meyer und Arnold Mendelssohn, der Enkel des berühmten Aufklärers. Die jungen Leute trafen sich vermutlich ab 1844 wöchentlich, zunächst im Hause von Arnolds Vater, dem Instrumentenmacher Nathan Mendelssohn, später in der eigenen Wohnung und ab 1846 auch im Leichenschauhaus der Charité, wo Virchow die Stelle eines Prosektors erhalten hatte. Sie diskutierten die neuesten Forschungsarbeiten aus dem Ausland und begannen bald, die dort beschriebenen Experimente nachzubauen und weiterzuentwickeln. Traube war der geschickteste Experimentator unter den Freunden – und hatte auf einer Studienreise nach Wien die neuesten Kenntnisse in physikalischer Diagnostik erworben. Aber welche Einrichtung in Preußen hätte einem begabtem und naturwissenschaftlich interessierten jungen Wissenschaftler jüdischen Glaubens zu diesem Zeitpunkt die Chance einer akademischen Karriere geboten?

Traube hatte wie viele junge Mediziner seiner Generation nach dem Studium notgedrungen eine armenärztliche Tätigkeit übernommen. Wie bereits erwähnt, zog er die von ihm behandelten Patienten heran, um seine Fertigkeiten in der Diagnose von „Brusterkrankungen" mit den modernen Mitteln der Auskultation und Perkussion zu vertiefen und in privaten Kursen zu vermitteln. Mit der Habilitation von Remak im Sommer 1847 eröffnete sich auch für Traube ein Weg. Im Dezember 1847 reichte er – aufgefordert durch die Fakultät – den Antrag auf Habilitation ein, die, verzögert durch den Aufruhr der folgenden Monate, im Oktober 1848 abgeschlossen war. Als Traube im Januar 1849 die Stelle eines klinischen Assistenten an der Charité antrat, war der erste Zivilassistent der Charité zugleich Privatdozent der Friedrich-Wilhelms-Universität. Der Grundstein für die spätere Etablierung einer zweiten Medizinischen Universitätsklinik war damit gelegt.[38]

3.4 Das Labor in der Klinik

Der Schuhmacher-Geselle, dessen erfolgreiche Behandlung wir in diesem Kapitel so lange verfolgt haben, verdankte sein Leben somit einer doppelten Revolution: Erstens dem Einsatz neuer Behandlungsansätze, die durch proto-statistische Methoden empirisch abgesichert wurden, und zweitens der politisch erzwungenen Öffnung der Charité für zivile Assistenzärzte. Beides war nur in der *Lateinischen Klinik* möglich, wie Schönleins Universitätsklinik im Gegensatz zu der vor allem von Militärchirurgen genutzten *Deutschen Klinik* (siehe Kapitel 2) genannt wurde. Vermutlich hatte Traube den typhuskranken Gesellen am Abend aus dem Gros der neu aufgenommenen Patienten herausgezogen – ein Vorrecht, das den Assistenzärzten der beiden medizinischen Kliniken täglich wechselnd zustand.[39]

Dieses Verfahren der täglichen Auswahl ist spannend, da es einen jener Mechanismen darstellt, mit denen sich die Universität der Krankenhaus-Ökonomie bemächtigte. Grundsätzlich erfolgte die Ein- und Verteilung der Patienten in verschiedene Abteilungen bei Aufnahme durch die Verwaltung. Diese Abteilungen waren verhältnismäßig groß, allein die Innere Abteilung umfasste mehr als 300 Betten, die chirurgische rund 240 Betten, die Kinderklinik 30 sowie die geburtshilfliche Abteilung rund 60 Betten.[40] Der *Lateinischen* und der *Deutschen Klinik* waren jedoch nur jeweils zwei Krankensäle nebst ein paar kleineren Zimmern zugewiesen, so dass von den 306 Betten der Inneren Abteilung lediglich 80 für Unterrichtszwecke genutzt wurden.

Die so genannte *Prärogation*, wie das in den 1850er Jahren weiter formalisierte Prozedere hieß, schuf einen Gradienten klinischen Interesses innerhalb der Inneren Abteilung. Sie konzentrierte jene Kranken, die sich nach Meinung der Kliniker besonders für den Unterricht oder die klinische Forschung eigneten, in den klinischen Sälen und brachte die Kriterien einer wissenschaftlichen Medizin durch räumliche Trennung gegen die Entropie der zufälligen Verteilung zur Geltung. Denn die kleine Anzahl klinischer Patienten war dank der täglichen Auswahl und der Rückverlegung „uninteressanter" Fälle hochgradig selektiert. Während die Zusammensetzung der Patienten in den allgemeinen Krankensälen der Inneren Abteilung wesentlich durch die Rahmenbedingungen von Aufnahme und Kostenübernahme bestimmt war, repräsentierte die Zusammensetzung der 30 bis 40 Kranken der Medizinischen Universitätsklinik die besondere Rationalität von Forschung und Lehre.

Welche Auswirkungen dieser Selektionsmechanismus hatte, wird deutlich, wenn wir die von Ludwig Traube zwischen 1849 und 1860 veröffentlichten Krankengeschichten mit dem Bericht über die Patienten der Medizinischen Klinik aus dem Wintersemester 1828/29 vergleichen.[41] Damals dominierten Fieberkrankheiten das nosologische Spektrum: 31 Fieber, 12 Pneumonien und eine Vielzahl hoch akuter, vor allem infektiöser Erkrankungen. Auch bei den kasuistischen Berichten Traubes finden sich vorwiegend Fieber und Pneumonien, wobei dies auf den thematischen Fokus der Publikation zurückzuführen sein dürfte. Gravierend sind die Unterschiede im Krankheitsspektrum nicht, insbesondere wenn man sich die von Thea und Hartmut Krecker sowie Clemens Hanke zusammengestellten Morbiditätstabellen aus dem 18. Jahrhundert vor Augen hält (vgl. 1. Kapitel, siehe Tabelle 1.3., S. 35 und Tabelle 1.4., S. 36). Drastisch, ja sogar dramatisch ist jedoch der Unterschied, wenn man auch die Schwere der Erkrankungen berücksichtigt. Während Ende der 1820er Jahre von 117 Kranken der Medizinischen Universitätsklinik 21 starben (und das lag statistisch gesehen rund zehn Prozent über der durchschnittlichen Sterblichkeit), hatte Traube in den von ihm publizierten Kasuistiken den Verlust von über 80 Prozent der von ihm behandelten Patienten zu beklagen. Sicherlich wird ein solcher Vergleich keinem statistischen Anspruch gerecht. Er verdeutlicht dennoch den wirksamen Selektionsmechanismus der klinischen Vorauswahl. Wir dürfen davon ausgehen, dass Traube in jenen Monaten, als er sich mit dem klinischen und pathophysiologischen Bild des Abdominaltyphus beschäftigte, jeden Patienten aus der Aufnahmestube der Abteilung herauszog, der nur im Entferntesten nach einem an Typhus Erkrankten aussah.[42]

Den Klinikern war die Bedeutung dieses Selektionsmechanismus sehr präsent. Als Ludwig Traube 1856 den Ruf an die Heidelberger Klinik ablehnte und stattdessen die Leitung einer eigenen, der so genannten *Propädeutischen Klinik* in der Charité erhielt, ließ er sich ebenfalls das Recht der *Prärogation* für einen bestimmten Wochentag zusichern. Gleichzeitig wurde übrigens die *Deutsche Klinik* geschlossen, die mit der endgültigen Vereinigung der medizinischen und chirurgischen Ausbildung ihre ursprüngliche Bestimmung verloren hatte. Und als wenig später Wilhelm Griesinger anlässlich seiner Berufung mit der Berliner Kultusbehörde die Errichtung einer Neurologischen Klinik aushandelte, stritt er gleichfalls um Teilhabe am „Patientenmaterial" der Inneren Abteilung und erhielt schließlich auch einen Aufnahmetag.

In der Kombination mit einer Poliklinik erhielt das Recht der *Prärogation* noch eine weitergehende Bedeutung. Griesinger hatte die Fortführung der Medizinischen Poliklinik wegen Arbeitsüberlastung abgelehnt. Sein Nachfolger Karl Westphal (1833–1890) gründete eine Neurologische Poliklinik. Sie erlaubte es den Nervenärzten, jene Patienten, die besonders interessant waren, an den Kollegen der anderen Kliniken vorbei aus dem Aufnahmezimmer in die eigene Abteilung zu lotsen – allerdings nur unter der Voraussetzung, dass sich die Patienten daran hielten, was ihnen in der Poliklinik eingebläut wurde: Kommen Sie am Sonntag zur Aufnahme. Das war nämlich der Tag, an dem der Nervenklinik die erste Wahl unter den aufgenommenen Patienten zustand. Die Einrichtung einer Poliklinik vergrößerte damit das „klinische Material" um den Kreis der ambulanten Patienten, die dank des Selektionsmechanismus der *Prärogation* für die jeweilige Klinik genutzt wurden.[43]

Leider lässt sich nur implizit erschließen, was die Kriterien waren, denen zufolge Patienten als interessant galten. Die auffällige Häufung von Fällen typhöser Erkrankungen in den ersten Veröffentlichungen Traubes nach dessen Anstellung an der Charité ist wahrscheinlich Ausdruck solcher Selektionskriterien. Die gezielte Auswahl von Patienten stellte somit eine der Techniken dar, im Binnenraum des Krankenhauses Räume von einer anderen, nämlich den Kriterien wissenschaftlicher Forschung und Lehre folgenden Rationalität zu verselbständigen. Eine zweite Technik bestand in der Übernahme von instrumentellen Techniken, Arbeitsweisen und Methoden aus dem Raum des Labors in die Klinik. Doch das war ein weiter Weg.

Bis heute folgt die Medizin- und Wissenschaftsgeschichtsschreibung gerne den Selbstdarstellungen der Zeitgenossen. Sie beschwört eine naturwissenschaftliche Wende oder gar einen wissenschaftlichen Neubeginn der Medizin um 1850 – ohne jedoch genau benennen zu können, worin der naturwissenschaftliche Input des Labors in die Klinik eigentlich besteht. Verfolgt man nämlich die Umsetzung der kühnen Programme über die Jahrhundertmitte hinaus, so ist lediglich ein sich beständig vergrößernder Gegensatz zwischen den klinischen und den Laborwissenschaften festzustellen, der schließlich selbst in der Ausbildung kaum überbrückt werden konnte. Ob durch Emil Du Bois-Reymond (1818–1896), Ernst Brücke (1819–1892) oder Hermann von Helmholtz (1821–1894): die organische Physik entwickelte sich schnell zur eigenständigen Disziplin der Physiologie. Hierauf geht die Festschrift der Humboldt-Universität ausführlicher ein. Einen direkten Einfluss auf die therapeutische Praxis und das klinische Handeln im Krankenhaus hatten jedoch weder die Physiologie noch die anderen Grundlagenwissenschaften.[44]

Die Vorstellung eines Transfers zwischen Labor und Klinik ist daher in zweierlei Hinsicht zu präzisieren: Erstens fand dieser Transfer nicht auf der apparativen Ebene statt. Es sollte lange dauern, bis der sich herausbildende Gerätepark der *organischen Physik* Eingang in die klinische Medizin fand. Puls- und Herzdruckschreiber, Myographen und all die anderen wunderbaren Erzeugnisse der Feinmechanik wurden natürlich auch an klinischen Probanden erprobt – in der Regel jedoch ohne Folgen für die klinische Praxis. Zu einer regulären Anwendung solcher Untersuchungsinstrumente kam es erst Ende des 19. Jahrhunderts (unblutige Druckmessung nach Riva-Rocci). So waren es, wie im Folgenden gezeigt wird, nicht die Instrumente, sondern die an und mit solchen Laborinstrumenten entwickelten Methodiken wie Aufschreibe- und Notationsverfahren, Darstellungsweisen und Vermittlungstechniken, die bereits um 1850 in den klinischen Raum überführt wurden. Zweitens unterschlägt der Begriff Transfer alle Probleme, die aus der Verpflanzung solcher instrumentellen Techniken entstehen. Da ein Instrument nie oder nur sehr selten außerhalb seines üblichen Zweckzusammenhangs das tut, wofür es konstruiert zu sein scheint, sollte man besser von einer Verschiebung reden. Bei der Übertragung laborexperimenteller Techniken stand das Labor zwar Pate, es bildete sich aber zugleich auch immer etwas für den klinischen Raum spezifisch Neues heraus. Es ist folglich schwer, die neuen Experimentalwissenschaften in der Klinik wiederzufinden, wenn man sich hierbei allein auf die Identifizierung physikalischer Registriergeräte oder chemischer Analyse-Apparate beschränkt.[45]

Die Allgegenwart des physiologischen Labors zeigte sich stattdessen in kleinen Dingen, wie beispielsweise in dem Verfahren, das Traube bei seinen Versuchen mit der Kaltwasserbehandlung einsetzte (Abbildung 3.4). Die Durchführung einer – in unseren Augen einfachen oder sogar banalen Messung der Körpertemperatur – kam einem aufwendigen Laborversuch gleich. Datenerhebung und deren Aufzeichnungen hätten jedem Physiologen der Zeit zur Ehre gereicht. Doch die klinische Messung imitierte keineswegs das Labor. Die Überführung und Anwendung laborexperimenteller Arbeitsweisen verwandelte vielmehr das Umfeld des Krankenbettes in ein Labor, wie das oben zitierte Messprotokoll anschaulich zeigt: Dazu trug nicht allein die Sorgfalt bei, mit der jede Messung durch das wiederholte Ablesen der Thermometer alle 12 bis 15 Minuten vorgenommen wurde. Auch der sprachliche Duktus eines Laborprotokolls, das zur Wiederholung der Messungen einlud, sowie die Rekapitulation der Messpunkte als „gegenwärtige" Messung, mit der sich jede weitere Versicherung des beteiligten Wissenschaftlers über den Startpunkt Messung erübrigte, oder die Angabe von Randparametern wie der Raumlufttemperatur, mit der mögliche Störgrößen aufgezeigt und dokumentiert werden, lassen an einen Laborversuch denken. So erzeugte das Bemühen um Präzision und Genauigkeit, Reproduzierbarkeit und Unabhängigkeit von Ort und Person, die Beschreibung der Messmethode und Angabe der eingesetzten Instrumente das „Labor der Klinik". Eine zentrale Rolle kam dabei dem graphischen Darstellungsverfahren zu, das Traube 1851 einführt hatte. Die klinische Methode der Fieberkurve reinszenierte eine zentrale laborexperimentelle Repräsentationstechnik des damaligen Labors: Die kymographische Methode.[46]

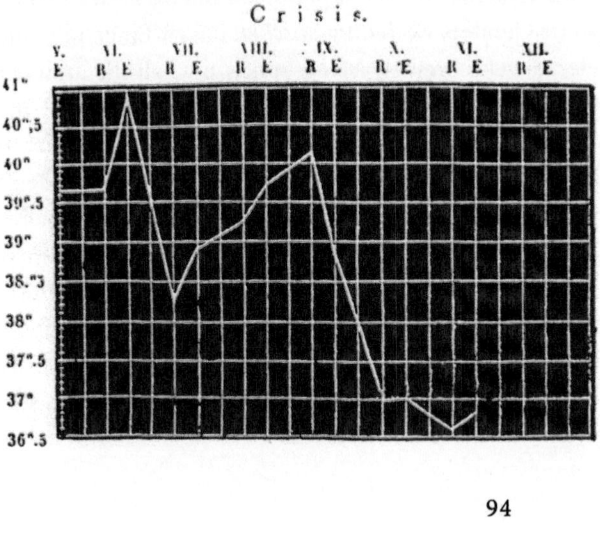

Abb 3.4 Fieberkurve nach Ludwig Traube 1851.

Es war kein Zufall, dass Traube just diese hochmoderne Methode einsetzte, als er für das Fieber eine neue Definition als Erhöhung der Körpertemperatur schuf. Ihm war die fortlaufende Aufzeichnung physiologischer Messwerte gut vertraut. Traube war dabei, als Emil Du Bois-Reymond, der wenige Jahre später den Lehrstuhl für Physiologie erhalten sollte, die Anwendung der neuen Instrumente in seinem häuslichen kleinen Küchenlabor demonstrierte.[47] Und als er das physiologische Aufzeichnungsverfahren in die Klinik einführte, war noch nicht klar, dass sich die hochfliegenden Hoffnungen, aus der Medizin eine exakte Wissenschaft zu machen, nicht erfüllen würden. Viele Physiologen waren nämlich davon überzeugt, dass die mechanische Registrierung der fortlaufenden Datenerhebung in Form einer Kurve sich in algebraische Funktionen überführen und damit die Physiologie als eine mathematisierbare Naturwissenschaft begründen lassen würde.[48] Die Darstellung von Messwerten in Form eines zeitlichen Kurvenverlaufes galt als bester Beleg einer naturwissenschaftlichen Arbeitsweise und offenbarte zugleich den naturgesetzlichen Charakter der dargestellten organischen Vorgänge. Als Traube den Temperaturabfall am Ende einer Fiebererkrankung als graphische Kurve darstellte, übersetzte er zugleich die klassische Konzeption einer kritischen Entscheidung in die moderne Sprache einer graphischen Aufzeichnung: Statt Schweißausbrüchen und Urintrübungen war es nun der Abfall der erhöhten Körpertemperatur, der sicher und zuverlässig den Beginn der Gesundung anzeigte. Was die klinische Kurve gleich einem Kymographen zu zeigen versprach, war der gesetzmäßige Verlauf des Fieberabfalls. Dabei kam die klinische Kymographie weitgehend ohne eine feinmechanische Apparatur aus. Stattdessen kam mit der Routine des Krankenhausalltags eine institutionelle Mechanik zum Einsatz: Bald verteilten Pflegeschüler die Instrumente, verständige Schwestern lasen sie ab, und die diensthabende Stationsschwester fügte die einzelnen Daten sorgsam in der so genannten Fieberkurve zu einem graphischen Verlauf.

Die Verschränkung von laborexperimenteller und klinischer Forschung war keine Einbahnstraße. Traube war einer der führenden Vertreter der experimentellen Pathologie. Sein Ziel war es, die am Krankenbett beobachtbaren Erscheinungen im Labor experimentell zu rekonstruieren. Klinische Fragestellungen wurden ins Labor transportiert und dort in eine experimentelle Versuchsanordnung übersetzt. Traube beschränkte sich keineswegs auf die Imitation physiologischer Kurven. Im gleichen Jahr erwarb auch er einen physiologischen Kurvenschreiber, um im eigenen kleinen Küchenlabor den Einfluss von fiebersenkenden Medikamenten auf die Kreislaufregulation zu untersuchen. Theodor Billroth (1829–1894), der sich als Chirurg einen Namen machen sollte, half als Student bei der Anpassung des Instrumentes, das schließlich „so famose genaue und scharfe Kurven" zeichnete, wie sie „feiner nicht mit dem besten Bleistift zu machen" waren.[49] Am technischen Know how lag es somit nicht, dass Traube kein tierexperimentelles Modell für das Fieber fand. Seine vergeblichen Experimente teilten das Schicksal der experimentellen Pathologie. Während die Physiologen organische Prozesse auf eine äußerst radikale Weise auf physiologische Funktionen reduzierten, ließ sich die Komplexität des klinischen Krankheitsgeschehens nicht in einem einfachen tierexperimentellen Modell abbilden. Erst die Bakteriologie stellte ein geeignetes Modell bereit.[50]

Daran war Mitte des 19. Jahrhunderts jedoch noch nicht zu denken. Der Versuch, mit der experimentellen Pathologie eine wissenschaftliche Disziplin zu etablieren, die den viel beschworenen, aber nur selten eingelösten Brückenschlag zwischen den Laborwissenschaften und der Medizinischen Klinik brachte, scheiterte mit der disziplinären Verselbständigung der Grundlagenwissenschaften in den 1850er Jahren. Die Kluft zur Klinik wurde immer größer und der wissenschaftliche Erfolg der pathologischen Anatomie und Physiologie setzte der praktischen und klinischen Medizin enorm zu. Physiologen wie Claude Bernard betrachteten die Klinik schließlich nur noch als Vorhalle der medizinischen Wissenschaft und Pathologen wie Rudolf Virchow begriffen die klinische Medizin nur als angewandte Wissenschaft. Beide Perspektiven verkannten jedoch die Eigenständigkeit der klinischen Wissenschaft.

Das zeigt sich auch in der Kaltwasserbehandlung, die an der Charité mit der Typhuserkrankung unseres Schusters nach knapp 50 Jahren erneut etabliert wurde. Sie unterschied sich deutlich von früheren hydrotherapeutischen Anwendungen. Sie wurde als integrales Element einer instrumentellen Messpraktik eingeführt und verbreitet. Die Messung lieferte nicht nur eine diagnostisch und therapeutisch operationalisierbare Definition. Ihre Durchführung war zugleich mit einem methodischen Aufwand verbunden, der jedem Laborversuch Ehre gemacht hätte. Wie im Labor stand die regelmäßige Wiederholung der Messungen, eine akkurate Datenerhebung und deren kontinuierliche Aufzeichnung sowie die graphische Darstellung als Funktion über die Zeit für die Wissenschaftlichkeit ein. Damit schien sich die programmatische Versprechung erfüllt zu haben, mit der eine ganze Generation junger Ärzte und Wissenschaftler um 1850 angetreten war, nämlich die Verwissenschaftlichung der Medizin durch die Kenntnisse und Methoden der Chemie, Physik und Physiologie. Dass die Umsetzung keineswegs so einfach und zügig vonstatten ging wie alle hofften, stellte das Projekt einer klinischen Wissenschaft nicht in Frage.

Klinik und Krankenhaus

Die Ernennung Traubes zum ersten zivilen Assistenzarzt der Charité läutete das Ende der alten Klinik ein. 1856 schied Eduard Wolff (1794–1878) aus, der bis dahin in der Charité die *Deutsche Klinik* abgehalten hatte. Deren Unterricht in deutscher Sprache hatte sich ursprünglich an die Zöglinge der Militärärztlichen Bildungsstätten gerichtet, die oft nicht ausreichend Latein beherrschten. Von diesem althumanistischen Zopf hatte man sich Mitte des Jahrhunderts auch in der trotzdem weiter als *Lateinische Klinik* bezeichneten Medizinischen Universitätsklinik längst verabschiedet. Die Unterscheidung machte zunehmend immer weniger Sinn. Die Anforderungen für die Aufnahme in die *Pépinière* stiegen beständig, so dass der Mehraufwand für einen medizinischen Abschluss immer geringer wurde.

1852 wurde die Trennung zwischen der einstmals handwerklichen Chirurgie und der akademischen Medizin in Preußen endgültig aufgehoben. Als Traube 1876 starb, hatte sich die kleine *Station für Brustkranke* zu einer selbständigen Einrichtung, der *Propädeutischen Klinik*, gemausert. Traubes Nachfolger, Ernst von Leyden (1832–1910), trieb den Ausbau der Klinik weiter voran und machte sie zur eigentlich ersten Klinik, die führend war auf dem Feld der Ernährungsforschung, aber auch den Psychiatern das Feld der Neurologie streitig machte. Als man Leyden 1885 zum Nachfolger von Theodor Frerichs (1819–1885) berief, wurde die *Propädeutische Klinik* schließlich offiziell zur *II. Medizinischen Klinik* erhoben. Bald darauf wurden die letzten, noch nicht von beiden Kliniken usurpierten Krankenstuben der Abteilung für Innere Krankheiten durch die Gründung der *III. Medizinischen Klinik* in Beschlag genommen, eine Entwicklung, die nach dem Ersten Weltkrieg durch die Einrichtung einer *IV. Medizinischen Klinik* im Städtischen Krankenhaus Moabit einen vorläufigen Höhepunkt fand.

Zu einer einschneidenden Veränderung der Ausbildung führte dies jedoch nicht. Auf der einen Seite blieb die Möglichkeit für eine aktive Beteiligung der Studierenden zum Beispiel in Form von praktischen Übungen begrenzt. Außerhalb der Unterrichtsstunden war den Studierenden der Zutritt zu den Krankensälen verwehrt. Das Einüben in die Methoden der physikalischen Diagnostik, das eigenständige Untersuchen von ihnen namentlich zugewiesenen Patienten oder das Abfassen einer strukturierten Krankengeschichte blieb – vor allem unter Moritz Romberg (1795–1873) – eine Domäne des poliklinischen Unterrichts. Auf der anderen Seite war die Verlegung der klinischen Stunden in den Krankensaal nicht besonders erfolgreich. Augenzeugen zufolge war die Klinik so überfüllt, dass die meisten Studenten froh waren, überhaupt die Stimme ihres Lehrers zu hören – und nur wenigen gelang es, ans Krankenbett vorzustoßen. Die Möglichkeit, die klinischen Methoden durch praktische Übung zu erlernen, gab es für die Studenten der Medizinischen Klinik nicht. Die für die praktische Ausbildung so wichtigen Unterarztstellen blieben weiterhin für das Militär reserviert.[51]

Es wäre verwegen, die besondere Neigung der Berliner Medizinstudenten für naturwissenschaftliche Forschungen allein aus diesem Umstand abzuleiten. Da der Weg ans Krankenbett verwehrt war, blieb dies jedoch oft die einzige Möglichkeit. Selbst in der Charité stand angehenden Zivilärzten die Mitarbeit in diesem Bereich offen. Nicht nur aus dem kleinen und für lange Zeit ausschließlich aus eigenen Mitteln finanzierten Labor von Traube gingen ein Reihe bekannter Kliniker und Forscher hervor wie Julius Friedrich Cohnheim (1839–1884), oder die späteren Kliniker Hugo Rühle (1824–1888) und Hermann Senator (1834–1911). Auch Theodor Frerichs, Schönleins Nachfolger, richtete ein eigenes Labor in der Medizinischen Klinik ein, an dem Kliniker wie Marcel Nencki (1847–1891), Wilhelm Filehne (1844–1927) und Bernhard Naunyn (1839–1925) ihre Ausbildung erhielten.[52]

Die Rolle dieser kleinen Laboreinrichtungen ist noch nicht ausreichend untersucht. So weit sich bislang absehen lässt, wurde dort eher eine undisziplinierte Forschung betrieben.

Abb. 3.5 Der so genannte „Frerichs-Saal" der 1. Medizinischen Klinik in der Charité um 1913.

Damit ist keineswegs allein der lockere Ton und freundschaftliche Umgang gemeint, jene „Anarchie", in der ohne Leitung und ohne Vorschriften intensiv und kreativ miteinander gearbeitet wurde. Vielmehr war das Spektrum der Fragestellungen und der Untersuchungsmethoden äußerst breit und reichte von der einfachen Zuckerprobe bis zu komplizierten kalorimetrischen Untersuchungen.[53] Das unterschied die experimentelle Pathologie von ihrer laborexperimentellen Schwester Physiologie, die im Seitenflügel der Universität erst einen kleinen Zimmertrakt unter dem Dach, dann mit Du Bois-Reymond einen eigenen Lehrstuhl und schließlich, wenn auch mit einiger Verzögerung, mit der Reichsgründung einen großen Institutsneubau erhielt. Doch während sich diese disziplinäre Physiologie mit ihrer allzu großen Fixierung auf die Elektrophysiologie in eine methodische Sackgasse manövrierte,[54] lieferten die kleinen Labore der Klinik der medizinischen Forschung beständig neue Anregungen. Ein disziplinäres Forschungsprogramm wie in Du Bois-Reymonds Elektrophysiologie war in dieser Vielfalt natürlich nicht zu erkennen. Vorherrschend blieb stattdessen die enge Orientierung an Fragenstellungen, die aus der klinischen Praxis erwuchsen. Sie war kennzeichnend für eine experimentelle Pathologie, die in gewisser Weise das gesellige Experimentieren des Vormärz fortsetzte – und mit dieser undisziplinierten Arbeitsweise auch die Verselbständigung zur eigenständigen Wissenschaft verpasste.[55]

Gerhard Baader, Thomas Beddies, Marion Hulverscheidt

4. Chirurgie und naturwissenschaftliche Medizin (1850–1890)

> [...] Es geschehen ja allerdings auf diesem Gebiete mancherlei Wunder, aber dass in meinem Falle dies Wunder geschehen wäre ohne Intercurrenz der antiseptischen Behandlung, das kann ich nicht glauben. Es war ein Patient, dem am 1. December vor. J. eine schwere Eisenplatte von bedeutender Höhe auf seinen Schädel fiel. Er brach zusammen, verlor vielleicht vorübergehend, aber nicht dauernd, das Bewusstsein, und wurde gegen Abend in die Charité gebracht. Er hatte eine ausgedehnte Verletzung in den Weichtheilen, einen noch ausgedehnteren Bruch seiner Schädelkapsel rechts neben der Sagittalnaht. Die Länge des Bruches betrug etwa 12 Ctm., die Breite entsprach in der Mitte der Breite zweier Finger; an beiden Enden lief die Öffnung im Schädel spitz zu; es war ein Splitterbruch, mit Einkeilung der Bruchstücke, und eines dieser Stücke, das am tiefsten sitzende, war relativ beweglich. Herr Stabsarzt Ernesti zog das Stück aus der Wunde. Es quoll etwas Gehirn hervor, man sah die Gehirnmasse deutlich. Ich konnte am nächsten Tage constatiren und meinen Zuhörern zeigen, wie all die übrigen Bruchstücke noch wie in eine wallartige feste Mauer eingekeilt sassen; auch das hervorquellende Gehirn und seine Bewegungen konnten erkannt werden. Überdies hatte der Patient auch vom ersten Moment an die charakteristischen Erscheinungen der Gehirnquetschung; er hatte Lähmung der Sensibilität und Motilität und Contractur aller Muskeln des linken Armes [...]. Ich entfernte alle die eingekeilten Knochenstücke [...]. Ich musste dazu die Wunde nach beiden Seiten hin nicht ganz unerheblich dilatiren, vielleicht 2 bis 3 Ctm. nach hinten und nach vorn. Das Alles geschah unter dem Spray. Die verletzte Stelle hatte vom Moment der Aufnahme ab, nachdem sie mit Carbolsäurelösung gesäubert war, unter dem feuchten antiseptischen Verbande gelegen. Die Wunde wurde demnächst durch Nähte geschlossen, Schutztaffent darüber, und darauf wieder der feuchte Verband gelegt. Am dritten Tage wurde der Verband geöffnet, um die Nähte auszuziehen; die Wunde war in ganzer Ausdehnung geschlossen. Es kam nichts aus ihr heraus, weder jetzt noch später. Am 5. Tage schwand die Contractur, die freie Bewegung kehrte zurück. Der Mann ist mit vollkommen beweglichem Arm und mit der alten Kraft entlassen worden. Er hat nie wieder ein Gehirnsymptom gehabt. Er selbst begriff nicht, weshalb wir uns so oft um ihn kümmerten, weshalb er öfter besehen, weshalb sein Puls gefühlt wurde usw. Es ist unmöglich gewesen, seiner bis heute wieder habhaft zu werden. Natürlich könnten wir heute auch nur noch die Lücke im Schädel konstatiren.[1]

Dieser anschauliche Bericht vom Anlegen eines „Listerschen antiseptischen Verbands“ nach einem Fall von Gehirnquetschung wurde 1874 von Adolf Bardeleben (1819–1895) den Kollegen der Deutschen Gesellschaft für Chirurgie aus berufenem Mund vorgetragen. Bardeleben, seit 1868 Direktor der Chirurgischen Klinik der Charité, hatte sich die Bekämpfung des Wund- oder Hospitalbrandes zum Ziel gesetzt und war bestrebt, die Listersche Methode im klinischen Alltag zu erproben und weiter zu entwickeln.

Die Einführung der Antiseptik in den Alltag der Chirurgie ist nur ein markantes Merkmal für die Modernisierung der Medizin in den Jahren zwischen 1850 und 1890, die durch einen Siegeszug der naturwissenschaftlichen Grundlagenfächer gekennzeichnet war und als deren Zentrum in Deutschland Berlin zu gelten hat: 1856 war Rudolf Virchow (1821–1902) von Würzburg hierher zurückgekehrt; mit seinen Vorlesungen über „Die Cellularpathologie in ihrer Begründung auf physiologische und pathologische Gewebelehre", die er 1858 in „seinem" auf dem Charité-Gelände errichteten pathologischen Institut gehalten hatte, stellte er die wissenschaftliche Medizin seiner Zeit auf eine neue Grundlage. Auch die ebenfalls 1858 erfolgte Berufung Emil Du Bois-Reymonds (1818–1896) als Nachfolger seines Lehrers Johannes Müller (1801–1858) auf den Lehrstuhl für Physiologie der Berliner Universität ist vor dem Hintergrund eines fundamentalen naturwissenschaftlichen Interesses an den natürlichen Lebensvorgängen zu sehen. Ein Interesse, dass sich im Krankenhaus – in der Charité nicht zuletzt verbunden mit der Person Ludwig Traubes (1818–1876) – durch die enge Verzahnung empirisch-experimenteller Forschung mit klinischen Fragestellungen zu einem neuen therapeutischen Konzept verdichtete.

Dabei ist für die Charité freilich auch festzuhalten, dass bis zur Wende zum 20. Jahrhundert das Spannungsverhältnis zwischen der primären Aufgabe der Ausbildung der Militärärzte, der nachgeordneten Bestimmung zur Versorgung der armen Kranken in der wach-

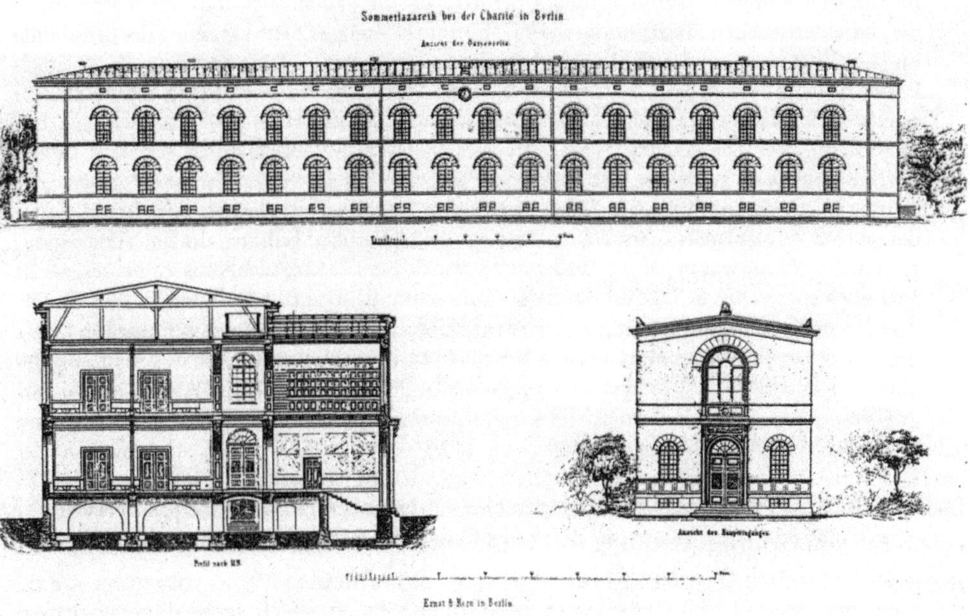

Abb. 4.1 Das Sommerlazarett der Charité 1853. Zeichnung der Westansicht, des Haupteingangs und Profilriss mit Operationssaal.

senden Großstadt und schließlich der neuer Anforderungen universitäre Forschung und Lehre nicht im Sinne einer Akademisierung gelöst werden konnte. Die widerstreitenden Kräfte sind nicht nur für die Innere Medizin, sondern vor allem auch für das zweite klassische Fach der Medizin, die Chirurgie, die in besonderer Weise militärärztlich dominiert war, nachzuweisen und darzustellen.

4.1 Die Chirurgie als akademische Disziplin

Adolf Bardelebens Vorgänger Johann Christian Jüngken (1794–1875) hatte die Chirurgische Klinik der Charité und die „Abteilung für Äußerliche Krankheiten" seit 1840 beinah drei Jahrzehnte lang ohne besonderen Glanz geleitet. Dabei hatte sich seit den 1840er Jahren in der deutschen Medizin vieles verändert, und zwar gerade auch in Hinblick auf die Chirurgie. In Preußen endete in diesen Jahrzehnten die alte Tradition des handwerklichen Chirurgenstandes. Hatte die Medizinalordnung von 1825 noch zwischen Ärzten und Wundärzten I. und II. Klasse unterschieden, so war der an der Charité ausgebildete Wundarzt I. Klasse bereits dem approbierten Arzt gleichgestellt. Und den auf Staatskosten ausgebildeten Zöglingen der militärärztlichen Bildungsanstalt,[2] die nun auch das Abitur nachweisen sollten, standen auch die Veranstaltungen der Universität offen. Dagegen genossen sie gegenüber den Medizinstudenten das Privileg, in den Abteilungen der Charité den praktischen Umgang mit den Patienten üben zu können und als Unterärzte auch Verantwortung auf einer Station zu übernehmen. Außerdem war der Unterrichtsplan der angehenden Militärärzte streng geregelt und kontrolliert. Aufgrund dieser soliden Ausbildung waren die Militärärzte beim Publikum deutlich beliebter als die jungen Universitätsabsolventen und wurden auch bei der Besetzung von öffentlichen Ämtern bevorzugt.

Bis 1852 waren in Preußen alle speziellen Chirurgenschulen geschlossen worden, und es gab nur noch universitär ausgebildete Ärzte. Als einzige Spezialschule – allerdings mit Universitätsniveau – blieb die Berliner militärärztliche Bildungsanstalt bestehen, zu der die Charité als Ausbildungskrankenhaus uneingeschränkt gerechnet wurde. Darüber hinaus war die Schule nicht nur für den eigentlichen militärärztlichen Nachwuchs interessant, sondern auch für Mediziner, deren wirtschaftliche Verhältnisse ein normales Universitätsstudium nicht gestattet hätten. Sie konnten gegen die Verpflichtung, später acht Jahre lang dem Sanitätsdienst zur Verfügung zu stehen, mit einem staatlichen Stipendium studieren. Rudolf Virchow und der Physiologe und Physiker Hermann von Helmholtz (1821–1894) gehören zu den berühmtesten Absolventen, die ohne jede militärische Neigung diesen Weg gegangen sind.

Im Zuge dieser Entwicklung etablierte sich seit dem Beginn des 19. Jahrhunderts die Chirurgie auch als Universitätsfach, auch wenn der chirurgische Unterricht (der zumeist an der Leiche stattfand) zunächst noch dem Anatomieprofessor als zusätzliche Einkommensquelle zugestanden oder mit den Lehrgebieten der Geburtshilfe oder der Augenheilkunde kombiniert wurde. Die Berliner Universität hatte bei Ihrer Gründung den 23jährigen Carl Ferdinand von Graefe (1787–1840) zum Professor und Leiter des chirurgisch-augenärztlichen Universitäts-Instituts berufen, der 1807 sein Medizinstudium abgeschlossen hatte. Der überragend begabte, weltgewandte junge Mann machte bald durch kühne und erfolgreiche Operationen, insbesondere auf dem Gebiet der plastischen Chirurgie, von sich reden. Die wenigsten davon dürften allerdings in seinem winzigen klinischen Universitätsinstitut stattgefunden haben. Operiert wurde vielmehr in der Privatpraxis oder in den Wohnungen der Patienten.

Graefes Nachfolger an der Chirurgischen Universitätsklinik der Friedrich-Wilhelms-Universität wurde 1840 Johann Friedrich Dieffenbach (1792–1847). Dieser ungewöhnlich erfindungsreiche und erfolgreiche Operateur, der mit Ablegung des Staatsexamens 1823 in Berlin zum „Arzt und Operateur" approbiert worden war, wurde 1829 vom Ärztlichen Direktor der Charité, Karl Alexander Kluge (1782–1844), zum zweiten dirigierenden Chirurgen der Charité empfohlen, obwohl er nicht den traditionellen Weg über die Militärchirurgie gegangen war. Er hatte vielmehr seine Ausbildung bei dem Bonner Chirurgen Philipp von Walther (1782–1849) erhalten. Walther hatte als einer der ersten erkannt, dass auch die Chirurgie nur auf naturwissenschaftlicher Grundlage wirkliche Fortschritte machen könne.[3] Denn – so drückte es Dieffenbach 1840 aus – der Chirurg „formt und schafft nicht immer nach feststehender Methode, sondern er improvisiert die Methode nach der Individualität des Falls. Eine solche Chirurgie hat die Physiologie zur Basis, sie richtet ihre Schritte nach den Gesetzen der ewigen Heilungsprozesse."[4] Auf dieser Grundlage entwickelte er zahlreiche neue Operationsmethoden. In der plastischen Chirurgie, deren Ergebnisse er in seinen *Chirurgischen Erfahrungen, besonders über die Wiederherstellung zerstörter Theile des menschlichen Körpers nach neuen Methoden* zusammenfasste,[5] ging er weit über die Graefesche Rhinoplastik hinaus und kann als Schöpfer einer neuen Methode angesprochen werden. Ob es sich um Klumpfußoperationen handelte oder um einen Dammriss, ob es um subkutane Tenotomie bei Kniegelenkskontrakturen ging oder um Schieloperationen – allein davon sollen es 1.200 gewesen sein – überall bewährte sich sein operatives Geschick.[6] Darüber hinaus versuchte er, bekannte Missstände in der Charité abzustellen, indem er 1831 die Errichtung einer Krankenwartschule anregte, für die er 1832 auch eine *Anleitung zur Krankenwartung* verfasste.[7]

Die Verbindung Dieffenbachs zur Universität reichte bereits in die Zeit vor seiner Ernennung zum Nachfolger Graefes zurück. Mit seiner Ernennung zum außerordentlichen Professor im Jahr 1832 hatte sich die Universität ihren Zugang zu den Charité-Patienten für die medizinische Ausbildung zu sichern gesucht. Dieffenbach selbst führte in diesem Zusammenhang vom Wintersemester 1834/35 an *Klinisch-chirurgische Uebungen im Charité-Krankenhause* durch.[8] Seine Tätigkeit als Graefe-Nachfolger an der Chirurgischen Universitätsklinik dauerte jedoch nur sieben Jahre. Nach seinem Tod im Jahr 1847 wurde die

Chirurgische Universitätsklinik zunächst über Jahrzehnte von Bernhard von Langenbeck (1810–1887) und nach dessen Ausscheiden 1882 von Ernst von Bergmann (1836–1907) geleitet. Langenbeck und Bergmann machten an ihrer Klinik „Schule“: die Mehrzahl der Chirurgischen Lehrstuhlinhaber des ausgehenden 19. und beginnenden 20. Jahrhunderts bezeichneten sie stolz als ihre Lehrer. Unter ihnen befand sich auch Theodor Billroth (1829–1894), den der Medizinhistoriker Roy Porter als den „Kolumbus der neuen Operationstechniken“ bezeichnet hat:[9]

> Das Körperinnere erschien wie ein fremder Kontinent im Kleinen und wurde wie dieser erschlossen, kartiert und verändert. Ruhm und Ehre erwarteten den Chirurgen, der als Erster das Messer an einen bisher unberührten Körperteil legte – und vielleicht wurde sein Name durch die Benennung einer Operation unsterblich.[10]

In der Wahrnehmung der Nachwelt steht die Chirurgie an der Charité zweifellos im Schatten dieser glanzvollen Berliner Universitätschirurgie. Doch hat dies vielleicht weniger mit dem Mangel an herausragenden Persönlichkeiten zu tun, als mit den grundlegend anderen Strukturen und Aufgaben des Charité-Krankenhauses. Hier wurden keine Nachwuchswissenschaftler geprägt, sondern Stabsärzte ausgebildet, die nach einjähriger Tätigkeit das Aufgabengebiet zu wechseln hatten. Und während an der Universitätsklinik, die 1860 über 80 Betten verfügte, fast ausschließlich Privatpatienten versorgt wurden – sofern diese sich nicht von vornherein lieber in ihrer Wohnung operieren ließen – hatte die Chirurgische Klinik der Charité Anfang der 1870er Jahre 300 Betten, in denen Notfälle überwiegend aus der Berliner Unterschicht behandelt wurden. Betrachtet man die Krankengeschichten, die in den Charité-Annalen aus der Chirurgischen Klinik veröffentlicht wurden, erscheint diese Klinik als das damalige Unfallkrankenhaus der aufstrebenden Großstadt Berlin.[11]

4.2 Zwischen Armenasyl und militärärztlicher Bildungsanstalt

Mitte des 19. Jahrhunderts hatte eine an freihändlerischen Zielen orientierte Wirtschaftspolitik durch den Aufbau einer konkurrenzfähigen Industrie die wirtschaftliche Vorrangstellung Preußens im deutschen Raum bestätigt. Die Residenzstadt Berlin partizipierte durch Industrieansiedlungen und auch durch ein Anwachsen des Dienstleistungssektors an dieser Entwicklung in hervorragender Weise. Die Folge war eine geradezu explosionsartig erfolgende Zunahme der Bevölkerung vor allem an Arbeitern, Tagelöhnern und Handwerksgesellen, die sich in der Stadt Arbeits- und Beschäftigungsmöglichkeiten erhofften. Tatsächlich fristeten die Zuwanderer jedoch zumeist nur eine notdürftige Existenz; faktisch vergrößerten sie exponential die sozialen Probleme der Stadt und riefen spätestens seit 1850 auch eine kaum beherrschbare Kostensteigerung im Bereich der städtischen Armendirektion hervor.[12] Die vor diesem Hintergrund an sich notwendigen Sparmaßnahmen waren gerade im

Bereich des Charité-Krankenhauses allerdings nur eingeschränkt zu realisieren. Dort hatte man zwar ursprünglich alle armen Kranken der Stadt unentgeltlich zu verpflegen gehabt, doch war bis zur Jahrhundertmitte der Charakter einer kommunalen Armenanstalt der Stadt Berlin bereits weitgehend verloren gegangen. Als äußeres Merkmal dieses Wandels kann angeführt werden, dass die Charité 1849 aus der Zuständigkeit des Ministeriums des Inneren (mit dem Polizeipräsidium als Aufsichtsbehörde) in die Zuständigkeit der neu geschaffenen Medizinalabteilung des Ministeriums für geistliche, Unterrichts- und Medizinalangelegenheiten überführt worden war (übrigens ebenso wie alle anderen Berliner Krankenanstalten). Auf diese Weise konnte die Charité gegenüber der Armenverwaltung (die zum Innenministerium gehörte) ihre institutionelle Eigenständigkeit wahren und erfolgreich deren Versuch abwehren, sie mit mehr als den bereits im Jahr 1835 zugestandenen 100.000 jährlichen Verpflegungstagen in die kommunale Armenkrankenpflege einzubeziehen.[13] Jedoch ist auch festzustellen, dass die Charité damit gerade in einer Zeit wachsender sozialer Spannungen bei gleichzeitiger Medikalisierung der Unterschichten ab 1850 nicht in dem Maß zur Lösung der eskalierenden sozialen und medizinischen Probleme einer wachsenden Stadt herangezogen werden konnte, wie es in Berlin notwendig gewesen wäre. Zwar war 1858 durch die modernen armenrechtlichen Bestimmungen der Preußischen Städteordnung den Städten die Gründung und Unterhaltung von Krankenhäusern zur kommunalen Aufgabe gemacht worden, doch hatte Berlin weder in dieser Frage

Abb. 4.2 Erste Fabrikanlage der Firma Borsig 1837.

noch – trotz der seit 1829 grassierenden Choleraepidemien – in seuchenpolitischer Beziehung besondere Aktivitäten entwickelt.[14] Das erste Städtische Krankenhaus wurde *Am Friedrichshain* erst 1874 eröffnet. So war es nicht die Charité, sondern die seit 1837 und verstärkt von der Mitte des 19. Jahrhunderts an entstandenen Privatkliniken,[15] die die Stadt in ihrer armenpolitischen Aufgabe entlasteten.

Hatte bis Mitte der 1840er Jahre die Militärbehörde auch den Leiter der Charité bestellt, so führte die Unterstellung unter das Kultusministerium dazu, dass nach dem Tod des bisherigen Amtsinhabers nicht dem Wunsch des Militärmedizinalwesens entsprechend ein Direktor „aus der Zahl der Ober-Militair-Aerzte oder der im Militär gedienten Civil-Aerzte" berufen wurde,[16] sondern den Vorstellungen des Kultusministeriums entsprechend, die Stelle eines Verwaltungsdirektors geschaffen und mit einem Verwaltungsbeamten, Carl Heinrich Esse (1808–1874), besetzt wurde. Durch diesen Schachzug des Ministeriums wurden gleichzeitig die Avancen der Militärärzte wie auch der Kliniker auf eine Leitungsstelle an der Charité vereitelt. Und letztlich konnte das Kultusministerium dadurch auch in seinem Bemühen erfolgreich sein, die Charité als die größte Krankenanstalt des preußischen Staates trotz ihrer Aufgaben für die Armenkrankenpflege und trotz der fortbestehenden Privilegien des Militärgesundheitswesens primär zu einer Einrichtung der Heilbehandlung und der universitären Ausbildung zu machen. Esse übernahm als Verwaltungsdirektor ab 1847 zunächst zusammen mit dem Ärztlichen Direktor Wilhelm Horn und ab 1871 in alleiniger Verantwortung die administrativen Aufgaben. Die Zuordnung zum Kultusministerium ermöglichte es ihm, in seinen Dienstinstruktionen die militärische Aufsichtsführung über die Charité-Militärärzte abzuschaffen, konkurrierende Hierarchien zu beseitigen und damit eine krankenhausspezifische Dienststruktur zu schaffen.

Trotzdem war Esse mit seiner Absicht, ein komplex gegliedertes und arbeitsteilig organisiertes Krankenhaus zu schaffen, insgesamt wenig erfolgreich. Zwar enthielt er sich weitgehend der administrativen Einflussnahme auf die sich aus der militärischen Tradition ergebende militärärztliche Ausbildungsfunktion der Charité, er geriet aber dennoch in Fragen der Unterordnung der Militärärzte unter die für ihn neu geschaffene „Spezialdirektion" immer wieder in Konflikt mit dem Kriegsministerium. Und auch der Versuch, die mit der Universität verbundenen Kliniker als dirigierende Ärzte in die neue Funktionshierachie des Charité-Krankenhauses einzubinden, verlief nicht klaglos. Die Mediziner wussten stets ihre Privilegien zu wahren und verstanden es, sich den Zugriff auf für Forschung und Lehre interessantes Patientengut notfalls auch durch direkte Intervention beim Kultusministerium zu sichern, das ohnehin zunehmend den besonderen Interessen klinischer Ausbildung und wissenschaftlicher Forschung den Vorrang gab vor der Wahrung der institutionellen Geschlossenheit der Charité. So konnte Esse sein Konzept einer administrativ koordinierten Gesamtanstalt, die primär der Krankenversorgung diente, letztlich nicht realisieren. Die Charité wurde seit den 1860er Jahren in immer größerem Maße zu einer nur durch eine Verwaltungsökonomie äußerlich zusammengehaltenen Organisation verschiedener Kliniken, die ihre eigenen wissensökonomischen Vorstellungen verfolgten.[17] Dabei konnten die Interessenssphären nicht nur durch die Zugehörigkeit von Einrichtungen oder Personen zur Charité oder zur Universität kollidieren. Während es etwa bei der Inneren Medizin, wo seit dem Umzug der *Medizinischen Universitätsklinik* in die Charité alle Kliniken auf das Krankengut der Charité angewiesen waren, vor allem um die Zuteilung der lehrreichen oder wissenschaftlich interessanten Patienten ging, entzündete sich der Streit zwischen der räumlich und institutionell getrennten *Chirurgischen Klinik* der Charité und der *Chirurgischen Universitätsklinik* in der Ziegelstraße an der Frage der Verwendung der Leichen der in der Charité gestorbenen Patienten. Die in dieser Auseinandersetzung schier undurchschaubare Gemengelage von Bedürfnissen und Strategien konnte letztlich nur durch die überragende Persönlichkeit Virchows, der sich obendrein als ehemaliger Pépin in den Hierarchien der Charité bestens auskannte, im Gleichgewicht gehalten werden.

Streit um Leichen

Der ausreichende Zugang zu den in der Charité anfallenden Leichen war schon vor der Gründung der Universität Gegenstand von Kontroversen gewesen. Ging es den Anatomen dabei um morphologische Untersuchungen im Hinblick auf wissenschaftlichen Erkenntnisgewinn, so waren die Charité-Ärzte unter dem Gesichtspunkt klinisch-therapeutischer Relevanz vor allem darauf aus, klinische Diagnosen mit pathomorphologischen Befunden vergleichen zu können. Langfristig wurde damit die pathologische Anatomie ihres an der Universität betriebenen theoretischen Charakters entkleidet und konnte sich als eigenes Fach etablieren.

Autopsien waren ursprünglich von den Stationsärzten auf den Stationen oder im Totensaal durchgeführt worden. Das *Theatrum anatomicum* war 1810 der Universität zugeordnet und dem Professor für Anatomie und Physiologie unterstellt worden. 1811 wurde für die Charité ein Obduktionshaus eingerichtet; auch dort führte das Interesse an Leichen für die militärärztliche Ausbildung dazu, dass die Autopsien von Subchirurgen im Rahmen ihrer militärärztlichen Ausbildung durchgeführt wurden. Die Initiative für die Schaffung einer für dieses Obduktionshaus notwendigen Prosektur ging 1831 vom Curatorium für Krankenhaus-Angelegenheiten der Charité aus. Zunächst wollte man, weil wegen der Choleraepidemie von 1831/32 mit einer größeren Zahl von zu obduzierenden Seuchenopfern zu rechnen war, den Sektionsbetrieb, der bisher nur unregelmäßig und noch dazu von den unerfahrenen klinischen Assistenzärzten wahrgenommen worden war, grundsätzlich reformieren. Da im Curatorium jedoch neben dem Kultusministerium auch das Kriegsministerium vertreten war, war von vornherein eine Konfliktzone zwischen Militärmedizin, Charité und Universität gegeben. Der 1831 eingeführte Prosektor war nicht alleiniger Herr des Obduktionshauses, sondern vielmehr den dirigierenden Ärzten der Charité untergeordnet. Er gab seine schlecht besoldete Stellung bereits 1833 wieder auf. Bei der Ernennung des zweiten Prosektors, Robert Friedrich Froriep (1804–1861),[18] die auf Initiative des 1833 nach Berlin berufenen Professors für Anatomie und Physiologie Johannes Müller erfolgte, sicherte sich die Universität ihren Einfluss; er wurde neben seinem Amt an der Charité – nicht anders als Dieffenbach 1832 für Chirurgie – 1833 auch zum außerordentlichen Professor für Chirurgische Anatomie ernannt.

Abb. 4.3 Das 1856 errichtete und 1873 erweiterte Leichenschauhaus sowie die Alte Charité von Nordwesten.

Der Kompetenzbereich Frorieps blieb allerdings sogar im Vergleich zu dem seines Vorgängers eingeschränkt, zumal sein Gehalt seit 1838 allein von der Charité-Direktion bestritten wurde. Die Charité-Ärzte behielten die Verfügungsgewalt über die Leichen, wenn sie auch primär der militärmedizinischen Ausbildung dienen sollten. Die Universität, die die wissenschaftliche Deutungsmacht über die Leichen anmahnte, um sie gezielt der wissenschaftlichen Forschung zuzuführen, hätte dies nur durch eine Zurückdrängung der militärärztlichen Ausbildung an der Charité und deren Umwandlung in eine Institution der universitären Lehre erreichen können. Tatsächlich wurden jedoch selbst die Sektionen, bei denen die dirigierenden Ärzte nicht dabei sein wollten, von den Stabsärzten übernommen, und für Froriep wurden nur die wichtigen anatomisch pathologischen Teile zur genaueren Untersuchung oder zur Aufbewahrung reserviert. Da es Froriep nicht gelang, seine Vorstellungen von einer praxisnahen pathologischen Anatomie gegen Johannes Müller durchzusetzen, gab er sein Amt 1846 auf. Sein Nachfolger wurde Rudolf Virchow, bei dem – hier die Vorstellungen Frorieps weiterentwickelnd – das Konzept der Verknüpfung von Beobachtung am Krankenbett mit dem Tierexperiment und der Autopsie unter Berücksichtigung der Histologie ganz im Vordergrund stand.[19] Virchow wurde allerdings wegen seiner führenden Beteiligung an der „Medizinischen Reform" als Teil der revolutionären Bewegung von 1848 und wegen nachfolgender „agitatorischer Wahlumtriebe" bereits 1849 wieder entlassen. Als er 1856 auf den neu geschaffenen Lehrstuhl für pathologische Anatomie nach Berlin zurückkehrte, begann er unmittelbar sein Konzept, das auf einen naturwissenschaftlichen Umbau der gesamten Medizin abzielte, umzusetzen. Dabei ging es ihm um nichts anderes als um die Erforschung der morphologischen Humanpathologie nach dem Konzept der Zellularpathologie, um das wissenschaftliche Experiment als Erkenntnismethode der Medizin und um die Verwendung des Mikroskops für die Erforschung des Pathologischen.

Virchow forderte von Anfang an nicht nur die Schaffung einer ordentlichen Professur für Pathologie und die Errichtung eines eigenen Pathologischen Instituts auf dem Gelände der Charité, sondern verlangte auch, dass seine Stellung als Prosektor mit der Stellung eines dirigierenden Abteilungsarztes der Charité verbunden sein müsse. Er verteidigte sein Recht auf alle anfallenden Leichen auch in der 1857 neu erlassenen Leichenordnung. Zusätzlich entfremdete er durch die wissenschaftliche Ausrichtung der Autopsie die pathomorphologische Arbeit zunehmend den praktischen Bedürfnissen der Krankenversorgung und der klinischen Forschung. Er stand damit in klarem Gegensatz zu den alteingesessenen Charité-Ärzten, insbesondere den Chirurgen, deren Position ihm gegenüber jedoch chancenlos war. Zum Problem wurden besonders die chirurgischen Operationsübungen an Leichen, an denen die Studenten der Militärärztlichen Bildungsanstalt ausgebildet wurden. Auch die Universitätschirurgen stellten entsprechende Anträge: 1858 musste dem zögernden Virchow vom Privatdozenten an der Chirurgischen Universitätsklinik unter Langenbeck, Theodor Billroth, und 1860 von dessen Nachfolger Ernst Julius Gurlt eigens die Erlaubnis abgerungen werden, chirurgische Operationskurse im Leichenhaus der Charité durchzuführen. Die Leichen stellte die Charité-Direktion zur Verfügung, soweit der Sektionsbetrieb nicht gefährdet wurde; sie verteidigte damit selbst gegenüber Virchow das Interesse der Universitätsklinik an Leichen für die chirurgische Ausbildung.[20]

4.3 Der Weg zur modernen Chirurgie

Während die Chirurgische Universitätsklinik seit 1818 in der Ziegelstraße untergebracht worden war und dort,[21] wenn auch baulich erweitert und verbessert, bis zum Ende des Zweiten Weltkriegs ihren Standort haben sollte, waren die Verhältnisse an der Chirurgischen Klinik der Charité weniger konstant. Die Klinik war Ende 1816 mit 32 chirurgischen und zwölf ophthalmologischen Betten vom damaligen Ersten Wundarzt der Charité Johann Nepomuk Rust (1775–1840) ins Leben gerufen worden; ihr wurden zwei Säle von der äußeren Abteilung der Charité überlassen und zugleich auch das Recht zugesprochen, die für den Unterricht geeigneten chirurgischen Kranken beliebig von der äußeren Abteilung zu entnehmen und wieder zurückzuverlegen. Räumlich befand sich die Chirurgische Klinik seit 1817 in der *Alten Charité*. Erst ein Umbau von 1827 ließ einen neuen Operationssaal entstehen,[22] und erst unter Rusts Nachfolger Jüngken wurde 1851 das so genannte *Sommerlazarett* zur Entlastung der *Alten Charité* und besonders der Chirurgischen Abteilung errichtet (siehe Abbildung 4.1), um so zumindest in den Sommermonaten der Überfüllung steuern zu können. Darüber hinaus diente es zur Aufnahme von Kranken aus der *Alten Charité*, wenn Patienten aus dringend der Renovierung bedürftigen Krankenstuben dorthin verlegt werden mussten.[23] Vor dem Hintergrund dieser räumlichen Misere verwundert es nicht, dass der Hospital- oder Wundbrand und in seinem Gefolge die Pyämie in der Chirurgischen Klinik der Charité ungebremst wütete: In den durchseuchten Räumen

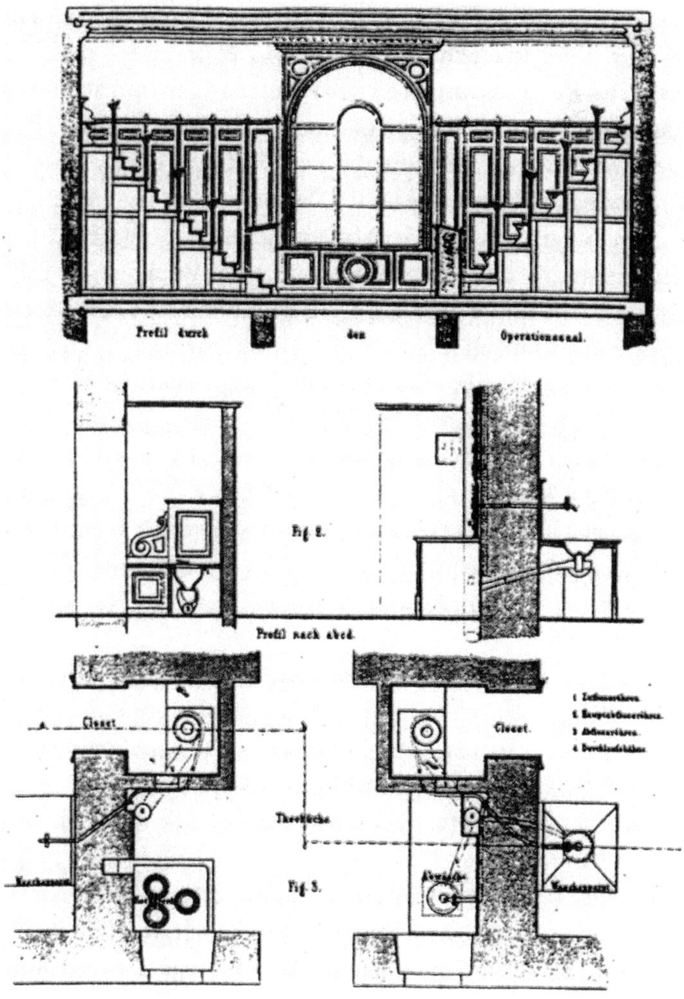

Abb. 4.4 Der Profilriss des Operationssaals im Sommerlazarett (1853) lässt erkennen, dass der Raum primär am Unterrichtszweck orientiert war.

konnte Wundheilung unter der Verwendung von chirurgischen Geräten und Verbandsmaterialien, die – obzwar äußerlich sauber – „Träger ungezählter Eiterkeime" waren, im Regelfall nur über den Umweg der Entzündung stattfinden. Wie ein Bericht aus dem Jahr 1864 zeigt,[24] stellte der Hospitalbrand in den überfüllten Räumen der Charité in dieser Zeit noch ein großes Problem dar. Es war dies ein Missstand, der sich erst unter Jüngkens Nachfolger Adolf Bardeleben ändern sollte.[25]

Bardeleben wird als die Persönlichkeit gesehen, unter der die Chirurgische Klinik der Charité die bedeutende Stellung wiedergewinnen konnte, die sie unter Dieffenbach besessen hatte, bevor er zur Universität wechselte. Zwar ist es dann Dieffenbachs Nachfolger an der Universität Bernhard von Langenbeck gewesen, der der deutschen Chirurgie eine über den nationalen Rahmen hinausreichende Bedeutung verschaffte,[26] doch waren beide – Bardeleben und Langenbeck – maßgeblich auf den Tagungen der 1872 neugegründeten Deutschen Gesellschaft für Chirurgie vertreten. Und beide, Bardeleben und Langenbeck, hatten als Generalärzte einen hervorragenden Platz in der militärischen Hierarchie inne. Beide waren als Kriegschirurgen an der Front gewesen und auch an der Neugestaltung des Kriegs-Medizinalwesens in der Kriegs-Sanitäts-Ordnung von 1878 beteiligt.

So waren im Ganzen unter Bardeleben und Langenbeck die Beziehungen zwischen der Chirurgischen Klinik der Charité und der Chirurgischen Universitätsklinik weniger spannungsgeladen, als es bei der Loslösung der Pathologie aus den Notwendigkeiten der Krankenversorgung zum Forschungsprimat bei Virchow der Fall gewesen war. Zwar blieb die Chirurgische Klinik der Charité weiterhin die Ausbildungsstätte der Militärchirurgen, doch einte beide Kliniken mehr als sie trennte. Bardeleben und Langenbeck hatten den Weg zur Chirurgie jeweils über die Physiologie und über die pathologische Anatomie genommen; Langenbeck hatte sich 1838 für beide Fächer in Göttingen habilitiert, Bardeleben hatte als Prosektor in Heidelberg anatomische mit physiologischen Studien verbunden. Und eben darin lag – wie es Langenbecks Nachfolger Ernst v. Bergmann an der Friedrich-Wilhelms-Universität bei seiner Gedenkrede auf Langenbeck ausgedrückt hat – „die Bürgschaft für die Gründung und Erhaltung der Chirurgie auf wissenschaftlichem Boden, für ihre Förderung allein durch die Mittel und Methoden der Naturforschung, Beobachtung nämlich und Experiment."[27]

Wie groß der Umbruch tatsächlich war, der sich in der zweiten Hälfte des 19. Jahrhunderts in der Chirurgie vollzog, soll im Folgenden anhand einiger weiterer Krankenschicksale aus der Chirurgischen Klinik Bardelebens veranschaulicht werden. Die erste berichtet von einer Frau, die wenige Jahrzehnte zuvor vermutlich dem Schock ihrer Verletzungen und ihrem schweren Blutverlust erlegen wäre, und die auch noch im Jahre 1876 ihre rechte Hand verloren hätte, wäre sie nicht in die Chirurgische Klinik der Charité gebracht worden: Elisabeth B.,[28] eine 32jährige Restaurateurfrau, wurde am 5. April 1876 mit einer durch Beilhiebe verursachten offenen Fraktur mehrerer Mittelhandknochen und mit schweren Kopfverletzungen in die Chirurgische Klinik der Charité aufgenommen:

> Patientin wurde am 5. April von ihrem Ehemann, mit dem sie in stetem Unfrieden lebte, auf offener Strasse überfallen und zu Boden geworfen, so dass sie mit dem Gesicht auf das Strassenpflaster fiel. Der mit einem ca. 30 Ctm. langen, sogenannten Hackebeil versehene Ehemann versetzte ihr weiterhin mit der Schneide des Beils zwei Hiebe auf den Hinterkopf. Als die Patientin instinctiv, um sich zu schützen, beide Hände emporhob, fielen die wuchtigen Hiebe auf diese, namentlich auf die rechte. Während die Unglückliche sich aufzurichten versuchte, erhielt sie einen Beilhieb über das Gesicht. Sie verlor das Bewusstsein, wurde unter grossem Blutverlust in ein Haus getragen, notdürftig verbunden und einige Stunden nach der Verletzung der Charité zugeführt.

Bei der Aufnahme war die Frau bei klarem Bewusstsein, aber immer noch von oben bis unten mit Blut besudelt, was vor allem aus den tiefen Kopfwunden kam. So registrierte der Arzt in der linken Gesichtshälfte eine „ca. 14 Ctm. lange klaffende Wunde, die vom Haaransatz bis zur Oberlippe verläuft [...] Zudem finden sich zwei tiefe Hiebwunden am Hinterkopf." Was jedoch vor allem die Aufmerksamkeit der Ärzte auf sich zog und eine chirurgische Herausforderung darstellte, war der Zustand der rechten Hand: „Der Rücken der rechten Hand zeigt drei in unregelmäßigen Abständen neben einander liegende Wunden [...]. Die Schnitte durchtrennen die Haut und die Strecksehnen derart, dass die einzelne Sehne mehrfach durchschnitten ist." Die Mittelhandknochen I–IV „sind in zahlreiche Knochenfragmente umgewandelt", der Daumen „hängt nur noch durch eine Hautbrücke mit der Hand zusammen."

Diese Verletzungen der Hand waren nach den klassischen Regeln der Chirurgie nur noch mit einer Amputation zu behandeln, denn sie würden mit an Sicherheit grenzender Wahrscheinlichkeit brandig werden, was in den meisten Fällen den Tod nach sich zog. Da für eine Amputation am Handgelenk nicht mehr genug intaktes Gewebe vorhanden war, wurde „der Patientin von dem z. Z. anwesenden Stabsarzte die Amputatio antebrachii [...] proponirt", also die Amputation etwa Mitte des Unterarms vorgeschlagen. Die Patientin aber „verweigerte dieselbe ganz bestimmt; sie wolle lieber sterben, war ihre Antwort [...] Selbst die Entfernung des Daumens gab die Patientin nicht zu". Und da die Patientin ohnehin schon so viel Blut verloren hatte, dass eine Amputation sehr gefährlich schien, „wurde von weiterem Zureden Abstand genommen und nothgedrungen die conservative Behandlung eingeschlagen." Bei der fast fünf Stunden dauernden Wundversorgung drohte die Patientin, deren Körpertemperatur nur noch 35.0 Grad betrug, während ein ganz kleiner Puls mit 110 Schlägen pro Minute gemessen wurde, mehrfach zu kollabieren und erhielt zur Stabilisierung Campher-Injektionen.

Offenbar hatte die Temperaturmessung also auch Eingang in den Alltag der Chirurgie gefunden.[29] Über eine Narkotisierung der Patientin wird dagegen nicht berichtet. Auch in keinem der weiteren Fallberichte über die an der chirurgischen Klinik der Charité im Jahr 1875/76 stattgefundenen großen Operationen (wie Amputationen und Resektionen sowie das Richten komplizierter Knochenbrüche) wird eine Narkose beschrieben. Es ist davon auszugehen, dass die Inhalationsnarkose inzwischen schon ein derart selbstverständlicher Bestandteil des Verfahrens geworden war, dass sie in den Operationsberichten nicht mehr erwähnt wurde – zumal in dieser Zeit ausschließlich die Betäubung mit Chloroform praktiziert wurde. Dabei war es gerade 25 Jahre her, dass der Operationsschmerz seine Schrecken verloren hatte.

Chloroform und Äther

Die Entdeckung der betäubenden Wirkung von Chloroform und Äther und deren Anwendung in der Medizin stellt die erste der Revolutionen dar, die in der zweiten Hälfte des 19. Jahrhunderts die Chirurgie veränderten. Die Ausschaltung des Schmerzes bei der Operation – so hat dies Bardeleben in einer Rede zur Feier des Stiftungstages der militärärztlichen Bildungs-Anstalten am 2. August 1876 ausgedrückt – hat es erst ermöglicht, zu einer „Vervollkommnung der ganzen operativen Technik" zu gelangen, die auch die Durchführung schwieriger Operationen erlaubte, „an die man früher gar nicht gedacht" hatte.[30] Um diese Entwicklung etwas näher zu beleuchten, müssen wir die Geschichte der Elisabeth B. an dieser Stelle verlassen, um später wieder darauf zurück zu kommen.

Die kurz zuvor in den USA und England entdeckten Verfahren, Patienten durch Verabreichung von Chloroform- oder Ätherdämpfen in einen schmerz- und bewusstlosen Zustand zu versetzen, hatten im Januar 1847 den Kontinent erreicht. Bereits am 24. Januar 1847 war in Erlangen von Johann Ferdinand Heyfelder eine Äthernarkose durchgeführt worden.[31] In Berlin hatte Heimann Wolff Berend (1809–1873), der Dieffenbachs Assistent in der Charité gewesen war, die neue Methode am 6. Februar 1847 bei einer Sehnendurchtrennung am Knie in seinem gymnastisch-orthopädischen Institut zur Anwendung gebracht.[32] Dieffenbach folgte in der Ziegelstraße „Heyfelders Beispiel, nach anfänglichem Widerstreben und Zögern" am 10. Februar 1847 nach. Ein Problem stellten allerdings die dabei verwandten Inhalatoren dar; Heyfelder hatte eigens eine Apparatur entwickeln müssen, und auch Dieffenbach setzte am 18. Februar 1847 eine eigene Konstruktion bei seinen plastisch-chirurgischen Eingriffen ein.[33] Trotz der schweren Steuerbarkeit der Äthernarkose überwog der enthusiastische Ton angesichts der neuen Methode auch bei Dieffenbach. „Der schöne Traum", so heißt es in seiner Schrift *Der Äther und der Schmerz* von 1847, „dass der Schmerz von uns genommen, ist zur Wirklichkeit geworden. Der Schmerz hat sich beugen müssen vor der Macht des Ätherdunstes."[34]

Jüngken führte offenbar wenige Tage später in der Charité einen ersten Betäubungsversuch durch, erprobte die Äthernarkose bei Augenoperationen, benutzte aber bald, ebenso wie die Kollegen in der Universitätsklinik, Chloroform, das einfacher zu handhaben war als der Ätherdampf.[35] Beide Varianten der Narkosetechnik wurden sowohl in der Ziegelstraße als auch in der Charité bald zur Routine, woran auch erste Todesfälle nach Chloroformierung nichts änderten. Bis 1851 waren rund 50 derartige Unfälle bekannt geworden, einige auch in Berlin: Am 12. November 1849 starb eine blühende junge Dame, die sich bei einem Berliner Zahnarzt hatte chloroformieren lassen. Der tragische Fall wurde in der Berliner

Presse ausführlich kommentiert. In der Langenbeck'schen Universitätsklinik wurde ein kräftiger dänischer Soldat „mit tödlichem Erfolg operiert", bei dem eine Exartikulation des Oberschenkels durchgeführt werden sollte; am 7. Februar 1850 verlor Langenbeck einen Patienten, bei dem er unter Chloroform ein Schulterblatt entfernen wollte.[36] Während man bei der jungen Dame, die sich einen Zahn ziehen lassen wollte, wenig Mühe hatte, das Chloroform als Todesursache zu identifizieren, war bei den schweren und oft desolaten Fällen in der großen Chirurgie nicht immer zu entscheiden, ob der Patient wegen des Eingriffs oder aufgrund der Narkose sein Leben verloren hatte. In der Charité unter Jüngken ging man wohl grundsätzlich davon aus, dass, wer unter der Operation starb, den Eingriff auch ohne Narkose nicht überlebt hätte. Erst 40 Jahre später, in den Jahren 1890–1894, sollte es im Auftrag der *Deutschen Gesellschaft für Chirurgie* eine erste ernstzunehmende, von Julius Gurlt (1825–1899) erstellte Narkotisierungsstatistik geben.

1878 hatte Bardeleben noch betont, dass er seit Einführung der Chloroformnarkose 1849 in seiner Klinik etwa 1.000 Chloroformierungen im Jahr (Paul Silex spricht gar von 30.000 insgesamt[37]) durchgeführt, aber noch keinen Chloroformtod gesehen habe.[38] Nach Gurlts Statistik hatte es 1890 bis 1893 bei insgesamt 133.729 Chloroformnarkosen 46 Todesfälle gegenüber einem Todesfall bei 14.646 Äthernarkosen gegeben. In der Chirurgischen Klinik der Charité war es zwischen 1879 und 1890 bei 12.000 Betäubungen mit Chloral-Chloroform zu sieben Todesfällen gekommen und zwischen 1891 und 1894 waren es bei 2.555 Chloroformbetäubungen sechs Todesfälle gewesen; verwendet wurde seit 1867 weitgehend Chloroform-Chloral, das seit 1888 noch mit Gaben von Morphium ergänzt wurde. Hingegen wurde Äther als alleiniges Narkosemittel in der Chirurgischen Klinik der Charité nur selten gebraucht; nur „zuweilen" – so Bardeleben 1891 – wurde „die mit Chloroform eingeleitete Betäubung durch Aether fortgesetzt; dabei musste nicht selten zum Chloroform zurückgegriffen werden, weil der Aether nicht genügte."[39] Ebenso wurden die 341 Äthernarkosen 1893/94 in den meisten Fällen mit einer Bromäthylnarkose verbunden, die wiederum bei kurz dauernden Operationen zwischen 1891 und 1894 in 172 Fällen auch allein zur Anwendung kam. Bardeleben berichtete hier von einem Todesfall, wie auch bei einer Äthernarkose.[40] Charité und Universitätsklinik setzten sich intensiv mit dem Äther-Chloroformstreit dieser Jahre auseinander; in der Folge kam Äther – wenn auch in geringerem Maße – wieder zur Verwendung. Zwar beteiligte sich Bardelebens Klinik auch an der Suche nach ungefährlicheren Anästhetica wie Bromäthyl oder Methylenchlorid, auch in Verbindung mit Äther, doch machten diese 1892 noch immer weniger als ein Drittel der Narkosen aus. Für den seit 1853 an der Chirurgischen Universitätsklinik als außerordentlicher Professor tätigen Ernst Julius Gurlt bestand aufgrund der von ihm erhobenen Daten kein Zweifel,

> dass wir in dem Äther das ungefährlichste, für alle chirurgischen Zwecke durchweg ausreichende Anaestheticum besitzen, und da es sich um Menschenleben handelt, die durch die anderen Anaesthetica vielfach gefährdet sind, es unsere Pflicht ist, nach gewonnener besserer

> Einsicht, zu jenem ungefährlichen Anaestheticum zurückzukehren, mit dem die Ära der chirurgischen Anästhesie eröffnet worden ist. Dass dies auch in Deutschland in viel größerem Umfange geschehe als bisher, muss im Interesse der Humanität gewünscht werden.[41]

Bardeleben dagegen blieb Zeit seines Lebens der Chloroformanästhesie treu und ließ sich auch nicht darin beirren, als am 11. Juni 1892 Carl Ludwig Schleich (1859–1922) seine Cocain-Infiltrationsanästhesie (lokale Anästhesie) in ihrem Verhältnis zur allgemeinen Narkose (Inhalationsanästhesie) vor der Deutschen Gesellschaft für Chirurgie vorstellte. Schleich beendete seinen polemischen Vortrag mit einem Angriff auf die Verfechter der Chloroform-Anästhesie.

> Ich halte mich [so Schleich] nach dem Stande der localen Anästhesie nicht mehr für berechtigt, die Chloroformnarcose oder ein anderes Inhalationsverfahren bei Operationen in Anwendung zu ziehen, wenn nicht vorher die principiell angewandte Methode der Infiltrationsanästhesie versucht wurde. Erst wenn diese sich im Einzelfalle als unzureichend erwies, resp. erfahrungsgemäss für den Einzelfall nicht zugänglich ist, erst dann entsteht für die Narcose eine besondere Indication. Aber Operationen in Narcose auszuführen, welche sicherlich auch mit dieser oder einer ähnlichen Form der localen Anästhesie durchführbar gewesen wären, das muss ich vom Standpunkte der Humanität und dem der moralischen sowie strafrechtlichen Verantwortlichkeit des Chirurgen aus bei dem heutigen Stande der Infiltrationsanästhesie für durchaus unberechtigt erklären.[42]

Schleich rief mit seinen Äußerungen einen Sturm der Entrüstung der versammelten Kollegen hervor; Bardeleben als Vorsitzender schloss die Sitzung ohne Diskussion. Zwei Jahre später wurde Schleich durch Bergmann rehabilitiert, der erklärte, er könne nach neueren Erfahrungen die „Anwendung der Schleich'schen Infiltrations-Anästhesie für Operationen in gesunder Haut, die nicht zu umfangreich sind, empfehlen"; außerdem erkannte er an, „dass Herr Schleich sich um die Ausbildung seiner Methode ein nicht zu unterschätzendes Verdienst erworben hat."[43]

Auch die Behandlung der Patientin Elisabeth B., auf deren Fallbericht wir nun wieder zurück kommen wollen, wäre vermutlich ohne Chloroform nicht in der gebotenen Ruhe möglich gewesen. Dies betraf vor allem die rechte Hand, wo man alle Knochensplitter aus der Wunde entfernte, „letztere [wurde] mit 3 procentiger Carbolsäurelösung ca. 5 Minuten lang berieselt und die Säure [...] möglichst in alle Gewebsnischen gepresst [...]. Es wurden mehrere Nähte gelegt, 3 Drains sollten das Sekret abführen. Darauf Protektive und Carbol-Jute-Verband, ca. 25 Kuchen; Fixierung auf einer Schiene und Suspension. Auch die anderen Wunden wurden durch Nähte vereinigt und mit Carbol-Jute verbunden."

Antisepsis und Asepsis

Auf die Schienung und Suspension der Hand – auch hier handelt sich um neue Behandlungsweisen – werden wir später noch zurückkommen. Entscheidend dafür, dass die Frau nicht nur die Verletzungen überleben, sondern auch ihre rechte Hand behalten sollte, war die Anwendung der Carbolsäure, wobei diese ätzende und überaus giftige Substanz von der Patientin relativ gut vertragen wurde. Dabei glaubten die behandelnden Ärzte zunächst selbst nicht an einen Erfolg:

> Am nächsten Tag war die Patientin zur Amputation bereit. Da die Temperatur sich gehoben (36,7), auch das Allgemeinbefinden besser geworden war, so wurde der Verband behufs Ausführung der Operation entfernt. Der Befund war aber derartig, dass, nach der Ansicht des Herrn Geh. Rat Bardeleben, welcher die gerade sehr zahlreich anwesenden fremden Ärzte sich gern anschlossen, zum Mindesten ein weiteres Zuwarten geboten war. [...Man sah] keine Röthung, keine Schwellung der so schwer verletzten Theile, von dem gefürchteten Absterben (wenigstens des Daumens) nichts zu bemerken; der Daumen hatte normale Farbe und liess einen geringen Grad von Sensibilität erkennen. Die Drains wurden entfernt und ein neuer Carbol-Jute-Verband angelegt.

Von nun an besserte sich das Allgemeinbefinden täglich. Nach sechs Tagen nahmen die Ärzte die Verbandstücke ab, weil sie gerne nach der Verletzung sehen wollten. Da aber selbst der letzte „Jute-Kuchen" an seiner Außenfläche kaum Sekret zeigte, ließen sie ihn liegen, um die Wunde nicht zu reizen, und legten neue carbolgetränkte Jutestücke darüber. Am siebten Tag trat der sogen. „Carbolharn" auf, eine Grünfärbung des Urins, wie er für eine Carbolvergiftung typisch ist. Er zeigte an, dass das Desinfektionsmittel in den Körper aufgenommen war. Der Carbolharn verschwand am dreizehnten Tag.

Am zehnten Tag hatte die Patientin leichtes Fieber, was sich später als Folge einer Angina erweisen sollte. Wieder öffneten die besorgten Ärzte die Verbände und fanden zu ihrem Erstaunen „die Wunden in größter Ausdehnung *per primam* verheilt, keine Röthung, keine Schwellung der Hand; Finger, Daumen von normaler Farbe und normaler Sensibilität [...]; kein Geruch". Beim vierten Verbandswechsel (am 20. Tag) konnte die Patientin alle Finger geringfügig beugen und strecken, ohne dass dies Schmerzen verursachte. „Die Bewegungsfähigkeit der Hand wird von Woche zu Woche eine grössere", schließt der Bericht. Am 22. Mai, also knapp sieben Wochen nach ihrer schweren Verletzung, wurde Elisabeth B. geheilt aus der Charité entlassen.

Die Fallgeschichte von 1876 lässt erkennen, dass sich die Anwendung der Listerschen Methode noch in einem experimentellen Stadium befand. Die Ärzte wagten es nicht, die Verbände ruhen zu lassen. Zu sehr waren sie davon überzeugt, dass das Leben der Patientin durch eine wahrscheinliche Gangrän oder Sepsis in Gefahr sei. Adolf Bardeleben sollte in diesem Jahr die neue antiseptische Methode als eine der vier wichtigsten Richtungen bezeichnen, „in welcher die Chirurgie in den letzten Jahrzehnten vorwärts zu schreiten bemüht gewesen ist."[44]

Das antiseptische Prinzip war vom englischen Arzt Joseph Lister (1827–1912) 1867 entwickelt worden.[45] Er hatte bei komplizierten Knochenbrüchen vielfach Eiterungen beobachtet, die sowohl „für das Leben wie für das betroffene Glied" verheerende Folgen hatten. Ihre Ursache sah er – wie die meisten seiner Zeitgenossen – im „Zutritt der Atmosphäre", die eine Zersetzung des Blutes bewirke; das nun vereiternde Blut werde zu einem scharfen

Reizstoff, der sowohl örtliche wie allgemeine Störungen hervorrufe. So weise das aus der Wunde sickernde Serum schon nach 24 Stunden einen deutlichen Zersetzungsgeruch auf. Doch nicht die Atmosphäre an sich sei für diesen Prozess verantwortlich. „Als Pasteurs Untersuchungen gezeigt hatten," so Lister in seinem berühmten Vortrag vor der Britischen Ärztevereinigung in Dublin am 9. August 1867, „dass die septische Beschaffenheit der Luft nicht vom Sauerstoff oder von irgend welchem gasartigen Bestandteil abhängig ist, sondern von winzigen Organismen, die in ihr schweben und die ihre Wirksamkeit ihrer Lebenstätigkeit verdanken, da kam mir der Gedanke, dass die Zersetzung in einem verletzten Teil, ohne die Luft auszuschliessen, dadurch möchte verhindert werden können, dass man zum Verbande einen Stoff benutzte, der imstande wäre, diese schwebenden Partikel abzutöten." Voraussetzung war, dass sich eine Substanz finden ließ, die diesen Zweck erfüllte, ohne ein allzu starkes Ätzmittel zu sein. Dieses fand Lister unter den Nebenprodukten der neu aufkommenden Teerfarbstoffindustrie, gewissermaßen ein Abfallprodukt der Industrialisierung: die Carbolsäure, das stärkste „Antiseptikum, das wir zur Zeit kennen". Das erste Ziel der Behandlung – so Lister – bestehe darin, „alle septischen Keime, die entweder im Moment des Unfalls oder während der inzwischen verstrichenen Zeit in die Wunde gelangt sein könnten, zu zerstören. Als Zweites muss ins Auge gefasst werden, die Wunde davor zu schützen, dass Zersetzung an dem Strom von Blut und Serum entlang, der in den ersten Tagen aussickert, in sie eindringt, wenn die zuerst hineingebrachte Säure wieder herausgewaschen oder durch Absorption oder Verdunstung beseitigt ist."[46]

Listers Methode war keine fertige Technik und sie beruhte, wie Kritiker zurecht bemängeln sollten, auf einer unbewiesenen Hypothese. Aber der Erfolg der Behandlung gab Lister Recht. In seinem Krankenhaus, der Glasgow Royal Infirmary, in dem wie überall bis dahin Hospitalbrand und Pyämie grassiert hatten, war in den ersten neun Monaten nach Einführung der aseptischen Methode kein einziger Fall dieser Krankheiten mehr aufgetreten. In den folgenden Jahren führte Lister immer wieder Veränderungen und Verbesserungen bei den verwendeten Materialien durch, führte carbolisiertes Nahtmaterial ein und entwickelte 1871 einen Zerstäuber, mit dem die Carbolsäure als Aerosol (dem eingangs erwähnten „Spray") über dem Operationsgebiet versprüht wurde. Das Gerät, dessen Anwendung auch die Operateure der ätzenden Carbollösung aussetzte ohne den Operationserfolg zu verbessern, setzte sich jedoch nicht durch. In Deutschland arbeiteten die Chirurgen Friedrich Esmarch (1823–1895) in Kiel, Richard Volkmann (1830–1896) in Halle und Bardeleben an der Berliner Charité an der Optimierung des Verfahrens, wobei neben der Effizienz und Verträglichkeit auch die Handhabung, die unter kriegschirurgischen Gesichtspunkten auch für ungeübte Ärzte und Sanitäter möglich sein sollte, und der Kostenaufwand eine Rolle spielten.

Bardeleben hatte vor seiner Berufung nach Berlin die Chirurgische Universitätsklinik in Greifswald geleitet, nach seinen eigenen Worten „eines der schlechtesten Lazarethe der Welt", in dem unter den Operierten die Pyämie wütete.[47] So war er schon 1869 nach Schottland gereist, um Listers Methode kennen zu lernen. Im Krieg gegen Frankreich 1870/71, in dem sich auch die meisten Universitätschirurgen freiwillig für die Versorgung der Verwundeten einsetzten und an dem Bardeleben als konsultierender Generalarzt beteiligt war, kam das neue Verfahren jedoch offenbar noch nicht zum Einsatz.

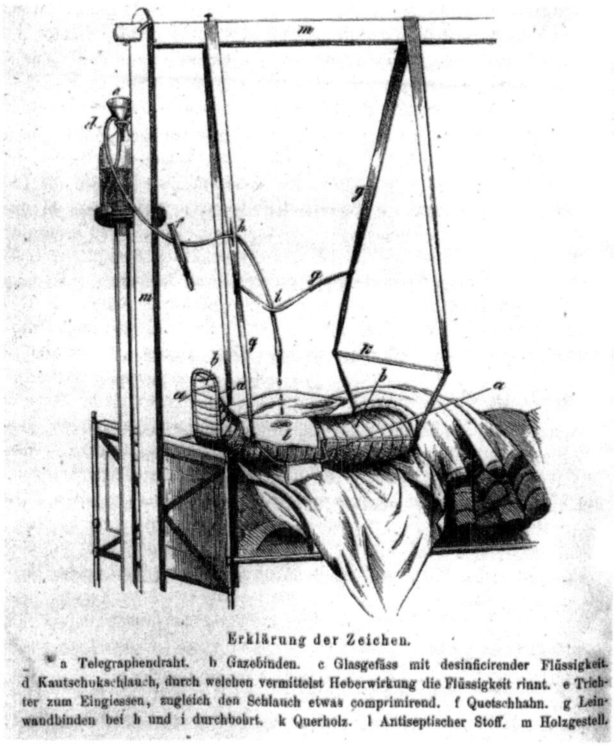

Abb. 4.5 Antisepsis durch Carbolsäureirrigation 1875. Die Zeichnung illustriert die Dauerbefeuchtung einer im gefensterten Gipsverband ruhiggestellten offenen Unterschenkelfraktur mit Carbolsäure.

In der Chirurgischen Klinik an der Charité mit ihren 2.500 bis 3.000 Patienten jährlich, unter denen sich auch jeweils mehrere hundert komplizierte Frakturen befanden, hatte Bardeleben zwar bald mit der Verwendung der Listerschen Carbolpaste Erfolge, doch blieben diese weit hinter denen Listers bei Verwendung von Carbolsäure zurück. Im Oktober 1871 wurde der Stabsarzt aus der Bardelebenschen Chirurgischen Klinik A. W. Schultze auf eine Studienreise nach Edinburgh geschickt und brachte auch Listersche Verbände mit nach Berlin. Über seinen Besuch bei Lister und besonders von seiner antiseptischen Wundbehandlung berichtete Schultze auf einer Sitzung der Militärärztlichen Gesellschaft im April 1872; der Vortrag erschien im Februar 1873 in *Volkmanns Sammlung klinischer Vorträge.*[48] Auf der 3. Tagung der *Deutschen Gesellschaft für Chirurgie* am 10. April 1874 setzten sich Volkmann und Bardeleben mit der Listerschen Methode auseinander.[49] Bardeleben konnte dabei über seine Erfahrungen mit dem neuen antiseptischen Verband berichten, den Schultze auf seiner Abteilung bereits kurz nach seiner Rückkehr mit günstigem Erfolg an einer Hüftgelenksresektion angewandt hatte. Bardeleben war von der neuen Vorgehensweise restlos überzeugt: „Der antiseptischen Methode gehört die Zukunft der Chirurgie, wenn es mir zustände als Prophet aufzutreten", so hat er es 1876 ausgedrückt. „Mag auch die Statistik zur Zeit noch ausser Stande sein, mit dürren Zahlen zu beweisen, dass die antiseptische Methode mehr Leben erhält, als jede andere Form der Wundbehandlung; wenn wir die Fälle nicht blos zählen, sondern auch wägen, so wird kein Unbefangener sich der Überzeugung verschliessen können, dass mit ihrer Hülfe Heilungen gelingen, an deren Möglichkeit früher Niemand gedacht hätte".[50]

War also vor allem durch Bardelebens Initiative an der Chirurgischen Klinik der Charité der antiseptischen Wundbehandlung der Durchbruch gelungen, so blieb die Frage nach der chemischen Substanz, die es dabei zu verwenden galt, in den nächsten Jahren weiter kontrovers. Man strebte nach einer Vereinfachung der Behandlungsmethode, bei der man nicht mehr auf die Beihilfe zweifelhafter und in ihren pharmakologischen Wirkungen unsicherer chemischer Mittel angewiesen zu sein wünschte. Zunächst begann jedoch die Kostenfrage, besonders in der Chirurgischen Klinik der Charité, eine immer größere Bedeutung zu gewinnen. Als nämlich dort die von Schultze mitgebrachten Verbände Listers zu Ende gingen, ersetzte man die harzig-fettigen, in Carbolsäure getränkten Kompressen durch nasse Kompressen, die mit einprozentiger Carbolsäure angefeuchtet wurden. Die Behandlung mit diesen Kompressen verlief ebenso erfolgreich. Bardeleben hob hervor, dass auf diese Weise durch die Vermeidung des teuren Harzstoffes die Kosten gesenkt werden könnten und dass bei den feuchten Verbänden im Gegensatz zu den Lister'schen Verbänden die gebrauchte Gaze wiederbenutzbar wäre.[51]

Schon bei Lister hatte sich gezeigt, dass die Carbolsäure nicht geringe Nebenwirkungen aufwies. Bei der Suche nach neuen antiseptischen Pharmaka war man auf die Hilfe der pharmazeutischen Industrie angewiesen, die solche in den folgenden Jahren in immer größerem Maße anbot. 1875 berichtete Karl Thiersch der *Deutschen Gesellschaft für Chirurgie* vom erfolgreichen Einsatz der vom Chemiker Kolbe dargestellten Salicylsäure anstelle der Carbolsäure in seiner Klinik in Leipzig,[52] und auch Bardeleben berichtete von der Verwendung von Salycilsäure in der Chirurgischen Klinik der Charité, bei der nicht zuletzt Kostengesichtspunkte eine Rolle gespielt hatten. Denn „die Wahl unter den Mitteln, durch welche wir die antiseptische Behandlung in's Werk setzen können", so Bardeleben, wird sich „jetzt wohl nach ihrem Preise richten [...]. Das Billigste unter den überhaupt genügend wirkenden Mitteln wird das Beste sein. Ob es nicht noch ein billigeres geben wird, als die Salicylsäure, wer wollte das im Voraus sagen?"[53] Auch die Salicylsäure war nicht frei von toxischen Nebenwirkungen, trotzdem wurde sie in der Charité ebenso wie später die schon von dem Assistenzarzt an der Volkmannschen Klinik in Halle Heinrich Ranke vorgestellten Thymolpräparate[54] oder das bereits von Lister nach erster Euphorie abgelehnte und 1881 von Theodor Kocher aus Bern[55] wieder ins Gespräch gebrachte toxische Chlorzink,[56] wiederholt angewandt. Doch blieb in Bardelebens Klinik die Carbolsäure die erste Wahl, auch in Form der „Carbolsäureirrigationen", einer steten

Befeuchtung der Verbände, die seit 1880 an die Stelle des auch von Lister ab 1890 abgelehnten Sprays traten, einer – wie es Johannes Mikulicz 1884 ausdrückte – „unter allen Umständen überflüssige[n] Beigabe des antiseptischen Verfahrens".[57] Salicylwatte oder Salicyljute, deren Verwendung auch in der Chirurgischen Klinik der Charité „als vortrefflicher antiseptischer Stoff" üblich war,[58] wurde bald ein wichtiges Mittel, um Antiseptik auch in die Kriegschirurgie einzuführen. Hierher gehören auch die in unserer Krankengeschichte erwähnten Carbol-Jute-Kuchen, die bezüglich ihrer Verwendbarkeit auf Verbandsplätzen getestet worden waren.

Bei der Verwendung von Jodoform, das seit 1880 bei Theodor Billroth trotz seiner toxischen Nebenwirkungen als Wundverbandsmittel angewandt wurde und wo sich nach einigen Todesfällen seit 1882 die Euphorie wieder legte,[59] war Bardeleben vorsichtig. Er hatte es erst im Herbst 1881 in seiner Klinik an zunächst 200 Fällen erprobt, allerdings nie in der gefährlichen Verbindung mit Carbolsäure.[60] Jodoformgaze als Unterlage für Moospappe bezeichnet Bardeleben 1892 als den „Verband, den wir am häufigsten anlegen".[61] Darüber hinaus verwendete er ebenso wie Lister karbolisierte Darmsaiten als Unterbindungsfäden;[62] auf „die Nothwendigkeit einer sorgfältigen Drainierung" wies er ausdrücklich hin.[63] An der Chirurgischen Universitätsklinik, die 1881 in der Ziegelstraße einen Neubau erhielt, spielte dagegen das antiseptische Verfahren keine Rolle. Vermutlich hatte diese Klinik ohnehin weit weniger mit dem gefürchteten Hospitalbrand zu kämpfen. Und so konnte sich auch Ernst von Bergmann, der 1882 die Nachfolge Langenbecks antrat, auf den Standpunkt zurückziehen, dass „der Gedanke, der Lister zur antiseptischen Wundbehandlung trieb [...] nur den Wert einer Hypothese" habe.[64]

Erst in den späten 1870er Jahren konnten die theoretischen Grundlagen durch Robert Kochs *Untersuchungen über die Aetiologie der Wundinfectionskrankheiten* von 1878 gelegt werden. Koch (1843–1910), der damals noch Kreisphysikus in Wollheim war, konnte im Tierversuch nachweisen, dass es sich nicht um in der Luft vorhandene Keime handelte, sondern um spezifische, morphologisch identifizierbare pathogene Mikroorganismen, die die Ursache von Krankheitserscheinungen bildeten, die der Pyämie, Septicämie, Phlegmone, Gangrän und dem Erysipel beim Menschen analog waren. Doch aus dieser Kochschen Arbeit hat man zunächst nur die allgemeine Begründung der bakteriellen Ätiologie entnommen. Erst als Regierungsrat und Leiter der bakteriologischen Abteilung des neu gegründeten Kaiserlichen Gesundheitsamtes beeinflusste Koch die praktische Chirurgie entscheidend mit seiner grundlegenden Arbeit *Über Desinfektion* (1881), da nun die Bekämpfung der Infektionserreger auf eine wissenschaftliche Basis gestellt werden konnte.[65]

In der Frage der Desinfektionsmittel wies er anhand der Untersuchung der Milzbrandsporen nach, „dass in Öl oder Alkohol gelöst [...] die Carbolsäure auch nicht die geringste desinficirende Wirkung" zeigt, „eine 5 proc. Chlorzinklösung Milzbrandsporen in ihrer Entwickelungsfähigkeit nicht beeinträchtigt hat", jedoch „bei einer nur wenige Minuten dauernden Wirkung des Sublimats" der Erfolg „noch mit 1 : 5.000 starken Lösungen erzielt wird." Als Koch das hier erwähnte Sublimat zur Einführung als chirurgisches Desinfektionsmittel empfahl,[66] war es eine Zeit lang trotz seiner großen Toxizität dabei, sich anstelle der Carbolsäure und anderer Desinfektionsmittel durchzusetzen. Von Bergmann hatte das Sublimat bereits in seiner Würzburger Zeit 1878 und 1879 erprobt,[67] und verwendete es in der neu errichteten Chirurgischen Universitätsklinik in der Ziegelstraße fast ausschließlich.[68] Im Gegensatz dazu wurde in Bardelebens Klinik noch 1892 der Verband mit Jodoformgaze am häufigsten angelegt.[69] Grundlegend wichtig war, dass unter dem Einfluss von Kochs Arbeiten die Leiter der Chirurgischen Kliniken zu der Erkenntnis gelangten, dass bei der Wundinfektion die Gefahr in dem Kontakt mit infizierten Materialien und Instrumenten besteht und nicht in einer mit Mikroorganismen beladenen Luft. Bergmann etwa wies 1889 daraufhin, dass im Hörsaal, aber auch im Operationssaal mehr pathogene Bakterien in der Luft zu finden seien als im Sektionssaal, ohne dass dies zu einer Erhöhung der Infektionsgefahr geführt hätte.[70] Und Bardeleben bemerkte 1892, dass, obwohl es „keinen schlechteren Operationssaal als den der Königlichen Charité" gäbe (es handelte sich dabei noch immer um das 1828 errichtete Auditorium), doch unter Verwendung von „antiseptischen Hilfsmitteln, die wir jetzt haben, auch in einem schlechten Hospital", also der Charité, „von den Infectionen aus der Luft […] nicht viel zu befürchten" sei.[71]

So hatte sich bis Mitte der 1890er Jahre als neues Verfahren im Kampf gegen die Wundinfektion die Asepsis durchgesetzt. Hauptträger der Durchführung der Methode in der Chirurgischen Universitätsklinik war Kurt Schimmelbusch (1860–1995), der seit 1889 bis zu seinem frühen Tod 1895 Assistent Bergmanns gewesen war. „Vertraut mit den grundlegenden und für die Chirurgie der Gegenwart bestimmenden Methoden, war er ganz besonders dazu berufen und befähigt", so Bergmann in seinem Nachruf auf Schimmelbusch, „die Aufgaben und Ziele der modernen Wundbehandlung, insofern sie das Eindringen pathogener mikroskopischer Mikroorganismen und deren Vegetiren in der Wunde betreffen, Schritt für Schritt zu verfolgen und überall im Thierexperimente zu prüfen".[72] Dabei traten an die Stelle antiseptischer Flüssigkeiten Dampfsterilisatoren und Kochapparate, die Bergmann 1892 während des 10. Internationalen Ärztekongresses in Berlin in einem eigens dazu hergerichteten Pavillon der Klinik von Schimmelbusch in ihrer Wirkung gegen diejenigen Mikroorganismen demonstrieren ließ, „welche für den Wund-Verlauf und die Wund-Behandlung in Frage kommen."[73]

„Von allen Seiten wurden wir damals gebeten, das, was wir gezeigt hatten, einheitlich zusammenzufassen und zu schildern", erklärte Bergmann 1892 in seiner Einführung zu Kurt Schimmelbuschs *Anleitung zur aseptischen Wundbehandlung*. „Dem Wunsche soll das vorliegende Buch gerecht zu werden sich bemühen. Was ich mit meinen früheren und jetzigen Assistenten, Professor von Bramann, Privatdocent Dr. Schlange und Dr. de Ruyter, namentlich aber Dr. Schimmelbusch in Vorträgen und Abhandlungen hier und da der Öffentlichkeit übergeben habe, ist hier nicht bloß wieder aufgenommen, sondern zu einem Lehrbuche des aseptischen Verfahrens der Wundbehandlung von demjenigen meiner Assistenten ausgearbeitet worden, der hierfür seit Jahren in meiner Klinik in hervorragender Weise thätig gewesen ist."[74] Schimmelbuschs Schrift *Anleitung zur aseptischen Wundbehandlung*, in der er die ganze Lehre von der aseptischen Wundbehandlung „in ihrem wissenschaftlichen Aufbau und der praktischen Verwendung zusammengestellt" hat,[75] ist ein Markstein für die Entwicklung der Wundbehandlung geblieben. Eingeführt wurde diese aseptische Methode in der Chirurgischen Klinik der Charité erst nach 1895 durch Bardelebens Nachfolger Franz König (1832–1910).[76] Es ist freilich ein bleibendes Verdienst Bardelebens, die Methode der antiseptischen Wundbehandlung nach Berlin gebracht und in der Chirurgischen Klinik der Charité eingeführt zu haben.

Noch in zwei weiteren Punkten unterschied sich die Chirurgie im letzten Drittel des 19. Jahrhunderts von den vorhergehenden Epochen. Zum einen ging es um die Bewahrung von Blut bei den immer noch häufig notwendigen Amputationen. Zum anderen um die Ruhigstellung verletzter Körperteile. Die Charité unter Bardeleben hatte sich die Aufgabe gestellt, diese Errungenschaften mit der antiseptischen Methode in Einklang zu bringen.

Künstliche Blutleere

Die „Bestrebungen dem Kranken Blut zu sparen" gingen sowohl auf Veränderungen der Krankheitsvorstellungen, wie auch auf praktische Erfahrungen einer emanzipierten Chirurgie zurück. So war in der Tat, wie Bardeleben in seiner bereits zitierten Rede von 1876 ausführte, in der ersten Hälfte des Jahrhunderts kaum eine Verletzung der Lunge oder des Schädels vorgekommen, „die nicht von vornherein mit Aderlässen behandelt worden wäre", und auch „Verletzungen der Extremitäten, zumal wenn sie ein Gelenk betrafen, erheischten" nach damals gängiger Auffassung „dringend die Öffnung einer Vene." Erst gegen Mitte des 19. Jahrhunderts setzte „eine allgemeine Reaction gegen diese Blutvergeudung" ein,[77] die schließlich in die Herstellung der künstlichen Blutleere bei Operationen der Extremitäten mündete, wie sie von Friedrich Esmarch seit 1873 entwickelt wurde.[78]

Diese Methode hat Bardeleben sogleich rezipiert, wobei er der Verwendung von elastischen Binden den Vorzug vor anderen Methoden gab.[79] Die Herstellung der Blutleere kam vor allem bei Amputationen zur Anwendung. Auch wenn sich durch die Einführung der Antisepsis die Zahl der wegen Verletzungen nötigen Amputationen deutlich vermindert hatte, so trugen vernachlässigte Wunden oder auch Erfrierungen sowie akute und chronische Infektionen von Knochen und Gelenken auch noch am Ende des Jahrhunderts dazu bei, dass die Zahl der Charité-Patienten, denen nur noch durch eine Amputation geholfen werden konnte, hoch blieb. Die folgende Krankengeschichte aus den Charité-Annalen von 1877 beschreibt einen solchen Fall und lässt zudem den allgemeinen Gesundheitszustand der typischen Charité-Klientel erahnen:

Der als Former arbeitende 18jährige Adolf T. war im April 1875 an einer akuten Knochenentzündung des rechten Unterschenkels erkrankt.[80] Bei seiner Krankenhausaufnahme Mitte

Mai 1875 hatte sich der Eiter bereits an verschiedenen Stellen einen Ausgang gebahnt, das Schienbein lag „in grosser Ausdehnung vom Periost entblösst, in stinkenden Eitermassen." Das Fieber erreichte mehrfach 41,0 Grad. Am 27. Mai, acht Tage nach der Aufnahme, wurde die Amputation oberhalb des Kniegelenks durchgeführt „nach Vorausschickung der Esmarch'schen Constriction". Dabei wurden die Blutgefäße des Beins durch einen an den Zehen beginnenden festen Verband „ausgestrichen" und dann die Blutzufuhr in Höhe der Amputationsstelle mit einem Schlauch abgedrückt. Die Wunde wurde durch einen antiseptischer Verband mit 4prozentiger Salicylwatte versorgt „unter welchem sich geringe Spuren von Sepsis zeigten", und mit Carbolsäure gespült. Das Fieber ermäßigte sich erst einige Wochen nach der Amputation, obwohl „der Stumpf in normaler Weise, wenn auch langsam verheilte". Nach vier Wochen hatte der Patient eine „genuine Pleuro-Pneumonie" mit Fieber von 41,6 Grad an, die er glücklich überstand. „Trotz der enormen Schwäche des Patienten, welche zu Anasarca und Ascites führte, heilte der Stumpf unter dem Lister'schen Verbande in normaler Weise. Zwölf Wochen nach der Amputation verließ der Kranke sein Bett."

Ruhigstellung im Gipsverband

Ganz selbstverständlich war die verletzte Hand von Elisabeth B. nach der langwierigen chirurgischen Versorgung auf einer Schiene fixiert und durch die Suspension, d. h. das Aufhängen der Schiene, in eine schwebende Position gebracht worden. Diese Methode der Ruhigstellung war in den vergangenen zwei Jahrzehnten in der Charité zum Behandlungsstandard geworden. Schon 1853 hatte der damalige Chef der Chirurgischen Klinik der Charité, Johann Christian Jüngken, die Order erhalten, einen neuen immobilisierenden Verband, nämlich den vom niederländischen Militärarzt Antonius Mathijsen (1805–1878) bei Knochenbrüchen angewandten Contentiv-Gipsbinden-Verband, in der Charité zu erproben. Dabei wurde an der Charité das Verfahren durch die Verwendung feuchter statt trockener Binden weiterentwickelt.[81] Von diesem Verband sagte Bardeleben später, dass er alle anderen Arten des permanenten Verbands bald überflügelt habe, denn das Verfahren sei so einfach, „dass es an jedem Orte, zu jeder Zeit, von jedem Wundarzt, der überhaupt Binden anzulegen versteht, [...] mit Leichtigkeit ausgeführt werden kann".[82] Das Einhängen des schweren Gipsverbandes, der unter Umständen durch eine Metallschiene verstärkt wurde, in ein Gerüst erleichterte nicht nur dem Patienten die Lagerung, sondern stellte auch sicher, dass bei Bewegung des Kranken die optimale Position beibehalten wurde.

Nach Einführung der Antisepsis stellte sich allerdings das Problem, die durch den Gipsverband gewährleistete absolute Ruhigstellung einer offenen Fraktur mit der antiseptischen Befeuchtung und Kontrolle der versorgten Wunde zu vereinbaren. In der Charité wurde hierfür der gefensterte Gipsverband entwickelt. Das Verfahren bewährte sich derart, dass der Stabsarzt der Chirurgischen Klinik, Rudolf Köhler, in einem Bericht betonte, dass es durchaus auch „im Felde" Verwendung finden könnte. Schließlich seien die Verhältnisse im Frieden, wo z. B. ein Arbeiter unter einer Mauer begraben werde und, von unkundigen Helfern unsachgemäß transportiert, erst nach Stunden ins Hospital gebracht werde, für den Patienten auch nicht günstiger als „die Verhältnisse des verwundeten Kriegers".[83]

Eine weitere Entwicklung war die Konstruktion von Gehverbänden, über die 1894 aus der Chirurgischen Klinik der Charité berichtet wurde. Die ersten Versuche, Unterschenkelbrüche mit Gehverbänden zu behandeln, wurden vom Stabsarzt Korsch im Sommer 1891 begonnen. Seit Ostern 1892 wurde die Behandlung mit Gehverbänden allgemein durchgeführt, und zwar bis Ende 1892 an „116 Patienten mit Brüchen der unteren Gliedmassen." Darunter befanden sich auch 16 offene Brüche, bei denen es als fraglich angesehen wurde, ob der Gehverband angewandt werden dürfte. „Sicherlich gibt es viele complicirte Frakturen", so Bardeleben, „bei denen man eher an die Amputation, als an den Gehverband denken wird. Aber die Mehrzahl sind doch solche bei denen, wenn der Verlauf in den ersten Tagen die Überzeugung gefestigt hat, dass Wundinfektion ausgeschlossen sei, der Versuch gemacht werden darf, den Patienten mit einem Gehverbande auf die Beine zu bringen". Denn insgesamt sei es „von grossem Vorteil für die Verletzten, wenn man sie mit solchen Verbänden versieht, welche ihnen gestatten, schon nach wenigen Tagen mit dem zerbrochenen Bein aufzustehen, aufzutreten und umherzugehen; aber diese Behandlungsweise darf nur unter ärztlicher Aufsicht und mit sorgfältiger Berücksichtigung aller vorhandenen oder hinzutretenden Complicationen eingeleitet und durchgeführt werden".[84]

Der kleine Patient aus dem Jahre 1875, dessen Geschichte abschließend erzählt werden soll, hatte keinen Gehgips nötig. Er hatte sich nur den Arm gebrochen. Allerdings war es eine hässliche offene Fraktur und zu einer anderen Zeit oder an einem anderen Ort hätte der Junge bei dieser Verletzung mit Sicherheit seinen Arm verloren. So aber konnte der achtjährige Arbeitersohn Friedrich H.,[85] aufgenommen am 26. April 1876, am 6. Juni geheilt wieder aus der Charité entlassen werden. Das Kind war eine Treppe herunter gefallen, woran es sich selbst aber nicht erinnern konnte. Der Stabsarzt konstatierte eine einfache Fraktur der beiden linken Unterarmknochen im unteren Drittel und eine offene Fraktur der Elle im oberen Drittel des linken Unterarms. Die kleine Wunde, an der der Unterarmknochen die Haut durchbohrt hatte, wurde mit dreiprozentiger Carbolsäure desinfiziert, danach ein Verband mit Carbol-Jute und ein gefensterter „Gypsverband" angelegt. „Die Wunde heilte ohne sichtbare Eiterung unter 3 aseptischen Verbänden; es hätte einer genügt, wenn nicht die Neugier zum Verbandswechsel ermutigt hätte." Der Junge ging schon nach einigen Tagen im Charité-Garten spazieren. „Von einem wirklichen Kranksein konnte man eigentlich bei diesem Patienten nicht reden. [...] Der am Tag der Verletzung angelegte Gypsverband lag 3 Wochen."

Die heute harmlos wirkende Geschichte hätte wenige Jahre zuvor böse ausgehen können. Die hohe Wahrscheinlichkeit, dass die Fraktur brandig werden würde, hätte noch Ende der 1860er Jahre jeden gewissenhaften Chirurgen schon weit im Vorfeld der befürchteten Sepsis zum Amputationsbesteck greifen lassen. Und auch dann wäre es aufgrund des in der Charité grassierenden Hospitalfiebers höchst ungewiss gewesen, ob das Kind überlebt hätte.

Im Jahr 1875 wurden in der Chirurgie der Charité 2.040 Menschen aufgenommen, 84 Prozent davon waren Männer. 8,5 Prozent der chirurgischen Patienten starben. Zwar lag bei den offenen Frakturen die Mortalität immer noch bei 25 Prozent. Doch von den insgesamt acht Patienten starben nur zwei, die zudem erst mit tagelanger Verspätung in die Charité gebracht worden waren, an Pyämie; fünf dagegen am Delirium tremens.[86]

4.4 Ausblick

Unter Bardelebens Nachfolger Franz König (1832–1910), der 1895 berufen wurde, kam es endlich zum Abriss der alten Chirurgischen Klinik auf dem Charité-Gelände. Der Neubau wurde am 16. Mai 1904 der Nutzung übergeben.[87] Die Beziehungen zur Universität waren, obwohl die Charité und besonders ihre Chirurgische Klinik bis zu ihrer Demilitarisierung nach dem Ersten Weltkrieg weiterhin Ausbildungsstätte der Militärärzte blieb, auch unter König immer enger geworden. Mit der Leitung der im Februar 1896 eröffneten Poliklinik der Chirurgie der Universität wurde Königs ehemaliger Mitarbeiter in Göttingen und spätere Nachfolger in Berlin Otto Hildebrand (1858–1927) betraut, der bis zu seinem zeitweiligen Weggang nach Basel 1899 außerdem als 1. Assistent an der Chirurgischen Klinik der Charité tätig war.[88] Als König 1904 zurücktrat, kehrte Hildebrand an die Charité zurück und leitete die Klinik bis 1927.

Trotz dieser Entwicklung blieb der Ruf der Charité durch ihre Einbindung in die miltärärztliche Ausbildung belastet. So meinte der Bonner Chirurg Wilhelm Busch (1826–1881) im Hinblick auf die Assistententätigkeit der Stabsärzte, dass „die Herren [...] so schleunig durch die chirurgische Station hindurchgehen, dass ein volles Vertrautsein“ mit den Methoden der Chirurgie – er spricht hier von den komplizierten Frakturen – „nicht erfolgen kann“.[89] Andererseits wurden die Erfahrungen, die in der Kriegschirurgie gewonnen worden waren, in der Charité unter Bardeleben, aber auch in zunehmendem Maße in der Universität unter Langenbeck und Bergmann in den zivilen Bereich eingebracht. Das galt für die Festlegung der Indikationen für die konservative Behandlung peripherer Gliedmaßenverletzungen in Abgrenzung von der primären Amputation ebenso wie für die neue Technik der Verbände vom Gipsverband bis zu den Gehverbänden. Doch sind die praktischen Erfahrungen nicht alles; vielmehr bleibt die Umformung der Chirurgie in eine Gesamtwissenschaft ohne die Rezeption der aus den revolutionierenden Umbrüchen der Medizin resultierenden Neuerungen im Bereich der pathologisch-anatomischen und der physiologischen ebenso wie der bakteriologischen Forschungen dieser Zeit undenkbar. Es ging dabei um nichts anderes als um den Aufbau praktischen Handelns auf wissenschaftlicher Grundlage, und auf dieser Basis wurden durch die Anästhesie neue Operationsgebiete eröffnet. In der Übernahme der Antiseptik war zunächst Bardeleben führend, während die Asepsis die Domäne der Chirurgischen Universitätsklinik wurde. So verwischten sich um 1900 die Grenzen zwischen den beiden Institutionen.

Im Jahre 1922 legte Otto Hildebrand auf dem 26. Kongress der *Deutschen Gesellschaft für Chirurgie* sein Konzept einer „experimentellen Chirurgie" vor und zeigte damit,[90] dass sich die Chirurgische Klinik mit der Entmilitarisierung der Charité ab 1919 endgültig von der Dominanz einer sich an den Bedürfnissen einer militärmedizinischen Bildungsanstalt orientierenden Massenmedizin verabschiedet hatte. Auch bei ihr wurde nun eine Medizin, die sich auf den einzelnen Patienten konzentrierte, klares Ziel. Als Hildebrand 1927 starb, trat Ferdinand Sauerbruch (1875–1951) seine Nachfolge an. Unter ihm sollte die Chirurgische Klinik der Charité den überragenden Ruf gewinnen, den die Universitätsklinik in der Ziegelstraße am Ende des 19. Jahrhunderts unter von Langenbeck und von Bergmann genossen hatte.

Thomas Beddies, Marion Hulverscheidt, Gerhard Baader

5. *Kinder, Streik und neue Räume (1890–1918)*

Als die sechsjährige Anna am 28. Januar 1874 mit allen Symptomen des „Croup" in die Kinderklinik der Charité aufgenommen wurde, war von einem diphtheritischen Belag des Pharynx [Rachens] zwar nichts zu sehen, „aber die Rötung und Schwellung der Theile, die heftige Coryza [Schnupfen], die Lymphdrüsenschwellung und die später einsetzende Diphtheritis der Operationswunde" ließen keinen Zweifel an der Natur ihrer Erkrankung aufkommen: „Am 29. Abends wurde die Tracheotomie [der Luftröhrenschnitt] gemacht und mehrere pseudomembranöse Fetzen aus der Trachea entleert, worauf zwar die Fiebertemperatur noch stieg (40,2 am 30.), alle suffocatorischen [Erstickungs-] Symptome aber sofort verschwanden." Trotz verschiedener im Verlauf eintretender Komplikationen machte das Kind die Krankheit schließlich glücklich durch: „Das Fieber verschwand vom 18. Februar an gänzlich, und am 2. März stellte sich auch der Klang der Stimme wieder her."[1]

Die vollständige Genesung der kleinen Charité-Patientin von der Diphtherie stellte in dieser Zeit allerdings eher die Ausnahme dar: „Unter 26 Kindern, welche [1874] mit dieser Krankheit behaftet aufgenommen wurden, starben 19, und mit Hinzurechnung der in der Abtheilung selbst erkrankten haben wir 31 Todesfälle zu verzeichnen,"[2] klagte Eduard Henoch (1820–1910), Direktor der Charité-Kinderklinik und außerordentlicher Professor für Kinderheilkunde an der Berliner Universität, in seinem ersten Jahresbericht. Und weiter heißt es:

> Ein Theil der beobachteten Fälle dieser Krankheit entstand in der Abtheilung selbst, theils in Folge nachweisbarer Infection durch andere in der Abtheilung liegende oder von aussen hineingekommene Kinder, theils scheinbar spontan zu Zeiten, wo sich unter den Insassen unserer Krankenzimmer kein einziger Fall von Diphtherie befand. [...] Dieser unglückliche Umstand, der zu manchen Zeiten mehr, zu anderen weniger hervortrat, übte oft genug auf alle, welche ärztlich in der Abtheilung beschäftigt waren, einen wahrhaft entmuthigenden Einfluss. Nicht allein, dass er überhaupt die Mortalität in der Station auf eine erschreckende Weise steigerte; er setzte auch eine Reihe von Kindern, welche glücklich die schwersten Krankheiten überstanden hatten [...] der Gefahr einer neuen tödtlichen Infection aus.[3]

Henoch hatte die Kinderklinik – damals noch untergebracht im Gebäude der *Alten Charité* – im Wintersemester 1872 nach eigener Einschätzung „ziemlich verwahrlost" von seinem Vorgänger Hermann Ebert (1814–1872) übernommen.[4] In den folgenden zwei

Jahrzehnten entfaltete er dort eine rege und unter den gegebenen Umständen durchaus erfolgreiche Tätigkeit, die freilich nicht frei von Rückschlägen blieb. Unter seiner Leitung verdreifachte sich die Zahl der stationären Patienten, die der ambulanten, die der poliklinisch erfahrene Henoch im Wesentlichen selbst betreute, verzehnfachte sich sogar.[5] Darüber hinaus öffnete er die Klinik auch für Säuglinge, die bis dahin von der Behandlung ausgeschlossen gewesen waren. Jedoch war diesem Unternehmen kein Erfolg beschieden: Drei Viertel der aufgenommenen Säuglinge verstarben, „Atrophische" (Mangelernährte) sogar zu über 90 Prozent. Henoch kam endlich zu dem Schluss, man solle Säuglinge in eigentlichen Krankenhäusern gar nicht aufnehmen, „sondern nur in Anstalten, die durch angestellte Ammen eine biologische Ernährung" gewährleisten könnten.[6] Seinem Nachfolger Otto Heubner (1843–1926) empfahl er noch bei seinem Ausscheiden 1893, die Säuglingsstation zu schließen, da damit nur die Statistik belastet würde.[7]

5.1 Kinderheilkunde und Kindersterblichkeit in den 1880er und 1890er Jahren

Die beiden Jahrzehnte, während derer Eduard Henoch die Kinderklinik der Charité leitete und an der Universität Vorlesungen über Kinderkrankheiten hielt, können in mehrfacher Hinsicht als eine Zeit des Überganges charakterisiert werden, in der angelegt wurde, was erst unter seinem Nachfolger Otto Heubner realisiert werden konnte.

So blieb damals den Bemühungen, die Pädiatrie von der Inneren Medizin zu lösen und damit als eigenständiges Fach zu etablieren, der letzte Erfolg noch versagt. Ordentlicher Professor der Berliner Universität wurde Henoch nicht; in dem Gutachten zu einem entsprechenden Antrag aus dem Jahre 1884 stellte die Medizinische Fakultät vielmehr fest, „daß sie in der Errichtung eines Ordinariats für Kinderheilkunde eine schädliche, und in ihren weiteren Konsequenzen gefährliche Maßregel erblicken müsse."[8] Die außerordentliche Professur wurde erst nach der Berufung Otto Heubners Ende 1894 in ein Ordinariat umgewandelt.[9]

Auch Henochs Bemühungen um eine grundlegende Verbesserung der klinischen Versorgung der Kinder zeigten zwar bereits Erfolge, mussten jedoch nicht nur wegen der miserablen Rahmenbedingungen in der alten Kinderklinik in ihren Auswirkungen begrenzt bleiben: Letztlich ist Henoch in der Übergangssituation des oft zitierten Paradigmenwechsels der Medizin von der Zellularpathologie zur Bakteriologie und zur Hygiene noch als ein Vertreter der alten Schule zu sehen, dem in der Ernährung und Gesundheitspflege der Säuglinge ebenso wie in der Behandlung der Infektionskrankheiten enge Grenzen gesteckt blieben. Henoch war ausdrücklich nicht bereit, den – wie er es nannte – „Bakterienschwindel" mitzumachen; vielmehr kritisierte er in seinen 1881 publizierten Vorlesungen die Sicherheit, mit der viele, besonders jüngere Ärzte sich etwa über die Bakterien der Diphtherie äußerten, als „im hohen Grade bedenklich."[10] Eine Einschätzung im Übrigen, die auch vor dem Hintergrund des Faktums zu sehen ist, dass Friedrich Löffler (1852–1915) das Corynebacterium diphtheriae tatsächlich erst 1884 als Erreger der Diphtherie identifizierte.[11] Auch die Behandlungsmöglichkeiten der Diphtherie schätzte Henoch konservativ ein: „Nach meinen Erfahrungen leisten alle bisher empfohlenen Mittel […] absolut nichts in schweren Fällen der Krankheit, und darauf kommt es doch allein an, da die leichteren auch ohne Zutun der Kunst heilen", schrieb er 1881.[12] Allein die Tracheotomie war nach seiner Überzeugung das Mittel, von welchem man sich noch „Hülfe versprechen darf, und ich rathe daher, dieselbe in allen Fällen vorzunehmen, welche sich nicht bereits in Agonie befinden oder sehr schwere Infectionssymptome darbieten."[13]

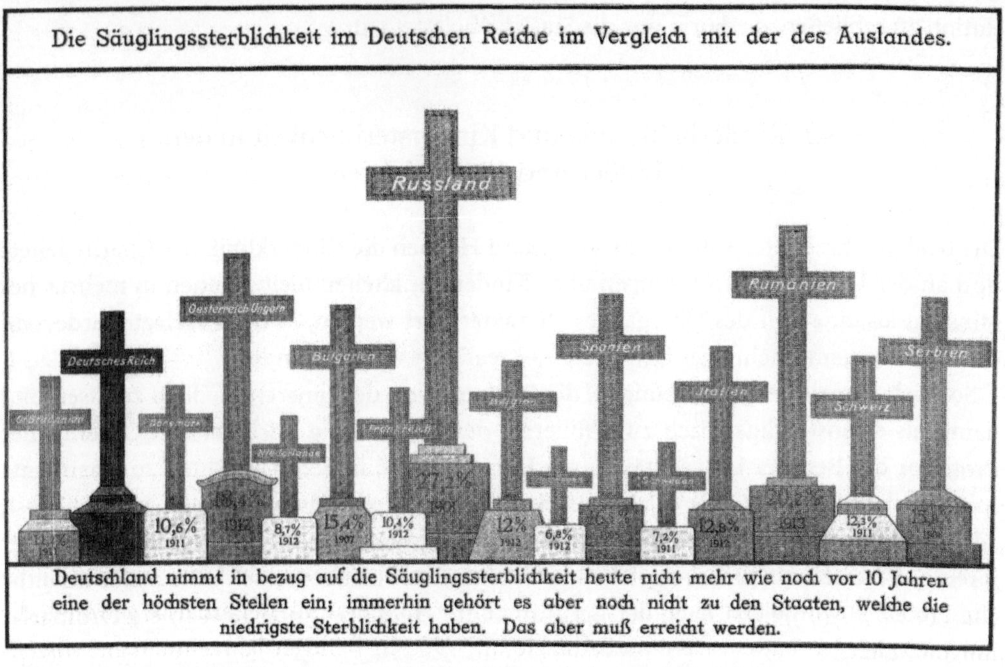

Abb. 5.1 Säuglingsterblichkeit in Europa (1900–1912) nach Langstein/Rott 1918.

Trotz seiner Bedenken hinsichtlich des bakteriellen Ursprungs klassifizierte Henoch die Diphtherie als Infektionskrankheit und bemühte sich intensiv um die Möglichkeit, Verdachtsfälle zu isolieren. Da die vollständige Trennung der infizierten Kinder unter den bestehenden räumlichen Verhältnissen im Gebäude der Alten Charité undurchführbar war, sah er kein anderes Mittel, als die Einrichtung einer „ausschliesslich für die Infectionskrankheiten bestimmten Station mit getrennten Räumen für Diphtherie, Scharlach und Masern. Auf der Abtheilung selbst müsste gleichzeitig ein Isolierzimmer bestehen, welches zur Aufnahme und Beobachtung aller mit verdächtigen Anginen behafteten Kinder ausschliesslich reservirt bleibt."[14] Erst in den Jahren 1887/88 konnte er schließlich nach langwierigen Verhandlungen den Neubau von vier Pavillons für Kinder mit ansteckenden Krankheiten als „Kinderhospital" durchsetzen;[15] und auch wenn es sich dabei zunächst nur um einige Baracken handelte, ist damit Henochs Initiative die Errichtung einer eigenen Kinderklinik in der Charité zu verdanken.[16]

Die sich etablierende Kinderheilkunde bietet sich in besonderer Weise dazu an, die Problemlagen der Krankenversorgung sowie der Forschung und Ausbildung an der Charité in ihrer Beziehung zur Entwicklung der sozialen Fürsorge und medizinischen Betreuung der stark wachsenden Berliner Bevölkerung im ausgehenden 19. und im beginnenden 20. Jahrhundert zu betrachten. Schließlich waren es gerade die Kinderärzte, die in der akademischen Emanzipationsphase ihres Faches argumentierten, dass die Aufgaben der Pädiatrie weit über das Aufgabengebiet einer Medizin im engeren Sinne hinausgingen und als soziale Angelegenheiten vordringlich im Staatsinteresse lägen. Das primäre pädiatrische Therapieziel, nämlich das zahlreiche Überleben der Kinder, sei ein wesentliches Element „einer gesunden Nationalökonomie" (Jacobi 1877) und bedeute schließlich „nicht nur für physisch gesunde, sondern auch für staatsbürgerlich wertvolle Kinder zu sorgen" (Czerny 1908).[17] Das west- und mitteleuropäische Großmachtstreben ging hier mit dem rassenhygienischen Konzept, das unter dem Primat der Qualitätssteigerung auch gegen das eigene Staatsvolk gerichtet sein konnte, eine enge Verbindung ein. Und die Pädiatrie verband ihr professionelles Selbstverständnis in besonderer Weise mit dem Staat, der Volkswirtschaft und der Wissenschaft, indem die Vermehrung des gesunden und tüchtigen Nachwuchses im imperialistischen Zeitalter als Vorteil im Wettstreit der Nationen gewertet wurde. Vor diesem Hintergrund sind letztlich auch die Einrichtung des ersten Lehrstuhls für Kinderheilkunde an der Berliner Universität und der Neubau der Charité-Kinderklinik als Bestandteil einer staatsbürokratisch planenden und steuernden Wissenschaftspolitik des preußischen Ministerialdirektors Friedrich Althoff (1839–1908) zu verstehen.[18] Auf dieses „System Althoff" wird im Folgenden noch einzugehen sein.

In den wenigen Jahrzehnten des zweiten Deutschen Kaiserreichs vollzog sich für Berlin und sein Umland bis 1918 die wohl bedeutendste Umwälzung seiner Geschichte: Zählte man um 1870 noch wenig mehr als 800.000 Einwohner auf einer Fläche von rund 60 Quadratkilometern (im Wesentlichen die heutigen Bezirke Mitte, Tiergarten, Wedding, Prenzlauer Berg, Friedrichshain und Kreuzberg), so verdoppelte sich diese Zahl vornehmlich durch Zuzug aus ländlichen Provinzen bis zur Jahrhundertwende, und 1918 lebten auf gleichem Raum rund zwei Millionen Menschen in zum Teil drangvoller Enge, oft in den typischen tristen, häufig dunklen und feuchten Mietskasernen, die als „Zille-Milieu" berühmt-berüchtigt wurden. Zusammen mit einer dicht bebauten urbanen Zone im Umkreis von zehn bis 15 Kilometern (u.a. mit Charlottenburg, Rixdorf, Schöneberg, Wilmersdorf, Steglitz und Spandau) war in wenigen Jahrzehnten die nach London zweitgrößte Stadtlandschaft Europas mit insgesamt fast vier Millionen Einwohnern entstanden, die freilich erst im Herbst 1920 zum politisch und historisch wohl „einzig möglichen Zeitpunkt“ mit dem „Gesetz über die Bildung einer neuen Stadtgemeinde Berlin“ verwaltungsmäßig in der Großgemeinde Berlin mit einer Gesamtfläche von nahezu 900 Quadratkilometern zusammengefasst werden konnte.[19]

Unter den unmittelbaren und mittelbaren Auswirkungen desolater Wohnverhältnisse und mangelhafter sozialer Sicherungssysteme in der Stadt litten vor allem die unteren sozialen Schichten: Kinderreiche Familien, ledige Mütter und ihre Kinder, chronisch Kranke, Alte und Arbeitslose, deren Situation noch dadurch verschlechtert wurde, dass die ohnehin unzureichenden Einrichtungen des Berliner Gesundheits- und Fürsorgewesens durch Aufsplitterung und fehlende Koordination in ihrer Effektivität weiter eingeschränkt wurden.[20] Diese Mängel in der Gesundheitsaufklärung und Krankenversorgung mussten sich insbesondere auch auf die Gesundheit und Entwicklung der Kinder negativ auswirken. Das Phänomen des Zusammenfallens von Massenarmut und unzureichender Gesundheitsvorsorge und -fürsorge lässt sich nicht zuletzt an der auch im europäischen Vergleich hohen Säuglingssterblichkeit in Berlin ablesen. Auch wenn es in den Jahrzehnten nach der Reichsgründung gelang, die Sterblichkeitsrate beträchtlich zu senken, so bleiben die Zahlen doch erschreckend: Im ersten Lebensjahr verstarben im Erfassungszeitraum 1871/75 ein Drittel (33,9 Prozent); 1911/15 noch knapp ein Fünftel (18,1 Prozent) und im letzten Friedensjahr 1913 noch immer mehr als ein Siebtel (13,7 Prozent) aller Säuglinge in Berlin. Die Quoten differierten dabei entsprechend der „Sozialtopographie“ der Stadt erheblich: So lag die Säuglingssterblichkeit im Wedding 1900 bei mehr als 30, in der Friedrichstadt im selben Jahr dagegen „nur“ bei 14 Prozent.[21]

Aber auch wenn die Kinder ihr erstes Lebensjahr überstanden, drohten ihnen unter den Verhältnissen der elenden Wohnquartiere weitere Krankheiten, von denen die „Schwindsucht“ (Tuberkulose), die „englische Krankheit“ (Rachitis) und der „Würgeengel der Kinder“ (Diphtherie) nur die bedrohlichsten waren; unter den gegebenen Umständen traten auch Scharlach, Masern und Typhus endemisch auf und konnten den Kindern gefährlich werden. Dem Ziel der Verringerung der Säuglingssterblichkeit, der Bekämpfung der Krankheiten und der Beseitigung der Umstände, die zu ihrer massenhaften Verbreitung führten, fühlte sich nicht nur die wissenschaftliche Kinderheilkunde (Pädiatrie) an der Charité verpflichtet. Vielmehr war dies ein Hauptzweck der Fürsorge- und Gesundheitspolitik dieser Zeit, der allerdings je nach weltanschaulicher Couleur und politischer Ebene durchaus unterschiedlich verfolgt wurde.

Bezüglich der Verwaltung der vitalen und selbstbewussten Metropole war nämlich auch in Berlin das – bis heute nicht ganz seltene – Phänomen zu beobachten, dass zwischen der Hauptstadt und den Regierenden eines Landes ein Spannungsverhältnis bestand, das sich um so ausgeprägter darstellte, je breiter die Kluft wurde, welche die regierenden Schichten von den zahlreichen sozial benachteiligten Einwohnern trennte. In Berlin war dieser Gegensatz besonders stark ausgeprägt, da das schnelle Wachstum der Stadt vor allem auf dem

Zustrom ärmerer Bevölkerungsschichten beruhte, die in der Industrie sowie in dem großen Dienstleistungssektor auf ein Auskommen hofften. Aber auch, was an wagemutigem und erfolgreichem bürgerlichem Potential in der Hauptstadt lebte oder dorthin zog, war zumeist eher den Gegnern einer konservativ eingestellten Obrigkeit zuzurechnen, und ein erheblicher Teil des erstarkenden, durch Wohlstand und Bildung selbstbewussten Bürgertums stand demzufolge in Regierungskreisen häufig in keinem guten Ansehen. Das hatte auch Eduard Henoch zu spüren bekommen, dessen akademische Karriere 1868 eine jähe Unterbrechung erfuhr, nachdem er ausgerechnet dem Kultusminister von Mühler von der konservativen Partei einen freisinnigen Wahlmann vorgezogen hatte.[22]

Die fortschrittlich-freiheitliche Bewegung konnte trotz verschiedener Aufspaltungen und Wiedervereinigungen im kaiserzeitlichen Berlin schon deshalb immer mit Wahlerfolgen rechnen, weil sich dem Linksliberalismus auch zahlreiche prominente Persönlichkeiten verpflichtet fühlten, die aktiv für Reformen eintraten. An vorderster Stelle ist hier Rudolf Virchow (1821–1902) zu nennen, der zu den Gründern der Fortschrittspartei gehörte und sich seit den frühen 1860er Jahren als Mitglied der Berliner Stadtverordnetenversammlung (wie auch des preußischen Abgeordnetenhauses) für eine medizinische Grundversorgung der Bevölkerung eingesetzt hatte. Zusammen mit James Hobrecht (1825–1902) war er auch maßgeblich daran beteiligt gewesen, dass Berlin um 1870 eine Kanalisation und eine zentrale Trinkwasserversorgung erhalten hatte.[23]

Die SPD wurde demgegenüber erst ab Mitte der 1880er Jahre zur stärksten, allerdings wegen des Dreiklassenwahlrechts noch immer nicht zur kommunalpolitisch bestimmenden Größe der Hauptstadt. Vor diesem Hintergrund verstärkten die Sozialdemokraten nach dem Fall des Sozialistengesetzes 1890 ihren Kampf besonders auf dem Gebiet der Sozial- und Gesundheitspolitik und suchten ihren Weg zu politischer Einflussnahme über den Umweg non-gouvernementaler Institutionen. So identifizierte der sächsische Industrielle Albert Niethammer (1833–1908) 1895 die Ortskrankenkassen „als staatlich organisierte sozialdemokratische Einrichtungen“, gar als „Unteroffiziersschulen der Sozialdemokratie“, aus denen sich eine Funktionärsschicht der Partei herausbilde. Es ist nicht zuletzt auf die verfassungsmäßig verankerte Diskriminierung und die daraus resultierenden Ausweichstrategien der Partei zurückzuführen, dass die Sozialdemokratie bei dem so genannten Charité-Boykott des Jahres 1893 eine entscheidende Rolle spielen sollte.

5.2 Der Charité-Boykott von 1893

Anfang der 1890er Jahre des 19. Jahrhunderts litt Deutschland nach einer Phase industriellen Wachstums unter einer schweren wirtschaftlichen Depression, die sich zu einer bedrohlichen sozialen Krise auswuchs. Die Lebensverhältnisse vieler Bewohner der Reichshauptstadt Berlin waren desolat;[24] die Auswirkungen von Hunger und Krankheiten betrafen wiederum vor allem die armen Familien, für die die königliche Charité nach wie vor die wichtigste Behandlungsstätte im Krankheitsfall war.

Im Gegensatz zu den neuen, zumeist in der modernen Pavillonbauweise errichteten städtischen Krankenhäusern (1874 war das *Städtisches Allgemeine Krankenhaus Am Friedrichshain* fertig gestellt worden, 1872/1875 das *Krankenhaus Moabit*, 1890 das *Krankenhaus Am Urban*) nahm sich die Charité am Ende des 19. Jahrhunderts allerdings rückständig aus: mit den eher kasernenartigen Strukturmerkmalen der *Neuen Charité*, der überalterten Bausubstanz der *Alten Charité*, den Behelfsbauten und Baracken genügten die Behandlungseinrichtungen in hygienischer und baulicher Hinsicht schon lange nicht mehr den Ansprüchen, die an ein zeitgemäßes Krankenhaus zu stellen waren. Die Gebäude befanden sich nicht nur in einem schlechten Erhaltungszustand, sondern erfüllten häufig auch nicht die Bestimmungen des Brandschutzes.[25] Wiederholte Besichtigungen und immer neue Denkschriften belegten damals den dringenden Handlungsbedarf hinsichtlich einer umfassenden Erneuerung.[26]

Zwar war, seitdem 1831 bis 1835 die vorwiegend für die Unterbringung von Geisteskranken gedachte *Neue Charité* errichtet worden war, eine Anzahl weiterer baulicher Ergänzungen und organisatorischer Neuerungen realisiert worden, doch konnte damit jeweils nur auf Bedürfnisse des Augenblicks reagiert werden: So war 1849 mit der Einrichtung der *Abteilung für Brustkranke* der Grundstein für eine *II. Medizinischen Klinik* geschaffen worden, 1851 erfolgte die Inbetriebnahme eines *Sommerlazareths*, 1854 der Bau der gynäkologischen Abteilung, 1856 des pathologischen und 1865 des anatomischen Instituts. 1865 waren psychiatrische und neurologische Abteilung verbunden worden; 1868 wurde die Augenklinik zeitweilig selbständig, und 1873/1874 hatte man die medizinische Poliklinik wieder eingerichtet. Trotz dieser Maßnahmen verschlechterten sich aber die Zustände in den Krankenabteilungen der Charité insgesamt derart, dass die Medizinische Fakultät im Dezember 1873 in einem Immediatsgesuch an den Kaiser klagte, dass seit Bestehen der Universität (1810) „für die Verbesserung der klinischen Institute derselben überaus wenig geschehen sei."[27] Und ein Jahr später kritisierte Rudolf Virchow vor dem Preußischen Abgeordnetenhaus: „Die chirurgische Klinik und die geburtshilfliche Klinik (...) sind allmählich in einen Zustand gerathen, welcher der heutigen Anforderung des Hospitalwesens absolut nicht mehr entspricht, und der Studierende ist nicht einmal in der Lage, in ihnen zu erfahren, wie denn eigentlich eine solche Einrichtung sein sollte."[28]

Über die akuten Probleme hinaus wurden aber auch durch die rasanten Fortschritte in der Krankenbehandlung und in der Konsequenz neuer Erkenntnisse der naturwissenschaftlichen Medizin Veränderungen auf dem Gelände der Charité unabweisbar notwendig, die über die bloße Erhaltung des Vorhandenen hinausgingen und eine grundlegende Umgestaltung, in wesentlichen Teilen sogar eine völlige Neuerrichtung verlangten. Insbesondere die alten Klinikgebäude der *Alten* und der *Neuen Charité* entsprachen in keiner Weise den Anforderungen an das moderne Krankenhauswesen. Dabei handelte es sich nicht nur um

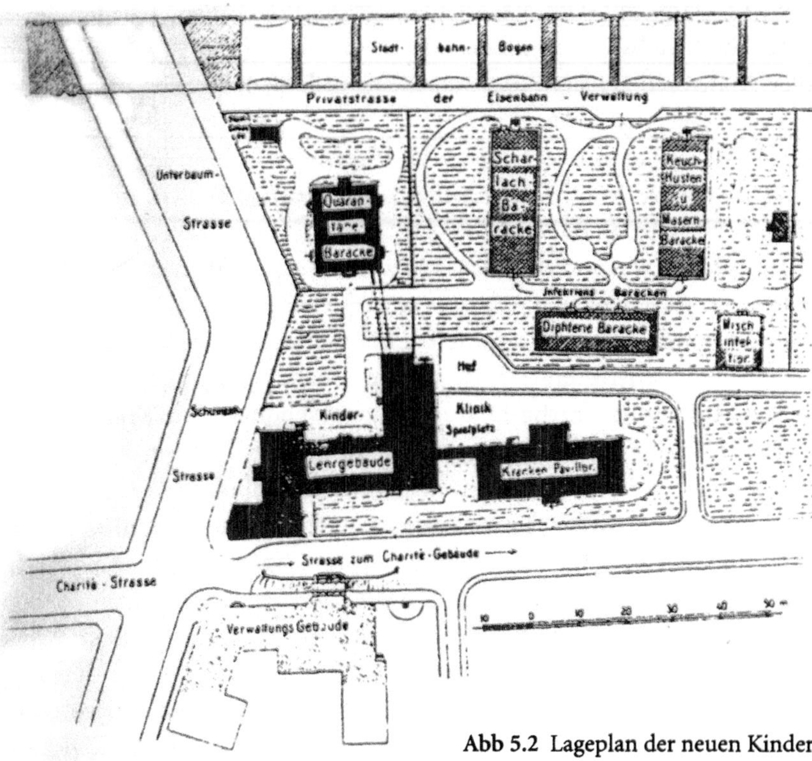

Abb 5.2 Lageplan der neuen Kinderklinik um 1905.

eine bauliche Renovierung, sondern vielmehr um ein umfassendes Reformprojekt, mit dem die „verspäteten" Charité-Kliniken endlich in die Lage versetzt werden sollten, den Herausforderungen moderner Medizin und Krankenversorgung in der deutschen Hauptstadt zu entsprechen. Da staatlicherseits die immens hohen Kosten für einen Um- und Neubau von rund 10 Millionen Goldmark gescheut wurden, bedurfte es letztlich eines veritablen Skandals, um die Dinge in Gang zu bringen und den handelnden Personen und Institutionen Spielraum für konkrete Planungen und deren Umsetzung zu verschaffen. Auslösendes Moment war im Spätsommer 1892 die neuerliche Bedrohung Berlins und der Mark Brandenburg durch eine Choleraepidemie.[29] Die Krankheit hatte in Hamburg bereits mehr als 8.000 Tote gefordert und unheilvolle Erinnerungen an die letzten Epidemien in Berlin (1831/32 und 1866) wachgerufen, die Tausende von Opfern gekostet hatten.[30] Magistrat und Stadtverordnete forderten in dieser Situation von der preußischen Regierung einen Kredit von 300.000 Mark für notwendige sanitätspolizeiliche Maßnahmen. Die Sozialdemokraten hielten diese Summe nicht nur für zu gering veranschlagt, sondern verlangten darüber hinaus, allen „sanitätswidrigen" Zuständen und Verhältnissen in Berlin systematisch nachzugehen und diese zu beseitigen. Als die Stadtverordnetenversammlung dies ablehnte, veröffentlichte die SPD-Fraktion auf Initiative des Arztes Ignaz Zadek (1858–1931) am 13. September

1892 einen Aufruf im *Vorwärts*, mit dem die Arbeiter Berlins aufgefordert wurden, gegen die Missstände in der Stadt selbst vorzugehen. Eine „Sanitätskolonne von Freiwilligen" sollte alle erheblichen Mängel in Häusern und Fabriken, auf Höfen, Straßen und Plätzen, aber auch in den Krankenhäusern melden.

Geführt wurde die *Arbeiter-Sanitäts-Commission* (ASC) Berlin von Ignaz Zadek sowie den Ärzten Alfred Blaschko (1858–1922) und Karl Kollwitz (1863–1940); später stieß noch August Bebels Hausarzt Raphael Friedeberg (1863–1940) zu diesem Kreis. Als Kontrolleure wurden „Sanitäter" eingesetzt, die Gustav Dietrich (1851–1940), Zimmerpolier und Gründer des „Lehrkursus der Berliner Arbeiterinnen und Arbeiter zur ersten Hilfe bei Unglücksfällen", ausgebildet hatte. Die ASC erstattete nicht nur regelmäßig Mängelberichte, sondern zog daraus auch die Konsequenzen und forderte unter anderem die Schaffung städtischer Ämter für Gesundheit und Wohnen, behördlich durchgeführte Wohnungs-Enqueten, ein Krankentransportwesen unter städtischer Regie und kommunale Wohnungsämter.[31] Als im August 1893 auch die erbärmlichen Verhältnisse an der Charité bekannt gemacht wurden, brach ein – wahrscheinlich kalkulierter und geschickt in Szene gesetzter – öffentlicher Sturm der Entrüstung los, der zur Beseitigung der „menschenunwürdigen Zustände" an der Charité in einem Boykott des Krankenhauses gipfelte, zu dem die ASC gemeinsam mit den Krankenkassen im *Vorwärts* aufrief:[32] „Machen die Arbeiter Ernst mit dem Boykott der Charité, so vergeht kein Jahr und diese menschenunwürdigen Zustände sind auf Nimmerwiedersehen beseitigt."[33]

Tatsächlich gelang es innerhalb weniger Monate, 45.000 Mitglieder freier und eingeschriebener Hilfskassen, 40 Ortskrankenkassen (über 200.000 Mitglieder), eine Betriebskasse (15.000 Mitglieder) sowie die Kasse der Meierei Bolle für die Aktion zu mobilisieren. Höhepunkt der Proteste waren Massenversammlungen der Arbeiterbewegung im Dezember 1893.

Die Klagen betrafen zunächst vor allem die überfüllten Krankensäle und die unzureichenden sanitären Einrichtungen der Charité. Implizit kritisierten die Inspekteure mit ihrem Befund, dass die Klinik einen an sich erwartbaren Beitrag zur Bekämpfung der Cholera nicht leistete; denn sofern die neuen Erkenntnisse über die Genese und Prophylaxe der Infektionskrankheiten beachtet wurden, konnten am Ende des 19. Jahrhunderts ohne weiteres ansteckende Patienten in die Krankenhäuser aufgenommen werden, ohne dass Übertragungen auf andere Kranke zu befürchten waren. Die modernen Kliniken übernahmen damit die wichtige neue sozialhygienische Funktion der Isolation Infektiöser aus der Bevölkerung zur Eindämmung von Epidemien. Gerade die räumlichen und sanitären Verhältnisse an der Charité standen dem in den 1890er Jahren allerdings noch entgegen.

Kritisiert wurden aber auch das mangelhaft ausgebildete Pflegepersonal und der herabwürdigende Umgang mit den Patienten in der Charité; die Krankenwärter waren verschrien für ihre Rohheit, einige Kliniken berüchtigt für eine unwürdige Kasernenhof-Atmosphäre.[34] Der Sozialhygieniker Alfred Grotjahn (1869–1931) beschrieb sogar die *Alte Charité* im Rückblick als gefängnisartig;[35] eine Einschätzung, die Ignaz Zadek bei der Etatberatung im März 1892 in der Berliner Stadtverordnetenversammlung auch in Bezug auf die Situation

Geschlechtskranker im Gebäude der *Neuen Charité* teilte: Da die Aufnahme dieser Patienten an allen Städtischen Krankenhäusern verweigert wurde, waren die Berliner Ärzte gezwungen, sie an die Charité zu überweisen. Hier, auf der Geschlechtskrankenabteilung im Gebäude der *Neuen Charité*, würden die „Venerischen" jedoch wie Verbrecher behandelt.[36] Es waren vor allem auch die Situation der venerisch Erkrankten und das engagierte Eintreten des Dermatologen Alfred Blaschko für eine gleichberechtigte Krankenhaus-Aufnahme dieser Patienten, die zur Auslösung des Charité-Boykotts maßgeblich beitrugen.

Samuel Guttmann (1839–1893), Herausgeber der *Deutschen Medizinischen Wochenschrift*, schrieb ebenfalls im Jahr 1892:

> Die Charité ist im wesentlichen [...] ein Complex von alten Gebäuden, deren bauliche Zustände völlig ungeeignet, und deren hygienische Einrichtung trotz der hier und da angebrachten Flickerei, für ein Krankenhaus geradezu verwerflich sind. [...] Die Charité ist in der Regel mit 1.600 – 1.700 Kranken belegt, eine Zahl, die, abgesehen von den heutigen Forderungen an die hygienischen Einrichtungen, mit den verfügbaren Räumen im vollsten Widerspruche steht, und sachentsprechend auf 1200 oder noch weiter beschränkt werden müsste.[37]

Und in einer Stellungnahme zur *Hygienischen Beurtheilung des Charité-Krankenhauses* resümierte der Nachfolger Robert Kochs (1869–1910) auf dem Lehrstuhl für Hygiene der Berliner Universität, Max Rubner (1854–1932): „Nur durch die schleunigste Inangriffnahme von Um- bzw. Neubauten kann das hohe Maß von Verantwortung gedeckt werden, welches der Staat für die Charité, die stiftungsgemäß ein Musterkrankenhaus sein und bleiben sollte, während sie zu dem geraden Gegentheil geworden ist, vor Gott und den Menschen zu tragen hat."[38]

Nach lebhaften Diskussionen und Anhörungen in großen öffentlichen Versammlungen erstellte die *Arbeiter-Sanitäts-Kommission* schließlich einen Katalog mit Forderungen und Vorschlägen zur Erneuerung der Charité, der sich vor allem auf drei Bereiche bezog:

1. Die konkreten Mängel der medizinischen Versorgung. Es wurde als unhaltbar angesehen, dass Patienten fürchten mussten, dass ihnen auf Grund von Überbelegung und mangelnder Hygiene ein stationärer Aufenthalt in der Charité gefährlich, sogar lebensgefährlich werden konnte; ein Zustand, den die drohende Cholera-Epidemie noch einmal hatte deutlich werden lassen.
2. Die herabwürdigende, bevormundende Behandlung der Patienten durch die Ärzte und das unzureichend ausgebildete Pflegepersonal.
3. Die schlechten Bedingungen von Lehre und Forschung in den Kliniken.

Vor dem Hintergrund des drohenden Boykotts gingen 1893 zwei ungleiche Partner eine diskrete Zweckgemeinschaft zur Modernisierung der Charité ein, die jeweils die äußeren Flügel des damaligen politischen Spektrums repräsentierten: die konservativ-monarchistische Ministerialbürokratie, vertreten durch Friedrich Althoff,[39] und die erst 1890 vom Bann der Sozialistengesetze befreite Sozialdemokratie, als deren sachverständiger Protagonist der Arzt Ignaz Zadek gelten kann.

Waren sich die heimlichen Koalitionäre auch hinsichtlich ihrer Ziele einig, so lagen die Begründungszusammenhänge für das angestrebte Erneuerungswerk auf ganz unterschiedlichen Ebenen. An ihnen lässt sich exemplarisch der Wandel der Aufgaben und Funktionen des modernen Krankenhauses darstellen; ein Wandel, den die Charité zu diesem Zeitpunkt noch nicht vollzogen hatte.

Althoffs Ziel war eine zeitgemäße (natur-)wissenschaftlich orientierte Charité im Sinne eines modernen Universitätskrankenhauses mit innovativen Spezialabteilungen, apparativ gut ausgestattet und in der Lage, die aktuellen und künftigen Aufgaben von Krankenversorgung, Forschung und Lehre zu bewältigen. Ihm ging es vor allem darum, den klinischen Betrieb der Charité an die Veränderungen der Medizin im Gefolge des Paradigmenwandels von der Zellularpathologie zur Bakteriologie und Hygiene anzupassen, sie für die Ausbildung von Studenten der Berliner Universität attraktiv zu machen und die Rahmenbedingungen für die klinische Forschung zu verbessern. Althoff stärkte damit einen Prozess der Zivilisierung der Charité – Zivilisierung hier im Sinne einer Verwissenschaftlichung und Verbürgerlichung – der in der zweiten Hälfte des 19. Jahrhunderts bereits in Gang gekommen war und mit dem Neu- und Umbau endgültig besiegelt, ja geradezu sinnlich erfahrbar wurde. Unter Vernachlässigung traditioneller militärischer Strukturen wurde der Wissenschaftsbetrieb Charité unter Althoffs Führung den Anforderungen einer zunehmend vernetzten modernen Forschungslandschaft in Berlin und im Deutschen Reich angepasst und für die gleichberechtigte Zusammenarbeit mit den Universitätsinstituten, mit dem Reichsgesundheitsamt, dem *Preußischen Institut für Infektionskrankheiten* und den entstehenden Instituten der *Kaiser-Wilhelm-Gesellschaft* gestärkt.

Die vorrangigen Ziele der sozialdemokratisch bestimmten Krankenkassen bei der Modernisierung der Charité lagen auf einer anderen Ebene. In der zweiten Hälfte des 19. Jahrhunderts hatten die Spezialisierungen der Medizin, die zunehmend geschultes Personal, Apparate und besonders ausgestattete Räume beanspruchten, den Schwerpunkt ärztlichen Handelns aus der freien Praxis immer mehr in die Krankenhäuser verlagert. Das Publikum akzeptierte diese Alternative zur häuslichen Behandlung schon deshalb leichter, weil unter Berücksichtigung der neuen Erkenntnisse über Genese und Prophylaxe der Infektionskrankheiten die gefürchteten Hospitalerkrankungen in sehr viel geringerem Umfang auftraten.

Das Krankenhaus als Instrument der Armenpflege – der Aspekt, der in der Charité seit jeher stark im Vordergrund gestanden hatte – hatte damit ausgedient. Der jetzt zeitlich klar befristete stationäre Aufenthalt war nur noch an die Erfordernisse von Diagnose und Therapie gebunden. Dieser Prozess wurde zusätzlich durch das soziale Versicherungswesen begünstigt: Die Übernahme der Kosten machte die Krankenhausbehandlung „volkstümlich" im Sinne von allgemein, bezahlbar und einklagbar. Der damit einhergehende unvermeidliche Statuswechsel der Kranken, die nicht mehr als unterprivilegierte, inkriminierte Bittsteller behandelt werden wollten, sondern als mündige Patienten in der Wahrnehmung eines Rechtsanspruchs auftraten, bildete – neben den äußeren Bedingungen – die zweite, tiefere Ursache des Charité-Streiks.

5.3 Der Neubau der Charité 1897–1917

Der eigentliche Vollzug des Neu- und Umbaus der Charité in den Jahren seit 1897 geschah wesentlich unter der Führung Friedrich Althoffs, Ministerialdirektor im preußischen Kultusministerium, ein Beamter, Wissenschaftler und Politiker, unter dem, so das *on dit*, fünf Minister amtierten. Er instrumentalisierte den von den Krankenkassen und der organisierten Arbeiterschaft initiierten Charité-Boykott, um die bauliche Erneuerung und die Reorganisation von Krankenversorgung sowie medizinischer Forschung und Ausbildung zu forcieren und die Charité möglichst vollständig in die Obhut (und unter die Aufsicht) der Universität und damit seines Ministeriums zu überführen. Die öffentliche Empörung und Aufmerksamkeit nutzend, brach er letztlich auch den Widerstand des Finanzministers gegen die von der Medizinalverwaltung seit langem für dringend erklärte Reorganisation der Charité. Es war wohl dieses Vorgehen, das den sozialdemokratischen *Vorwärts* veranlasste, in einem Nachruf auf Althoff 1908 festzustellen:

> Mit Recht aber verdient noch nachträglich die Vorurteilslosigkeit Anerkennung, mit der er noch unter schwierigen Verhältnissen stets Mittel und Wege für die Neugestaltung unserer Anstalt [der Charité] fand und ohne Bedenken sich zur Erreichung seines Zweckes an einen Sozialdemokraten wandte. Das macht ihm kein zweiter Ministerialdirektor in Preußen nach.[40]

Für den Umbau der Charité beauftragte Althoff Gustav Abb mit der Ausarbeitung einer Denkschrift über Mängel und Notwendigkeiten, die an den Finanzminister gerichtet wurde.[41] 1894 führte er den entscheidenden Umbaubeschluss herbei, 1895/96 wurde entschieden, die *Alte* und *Neue Charité* einschließlich des 1856 erbauten pathologischen Instituts nicht zu erhalten, sondern einen kompletten Neubau zu errichten. 1897 wurde Althoff in die Kommission für den Neu- bzw. Umbau der Charité, des Botanischen Gartens und des Instituts für Infektionskrankheiten berufen, aus der wiederum verschiedene Unterkommissionen hervorgingen, die einen umfassenden Organisationsplan für die Erneuerung des Charité-Krankenhauses erstellten,[42] die im übrigen auch eine Vergrößerung des Geländes durch den Ankauf des Grundstücks Luisenstraße 2 und eine Verlegung des Instituts für Infektionskrankheiten vorsah.

Alle Aktivitäten mündeten schließlich in den Entwurf eines *Gesetzes betreffend das Charité-Krankenhaus und den Botanischen Garten*,[43] das im Mai 1897 im Preußischen Landtag beraten und endlich von beiden Häusern des Landtags gebilligt wurde. Althoff vertrat das Projekt so eindrucksvoll, dass die gesamte beantragte Bausumme von 9.380.000 Mark bewilligt wurde. Als auch Kaiser Wilhelm II. den Entwurf für die neue Krankenhausanlage von Klinik-, Lehr- und Wirtschaftsgebäuden genehmigt hatte, konnte das Gesetz am 26. Juni 1897 in Kraft treten.[44] In den darauf folgenden Jahren wurden fast alle maroden Gebäude durch Neubauten ersetzt und ein städtebaulich geschlossener und architektonisch einheitlich gestalteter Klinikkomplex auf dem Gelände zwischen Stadtbahn und Luisenstraße realisiert. Die Bauausführung leiteten hauptsächlich Georg Diestel (1854–1926) und Georg Thür (1846–1924).[45] Auf der Grundlage von Diestels Gesamtentwurf konnten die Neubauten nach Abbruch der älteren Kliniken und unter Aufrechterhaltung des Klinikbetriebes bis 1916 schrittweise realisiert werden. Dazu zählten das Pathologische Museum (1899), das Lehrgebäude der Psychiatrischen und Nervenklinik (seit 1901), die Kinderklinik (1903), die Chirurgische Klinik (1904) und das Krankengebäude der Psychiatrischen und Nervenklinik (1906). Im Jahr 1907 begann der Neubau der medizinischen Kliniken, deren Eröffnung 1910 (II. Medizinische Klinik unter dem 1902 von Althoff berufenen Friedrich Kraus [1858–1936]) bzw. 1913 (I. Medizinische Klinik) stattfand. An der historischen Zufahrt (heute Charitéplatz 1) flankieren seitdem östlich das 1901 aufgeführte Verwaltungsgebäude mit dem prägnanten Treppenturm und gegenüber die Kinderklinik mit Pförtnerhaus den Haupteingang zum Klinikgelände. Entlang der westlichen Hauptachse erstreckt sich die große Anlage der I. und II. Medizinischen Klinik, die als Hauptgebäude des Krankenhauses inmitten des Areals angeordnet wurde und zum großen Teil den Standort der *Alten Charité* einnimmt. Die vorwiegend für den ambulanten Bedarf eingerichteten Bauten der Hals-Nasen-Ohren-Klinik von 1901 und der Medizinischen Poliklinik, erbaut 1914–17, stehen parallel zur Luisenstraße und hatten Hauptzugänge an dieser Straßenseite.[46] (Siehe auch Abb. 10.6, S. 268). Neu angegliedert wurde der Charité auf Wunsch und Initiative Althoffs das erste deutsche Krebsinstitut, das am 8. Juni 1903 eröffnet werden konnte und dem Internisten und Leiter der I. Medizinischen Klinik Ernst von Leyden (1832–1910) unterstellt war.[47]

Die neue Kinderklinik

Das Gebäude der Kinderklinik war eines der ersten, das im Zuge des Um- und Neubaus der Charité errichtet wurde. Der zweigliedrige Bau auf dem so genannten „Triangelgelände" an der Schumannstraße (heute Virchowweg 2–4) wurde im Oktober 1903 eingeweiht. Direktor Otto Heubner war zuvor bereits in Leipzig „Bauherr" der 1891 fertig gestellten und damals modernsten Kinderklinik Deutschlands gewesen. Seine diesbezügliche Erfahrung dürften ihn in den Augen Althoffs für die Nachfolge Eduard Henochs besonders qualifiziert haben.

Der funktionale Klinik-Neubau mit Hörsaal, Krankenstationen, Poliklinik und Quarantänebaracke wurde von Heubner ganz auf die Erfordernisse der Hygiene und der Bakteriologie hin konzipiert. Insbesondere waren die Bereiche für den akademischen Unterricht, die stationäre Versorgung und die Poliklinische Sprechstunde so angeordnet, dass eine klare Trennung von infektiösen und nicht-infektiösen Patienten in Lehre, Forschung und Behandlung möglich war. Die Krankensäle mit insgesamt 101 Betten befanden sich im nördlichen Trakt der Klinik; diese Abteilung, die auch besondere Krankensäle für Säuglinge und Frühgeborene einbezog, war nur durch einen schmalen Gang vom zentralen Hörsaalgebäude aus zu erreichen; das Lehrgebäude, an das sich nach Süden hin die Poliklinik

Abb. 5.3 Die neue Kinderklinik (1905), Ansicht von Süden.

anschloss, war mit Laboratorien für chemische, bakteriologische und mikroskopische Untersuchungen sowie den Röntgenzimmern ausgestattet. Heubner selbst berichtete von den Planungen:

> Der Platz, der dem Neubau zugewiesen wurde, befand sich gleich am Eingang der Charité, gegenüber dem Verwaltungsgebäude. Um ihn zu nützen, mußte das alte, an der Schumannstr. gelegene sog. Triangelgebäude niedergelegt werden, wo eine Reihe von Jahren hindurch die Stätte der genialen Untersuchungen Kochs und seiner Schüler [...] sich befunden hatte, da es direkt neben den 1890 errichteten Baracken des Instituts für Infektionsforschung lag. Mit der Fertigstellung des Neubaus dieses Institutes am Spandauer Kanal wurde das Gebäude verlassen und alsbald abgerissen. Im Etat 1899/1900 wurden die ersten 150.000 Mark für die neue Kinderklinik bewilligt, und alsbald begann der Bau, der anfangs langsam fortschritt wegen der Schwierigkeiten der Gründung auf dem etwas sumpfigen Boden jener Gegend des Charitégrundstücks. [...] Im Jahre 1901 und 1902 entstand der Neubau mit Poliklinik, großem Auditorium, Laboratorien und Schwesternwohnungen im einen und das eigentliche Krankenhaus im zweiten Gebäude.
>
> Um die Fortschritte in der inneren Einrichtung der neuesten Krankenhäuser zu studieren, unternahm ich [...] zwei Rundreisen während des Jahres 1902. Die eine, im April [...] führte uns in die vorzüglichen Krankenhäuser von Nürnberg, Offenbach a.M., Hannover und Ham-

burg-Eppendorf. Die zweite, während der Pfingstferien, ging nach Prag, Wien, Budapest und rückwärts nach Breslau. In Prag wurde das Findelhaus und die Klinik von Jaksch besichtigt; in Wien fesselte uns ganz besonders das großartige, aus Anlaß des Kaiser-Jubiläums erbaute Wilhelminenhospital im Osten der Stadt mit fast luxuriöser, aber sehr durchdachter Einrichtung. In Budapest lernten wir manches in dem großen neuen Krankenhaus in Ofen, in Breslau endlich suchten wir die neue, kleine Czernysche Klinik auf.[48]

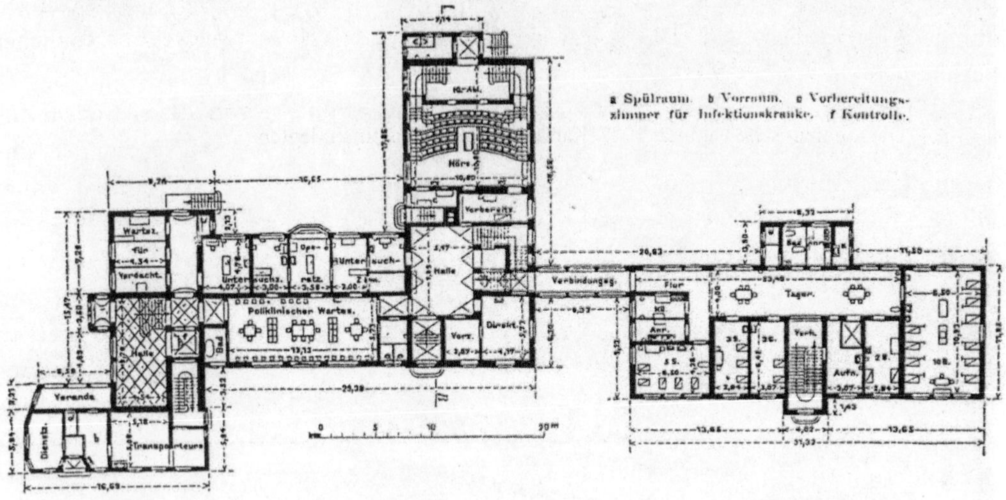

Abb. 5.4 Grundriss der neuen Kinderklinik 1905 (Ausschnitt): Erdgeschoss mit dem großen poliklinischen Wartesaal und dem Hörsaaltrakt.

Der Neubau der Klinik konnte schließlich am 27. Oktober 1903 eingeweiht und bezogen werden. Er entsprach in geradezu idealer Weise den Anforderungen an eine Universitätsklinik: Die Poliklinik gewährleistete ein hohes Aufkommen „interessanter" und lehrreicher Fälle für die Ausbildung, die im modernen und großen Hörsaal demonstriert werden konnten; die apparative Einrichtung ermöglichte anspruchsvolle klinische Forschung auf hohem Niveau, der zeitgemäße Hygienestandard gestattete die gefahrlose Versorgung auch infektiöser Patienten, und durch die eigene Milchküche konnten selbst die bedrohlichen Ernährungsstörungen der Säuglinge in einem vertretbaren Rahmen gehalten werden.

5.4 Die Erprobung des Diphtherieserums

Bereits mehrfach wurde in diesem Kapitel die Rolle Friedrich Althoffs erwähnt, der 1877 als Ressortchef für die Universitäten an das Berliner Kultusministerium, oder präziser, das Ministerium der Geistlichen, Unterrichts- und Medizinalangelegenheiten berufen worden war und bis zu seinem Tod 1908 die weiterreichende Umgestaltung der preußischen und insbesondere der Berliner Wissenschaftslandschaft entscheidend prägte.

Althoffs Wissenschaftspolitik überging in zahlreichen Fällen souverän die Gepflogenheiten des etablierten Wissenschaftsbetriebs, so etwa bei Neuberufungen oder bei der Schaffung neuer Lehrstühle. In anderen Fällen forcierte er die Gründung neuer Universitätsinstitute oder schuf für innovative Forschungsfelder eigene außeruniversitäre Einrichtungen. Auch und gerade in Berlin ignorierte er nicht selten die Vorschläge der Fakultäten und holte eigene Kandidaten an die Universität. Dabei traf er seine autoritären Entscheidungen durchaus mit großer Sachkenntnis, die sich nicht zuletzt aus einem Netzwerk persönlicher Beziehungen in Wissenschaft und Kultur speiste.

Die Entwicklung der Kinderheilkunde an der Charité profitierte von diesem *System Althoff*[49] in mehrfacher Weise. Zum einen durch den bereits beschriebenen Neubau der Kinderklinik und die Berufung Otto Heubners, den Althoff 1894 gegen den Willen der Fakultät mit einem Ordinariat für Kinderheilkunde betraute. Zum anderen durch Althoffs frühzeitigen Einsatz für die neue Wissenschaft der Bakteriologie. 1885 hatte er Robert Koch auf den ersten Lehrstuhl für Hygiene an der Berliner Universität berufen und ihn 1890/91 mit einem eigenen Institut ausgestattet,[50] dessen klinische Abteilung zunächst noch in Baracken auf dem Gelände der Charité untergebracht war. Damit realisierte er ein Zentrum bakteriologischer Forschung, das an den 25 Arbeitsplätzen seiner wissenschaftlichen Abteilung eine Gruppe innovativer Wissenschaftler zusammenführte, deren Leistungen die Arbeitsgebiete der Bakteriologie, der Serologie und Immunologie dauerhaft prägen sollten.

Dies gilt in besonderem Maße auch für den damals als Stabsarzt an das Institut abkommandierten Emil Behring (1854–1917), der 1890 zusammen mit dem japanischen Arzt Shibasaburo Kitasato (1853–1931) erstmals über die Grundlagen der von ihnen entwickelten Serumtherapie gegen die Diphtherie berichten konnte. Die beiden Forscher hatten festgestellt, dass sich im Blut Diphtherie-infizierter Tiere Antikörper bildeten, die in der Lage waren, auch im menschlichen Blut die Toxine zu neutralisieren und damit erkrankte Personen zu heilen.[51] Doch formulierten die Autoren, wohl vor dem Hintergrund des Skandals, der im selben Jahr durch das von Robert Koch vorgestellte vermeintliche Tuberkulose-Heilmittel Tuberkulin ausgelöst worden war,[52] zunächst noch sehr vorsichtig: „Wir unterlassen, an dieser Stelle aus unseren Resultaten diejenigen Konsequenzen zu ziehen, die – wie sie sich für die Auffindung therapeutisch wirksamer Mittel bei Tieren schon jetzt fruchtbar erwiesen haben – vielleicht auch für die Behandlung der diphtheriekranken [...] Menschen nützlich werden können.“[53]

Dabei standen die Wissenschaftler unter hohem Erwartungsdruck: Allein in Preußen waren in den Jahren von 1881 bis 1886 im Mittel jährlich etwa 36.000 Säuglinge und Kinder bis zum sechsten Lebensjahr an Diphtherie gestorben; und in den Berliner Krankenhäusern hatte die Diphtheriesterblichkeit in den Jahren 1891 bis 1893 durchschnittlich 38 Prozent betragen,[54] so dass Emil Behring feststellen musste, „dass die Gefahr der Eltern, ihre Kinder bis zum Eintritt in die Schulzeit zu verlieren, vom dritten Jahre ab hauptsächlich durch die Diphtherie bedingt“ sei.[55] Vor diesem Hintergrund wird deutlich, warum neben dem Koch'-

schen Tuberkulin zur Bekämpfung der Tuberkulose dem Diphtherieserum Behrings als weiterem aus der Bakteriologie hervorgegangenem Therapeutikum hinsichtlich seiner klinischen Prüfung zu Beginn der 1890er Jahre höchste Priorität eingeräumt wurde. Ähnlich wie im Fall des Tuberkulins kam es auch bei der Erprobung des Diphtherieserums zu einer engen Zusammenarbeit des Instituts für Infektionskrankheiten mit Kliniken der Charité, hier vornehmlich mit der Kinderklinik.

Erste Behandlungsversuche der Diphtherie mit dem Behring'schen Serum waren bereits im Sommer 1892 an Menschen vorgenommen worden. An ihnen war auch Otto Heubner beteiligt gewesen, der – damals noch in Leipzig – sich vor dem Hintergrund zahlreicher Krankheitsfälle „mit verzweifelter Prognose" in seiner Klinik durch den „exakt wissenschaftlichen Ton" der Behring'schen Mitteilungen für die Durchführung erster klinischer Versuche hatte gewinnen lassen.[56] In Berlin setzte Heubner diese Forschungen zur Behandlung der Diphtherie in engem Kontakt mit dem Institut für Infektionskrankheiten fort und arbeitete intensiv mit Emil Behring und Paul Ehrlich in den komplizierten und erst allmählich sich klärenden Fragen der praktischen Anwendung des Diphtherie-Serums zusammen.[57] Die „biologische Ähnlichkeit" der Diphtherie bei Versuchstieren und Menschen rechtfertigte dabei seiner Ansicht nach – nicht zuletzt auch im Hinblick auf die „Hülflosigkeit am Bette unserer kleinen Kranken" – die Übertragung der Ergebnisse von Laborversuchen auf die klinische Praxis.[58] Der endgültige wissenschaftliche Durchbruch der neuen Behandlung gelang schließlich durch die Behandlung von 220 Kindern in verschiedenen Berliner Krankenhäusern, deren Ergebnisse im Frühjahr 1894 in der *Deutschen Medicinischen Wochenschrift* veröffentlicht werden konnten.[59] In einer geradezu legendären Sitzung der *Berliner Medizinischen Gesellschaft* am 5. Dezember 1894 war es dann allerdings nicht der vorsichtige Heubner, sondern der Leiter des *Kaiser und Kaiserin Friedrich* (Kinder-) *Krankenhauses*, Adolf Baginsky (1843–1918), der die neue Therapie und die „brutale Tatsache" (Virchow) ihrer offenbaren Erfolge gegen Kritik verteidigte.[60] Im Frühjahr 1895 berichtete Heubner dann unter Zugrundelegung der in der Kinderklinik der Charité behandelten Fälle auf dem Kongress für Innere Medizin in München über die „Erfolge der Heilserumbehandlung der Diphtherie" mit dem Ergebnis, „daß die Bahn für die Einführung des Heilserums in die Praxis freigemacht war."[61]

Die weitere Entwicklung der Kinderheilkunde an der Charité

1912 wurde Heubner 68jährig auf sein Gesuch hin von der Lehrtätigkeit entbunden. Es zeugt von der allmählich zunehmenden Anerkennung der Pädiatrie innerhalb des medizinischen Fächerkanons, aber wohl auch von der besonderen Wertschätzung seiner Person als Direktor der Charité-Kinderklinik und Professor der Berliner Universität, dass er als Dekan der Fakultät im Dezember 1897 die Festrede *Über das Gedeihen und Schwinden im Säuglingsalter* anlässlich des Stiftungstages der *Kaiser-Wilhelms-Akademie für das Militärärztliche*

Bildungswesen ebenso hatte halten dürfen wie die Ansprache über *Pathologisches in Veranlagung und Entwicklung des Kindes* am Geburtstag des Kaisers im Jahr 1911.[62]

Es waren nicht zuletzt Heubners Erfolge an der Kinderklinik der Charité gewesen, die dazu beigetragen hatten, dass die Pädiatrie um 1900 in wenigen Jahrzehnten ein wissenschaftliches Selbstgefühl entwickelte, das ihre Protagonisten bereits mit einer weitgehenden Konturierung des Faches verbanden. Innerhalb eines Menschenalters hatte sich aus den Erfolgen der Bakteriologie, der Immunitätslehre, aber auch der Stoffwechselanalyse und der biologischen Konstitutionsforschung der sichere Eindruck entwickelt, nunmehr mit einer messbaren und standardisierten Methodik ausgestattet zu sein, um das Kind in seiner Normalität und Pathologie medizinisch-naturwissenschaftlich erfassen zu können. Nicht zuletzt das auch in Berlin spürbare Sinken der Mütter-, der Säuglings- und Kindersterblichkeit gab diesem Ansatz Recht. Heubners Mitarbeiter Fritz Rott (1878–1959) konnte dazu 1908 berichten,[63] dass auf der Säuglingsstation der Charité, wo die Sterblichkeit besonders verheerend gewesen war (vgl. im Anhang Tabelle 10), die Mortalität von 73,5 (1895/96) deutlich auf freilich immer noch bedenkliche 40,7 Prozent (1906/07) gesenkt werden konnte.[64]

Abb 5.5 Charité-Kinderklinik: Der so genannte Boxensaal für Säuglinge.

Noch auf Heubners Empfehlung hin – so seine eigene Darstellung – fiel die Wahl seines Nachfolgers auf Adalbert Czerny (1863–1941), der von Straßburg berufen wurde.[65] Friedrich Dost, von 1952–1959 selbst Direktor der Charité-Kinderklinik, hat über seine Vorgänger im Amt geurteilt, dass „Heubner [...] die Pädiatrie in Deutschland zur Anerkennung gebracht, Czerny [...] sie zur Weltgeltung geführt [habe]."[66] Während seiner Zeit an der Kinderklinik der Charité führte Czerny die von Heubner begonnenen Forschungen zur Säuglingssterblichkeit systematisch weiter. Legendär wurde der klinische Unterricht des „begnadeten Lehrers".[67] An seinen Visiten sollen zeitweise neben den Assistenten bis zu 80 Ärzte aus vieler Herren Länder teilgenommen haben, so dass sie schließlich im Hörsaal stattfinden mussten.[68]

Abb 5.6 Charité-Kinderklinik: Krankensaal für ältere Kinder.

Czernys Zeit an der Charité fiel in eine Phase des weiteren Aufschwungs der Pädiatrie im Ersten Weltkrieg und der Zeit der Weimarer Republik. Das nationale und soziale Interesse machte es angesichts der enormen Menschenverluste an den Fronten unabweisbar, Lehrstühle für Kinderheilkunde an allen Universitäten einzurichten, um möglichst schnell den Verlust zahlloser junger Männer und Väter ausgleichen zu können. Adalbert Czerny selbst äußerte in seinen Erinnerungen lakonisch: „Das Verlangen nach einer Pädiatrie stellte sich stets ein, wenn zwischen Sterblichkeit und Zuwachs ein Missverhältnis entstand. Dieses drohte Deutschland."[69] Eine 1917 an den Reichskanzler gerichtete entsprechende Petition der *Deutschen Gesellschaft für Kinderheilkunde* mit dem Titel *Unterricht in der Kinderheilkunde und seine Bedeutung für die Bevölkerungspolitik* unterschrieben 52 Lehrer des Faches; erklärtes Ziel aller Maßnahmen war eine „Wiederaufforstung des deutschen Volksbestandes".[70] Noch im Revolutionsjahr 1918 wurde die Pädiatrie Prüfungsfach und den sechs Vorkriegsordinariaten wurden in den wirtschaftlichen und politischen Krisenjahren zwischen 1919 und 1921 in ganz Deutschland 14 weitere hinzugefügt.[71] An der Kinderklinik der Charité waren gegen Ende des Direktorats Adalbert Czernys 1927/1928 zwei Oberarztpositionen besetzt, darüber hinaus verfügte die Klinik über sechs planmäßige – fünf davon waren Privatdozenten – und drei außerplanmäßige Assistenten; 1905/06 hatte Otto Heubner lediglich zwei Stabärzte, einen Zivilarzt und drei Unterärzte an der Kinderklinik beschäftigen können.[72]

5.5 Ausblick

Seit der Gründung der Berliner Universität hatte es immer wieder Spannungen zwischen der Hochschule und der Charité gegeben, die vornehmlich auch in den in der Charité zwangsweise zusammengeführten, aber dennoch unterschiedlichen Leitideen begründet waren: die Charité als Zufluchtsort für arme Kranke einerseits, als praktische Ausbildungsstätte der Militärärzte andererseits und schließlich auch als Institution mit Forschungs- und Lehraufgaben, die von der Universität gefordert und vom *Ministerium der Geistlichen, Unterrichts- und Medizinalangelegenheiten* gezielt gefördert wurde. Hundert Jahre später wurden die unterschiedlichen Zielstellungen schließlich zu Gunsten der Universität faktisch entschieden. Auch wenn bis zum Untergang des Kaiserreichs institutionell keine größeren Änderungen eintraten, so kann das umgestaltete Charité-Gelände mit seinen Klinikneubauten, in deren Ausstattung und innerer Organisation sich die klinischen Handlungsmaximen der Bakteriologie und Hygiene spiegelten, und in denen die zahlenden Patienten nach Klassen gestaffelt aufgenommen, behandelt und verpflegt wurden, als Beleg dafür genommen werden, dass die Charité endgültig ihren Status als Armen-Krankenhaus verloren hatte und dass die medizinisch-naturwissenschaftliche Forschung und Lehre deutlich in den Vordergrund getreten war. Und auch wenn das Krankenhaus bis zum Ende des Ersten Weltkriegs weiterhin dem Kriegsministerium unterstand, auch wenn noch immer die meisten Stationsärzte Stabsärzte waren und insbesondere im Bereich der Chirurgie die militärärztliche Ausbildung eine wesentliche Rolle spielte: Im Ergebnis wurde die Charité mit dem Reformprozess um 1900 ziviler; man kann sogar von einem fortgeschrittenen Prozess der Entmilitarisierung sprechen, der durch die alliierte Auflage der endgültigen Auflösung der Kaiser-Wilhelm-Akademie für das militärärztliche Bildungswesen im Jahr 1919 auch formal vollzogen und abgeschlossen wurde.

Die Charité und ihre Kliniken profitierten vor allem im letzten Viertel des 19. Jahrhunderts von ihrer Einbindung in die universitäre Ausbildung und Forschung im Gefolge der Verwissenschaftlichung der Medizin durch einen erheblichen qualitativen Bedeutungszuwachs innerhalb der medizinischen Versorgungslandschaft Berlins und weit darüber hinaus. Hiervon zeugt nicht zuletzt auch das Wachstum der Studentenschaft. Im Winter 1855/56 betrug die Zahl der Studierenden 261, 1875/76 263, 1895/96 1.226, 1907/08 1.153. Die Zahl der Dozenten war in der Zwischenzeit auf 18 Ordinarien, 10 Honorarprofessoren, 44 Extraordinarien und 117 Privatdozenten angewachsen.[73]

Die äußere Erneuerung in den zwei Jahrzehnten zwischen 1897 und 1916/17 war eine folgerichtige und notwendige Konsequenz dieser Entwicklung. Aus ihr ging die Charité hervor wie aus einer Häutung: Die alte, längst zu eng gewordene und an vielen Stellen schadhafte Hülle wurde abgestreift; die äußere Gestalt endlich dem Umfang und der Komplexität der Aufgaben angepasst. Damit konnte, der Hoffnung Karl Kollwitz entsprechend, auch ein neuer Geist in die Kliniken einziehen, der mit den Begriffen bürgerlich und volksnah beschrieben werden kann. Die Charité wurde am Ende des 19. Jahrhunderts nicht nur auf die Erfordernisse und Fortschritte der Medizin eingestellt, sondern auch an die gesellschaftlichen Veränderungen angepasst. Das Krankenhaus fand Anschluss an die moderne Stadt und stand für die professionelle und zeitgemäße medizinische Versorgung aller Bürger Berlins zur Verfügung, die als mündige und zahlende Patienten ihren Anspruch auf Krankenbehandlung wahrnahmen. Indem die Krankenkassen einen vertretbaren Standard gleicher Behandlung in den Kliniken durchgesetzt hatte, der dem stationären Aufenthalt jeden Ausnahmecharakter im Sinne einer Diskriminierung oder eines Privilegs nahm, wurde die Charité aber auch populärer. Die Berliner vereinnahmten beliebte Professoren der Charité-Kliniken stolz als „ihre“ Ärzte. Der Unterschied zwischen den Instituten und Kliniken der Universität und der Charité, zu Beginn des 19. Jahrhunderts noch betont und gewollt, verlor mit Beginn der 20er Jahre des 20. Jahrhunders zunehmend an Relevanz.

Marion Hulverscheidt, Gerhard Baader und Thomas Beddies

6. *Syphilis in Therapie und Forschung (1918–1933)*

Am frühen Nachmittag des 3. Februar 1925 wurde der 46jährige Eisenbahn-Obersekretär Paul S. von einer Pflegerin der I. Medizinischen Klinik der Charité in die benachbarte Psychiatrische und Nervenklinik gebracht. Dem Aufnahmearzt Hans Pohlisch berichtete der Patient, er komme wegen nervöser Schwäche, Schmerzen sowie „Schwindeln in den Füßen und Straffe im Leib". Auch im Kopf sei es nicht richtig, „in dem ich nicht mehr richtig rechnen kann". Das Gedächtnis sei schlecht, er spreche alles falsch. Krank sei er seit vier Wochen; sonst immer gesund gewesen, lediglich die Syphilis habe er durchgemacht: „1918; damals nur Pulver gestreut". Eine Quecksilber- oder Salvarsankur sei nicht durchgeführt worden, vermerkte Pohlisch in der Krankengeschichte. Der vor einigen Wochen durchgeführte Wassermann-Test, eine serologische Untersuchung auf Syphilis, war positiv ausgefallen.[1]

Bei der körperlichen und geistigen Untersuchung klagte Paul S. über „Nervosität", die von der Arbeit, vom vielen Rechnen verursacht sei. Merkfähigkeit und Rechenleistung erschienen für einen Sekretär nicht adäquat, die Sprache (Patient: „Die ist gut!") wirkte verwaschen, Silben wurden verschluckt. Die Frage nach dem Reichspräsidenten („Ebert") beantwortete er korrekt, der Reformator (Martin) Luther wurde bei ihm zum Finanzminister (Hans) Luther.[2] Bei der weiteren Untersuchung fanden sich typische Symptome der *Progressiven Paralyse*, dem Tertiärstadium einer chronischen Syphilisinfektion: ungleich große Pupillen, die unterschiedlich auf Licht reagierten, fehlender Patellarsehnen- und Achillessehnenreflex. Der Gang wurde vom Arzt als deutlich gestört beschrieben: „etwas breitbeinig, schwankend, leicht stampfend".

Alle diese Befunde wiesen darauf hin, dass S. an der neurologischen Spätmanifestation der Syphilis litt, wobei die Verlegung in die Psychiatrie wohl weniger aufgrund seiner Krankheit erfolgte, für die sich die Internisten der Zeit durchaus zuständig fühlten, sondern wegen der dort möglichen Therapie. Paul S. wurde bis zum 4. April 1925 in der Nervenklinik mit einer Malariakur behandelt und dann nach Hause entlassen, obwohl seine Arbeitsfähigkeit noch keineswegs wieder hergestellt war.

6.1 Charité ohne Uniformen

In krankenhausgeschichtlicher Perspektive stellt die Syphilis mit ihren unterschiedlichen Stadien und Ausprägungen eine gewichtige Größe im Kanon der Krankheiten im ersten Drittel des 20. Jahrhunderts dar. Die Erkenntnisfortschritte über Ursache und Verbreitungswege ebenso wie die Entwicklung diagnostischer und therapeutischer Möglichkeiten können hier nur in Stichworten beschrieben werden. Syphilis wird durch Geschlechtsverkehr, auf Kinder aber auch im Mutterleib oder bei der Geburt übertragen. Klinisch zeigt sich zunächst ein nicht schmerzhafter Primäraffekt, der folgenlos ausheilen kann. In der zweiten Phase, d.h. nach Ablauf von etwa drei bis sechs Monaten, kommt es zu Hauterkrankungen, nässenden Knötchen, Hautausschlägen und Geschwüren am ganzen Körper. Im weiteren Verlauf können alle Organsysteme befallen werden, oft bilden sich typische syphilitische Granulome (Gummata), die mit Einschmelzungen einhergehen. Die unter der Bezeichung *Neurolues* als Tertiärstadium der Syphilis beschriebenen Krankheitsbilder der *Tabes dorsalis* und *Progressiven Paralyse*, die beide mehrere Jahre nach einer nicht ausgeheilten Erstinfektion auftreten können, haben erst im Zeitalter effektiver Antibiotika nach dem Zweiten Weltkrieg an Schrecken verloren. Die Tabes dorsalis oder Rückenmarksschwindsucht äußert sich vor allem durch neurologische Reiz- und Ausfallerscheinungen, während das Krankheitsbild der Progressiven Paralyse durch Persönlichkeitsverfall, Gedächtnisverlust, Wahnvorstellungen (z.B. Größenwahn) und andere Auffälligkeiten gekennzeichnet ist. Der Beweis, dass Tabes und Progressive Paralyse tatsächlich Spätformen der Syphilis darstellen, wurde erst 1913 erbracht. Kurz zuvor war mit dem *Salvarsan* das erste effektive Syphilis-Therapeutikum entwickelt und in die Behandlung eingeführt worden, welches jedoch bei den Spätformen der Erkrankung wirkungslos blieb. Erste Optionen zur Behandlung der Progressiven Paralyse gab es seit den 1920er Jahren, wovon später die Rede sein wird.

Bezogen auf die Charité soll hier der Blick vor allem auf zwei ihrer damaligen Einrichtungen gelenkt werden, die dem ersten Eindruck nach nur wenige Überschneidungen aufweisen: Die aus der Abteilung für Syphilitiker entstandene Klinik für Haut- und Geschlechtskrankheiten und die aus der Irrenabteilung hervorgegangene Klinik für Psychiatrie und Neurologie. Beide Einrichtungen verdanken ihre ursprüngliche Entstehung mehr ordnungspolitischen als medizinischen Absichten und bezweckten vor allem die Absonderung von Patienten, die durch ihre Krankheit zu einer Bedrohung oder zumindest zu einem Störfaktor bürgerlicher Ordnung geworden waren – ein Aspekt der, wie wir noch sehen werden, auch in der Geschichte des Eisenbahn-Obersekretärs Paul S. eine Rolle spielte.

Eine weitere Gemeinsamkeit beider Kliniken hängt eng mit dieser Zweckbestimmung zusammen: Die Universitätsmedizin hatte zunächst nur wenig Interesse für die venerischen und die geisteskranken Patienten der Charité aufgebracht, und auch davon abgesehen, eigene Kliniken für die Vermittlung dieser Disziplinen zu etablieren. Als schließlich 1864 das erste Ordinariat für Psychiatrie und Neurologie und 1911 der erste Lehrstuhl für Haut- und Geschlechtskrankheiten geschaffen wurden, kam es dementsprechend auch nicht zur Gründung eigener Universitätskliniken, vielmehr wurden die Lehrstühle in Personalunion mit den Direktoren der entsprechenden Charité-Abteilungen besetzt, die dadurch indirekt zu Universitätseinrichtungen wurden. Beide Abteilungen waren in den ersten Jahrzehnten des 20. Jahrhunderts in die planvolle Entwicklung und Einführung neuer Verfahren zur Syphilisdiagnostik und -therapie involviert.

Es ist dies als Teil einer Entwicklung zu sehen, in deren Verlauf die Charité und ihre Kliniken bereits seit dem letzten Viertel des 19. Jahrhunderts von der Einbindung in die universitäre Ausbildung und Forschung im Gefolge der Verwissenschaftlichung der Medizin profitierten. Die äußere Erneuerung in den zwei Jahrzehnten zwischen 1897 und 1916/17 kann als logische Folge dieses Prozesses gesehen werden. Mit dem Ende des Ersten Weltkrieges veränderte sich die Position der Charité innerhalb der medizinischen Landschaft Berlins dann erneut.

Die Bettenzahl war bis 1914 aufgrund der Um- und Neubauten auf knapp 1.400 zurückgegangen, was sich während des Krieges, als von Seiten der Stadt nur etwa 30.000 freie Verpflegungstage in Anspruch genommen worden waren, zunächst nicht ausgewirkt hatte.[3] Zudem waren ja mit der Eröffnung des *Krankenhauses Am Friedrichhain* 1874 und des *Rudolf-Virchow-Krankenhauses* 1906 zwei leistungsstarke städtische Krankenhäuser entstanden, die hinsichtlich ihrer Größe und modernen Ausstattung mit der Charité ohne weiteres konkurrieren konnten.

Zwar verdoppelte sich aufgrund des im preußischen Landtag beschlossenen Groß-Berlin-Gesetzes, welches zum 1. Oktober 1920 in Kraft getreten war, auf einen Schlag die Berliner Bevölkerung: Nachdem die erste Nachkriegszählung im Oktober 1919 für *Alt-Berlin* noch knapp zwei Millionen Einwohner ergeben hatte, zählte man für *Groß-Berlin* nun knapp vier Millionen; die Fläche Berlins wuchs sogar von 6.700 auf 87.800 Hektar, also um das etwa dreizehnfache.[4] Die neue Stadtgemeinde verfügte auf Grund der Eingemeindung der bis dahin kreisfreien Städte Lichtenberg, Schöneberg, Wilmersdorf, Charlottenburg, Neukölln und Spandau sowie der Kreise Niederbarnim, Osthavelland und Teltow nun über insgesamt 63 städtische Krankenhäuser und schien auf die Charité-Freibetten nicht mehr angewiesen zu sein.[5] Hinzu kam noch ein Streit um die Bezahlung der Pflegerinnen und Schwestern, der 1923 derart eskalierte, dass die Charité-Direktion sich veranlasst sah, Schwerstkranke in andere Krankenhäuser zu verlegen. Das Pflegepersonal forderte neben einer besseren Bezahlung auch bessere Arbeitsbedingungen, unter anderem den seit der Revolution von 1918 gesetzlich festgeschriebenen 8-Stunden-Tag. 1926 verständigte man sich darauf, die Zahl der 1835 vertraglich zugesicherten freien Verpflegungstage auf 50.000 zu reduzieren, die die Charité für von der Stadt zugewiesene Kranke pro Jahr zur Verfügung stellte. Auf diese Weise konnten die Kliniken hoffen, dass ihnen weiterhin genügend Patienten für Unterrichtszwecke zur Verfügung stehen würden.

Schwerer wog für die Charité, dass nach den Bestimmungen des Versailler Vertrags „alle Kriegsakademien oder ähnliche deutsche Einrichtungen" aufzuheben waren, was auch zur Schließung der *Kaiser-Wilhelm-Akademie für das militärärztliche Bildungswesen* zum 1. Oktober 1919 führte. Dadurch verlor die Charité Aufgabe und Status eines Lehrkrankenhauses für das Militär. Gleichzeitig fand mit der Aufhebung einer eigenständigen militärärztlichen Ausbildung an der Charité auch die beständige Konkurrenz zwischen Charité und Universität um die Patienten als Demonstrationsobjekte in der medizinischen Ausbildung ein Ende. Faktisch wurden in den 1920er Jahren alle Abteilungen der Charité als klinische Einrichtungen der Medizinischen Fakultät genutzt. Im Reichsmedizinalkalender wurden die Universitätskliniken in der Ziegelstraße als „Klinische Institute, welche für sich bestehen" aufgelistet, sieben an der Zahl, die doppelte Zahl von 14 Universitätseinrichtungen wurden als „mit dem Charité-Krankenhause in Verbindung stehende klinische Institute" aufgelistet. Darunter wurden sowohl Kliniken als auch Polikliniken geführt, außerdem auch das mit der Hautklinik in Verbindung stehende Institut für Lichtbehandlung.[6] Nicht aufgeführt wurde indes das Institut für Nervenmassage unter der Leitung des Oberstabsarztes Alfons Cornelius (1865–1933), welches als Lehranstalt 1908 gegründet wurde und bis 1937 erfolgreich arbeitete.

Dieses kleine Institut an der Psychiatrischen und Nervenklinik der Charité, in dem nach erfahrungswissenschaftlicher Methode Patienten mit Kopf- und Rückenschmerzen behandelt wurden, kann als Kuriosität gelten.[7] Hier sollten insbesondere die durch die schnellebige Zeit angestrengten und erschöpften Klienten Heil oder Linderung finden, vor allem bei Migräne, Kopfschmerzen, Rückenschmerzen und unspezifischen Schmerzsyndromen.[8] Der Minister der geistlichen, Unterrichts- und Medizinalangelegenheiten hatte sich in einem Schreiben an die königliche Charité-Direktion über die Anbindung dieser Einrichtung an die Charité wie folgt geäußert: „Es wird beabsichtigt, dieses Vorhaben staatlicherseits zu unterstützen und die Einrichtung, da sie Universitätszwecken nicht dient, der Charité anzugliedern."[9]

Das Institut befand sich in Räumen der Luisenstraße. Die Weiterbildung von bereits praktizierenden Ärzten – es sollen an die 500 Ärzte in die Nervenmassage-Technik eingeführt worden sein – sah der Institutsleiter Cornelius als originäre Aufgabe des Instituts an, erst an zweiter Stelle die Behandlung von Patienten. Sein Stellvertreter, der während des Ersten Weltkrieges das Institut eigenverantwortlich leitete, musste allerdings auch Impfungen an Ärzten, Pflegepersonal und Patienten „infolge Anweisung der kgl. Charité-Direktion" durchführen.[10] Das Institut für Nervenmassage zeigt im kleinen Beispiel, wie flexibel die Zuständigkeiten der Berliner Kliniken gehandhabt wurden. Zwar war es dem Oberstabsarzt vor dem Ersten Weltkrieg möglich, seine Ausbildungsstätte, die eher lebensreformerischen Kreisen nahe stand als dem Militär, an die Charité anzugliedern, doch verlor das Institut durch die politischen Veränderungen sowohl die Protektion des Militärs als auch des Kultusministeriums.

Durch die Eingliederung der Charité-Abteilungen in die universitäre Ausbildung hatten sich bereits um die Jahrhundertwende auch die Beschränkungen bei der Einstellung von Assistenten gelockert. Dies kam unerwarteter Weise einer bisher kaum wahrgenommenen Gruppe des medizinischen Personals und Hilfspersonals zugute, den Frauen. Sie zogen nicht nur als Laborantinnen in die früher von Unterärzten versorgten Laboratorien ein. Seit es 1901 Frauen erlaubt worden war, die medizinischen Staatsprüfungen abzulegen, wurden sie von toleranten Klinikleitern als Volontär-Assistentinnen oder auf außeretatmäßigen Assistentenstellen beschäftigt. Die erste und bekannteste dieser frühen Charité-Ärztinnen ist Rahel Hirsch (1870–1953), die von 1903 bis 1919 an der II. Medizinischen Klinik beschäftigt war und dort 1913 mit einer Professur ausgezeichnet wurde.[11] Ebenfalls 1903 war Helenefriederike Stelzner (1861–1937) als Volontärassistentin in die Psychiatrische und Nervenklinik der Charité eingetreten, hatte diese jedoch bereits Ende 1904 wieder verlassen, da ihr nach eigenem Bekunden die „Aussichtslosigkeit [als Frau] in dominierende Stellen zu gelangen" nicht zusagte.[12] Marie Kaufmann-Wolf (1877–1922) trat 1913 als Assistentin in die Universitäts-Hautklinik ein und arbeitete dort, zuletzt als Leiterin der Poliklinik, bis zu ihren frühen Tod 1922. Obwohl diese drei Frauen mit wissenschaftlichen Publikationen hervorgetreten waren, konnte keine von ihnen in die Hochschullaufbahn eintreten: Erst 1920 wurde aufgrund der verfassungsmäßigen Gleichberechtigung auch das Habilitationsrecht für Frauen formal bestätigt. Dass die Psychiatrische Klinik und die Hautklinik zu den ersten Charité-Abteilungen gehörten, die weibliche Ärzte beschäftigten, hatte auch damit zu tun, dass in diesen beiden Abteilungen Sexualität und geschlechtliche Differenzierung eine besondere Rolle spielten, weshalb die gleichgeschlechtliche Kommunikation zwischen Ärztin und weiblichen Kranken als besonders vorteilhaft begriffen wurde. In der Haut- und Hautpoliklinik ging es dabei vor allem um die Untersuchung von Frauen auf Geschlechtskrankheiten.

Abb. 6.1 Die medizinische Fakultät 1927. Karikatur eines Medizinstudenten.

6.2 Von den separaten Stuben für Venerische zur Universitätshautklinik

Schon bei der Gründung des Lazaretts im Jahre 1727 waren einige Zimmer für die Behandlung syphilitischer Frauen bzw. Männer eingerichtet worden, wobei infizierte Huren durch die Polizei der Charité zugeführt wurden. Nicht wegen der Ansteckungsgefahr, sondern vor allem wegen der Ausdünstungen und Absonderungen der Syphiliskranken wurde denselben ein eigenes Krankenrevier zugewiesen. Die damals gängige Quecksilbertherapie führte zu übermäßigem Speichelfluß, ein nicht eben angenehm zu beobachtendes Symptom für den Bettnachbarn, zumal in Krankensälen mit mehr als zehn Betten. So besaß dieses große staatliche Armenkrankenhaus faktisch von Beginn an eine Abteilung für Geschlechtskranke, deren Kur ebenso wie die Behandlung von Ekzemen, Krätze und Geschwüren in den Aufgabenbereich der Chirurgie fielen.

Bereits 1825 wurde eine Klinik für Syphiliskranke an der Charité eingerichtet, die1835 in den beiden oberen Etagen der *Neuen Charité* ihren Platz fand. Die nicht bettlägerigen Patienten wurden dort in einem so genannten Arbeitssaal mit Handarbeiten beschäftigt. Für balneo- und physiotherapeutische Anwendungen waren Brausebäder vorhanden. Die Stationen wurden zunächst als ihrem Zweck vollkommen entsprechend erachtet. Geleitet wurde die Abteilung bis 1844 vom leitenden Chirurgen Karl Alexander Ferdinand Kluge (1782–1844), dann vom Ärztlichen Direktor der Charité Joseph Hermann Schmidt (1804–1852). Schmidts Nachfolger wurde Karl Gustav Theodor Simon (1819–1857), der sich 1844 nicht nur für Pathologie und Therapie, sondern auch für Dermatologie an der Berliner Universität hatte habilitieren lassen. Er gilt den heutigen Dermatologen als erster Vertreter ihres Faches. Mit ihm nimmt die verwickelte Verbindung zwischen der Charité und Medizinischer Fakultät der Berliner Universität auf dem Gebiet der Dermato-Venerologie ihren Anfang.

In der zweiten Hälfte des 19. Jahrhunderts setzte sich Felix von Bärensprung (1822–1864), seit 1853 dirigierender Arzt der Klinik, nachhaltig – und auch gegen die Medizinische Fakultät der Berliner Universität – für die Umwandlung der Abteilung für Krätzige in eine neu einzurichtende stationäre und ambulante Hautklinik für ansteckende und nicht ansteckende Haut- und Flechtenkrankheiten ein. Seinen Forderungen wurde 1858 entsprochen, als die Klinik und Poliklinik für Dermatologie eröffnet wurde, die zunächst – und wiederum mehr schlecht als recht – in dem Gebäude der so genannten *Alten Charité* untergebracht war. Die 150 Betten der Klinik waren ungleich, aber offenbar dem Bedarf entsprechend verteilt: 112 waren für Geschlechtskranke, lediglich 38 für Hautkranke reserviert. In der Folge warb Bärensprung so vehement wie erfolglos für eine Verbesserung der räumlichen Situation seiner Abteilung. Erst 1906 gelang es unter dem Direktorat von Edmund Lesser (1852–1918), die Hautklinik in das so genannte *Sommerlazarett* – ehemals von der Chirurgischen Klinik genutzte Räumlichkeiten – zu verlegen. Dorthin zog auch die Polikli-

Abb 6.2 Die Hautklinik der Charité (links im Bild). Das schon in den 1850er Jahren als Sommerlazarett der Chirurgischen Klinik genutzte Gebäude wurde 1953 abgerissen.

nik für Haut- und Geschlechtskrankheiten um, die sich seit 1897 in einem angemieteten Haus in der Luisenstraße befunden hatte. Einen Neubau erhielt die dermatologische Klinik der Charité erst im Jahr 1960.

Bärensprungs Nachfolger Georg Richard Lewin (1820–1896) musste 1884 die Leitung der Abteilung für Hautkrankheiten an Bismarcks Leibarzt Ernst Schweninger (1850–1924) abtreten, der sich in München für pathologische Anatomie habilitiert hatte, und nun durch höhere Protektion zum außerordentlichen Professor und Direktor der Charité-Hautklinik ernannt wurde.[13] Die Leitung der Syphilisabteilung wurde nach Lewins Tod kommissarisch Oskar Lassar (1849–1907) übertragen, der sich selbst in die Diskussion um dessen Nachfolge gebracht hatte. Bei der endgültigen Regelung der Nachfolge Lewins wurde er jedoch, so seine eigene Vermutung, aufgrund seiner jüdischen Abstammung zugunsten Edmund Lessers (1852–1918) übergangen; Lesser galt freilich auch als besserer Diagnostiker und Therapeut.

Friedrich Althoff hatte sich bereits 1890, als es Lewin gesundheitlich schlecht ging, um einen geeigneten Nachfolger bemüht.[14] Der von ihm favorisierte Albert Neisser (1855–1916) lehnte das Angebot zur Leitung der inzwischen auf über 400 Betten angewachsenen Syphilisabteilung jedoch ab. Er schrieb:

> Berlin besitzt zur Zeit zwei getrennte Abteilungen, eine größere mit 386 Betten für venerische Krankheiten und eine kleinere mit 37 Betten für Hautkrankheiten. Die Verbindung der beiden

Fächer Syphilidologie und Dermatologie ist die erste und unumgänglichste Forderung. Die Errichtung einer großen Poliklinik ist eine zweite Bedingung. Die Assistentenstellen der Charité sind zur Zeit fast alle mit Stabsärzten besetzt. Ich weiß sehr wohl, dass einige unserer vorzüglichsten Kliniker aus Stabsärzten hervorgegangen sind, es sind dies jedoch immer Ausnahmen geblieben. Die Besetzung der Assistentenstellen nach eigener Wahl aus Civilärzten ist eine weitere Bedingung.[15]

Weiterhin kritisierte Neisser, dass lediglich zwei Assistenten die knapp 400 Betten der Abteilung zu versorgen hätten. Seiner Ansicht nach sollte ein Assistent maximal 60 Betten verantwortlich medizinisch betreuen.

Edmund Lesser, dem die Leitung der Abteilung für Geschlechtskranke1896 übertragen worden war, und der nach Schweningers Verzicht auf die Leitung der Hautklinik im Jahre 1902 diese ebenfalls übernommen hatte, wurde im Jahr 1911 auf das erste Berliner Ordinariat für Dermatologie und Venerologie der Universität berufen. Er erhielt damit das zweite Ordinariat für Dermatologie im Deutschen Reich. Bereits 1907 war Neisser auf den Lehrstuhl für Dermatologie in Breslau berufen worden. Ab 1919 unterstand die dermatologische Klinik der Charité Georg Arndt (1874–1929), der, wie es in einem Nachruf heißt, Dermatologe geworden war, weil er aufgrund eines Lungenleidens eine medizinische Tätigkeit gesucht hatte, die ihm „weniger körperliche Anstrengungen abverlangte als die Chirurgie."[16] 1906 war er als Assistent an die dermatologische Poliklinik der Charité gekommen und hatte sich 1911 unter Lesser an der Berliner Universität habilitiert. 1916 nach Straßburg berufen, kehrte er nach Lessers Tod nach Berlin zurück. Arndt galt als ein herausragender Diagnostiker, in der Forschungs- und Klinikorganisation stand er jedoch im Schatten Lessers. Hierzu mag immerhin auch die schwierige Situation nach dem Ersten Weltkrieg beigetragen haben, in der nicht zuletzt die Preissteigerungen dem Klinikbetrieb und der Forschung stark zusetzten: „1922 waren für die Syphilisforschung 15.000 Mark bewilligt worden, die nur einen kleinen Teil der Unkosten deckten. 1923 waren es 30.000 Mark, die im selben Jahr wegen der galoppierenden Inflation auf 300.000 Mark erhöht wurden, und 1924 kam man auf 920 Millionen Mark. Das war fast nichts, denn im November 1923 war ein Dollar 4,2 Billionen Mark wert."[17] In den folgenden Jahren wurden keine Mittel für die Syphilisforschung gewährt. Während die Direktoren der Universitäts-Hautkliniken in Bonn und Breslau, Erich Hoffmann (1868–1959) und Joseph Jadassohn (1863–1936) in den 1920er Jahren wiederholt beim Kultusminister vorstellig wurden, um Forschungsgelder zu erhalten, fragte das Kultusministerium bei Arndt brieflich an, ob auch er die Fortführung von wissenschaftlichen Arbeiten plane und welche Mittel er dafür benötige. Doch Arndt war verzagt und antwortete, „dass die Fortführung der Arbeiten auf dem Gebiete der experimentellen Syphilis auch an der Berliner Universitäts-Hautklinik leider unmöglich geworden ist, da die zur Verfügung stehenden Mittel bei weitem nicht genügen, Versuchstiere in ausreichender Menge zu beschaffen und die notwendigsten, während der Kriegs- und Nachkriegszeit unbrauchbar gewordenen Laboratoriumsapparate und Glassachen zu ersetzen."[18]

6.3 Syphilis als Volkskrankheit und ihre Bekämpfung

An der Erforschung der Syphilis, die in den ersten Jahrzehnten des 20. Jahrhunderts als die neben der Tuberkulose wichtigste Bedrohung der Volksgesundheit wahrgenommen wurde, war eine Reihe von Berliner Ärzten maßgeblich beteiligt. Die *Deutsche Gesellschaft zur Verhütung der Geschlechtskrankheiten*, deren Gründung im Jahre 1902 von den Dermatologen Lesser und Neisser sowie Alfred Blaschko (1858–1922) vorangetrieben worden war, vereinte neben Ärzten auch Sozial- und Gesundheitspolitiker, Staats- und Kommunalbeamte, Vertreter der Sozialversicherungen und der Krankenkassen sowie Vertreterinnen der Frauenbewegung und der Sittlichkeitsvereine. Mit erheblichem publizistischen und didaktischen Aufwand machte dieser Verein auf die Problematik der Geschlechtskrankheiten und ihrer Folgen aufmerksam. Vor dem Ersten Weltkrieg wurden die Zeichen einer Infektion in weiten Kreisen der Bevölkerung häufig noch wie ein Verdienstorden getragen, galt sie doch als *rite de passage* für sexuelle Eigenständigkeit. Nach Schätzungen – deren statistische Basis und damit deren Validität allerdings dürftig waren – erkrankten beispielsweise die Studenten Berlins innerhalb von vier Studienjahren mindestens einmal an einer Geschlechtskrankheit, an Syphilis oder Tripper. Jeder zweite in Berlin lebende Mann machte im Verlaufe seines Lebens eine Syphilisinfektion durch.[19] Die Zahl der Geschlechtskranken erreichte in Deutschland nach statistischen Schätzungen ihren Höchststand kurz nach dem Ersten Weltkrieg und sank bis 1927 nur leicht, bis 1934 immerhin um ein Drittel.[20] Dabei lag das Verhältnis von Frauen zu Männern 1900 bei eins zu drei, 1919 bei eins zu zwei. Prinzipiell ist diesen statistischen Daten anzulasten, dass Frauen insgesamt seltener erfasst wurden als Männer.

Die wenigen, von offizieller Seite veröffentlichten Zahlen zeichneten zwar ein weniger stark von Geschlechtskrankheiten geprägtes Bild der deutschen Bevölkerung als in den massiven Aufklärungskampagnen beschworen wurde, doch stellten die Zahlen für Berlin stets „Ausreisser" im reichsweiten Vergleich dar. Für die Zeit vor dem Ersten Weltkrieg hatte Alfred Blaschko, ein in Berlin für eine Krankenkasse tätiger Dermatologe, versucht, anhand einer Befragung aller Ärzte, sowohl der niedergelassenen als auch der in Krankenhäusern tätigen, genauere Zahlen über die Verbreitung von Geschlechtskrankheiten in der Reichshauptstadt zu erhalten. Aufgrund der von ihm selbst erhobenen Daten schätzte er, dass ein Fünftel der Bevölkerung von Syphilis betroffen sei. Bezogen auf junge Männer errechnete er sogar, dass 40 Prozent von ihnen im Laufe ihres Lebens einmal eine Syphilisinfektion durchzustehen hätten.[21] Auch wenn die Basis seiner statistischen Erhebungen schwach war, kann doch gesagt werden, dass die Geschlechtskrankheiten als wesentliche Gefahrenquelle für die Volksgesundheit angesehen wurden und dass das Erkrankungsrisiko in Großstädten als ungleich höher eingeschätzt wurde als auf dem Lande. In Erich Kästners (1899–1964) Berlin-Roman *Fabian – die Geschichte eines Moralisten* berührt die Bedrohung durch

Geschlechtskrankheiten auch den Protagonisten und seine Gespielinnen. Frau Hetzer, die einsame Gattin eines Handelsvertreters, ziert sich zunächst vor dem Geschlechtsakt, entkleidet sich erst im Dunklen. Doch dann knipst sie eine Taschenlampe an, um Fabian zu untersuchen „wie ein alter Kassenarzt" und bemerkt dazu: „Entschuldigen Sie, man kann heutzutage nicht vorsichtig genug sein".[22]

Über ein Vierteljahrhundert hinweg bemühte sich die *Deutsche Gesellschaft zur Bekämpfung von Geschlechtskrankheiten* um eine soziale und gesellschaftliche Wahrnehmung und damit Besserstellung der Geschlechtskranken. Sie wurde auf vielen Ebenen tätig, schließlich ging es um die Bekämpfung bzw. Eindämmung der Prostitution, aber auch um eine bessere gesundheitliche Versorgung, die nicht nur die Prostituierten im Blick hatte. Verhandelt wurde auch die Kostenübernahme der Behandlung durch die Krankenkassen, ausführlich diskutiert die bestmögliche Aufklärung hinsichtlich der Ansteckungsgefahr sowie Maßnahmen ihrer Verhütung, die Behandlungspflicht der Erkrankten und das Behandlungsmonopol für approbierte Ärzte, die Meldepflicht und die Schweigepflicht sowie das Werbeverbot für Heilmittel und für den Verkauf von Kondomen. Das Ergebnis der Aktivitäten der *Deutschen Gesellschaft zur Bekämpfung von Geschlechtskrankheiten* war eines der wenigen wirkmächtigen Gesetze der Weimarer Republik, das *Reichsgesetz zur Bekämpfung der Geschlechtskrankheiten* von 1927. Darin wurde eine Behandlungsverpflichtung seitens der Erkrankten ebenso festgeschrieben wie die Kostenübernahme dieser Therapie durch die Krankenkassen. Bis dahin galten Geschlechtskrankheiten als selbst verschuldet, und so musste deren Behandlung auch privat bezahlt werden. Krankenkassen wie die AOK sahen ihre Pflicht gegenüber den Versicherten als abgegolten an, wenn sie im Sinne der Volksbelehrung Broschüren und Merkblätter über Geschlechtskrankheiten und Tuberkulose verteilten.[23]

Bei alldem war die Zahl der registrierten Fachärzte für Haut- und Geschlechtskrankheiten im Vergleich zu anderen Spezialisierungen sehr hoch. Von 3.593 in Berlin im Jahre 1918 registrierten Ärzten, worunter auch die in den Kliniken beschäftigen gerechnet wurden, waren 244 (6,7 Prozent) auf die Behandlung auf den Gebieten Dermatologie und Venerologie spezialisiert.[24] Im Reichsmedizinalkalender von 1929 wies die Statistik 3.590 männliche und 408 weibliche Ärzte als in Berlin praktizierend aus. Von den männlichen Ärzten waren 427 (11,9 Prozent) als Fachärzte für Haut- und Geschlechtskrankheiten tätig. Reichsweit stellten die Dermato-Venerologen nach den Internisten und Chirurgen die drittstärkste Gruppe in der Riege der Fachärzte.

Über die Zahl der Syphilis-Patienten an der Charité gibt es für den hier betrachteten Zeitraum zwar keine verfügbaren Zahlen, denn die Charité-Annalen wurden 1913 mit dem Band, der die Statistiken der Jahre 1911/12 enthält, eingestellt.[25] Die Vorkriegswerte geben jedoch einen Anhalt über die ungefähren Größenverhältnisse. 1911/12 wurden in den knapp 100 Betten der Klinik für Geschlechtskrankheiten über 1.000 Syphilis-Patienten behandelt, das waren mehr als zwei Drittel aller Patienten dieser Klinik.[26] In der Nervenklinik wurden von den knapp 150 Betten im gleichen Zeitraum etwa ein Fünftel mit Patienten belegt, die eine auf eine Syphilisinfektion zurückgehende Diagnose hatten (Paralytische Seelenstörung, Lues cerebri oder Tabes dorsalis). Die Gruppe der Syphilispatienten machte zusammen genommen also einen zahlenmäßig hohen Anteil an den stationären Patienten der Charité aus. Auch für die Polikliniken kann davon ausgegangen werden, dass sie dort eine große Zahl der Klientel stellten. Die Poliklinik für Haut- und Geschlechtskrankheiten hatte mit über 50.000 Besuchern in den Jahren 1909 und 1910 den häufigsten Patientenkontakt; 1911 und 1912 wurden nur noch die Neuzugänge beziffert, jeweils mit über 13.000 pro Jahr.[27] Im Vergleich dazu hatte die Poliklinik für Nervenkrankheiten im selben Zeitraum lediglich knapp 6.500 Besuche zu verzeichnen.[28]

Fortschritte der Syphilisforschung

Die reale oder heraufbeschworene Bedrohung durch die Geschlechtskrankheiten hatte auch in der wissenschaftlichen Forschung zu einer Hinwendung und intensiveren Auseinandersetzung mit diesen Krankheiten geführt. Voraussetzung für diese Entwicklungen waren die Fortschritte, die am Anfang des Jahrhunderts auf dem Gebiet der Bakteriologie gemacht worden waren. Nachdem Louis Pasteur (Paris) und Robert Koch (Berlin) experimentelle Grundsätze aufgestellt und etabliert hatten, die es ermöglichten, mikroskopisch kleine – somit aber auch unter dem Mikroskop sichtbare – Lebewesen als Ursache von Erkrankungen zu identifizieren, hatte unmittelbar eine umfassende „Mikrobenjagd“ eingesetzt, als deren „Beute“ unter anderem die Erreger von Tuberkulose, Cholera und Tollwut dingfest gemacht worden waren.[29] Deren Sichtbarmachung war durch ein von Robert Koch entwickeltes Ausstrichverfahren und eine neue Färbemethode für Bakterien mit Anilinfarbstoffen ermöglicht worden.[30]

Albert Neisser hatte 1879 als junger Assistenzarzt an der Universität Breslau den Erreger der Gonorrhoe, den Gonokokkus, entdeckt; und auch für die Syphilis wurde ein solcher Erreger vermutet, der aber zunächst nicht verifiziert werden konnte. 1905 bat schließlich Geheimrat Karl Köhler (1874–1912), Leiter des Kaiserlichen Gesundheitsamtes zu Berlin, den Direktor der Syphilisklinik, Edmund Lesser, um Kooperation in einem klinisch-mikrobiologischen Forschungsprojekt zur Identifizierung des Syphilis-Erregers. Fritz Schaudinn (1871–1906), Leiter der Abteilung für Protozoologie am Kaiserlichen Gesundheitsamt, sollte in Proben aus frischen Syphilisgeschwüren den Keim isolieren. Die Proben erhielt er von Lessers Oberassistenten, dem bereits erwähnten Militärarzt und späteren Bonner Ordinarius Erich Hoffmann, der seit seiner Studienzeit Material aus syphilitischen „Primäraffekten“ sammelte. Als weiterer Experte wurde der Bakteriologe Fred Neufeld (1869–1945) hinzugezogen, der zu diesem Zeitpunkt ebenfalls am Kaiserlichen Gesundheitsamt tätig war.

Die quasi „staatlich verordnete“ Entdeckung des Erregers ließ nicht lange auf sich warten. In dem gut geeigneten Material Hoffmanns konnte Schaudinn, der die besten Apparaturen aus dem Reichsgesundheitsamt in die Frauenabteilung der Hautklinik der Charité hatte bringen lassen, eine bleiche, schraubenförmige Struktur identifizieren, die *Spirochaeta pallida*, die blasse Spirochäte. Bereits im Mai 1905 wurden die Ergebnisse anlässlich einer Sitzung der *Berliner Medizinischen Gesellschaft* präsentiert und diskutiert. Die öffentliche Aufmerksamkeit, die Robert Koch 1882 bei seinen ersten Präsentationen des Tuberkulose-Erregers ausgelöst hatte, war allerdings 1905 längst abgeebbt; die Reaktion des Auditoriums blieb zunächst verhalten. Doch verflüchtigte sich die Skepsis der ärztlichen Meinungsführer Ernst von Bergmann und Albert Neisser schnell: Bis Ende 1906 waren bereits über 750 Publikationen zum Syphiliserreger veröffentlicht. Mit der Aufklärung der Ätiologie nahmen auch die Kenntnisse zur Pathogenese der Syphilis ständig zu. Gleichzeitig veränderten und erweiterten sich die Methoden der Diagnostik.[31] Eine der bedeutenden Neuerungen in der Diagnostik der Syphilis fand in unmittelbarer Nachbarschaft der Charité am *Preußischen Institut für Infektionskrankheiten* statt: Im Jahre 1906 veröffentlichte August von Wassermann (1866–1925), damals Leiter der selbständigen Abteilung für experimentelle Therapie und Serumforschung, gemeinsam mit Albert Neisser und Carl Bruck (1879–1944) ein zwar kompliziertes, aber in hohem Maße verlässliches serologisches Nachweisverfahren mit dem die Syphilis auch in der Latenzphase diagnostiziert werden konnte.[32] Mit der Kombination von bakteriologischen und serologischen Nachweismethoden konnte die Syphilis nun außerdem von anderen Geschlechtskrankheiten wie Gonorrhoe oder Ulcus molle unterschieden werden.

Paul Ehrlich (1854–1915) – in den 1880er Jahren zunächst Assistent und Oberarzt an der I. Medizinischen Klinik sowie an der II. Medizinischen Klinik in der Charité – war 1891 von Robert Koch als außerordentlicher Professor an das neu gegründete *Preußische Institut für Infektionskrankheiten* in Berlin geholt worden. 1896 wurde Ehrlich Direktor des neuen *Königlichen Instituts für Serumforschung und Serumprüfung* in Steglitz bei Berlin, welches 1899 nach Frankfurt am Main verlegt wurde. Hier suchte er nun mit seinen Mitarbeitern des privat finanzierten Speyer-Hauses nach geeigneten chemischen Verbindungen zur Behandlung von Infektionskrankheiten. Es dauerte bis 1909, als nach einer langen Folge von synthetisierten Arsenverbindungen eine Substanz im Tierversuch die erwünschte Wirkung zeigte. Das als Salvarsan – „das Arsen, welches heilt" – beworbene Präparat zeigte gute Wirkung bei frischen Syphiliserkrankungen. So äußerte sich der Sanitätsrat

Abb. 6.3 Salvarsan, das erste Spezifikum gegen die Syphilis.

Wilhelm Wechselmann (1860–1942), dem die große Syphilisklinik am Virchow-Krankenhaus unterstand, 1910 in einem Vortrag geradezu euphorisch über seine Versuche mit Salvarsan in der Behandlung von Syphilitikern. Hinsichtlich der Frage, wie dieses Medikament im Vergleich zu den bekannten Mitteln zur Behandlung der Syphilis zu bewerten sei, konnte seiner Meinung nach „gar kein Zweifel obwalten, dass das neue Mittel auf die Symptome der Syphilis in allen ihren infektiösen Formen mit einer Rapidität und Gründlichkeit wirkt, wie sie kein anderes bisher bekanntes Mittel auch nur annähernd aufweisen [konnte]." Er hatte es zu diesem Zeitpunkt in 80 Fällen erprobt; die Wirkung traf „mit der Sicherheit eines Experimentes ein", so sein Bericht. Die Heilwirkungen waren „so rapide, dass man die Patienten nicht demonstrieren kann, weil meist schon nach wenigen Tagen an ihnen nichts mehr zu sehen ist und sie das Krankenhaus verlassen."[33]

Abb. 6.4 Moulagensammlung in der Hautklinik der Charité (1910er Jahre).

Damit könnte das Salvarsan auch als ein Faktor für die Konjunktur der Moulagen in der dermatologischen Ausbildung angesehen werden.[34] Weil die Syphiliserscheinungen an der Haut so rasch und umfassend geheilt wurden, standen Patienten für die Demonstrationen in der medizinischen Ausbildung nicht mehr in ausreichendem Maße zur Verfügung. Durch die plastischen Moulagen, einer Wachspräparatetechnik, die in dreidimensionaler Form die Krankheitserscheinungen, die vom lebenden Menschen abgenommen wurden, dauerhaft präsentiert, konnten syphilitische Krankheitsbilder für die Lehre konserviert und verwendbar gemacht werden. Die Patienten mussten nur für die Abformung des Präparates zur Verfügung stehen, nicht mehr für die Falldemonstration bei Vorlesungen und Vorträgen in medizinischen Fachgesellschaften.[35]

Allerdings: So segensreich das Salvarsan für die dermatologischen Erscheinungsformen der Syphilis war, bei tertiärer Syphilis wie progressiver Paralyse oder Tabes dorsalis entfaltete es keine Wirkung.

Progressive Paralyse

Etwa zwei bis fünf Prozent der Personen, die eine Syphilisinfektion durchgemacht hatten, erkrankten im späteren Leben an einer Tertiärform der Krankheit im Bereich von Gehirn und Rückenmark. Der Zusammenhang zwischen einer durchgemachten Syphilisinfektion mit dem neurologischen Krankheitsbild der Tabes dorsalis bzw. des psychiatrischen Krankheitsbildes der Progressiven Paralyse war schon im 19. Jahrhundert vermutet worden, den tatsächlichen Beweis dafür erbrachte der Japaner Hideyo Noguchi (1876–1926), dem 1913 am *Rockefeller Institute for Medical Research* erstmals die Anzüchtung von Syphiliserregern aus Hirnzellen von Paralytikern gelang.

Die Krankheitsbilder der Paralytiker und Tabiker im Spätstadium führten mit der damit einhergehenden ausgeprägten Pflegedürftigkeit dazu, dass diese Patienten eine personenstarke Gruppe in psychiatrischen Kliniken und Heil- und Pflegeanstalten darstellten. Derzeit laufende Forschungen zur Auswertung von Krankenakten und Krankenstatistiken aus der Charité erlauben die Schätzung, dass bei etwa einem Drittel aller psychiatrischen Patienten der Charité die Diagnosen Neurolues oder Progressive Paralyse lauteten. Weil sie als unheilbar galten und weil die Krankheit zwingend zu einem frühen Tod führte, fristeten Paralytiker ein Schattendasein in psychiatrischen Abteilungen und Heil- und Pflegeanstalten.[36]

Die Entdeckung von Noguchi 1913 hatte hieran zunächst nichts geändert, weil die Paralyse ebenso wie die Tabes nicht auf eine chemotherapeutisch-antisyphilitische Therapie ansprach. Ehrlichs Salvarsan half ebenso wenig wie die traditionellen Quecksilberschmierkuren oder Sublimateinspritzungen. Wegen der Zwangsläufigkeit des Verlaufs und des fortschreitenden Persönlichkeitsverlustes der Patienten ließen sich diese Kranken als Beispiel einer letztlich sinnlosen Verschwendung öffentlicher Ressourcen instrumentalisieren, oder, um einen schon vor 1933 geprägten Begriff zu gebrauchen, als „Ballastexistenzen" marginalisieren.[37] Die verlustreiche Niederlage des Ersten Weltkrieges und die wirtschaftlichen Not der Nachkriegszeit gab solchen Gedankenspielen zusätzliche Nahrung.

Alfred Grotjahn (1869–1931), erster Professor für Sozialhygiene an der *Berliner Friedrich-Wilhelms-Universität*, führte in seiner Monographie *Soziale Pathologie*, welche erstmals 1912 erschien, die Paralyse als eine Krankheit an, deren Vorkommen aufgrund des Bevölkerungswachstums in den Städten stark zugenommen hätte. So stellten sich die Zahlen der Paralytiker unter Neuzugängen in preußischen Irrenhäusern wie folgt dar:

Tabelle 6.1: Jahreszugang an Paralytikern in den preußischen Irrenhäusern, nach Blaschko.

Zeitraum	Männer	Frauen
1881–1890	995	222
1891–1900	1.524	442
1901–1905	1.960	568
1906	2.195	614
1907	2.279	660

Schon auf den ersten Blick ist die steigende Zahl von Paralytikern in Tabelle 6.1 zu sehen, genau genommen war der Zuwachs wegen der kürzer werdenden Zeiträume wesentlich höher. Grotjahn hatte diese Zahlen von Blaschko übernommen und auf ihrer Grundlage angenommen, dass im Durchschnitt zwei von Hundert aller an Syphilis Erkrankten eine Paralyse entwickelten. Die Paralyse als Spätstadium der Syphilis war in der Reichsbevölkerung ungleich verteilt. Waren es im Durchschnitt 9,6 Paralytiker pro 100.000 Einwohner, die in Heil- und Pflegeanstalten aufgenommen wurden, lag diese Zahl für den Stadtkreis Berlin mehr als dreimal so hoch bei 32,2 pro 100.000, in Ostpreußen dagegen nur bei 4,3 und in Westfalen gar nur bei 2,2. Nicht nur die Geschlechtskrankheiten, auch deren Spätfolgen wie die Paralyse galten als ein Phänomen der Großstadt.[38]

Die Paralyse war für Grotjahn eine zwar vermeidbare, aber leider unheilbare Geisteskrankheit. Als Sozialhygieniker sah er vor allem die durch sie bedingte soziale Bedrohung: „In noch höherem Grade wie die Tabes vernichtet besonders bei den Angehörigen des Mittelstandes die Paralyse häufig die ganze Familienexistenz, wenn sie plötzlich den Familienvater befällt, der sich längst von Syphilis geheilt glaubte, eine Stellung geschaffen und eine Familie gegründet hatte."[39]

Auch der zu Anfang des Kapitels vorgestellte Patient Paul S. war verheiratet und bei der Aufnahme in die Psychiatrische Klinik Vater einer 12jährigen Tochter. Seine Frau hatte, wie sie dem Aufnahmearzt berichtete, zudem wenige Wochen zuvor eine Fehlgeburt erlitten, wovon S. offenbar nichts wusste. Sie berichtete außerdem von einer zunehmenden Wesensveränderung ihres Mannes, die ihre bescheidene bürgerliche Existenz bedrohte.

Frau S. bekundete, dass ihr Mann in einem Büro bei der Eisenbahn tätig sei, er habe viel zu rechnen, sei wegen seiner Tüchtigkeit hoch geschätzt. Vor zwei Wochen sei er jedoch auffällig geworden: „ließ Nullen aus". Er habe dies selbst nicht bemerkt, auf Nachfrage die Fehler allerdings sogleich zugegeben. Zuhause seien schon vor Wochen Veränderungen in seinem Verhalten aufgefallen:

> Er ließ sich gehen, knöpfte sich in Gegenwart der 12-j[ährigen]. Tochter die Hosen auf u[nd] die Hosenträger ab, weil es ihm zu eng sei; ‚wurde ungalant'; erzählte einen unanständigen Witz, was er früher nie getan hätte. [...] Wurde unsauber in der Kleidung; wurde gleichgültig; wollte jetzt in der Küche essen (‚das hätte er sonst nie getan'). Wurde auffällig gleichgültig gegen Frau + Kind.

Schon zum Jahreswechsel war bemerkt worden, dass Paul S. interesselos wurde, sich gehen ließ, früher wäre er sehr aufbrausend gewesen und hätte sich wenigstens verteidigt. An der Abendbrottafel sei er eingeschlafen, „gar nicht unterhaltsam", früher hingegen sei er ein beliebter und gesuchter Gesellschafter gewesen. Als weiteres Zeichen des Verfalls gab die Ehefrau an: „Vor 4 Wochen puhlte er sich die Fingernägel in Damengesellschaft." Der Schwiegermutter seien Wesensveränderungen bereits im Sommer 1924 aufgefallen. Schon vor zwei Jahren habe Paul S. geklagt, dass er wie auf Gummi gehe, mit der Zeit habe er auch beim Gehen geschwankt und viel über Kopfschmerzen geklagt, damals hätte es auch öfter „nasse Stellen" im Bett gegeben. Auch wenn Paul S. durch die bahneigene Versicherung auch im schlimmsten Fall mit einer Rente rechnen konnte, hatten er und seine Familie eine Menge zu verlieren, wozu nicht zuletzt die Achtung und Selbstachtung des Familienoberhaupts zählte.

Die Malariafiebertherapie

Nach den entäuschenden Therapieversuchen mit Salvarsan eröffnete die während des Ersten Weltkrieges entwickelte Malariafiebertherapie erstmals die Hoffnung, in den Krankheitsverlauf der Progressiven Paralyse eingreifen zu können, ihn zu hemmen, wenn nicht sogar eine Heilung zu erzielen.

Heutzutage ist diese Behandlungsform weitgehend vergessen. Syphilis wird mit Antibiotika behandelt, seltene Fälle von Progressiver Paralyse können durch liquorgängige Antibiotika, die die Blut-Hirn-Schranke überwinden, geheilt werden. In der ersten Hälfte des 20. Jahrhunderts war dies noch nicht möglich. Progressive Paralyse war eine Sammelbezeichnung für alle Krankheiten, die durch die Infektion des Gehirns und des Rückenmarks gekennzeichnet waren: Lähmungserscheinungen, psychiatrische Auffälligkeiten, manische und psychotische Züge, Unberechenbarkeit des Patienten.

Der Wiener Psychiater Julius Wagner-Jauregg (1857–1940) hatte schon Ende des 19. Jahrhunderts Fallstudien vorgelegt, die aufzeigten, dass fieberhafte Infekte zu Besserungen bei Geisteskrankheiten, insbesondere bei der Progressiven Paralyse führen konnten. Die fieberhaften Infekte erzeugte er zunächst mit verschiedenen Krankheitserregern, wie z. B. mit Streptokokken, aber auch mit Tuberkulin oder durch die Einspritzung von Fremdeiweiß. Den Wirkmechanismus beschrieb er im Sinne einer Katharsis, indem der Organismus erst durch das Fieber geschwächt werde, daraus jedoch gestärkt hervorgehe. Im Jahre 1917 stellte Wagner-Jauregg erneut Infektionsversuche mit Malaria an. Von einem malariaerkrankten Soldaten, der sich wegen einer Nervenverletzung in seiner neurologischen Klinik befand, entnahm er Blut, das er zwei Paralytikern unter die Haut injizierte. Er berichtete über den Verlauf dieser Versuche in der *Psychiatrisch-neurologischen Wochenschrift* 1918.[40] Nach etwa sieben bis zwölf Fieberattacken wurde die artifiziell erzeugte Malaria mit Chinin behandelt, dem einzigen potenten Malariaheilmittel.

In Deutschland wurde die Malariakur oder Malariafieberreiztherapie zunächst in Hamburg als ein gemeinsames wissenschaftliches Projekt von Psychiatern und Tropenmedizinern mit ermutigendem Erfolg ausprobiert.[41] An der Charité-Nervenklinik, die seit 1912 unter der Leitung Karl Bonhoeffers (1868–1948) stand, war es der Assistent Paul Jossmann (1891–1978), der sich seit Beginn der 1920er Jahre mit der Anwendung der Malariafiebertherapie bei Progressiver Paralyse beschäftigte.[42] Jossmann hatte gemeinsam mit Victor Schilling, Professor an der I. Medizinischen Klinik, einen Malariastamm isoliert, der für die Infektion verwendet werden konnte. In einem Beitrag über die Malaria-Behandlung der Progressiven Paralyse legte Jossmann folgende statistische Beobachtung dar:

> In den Jahren 1910–16 wurden 50–74% der in der hiesigen Klinik beobachteten Paralysefälle nach städtischen Anstalten überführt, in den Jahren 1917–20 dagegen nur 23 bis 45%. Diese auffallende Differenz erklärt sich auf sehr einfache Weise dadurch, dass vom Jahre 1917 an etwa die Überführung in städtische Anstalten aus verwaltungstechnischen Gründen sehr erschwert wurde: die Paralysefälle lagen infolgedessen viel längere Zeit in der Klinik, dadurch wurde die Aufnahmefähigkeit der Stationen geringer, ein Umstand, der sich in einem starken Zurückgehen der jährlich zur Beobachtung kommenden Paralysen äußerte.[43]

Die bürokratischen Hürden, die eine zügige Verlegung der Paralytiker aus der Charité-Nervenklinik in Berliner Heil- und Pflegeanstalten hemmten, könnten im Gegenzug mit dafür den Ausschlag gegeben haben, die Malariafiebertherapie als Therapiemöglichkeit zu ergreifen. Paralytiker wurden nicht mehr nur beobachtet und verwahrt, sondern auch behandelt. Auch Paul S. wurde dieser neuen Behandlungsmethode unterzogen. Acht Tage nach Aufnahme in die Nervenklinik wurde eine Malariakur mittels einer Malariaüberimpfung eingeleitet. Das infektiöse Blut erhielt Paul S. am 14. Februar 1925 von einem Mitpatienten. Fortan wurden täglich zweimal Fieber und Puls gemessen. Bis zum 20. des Monats war Paul S. sehr müde, verbrachte die meiste Zeit des Tages im Bett. Am 21. Februar kam es zu einem Anstieg der Körpertemperatur auf 38,6° C. In der Kurve wurde mit einer „1" über dem maximalen Temperaturwert die erste Fieberzacke definiert. Am 22. stieg die Temperatur mittags auf 39,4° C, Paul S. hatte Schüttelfrost. Insgesamt machte er zehn Fieberschübe im Abstand von etwa zwei Tagen durch, vom 7. März an erhielt er dreimal täglich 0,5 g Chinin.

Nach weiteren zwei Wochen endete der Fiebersturm, am 24. März kletterte die Quecksilbersäule letztmalig auf 39,6° C, und am 4. April 1925 wurde Paul S. nach zwei Monaten Aufenthaltsdauer aus der Charité-Nervenklinik nach Hause entlassen. Allerdings berichtete der Patient bei einer Nachuntersuchung in der Charité Ende Januar 1928, zu der er postalisch eingeladen worden und gemeinsam mit seiner Frau erschienen war, dass er sich nach

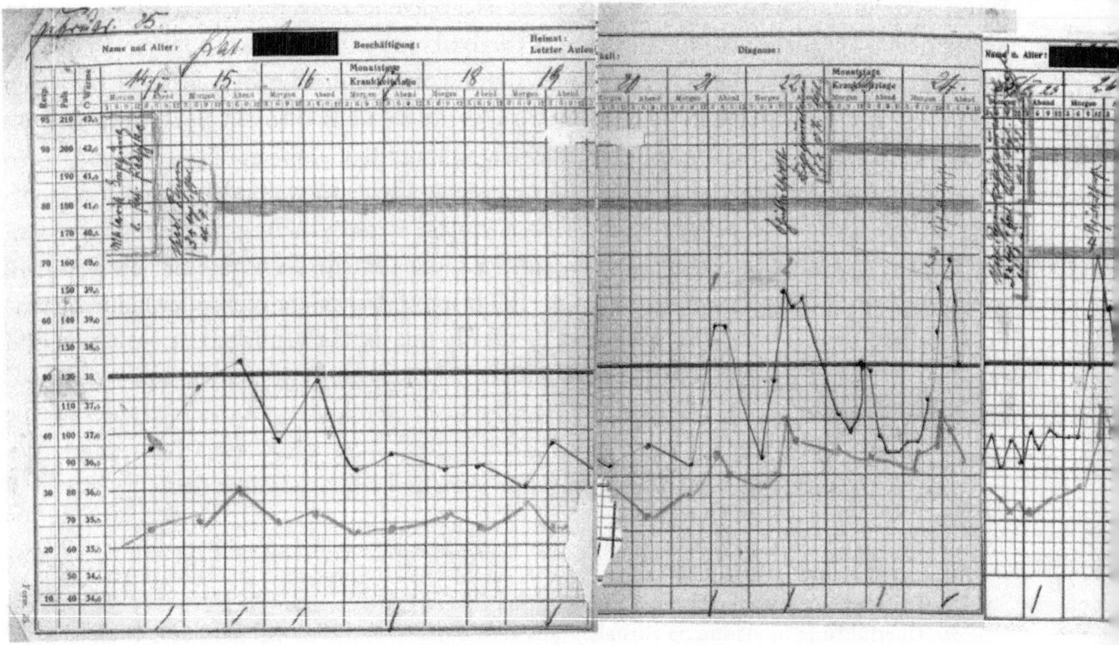

seiner Entlassung aus der Charité-Nervenklinik nicht mehr zurecht gefunden hätte. So wäre er einmal einen halben Tag lang Straßenbahn gefahren, festgenommen und nach Hause gebracht worden; anderntags habe er in einem Lokal die Zeche geprellt und sei wiederum von der Polizei nach Hause gebracht worden.

Paul S., dessen Zustand also nicht augenfällig gebessert war, ließ sich wenig später zu einer weiteren Malariakur in die *Heil- und Pflegeanstalt Brandenburg-Görden* einweisen. Im Frühjahr 1926 hatte er dann seinen Dienst im Eisenbahnausbesserungswerk Brandenburg-West wieder angetreten, sich jedoch anderthalb Jahre später nach Tempelhof versetzen lassen, weil er sich wegen seiner Schwierigkeiten „genierte". Im Beruf habe er angeblich keine weiteren Probleme; das Gedächtnis sei gut, doch falle ihm das Abfassen längerer Schriftstücke zunehmend schwer. „Er sei nicht mehr der gleiche Mensch wie früher."

1928 implizierte die Malariatherapie gleichermaßen therapeutischen Segen wie eine Zeit des Leidens für den Patienten, eine Heilung versprechende Phase, die aber durch Fieberattacken, Schüttelfröste und Fieberdelirien gekennzeichnet war. Dies wurde nur abstrakt durch die Fieberzacken einer Temperaturkurve dokumentiert, die bis auf „Schüttelfrost" und Temperaturangaben keinen Raum für die Erfahrungen der das Fieber durchstehenden Patienten vorhielt. Die kargen Einträge zeugen vielmehr von der Unfähigkeit, diagnostische und therapeutische Beobachtungen an der Grenze der Mitteilbarkeit schriftlich zu fixieren.

Auch im Werk des seit 1917 in Berlin als niedergelassener Dermatologe tätigen Dichters Gottfried Benn (1886–1956), der sein Medizinstudium an der *Kaiser-Wilhelm-Akademie für das militärärztliche Bildungswesen* absolviert und von 1910 bis 1911 an der Charité gearbei-

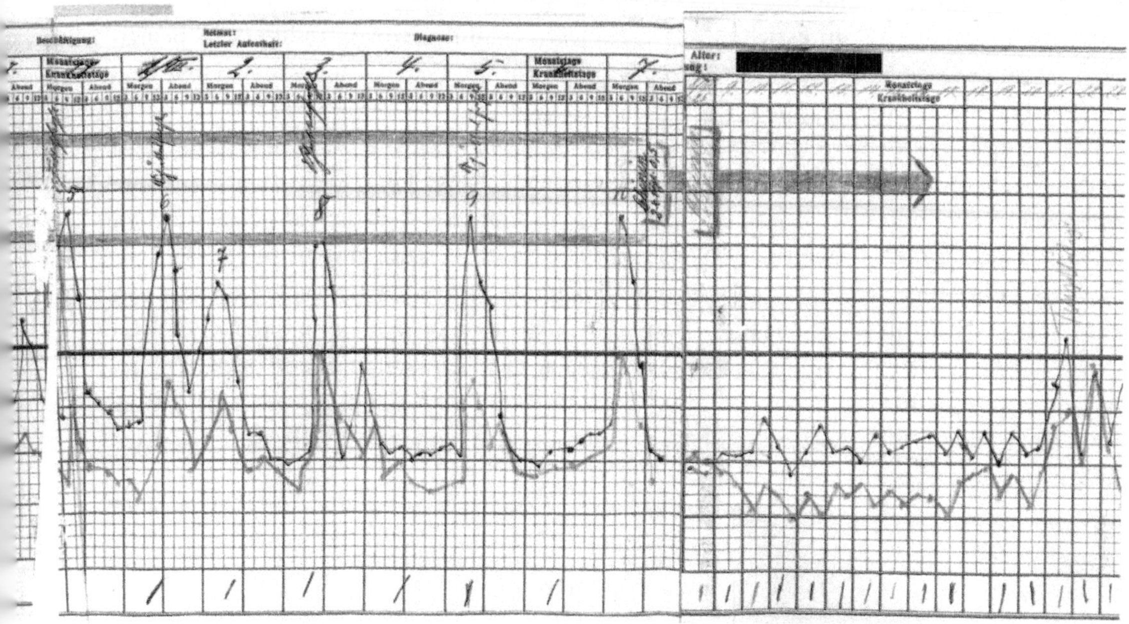

Abb. 6.5 Fieberkurve (Ausschnitt) aus einer Krankenakte der Charité (1925). Die steilen Temperaturzacken mit dem Zusatz „Schüttelfrost“ dokumentieren die Folgen einer therapeutischen Infizierung mit Malaria.

tet hatte, finden sich Bezüge zu dieser drastischen Form der Therapie. In seinem Gedicht *Staatsbibliothek*, welches auf expressionistische Art und Weise das Hochgefühl und das Leid desjenigen beschreibt, welcher in der Staatsbibliothek nach Worten und Begriffen ringt, verwendet er den Neologismus „Fieberparadies“. Aus dem Zusammenhang wird deutlich, dass hiermit ein Zustand zwischen Leid und Hochgefühl gemeint war, der quälenden Suche nach einer Formulierung und dem euphorischen Glücks- oder Heilsgefühl, wenn die Worte fließen. Fieber als Metapher für Leid und Leidenschaft – zwei Stimmungen, die sich auch in der Malariafiebertherapie und ihrer Geschichte wiederfinden.[44]

Die im Jahre 1928 durchgeführte Nachuntersuchung von Paul S. fand im Rahmen einer umfassenden wissenschaftlichen Studie statt. Die Auswertung der Krankheitsverläufe von über 5.000 mit Malaria-Fiebertherapie behandelten Patienten in der Charité und in Berliner Heil- und Pflegeanstalten wurde von Karl Bonhoeffer und seinem Oberarzt Paul Jossmann 1932 gemeinsam veröffentlicht.[45] Die Charité-Psychiatrie- und Nervenklinik kooperierte dabei mit den Heil- und Pflegeanstalten in den Berliner Stadtteilen Herzberge, Buch und Wittenau sowie mit den Kuranstalten Westend. Insgesamt wurden 1.762 Männer und 353 Frauen nach einer durchgeführten Malariakur erfasst. Die Ergebnisse dieser Studie wurden außerdem mit Resultaten anderer deutscher und ausländischer Kliniken verglichen.

Dieser großangelegten Untersuchung zufolge war die Therapie äußerst vielversprechend, einerseits wegen der mit ihr erzielten und erzielbaren Heilungserfolge, andererseits prinzipiell wegen der weitergehenden Forschungsimpulse für die Behandlungsmöglichkeit psychiatrischer Krankheiten überhaupt.

Für die in der Charité behandelten Paralytiker ergab sich folgende Aufstellung: Bei etwa einem Viertel beobachtete man eine Vollremission, bei einem Fünftel eine Teilremission. Allerdings waren unter der Behandlung ein weiteres Fünftel der Patienten – aus welchen Gründen auch immer – verstorben.[46] Die Ergebnisse für die Charité und die in den Berliner Heil- und Pflegeanstalten durchgeführten Malariakuren unterschieden sich nicht von den Zahlen anderer Kliniken und Häuser. Zusammenfassend sprachen Bonhoeffer und Jossmann der Malariareiztherapie einen großen, bislang nicht erreichten Erfolg in der Beeinflussung der Progressiven Paralyse zu, wobei sie nicht auf eine Heilung oder vollständige Wiederherstellung fokussierten, sondern auf Besserungen und teilweise Besserungen des Krankheitszustandes.

6.4 Ausblick

Es bleibt festzuhalten, dass mit dem Salvarsan, dem ersten synthetisch hergestellten Antibiotikum, und mit der Malariafiebertherapie seit dem Ende des Ersten Weltkrieges zwei Therapeutika für eine aktive Behandlung der Syphilis und ihrer Folgeerkrankungen zur Verfügung standen, die auch an der Charité an der Dermatologischen sowie an der Psychiatrischen und Nervenklinik angewandt und weiterentwickelt wurden.

Dabei bot die Malariakur den behandelnden Ärzten erstmals eine erfolgversprechende Behandlungsmöglichkeit der Progressiven Paralyse, aus der sie zwei Schlussfolgerungen zogen: Erstens legitimierte dieser Erfolg, auch wenn die Heilung weder vollständig noch dauerhaft war, jede Anstrengung zur Optimierung der Methode. Zweitens rechtfertigten die therapeutischen Risiken der Therapie weitere grundlegende Forschungen zur Weiterentwicklung des Behandlungsansatzes. Vor diesem Hintergrund ist es ein geradezu aussichtsloses Unterfangen, bei der Malaria-Fiebertherapie eine scharfe Grenze zwischen verwerflichen Menschenexperimenten und akzeptablen Heilversuchen zu ziehen. Auch wenn das Einverständnis der Paralytiker für die Therapie von den Ärzten eingeholt wurde, bleiben solche Behandlungsversuche fragwürdig, da die zu behandelnde Krankheit die Einwilligungsfähigkeit beeinträchtigen konnte. In der Krankengeschichte von Paul S. zeigt sich zudem, dass auch die Betroffenen, der Kranke und seine Angehörigen, eine Fortsetzung der Behandlung anstrebten, indem Paul S. nach einer kaum als Erfolg zu bezeichnenden Malariakur sich trotz aller Nebenwirkungen einer zweiten Fieberbehandlung unterzog. Dennoch darf nicht übersehen werden, dass sich diese Behandlungsform eigentlich noch in einem experimentellen Stadium befand, also keineswegs eine etablierte Therapie darstellte. In dieser vulnerablen Phase ergaben sich Möglichkeiten, die aus entfernterer Perspektive betrachtet zweifellos Grenzüberschreitungen darstellen, von den Akteuren des Augenblicks jedoch keinesfalls so gewertet wurden.

Die Entdeckung des Syphiliserregers, die Entwicklung des serologischen Tests auf Syphilis am benachbarten Preußischen Institut für Infektionskrankheiten, die klinische Ausbildung des Entwicklers des Salvarsan und auch die klinische Anwendung und Überprüfung der Fiebertherapie: all dies fand an der Charité oder in enger Verbindung mit ihr statt. Beispielhaft bezeugt die wissenschaftliche Begleitung der Malariabehandlung in der genannten groß angelegten Studie der Psychiatrischen und Nervenklinik der Charité unter Bonhoeffer die ideale und seriöse Verknüpfung klinischer Tätigkeit und medizinischer Forschung, wie sie in der modernisierten, der Universität immer enger verbundenen Charité nach dem Ersten Weltkrieg möglich geworden war.

Nicht unerwähnt bleiben sollte in diesem Zusammenhang, dass durch die Schließung der Militärärztlichen Akademie und die Zulassung ziviler Assistenten und Assistentinnen in der Weimarer Zeit sich an der Charité vielfältige Möglichkeiten wissenschaftlicher Zusammenarbeit und innovativer Forschung ergaben, die entscheidend zu dem hervorragenden Ruf des Hauses beitrugen. Gerade auch an der Psychiatrischen und Nervenklinik der Charité waren unter der Leitung Bonhoeffers höchst unterschiedliche Charaktere und Temperamente versammelt, die hier ihren wissenschaftlichen Neigungen und Interessen nachgehen konnten und damit auch einen Beitrag zu dem Weltruf der Klinik leisteten:

Franz Kramer (1878–1967) war gemeinsam mit Bonhoeffer 1912 von Breslau nach Berlin gekommen. Er berichtete erstmals über „hyperkinetische Erkrankungen im Kindesalter“, das so genannte Kramer-Pollnow-Syndrom, welches heutzutage als Aufmerksamkeitsdefizit- und Hyperaktivitäts-Syndrom, kurz ADHS bezeichnet wird.[47] Kramer vertrat die Milieutheorie, nach der die Ursachen für eine Psychopathie eher in exogenen, insbesondere in milieubedingten Faktoren zu suchen seien. Im Gegensatz dazu beschäftigte sich Kurt Pohlisch (1893–1955) vornehmlich mit der psychiatrischen Erblichkeitslehre sowie der Erforschung des Suchtmittelmissbrauchs (Alkohol, Morphium und Schlafmittel).[48] Der spätere Professor der Universität Bonn wurde nach 1933 „förderndes Mitglied“ der SS und nach 1939 auch Gutachter der Krankenmordaktion T4. Paul Jossmann, der die Malariakur an der Charité etablierte, musste in die USA emigrieren und war dort als Professor für Neurologie tätig. Arthur Kronfeld (1886–1941) habilitierte sich 1927 bei Karl Bonhoeffer für Psychiatrie und Nervenheilkunde. Er war zuvor sieben Jahre lang am *Institut für Sexualwissenschaften* Magnus Hirschfelds einziger besoldeter Arzt gewesen. Kronfeld, ein herausragender Psychotherapeut, machte sich für diesen Bereich der Behandlung innerhalb der Psychiatrie stark und schuf sich damit ein eigenes Feld an der Psychiatrischen und Nervenklinik der Charité. Hans-Gerhard Creutzfeldt (1885–1964), ein neurologisch orientierter Assistent der Klinik, hatte bereits 1920 zu herdförmigen Erkrankungen des ZNS publiziert. Ab 1924, mit Eintritt in die Charité, wurde ihm die Leitung des „Anatomischen Laboratoriums“ –

gemeint war ein neuropathologisches Labor – übertragen. Creutzfeldt gilt gemeinsam mit dem Psychiater Alfons Maria Jakob (1884–1931), der Assistent bei Kraepelin und Alzheimer in München war, als Erstbeschreiber der heute mit dem Eponym Creutzfeldt-Jakob-Krankheit bezeichneten Erkrankung (Prionopathie).

Die Reihung ließe sich fortsetzen, aber sie ist endlich: 1933 mussten rassisch und politisch unliebsame Ärztinnen und Ärzte die Charité verlassen, hierzu gehörten neben Jossmann auch Kramer und Kronfeld. Das bis dahin ungestörte kollegiale Verhältnis zwischen den Klinikärzten ging durch gegenseitiges Misstrauen vielfach verloren. Die Diversität der Forschungsthemen wurde abgelöst durch eine einheitliche Ausrichtung der Psychiatrie auf erb- und rassenbiologische Fragestellungen und die Umsetzung des Gesetzes zur Verhütung erbkranken Nachwuchses. Die umfassende Gleichschaltung aller Gesellschaftsbereiche nach 1933 hatte damit auch die Charité erreicht.

Udo Schagen und Sabine Schleiermacher

7. Unter dem Hakenkreuz (1933–1945)

1944 war Frieda A. 26 Jahre alt. Drei Kinder hatte sie bereits. Mit dem vierten war sie schwanger. Weil bei zwei ihrer drei Kinder einzelne Finger und Zehen fehlten, war sie für einen Schwangerschaftsabbruch und eine gleichzeitige Sterilisierung vorgesehen. Dazu muss man wissen, dass während des Nationalsozialismus der Abbruch einer Schwangerschaft bei als „erbgesund" und als „deutsch" klassifizierten Frauen grundsätzlich verboten und unter Strafe gestellt war. Allenfalls bei einer so genannten „medizinischen Indikation", nämlich einer Gefahr für das Leben der Mutter, durfte ein Abbruch erwogen werden. Auch der bereits 73jährige Chef der Universitätsfrauenklinik, Professor Walter Stoeckel (1871–1961) war einer der schärfsten Gegner des Schwangerschaftsabbruchs. Sein Leben lang hatte er sich dafür eingesetzt, dass Frauen, auch wenn sie sich in ärgster materieller und sozialer Notlage befanden, eine Abtreibung nicht gestattet wurde. Bei Frieda A. war allein die Möglichkeit, dass dem erwarteten Kind ebenfalls wie zweien ihrer drei Kinder Finger und Zehen fehlen könnten, Grund genug sie als erbkrank einzustufen. Die Zwangssterilisierung der Frauen, die nach dem Urteil eines Erbgesundheitsgerichts als Trägerinnen eines solchen mutmaßlichen „Erbmerkmals" angesehen wurden, war bereits seit 1934 erlaubt; ein Schwangerschaftsabbruch aus gleichen Gründen seit 1935 ebenfalls. 1940 war ein Geheimerlass verabschiedet worden, der eine Abtreibung auch ohne Beschluss eines Erbgesundheitsgerichtes erlaubte, z. B. wenn eine Schwangere bereits vorher so genannte „erbkranke" Kinder geboren hatte. Die 26jährige Frieda A. war im fünften Monat, als bei ihr der Abbruch der Schwangerschaft in der Berliner Universitätsfrauenklinik durchgeführt wurde. Die spätere Untersuchung des abgetriebenen Feten ergab, dass er nicht „erbkrank" war, sondern dass es sich vielmehr um „einen kräftigen, gut und vollkommen normal entwickelten Keimling vom Anfang des 6. Schwangerschaftsmonats" handelte, der keinerlei Missbildungen erkennen ließ und dessen Organe sämtlich vollkommen normal gebaut waren.[1]

Diese Fallgeschichte zeigt, mit welchen „tödlichen Konsequenzen" die nationalsozialistische Medizin auch gegen vollkommen Gesunde vorging, wenn diese in das Visier ihrer gesundheitspolitischen Leitvorstellungen gerieten.

7.1 Medizin am Volksganzen

Die medizinischen Wissenschaftler und Ärzte im Nationalsozialismus waren Akteure einer seit Anfang des 20. Jahrhunderts einsetzenden Entwicklung in der Medizin, in der im Zuge des sich etablierenden und von ihnen mit propagierten Sozialdarwinismus das Wohl des Individuums aus dem Auge verloren wurde. Ausgestattet mit einem robusten Fortschrittsoptimismus, wollten die Mediziner sich kurierend auch der zuvor von ihnen mitdiagnostizierten „Krankheiten" der „Volksgemeinschaft" annehmen. Gekennzeichnet ist diese Medizin durch die Denkmuster der Eugenik oder Rassenhygiene, durch die Zwangssterilisation, durch die so genannte „Euthanasie" und durch Menschenversuche in Konzentrationslagern und Kliniken.[2]

Unter den politisch-ökonomischen Bedingungen des Nationalsozialismus, den damit verbundenen Herausforderungen und Chancen sowie spezifischen Wertsetzungen radikalisierten sich diese Entwicklungen; die Medizin lieferte die Kriterien für die Selektion von Menschen und die damit verbundenen Differenzierungen zwischen „leistungsfähig" und „leistungsunfähig", „höherwertig" und „minderwertig", „lebenswert" und „lebensunwert". Die Forschung an „lebenden Objekten", in die der Tod von Menschen einkalkuliert war, stellte nur ein weit fortgeschrittenes Stadium dieser Entwicklung dar.

Im Nationalsozialismus wurden politische und soziale Entscheidungen medikalisiert. Für soziale oder kulturelle Unterschiede sowie politische Positionierungen fanden Begriffe Verwendung, die auf Erkenntnissen der Genetik beruhten. So wurden Menschen mit gegenüber der Mehrheit andersartigen oder eingeschränkten geistigen oder körperlichen Fähigkeiten als „erbkrank" bezeichnet sowie beschuldigt, durch Fortpflanzung „minderwertiges" Erbmaterial weiterzugeben und damit vermeintlich das „deutsche" Volksganze zu schädigen. Menschen mit anderen, als „undeutsch" bezeichneten kulturellen Traditionen oder Verhaltensmerkmalen wurden aufgrund „rassenhygienischer Erkenntnisse" als „minderwertigen" Volksgruppen zurechenbar klassifiziert, wie Juden, Homosexuelle, Roma und Angehörige anderer Ethnien. Dem politischen Willen, solche Gruppen auszugrenzen und ihnen damit ihr Existenzrecht zu nehmen, diente die medizinisch-wissenschaftliche Klassifizierung. Behinderte galten zusätzlich auch deshalb als „Volksschädlinge", weil sie zur wirtschaftlichen Leistung des „Volkes" nichts beitrugen. Solches Denken wurde während des Zweiten Weltkrieges mit furchtbarer Wirkung auf slawische Völker übertragen. Mit der Abgrenzung der „Deutschen" von den „Minderwertigen" und rassisch „Fremden" sowie deren Ausgrenzung gelang es auch, soziale und Klassenunterschiede innerhalb des „deutschen Volkes" zu verwischen und darin begründetes Konfliktpotential auf die „Andersartigen" zu fokussieren. Die Medizin lieferte mit wissenschaftlicher und scheinbar rationaler Fundierung die Selektionskriterien. Rassenbiologie und Rassenanthropologie unterschieden Juden, Sinti und Roma sowie andere von „höherwertigen Ariern". Die Gesetze und

Verordnungen, die die Entlassung, Entrechtung, Vertreibung und Ermordung in Gang setzten, stützten sich auf solche medizinisch legitimierten Differenzierungen. Die Rassenhygiene unterschied zwischen Erbmerkmalsträgern von Gesundheit und Krankheit und damit zwischen „lebenswert" und „lebensunwert". Die scheinbar objektiven und harten, weil von der naturwissenschaftlich begründeten Medizin gelieferten Kriterien verdrängten soziale, politische, ökonomische und geschlechtsspezifische Determinanten des menschlichen und gesellschaftlichen Lebens.

Eine Stigmatisierung führte zunächst zur (Aus-)Sonderung von Menschen, deren Fortpflanzung nicht erwünscht war. Schon im Frühjahr 1934 trat auf Vorschlag medizinischer Experten das *Gesetz zur Verhütung erbkranken Nachwuchses* in Kraft, das die Zwangssterilisierung legitimierte, die diese Experten – erfolglos – schon in der Weimarer Zeit vorgeschlagen hatten. Hunderttausende Menschen wurden in der Folgezeit aufgrund des Gesetzes sterilisiert. Ein weiteres, so genanntes *Sterbehilfe-* oder *Euthanasiegesetz* war bereits weit gediehen, kam aber aus außen- und kirchenpolitischen Gründen nicht zur Verabschiedung. Wohlgemerkt: Das darin verankerte politische Ziel gedieh zwar nicht zur Gesetzesform; die Ermordung der mehr als 200.000 von medizinischen Experten als behindert und psychiatrisch krank erfassten und klassifizierten Menschen fand in den ärztlich geleiteten Anstalten dennoch statt. Sie wurden von einer so genannten Leistungsmedizin als „unnütze, als Ballastexistenzen" eingeordnet. Während des Krieges legitimierte die medizinische Wissenschaft Experimente an Menschen; für den Erhalt des „Höherwertigen" durfte „Minderwertiges" geopfert werden. Mit Kriegsbeginn 1939 wurde die rassenhygienisch begründete Entrechtung von Menschen auf andere Völker Europas ausgedehnt. Volksgruppen wurden umgesiedelt oder getötet, Kriegsgefangene ließ man verhungern, Konzentrationslager wurden zu Orten medizinischer Experimente.

Was haben nun die Charité und die Berliner Universitätskliniken mit alledem zu tun? So wie diese Teil des Ruhmes medizinischer Wissenschaft in Deutschland waren, so waren sie auch Teil ihres Elends. Die Charité war das wichtigste Ausbildungskrankenhaus der Berliner Universität, deren Medizinische Fakultät seit dem Kaiserreich als die größte und anerkannteste im Deutschen Reich galt. Fast ein Viertel aller Studierenden der Universität im Wintersemester 1932/33 studierte Medizin, das waren insgesamt 3.120 und somit mehr als an jeder anderen deutschen Universität. Die „Machtübernahme" durch die Nationalsozialisten beinhaltete für Kliniken und Fakultät, wie auch für Universitäten im Allgemeinen, eine Neujustierung des tradierten und seit Langem eingespielten Kooperationsverhältnisses zwischen Wissenschaft bzw. Universität und Staat bzw. Politik. An der Charité, wie anderswo, wurde die „Gleichschaltung" durch die Wissenschaftler selbst in Angriff genommen. Vorhandene und auf eine lange Tradition zurückweisende Strukturen, wie Autonomie, Selbstverwaltung und Formen der Rekrutierung des akademischen Nachwuchses, wurden aufgehoben, stattdessen das „Führerprinzip" eingeführt, durch das der Klinikdirektor, Dekan oder Vorstand einer Fachgesellschaft sich noch weniger mit seinen Kollegen abzustimmen hatte, als dies vorher in der deutschen Ordinarien-Universität der Fall gewesen war. Davor war die konsequente „Arisierung“ vorgenommen worden. In ihren wesentlichen Strukturelementen blieb jedoch die Medizinische Fakultät trotz der politischen Umbruchphase von 1933 unverändert.

Diese strukturelle Stabilität muss man sich auch vor Augen halten, wenn man den Umgang mit den eigenen Kolleginnen und Kollegen bedenkt. 1933 protestierte die Fakultät in keiner Weise gegen die Entlassung bis dahin hochgeachteter Kollegen aus politischen und rassischen Gründen, auch wenn einzelne Klinikleiter, so z.B. Sauerbruch und Stoeckel, ihnen angenehmen oder befreundeten Kollegen halfen, wenn diese unter die Rassegesetze fielen. Stattdessen waren Ärzte in leitender Position an der Charité in die Legitimation und Vorbereitung massenhafter Verbrechen eingebunden: Der Direktor der Universitätsnerven-

Abb. 7.1 Robert-Koch-Ehrung anlässlich seines 25sten Todestages am 27.5. 1935.

klinik und Psychiater Max de Crinis (1889–1945)[3] mit hohem SS-Rang galt als „graue Eminenz" der als „Euthanasie" verharmlosten Anstaltsmorde und war an der damit verbundenen Hirnforschung beteiligt. Mehrere der in Nürnberg wegen Verbrechens gegen die Menschlichkeit angeklagten Ärzte gehörten zum Lehrkörper der Medizinischen Fakultät Berlins, darunter die beiden Ordinarien Karl Gebhardt (1897–1947), SS-Führer und Häftlingsexperimentator im *Frauenkonzentrationslager Ravensbrück*,[4] und Paul Rostock (1892–1956), Dekan von 1942 bis 1945 und gleichzeitig verantwortlich für Medizinische Wissenschaft und Forschung bei Hitlers *Generalkommissar für das Gesundheitswesen*.[5] Die weit über Deutschlands Grenzen bekannten Ordinarien, der Chirurg Ferdinand Sauerbruch (1875–1951)[6] und der Gynäkologe Walter Stoeckel (1871–1961) [7] ließen sich in die Dienste der nationalsozialistischen Politik nehmen. Auch die theoretischen Institute der Medizinischen Fakultät waren involviert. Einer der profiliertesten Rassenhygieniker des Nationalsozialismus, Fritz Lenz (1887–1976) [8], leitete das Institut für Rassenhygiene an der Berliner Universität und der Professor für Hygiene, Heinz Zeiss (1888–1949), entwickelte ein Konzept der „Geomedizin", das im Kontext des „Generalplan Ost" stand.[9]

Für Menschenversuche in der Charité selbst gibt es bisher nur einen Befund: Der Direktor der Kinderklinik Georg Bessau (1884–1944) infizierte geistig und körperlich behinderte Kinder mit Tuberkulose, um anschließend Experimente mit einem noch unerprobten Tuberkulose-Impfstoff durchführen zu können. Ein Teil der Kinder starb daran.[10] Dass eine Reihe von Mitgliedern der Charité an der Vorbereitung der Menschenexperimente in Konzentrationslagern, wie Infizierung mit Gasbrand, Verbrennung mit Kampfgiften, Unterkühlung, Unterdruck, Sterilisierung und Kastration u. a. beteiligt waren, kann nicht bezweifelt werden.[11] Auch wurden in der Charité, wie vermutlich in allen Großbetrieben Berlins, Zwangsarbeiter aus verschiedenen Nationen in den verschiedensten Bereichen eingesetzt.[12]

Selbst die Beschneidung der akademischen Rechte nahm die Professorenschaft klaglos hin, nicht nur bezüglich der rassistisch motivierten Ausgrenzung qualifizierter Wissenschaftler, auch bei der Einschränkung der Freiheit wissenschaftlichen Denkens durch das Verbot, die Verdienste jüdischer und politisch andersdenkender Wissenschaftler zu nennen sowie ihre Publikationen zu zitieren, bei der geforderten Höherbewertung politischer und/oder militärischer Leistungen gegenüber wissenschaftlichen Verdiensten bei der Auswahl des Nachwuchses und der Besetzung von Lehrstühlen.

7.2 Vertreibung

Zum 28. März 1933 lud Gustav von Bergmann (1878–1855), Direktor der II. Medizinischen Klinik der Charité und Prodekan, die Mitglieder der Medizinischen Fakultät zu einer eilig einberufenen außerordentlichen Sitzung ein, die um 12 Uhr im Sitzungssaal des Charité-Direktionsgebäudes stattfand. Auf der Tagesordnung stand eine Mitteilung des Reichskommissars für das Gesundheitsministerium im preußischen Innenministerium. Bergmann berichtete, dass er selbst nach Rücksprache mit den Ministerien bereits „allen nicht besoldeten Kräften seiner Klinik, soweit sie jüdischer Abstammung sind, dienstlich mitgeteilt habe, dass sie am Freitag, dem 31. März, definitiv auszuscheiden hätten."[13] Offenbar äußerte keines der immerhin 17 anwesenden Fakultätsmitglieder Bedenken gegen ein solches Vorgehen. Das Protokoll vermittelt den Eindruck, die Sorge der Fakultätsmitglieder habe eher einer schnellen und reibungslosen Abwicklung der Kündigungen gegolten, als den zu kündigenden Mitarbeitern selbst. Die Fakultät fühlte sich durch das nationalsozialistische Kampforgan *Völkischer Beobachter* unter Druck gesetzt, das einen Artikel *Jüdische Aerzte – Jüdisches Personal. Das nennt sich „deutsche" Universitätsklinik?* publiziert hatte.[14] In einer erneuten außerordentlichen Sitzung am 31. März 1933 wurde laut Protokoll bestätigt, dass sowohl vom Kultus- wie vom Innenministerium erwartet werde

> dass allen Juden ohne Unterschied der Konfession in bezahlten und nicht bezahlten Stellen gekündigt wird. [...] [Allerdings würde anerkannt] dass da, wo ganz besondere aussergewöhnliche Verdienste eines Forschers oder unentbehrliche Funktionen im Rahmen des Instituts vorliegen, vereinzelte Ausnahmen gemacht werden dürfen. [...] [Nach dem ausführlichen Bericht des Prodekans] wird [es] den einzelnen Institutsleitern anheim gegeben, wie sie sich entschliessen, und welche Ausnahmen sie für absolut notwendig halten. [...] Die anwesenden Fakultätsmitglieder erheben keine weiteren Bedenken und sind bereit, mit der Feststellung ihrer Loyalität die erwarteten Personalveränderungen durchzuführen, sodass die meisten Kündigungen vor dem 1. April, dem nächsten Tage, zugestellt werden können.[15]

Zu fragen bleibt, warum die Instituts- und Klinikchefs die Entlassungen der früher von ihnen selbst ausgesuchten und eingestellten Kollegen und Mitarbeiter ohne Protest vorgenommen haben, bedeutete die Kündigungen für die Institute und Kliniken doch auch einen Verlust an wissenschaftlichem und ärztlichem Potential. Und wie sollten sie entscheiden, wer denn „Jude" sei, wenn dies nicht nach der Konfessionszugehörigkeit entschieden werden sollte? Gerade in Preußen gab es unter der ursprünglich aus jüdischen Zuwanderern stammenden akademischen Intelligenz zahlreiche Wissenschaftler, die sich nicht als Juden verstanden, sogar zum Protestantismus oder Katholizismus konvertiert waren oder die zum Judentum nur mehr sehr lockere Bindungen hatten. Tatsächlich war die Stimmung an den deutschen Universitäten schon seit Jahren gegen „jüdische Professoren" gerichtet. So erschien seit 1928 an der Göttinger Universität eine Heftreihe unter dem Titel *Der jüdische Einfluss an Deutschen Hohen Schulen*; allein drei Hefte widmeten sich der Berliner Medizinischen Fakultät und kamen zu dem Ergebnis, dass „36 % dieser Universität verjudet" sei.[16] Die hohe Prozentzahl bezog sich auf die Gesamtheit aller, auch der nebenamtlichen Professoren, die in anderen Berliner Einrichtungen (Krankenhäusern, nichtuniversitären Forschungsinstituten, privaten Praxen u. a.) tätig waren, aber auch an der Charité unterrichteten, während in den Kliniken und Instituten der Fakultät selbst nur wenige jüdische Professoren ein Amt innehatten.

Mit ihrer Entscheidung vom 31. März 1933 griff die Fakultät dem *Gesetz zur Wiederherstellung des Berufsbeamtentums* vor, das am 7. April 1933 Gesetzeskraft erlangte.[17] Danach wurden Personen als „nicht arisch", also „jüdisch", kategorisiert, wenn auch nur ein Eltern- oder Großelternteil nachgewiesen wurde, der „jüdischer" oder „mosaischer" Konfession zugerechnet werden konnte, völlig unabhängig davon, welche Beziehung die betreffende Person zum Judentum hatte. Gleichzeitig gab das Gesetz aber auch die Handhabe, über den genannten Personenkreis hinaus unliebsame Kollegen aus dem Dienst zu entlassen: Entlassungsgründe waren neben „ungeeigneter Vorbildung" die Einordnung als „Parteibuchbeamter" (worunter in Preußen SPD-Mitglieder zu verstehen waren), eine angenommene „politische Unzuverlässigkeit" (für Angehörige der KPD, SPD, anderer marxistischer, prorepublikanischer oder pazifistischer Organisationen). Ein nicht näher zu begründendes „dienstliches Bedürfnis" konnte zur Versetzung führen und „zur Vereinfachung der Verwaltung" konnten Mitarbeiter auch in den vorzeitigen Ruhestand geschickt werden.[18]

Wie viele Ärzte und Ärztinnen, Krankenschwestern und Laborantinnen, Hausmeister, Gärtner oder Wärter an der Charité betroffen waren, ist bislang allenfalls für einzelne Abteilungen bekannt und wird wohl nie mehr vollständig zu klären sein. Zusammenfassende Darstellungen gibt es bisher lediglich zur Aberkennung der Lehrbefugnis von Mitgliedern des Lehrkörpers für die Jahre 1933 bis 1935. Über 160 Mitglieder der Medizinischen Fakultät verloren 1933 und in den Folgejahren die Lehrbefugnis und wurden damit auch ihrer Position in der Hochschule enthoben. Die große Zahl der nicht habilitierten Assistenzärztinnen und -ärzte ist naturgemäß in dieser Zählung nicht enthalten.

Der Entzug der Lehrbefugnis war nur ein Aspekt der Verfolgung und der damit einhergehenden Vernichtung der beruflichen Existenz. Ebenfalls schon vor dem 7. April hatten die ärztlichen Standesvereinigungen, denen die Fakultätsmitglieder ja auch angehörten, auf den politischen Machtwechsel reagiert: Sie entfernten aus eigenem Antrieb „Juden und Marxisten" aus ihren Vorständen und Ausschüssen.[19] Bereits am 22. April 1933 wurde die „Tätigkeit von Kassenärzten nicht-arischer Abstammung sowie von Kassenärzten, die sich im kommunistischen Sinne betätigt" hatten, für beendet erklärt; in der Konsequenz bedeutete dies, dass die aus Universitätskliniken und -instituten entlassenen Ärzte auch in ihren Praxen die Behandlung von in den gesetzlichen Krankenkassen versicherten Patienten nicht weiterführen konnten, weil sie für ihre Tätigkeit nicht bezahlt wurden. Auch bei den nicht hauptberuflich an der Universität tätigen Wissenschaftlern und Ärzten, z. B. den Chefärzten anderer Krankenhäuser, erfolgte die Entlassung aus ihren Positionen noch während des Sommers 1933. Nur Einzelne konnten, z. B. wegen ihrer Teilnahme am Ersten Weltkrieg, in untergeordneter Stellung noch einige Jahre an ihrem bisherigen Arbeitsort tätig sein. Ab 1938 endete für alle als jüdisch bezeichnete Ärzte auch die Zulassung zur Behandlung von Ersatzkassenpatienten, sodass zunächst nur noch Patienten, die privat zahlen konnten, übrig blieben, und schließlich durften „Arier" grundsätzlich nicht mehr von Juden behandelt werden.[20] Es folgte zum 30. September 1938 der Entzug der ärztlichen Approbation und damit der rechtlichen Voraussetzung für die ärztliche Tätigkeit überhaupt. Nur wenige von der Rassengesetzgebung betroffene Ärzte durften als so genannte „Krankenbehandler" für „jüdische" Patienten noch kurze Zeit tätig sein. In der damit einhergehenden physischen Verfolgung wurden alle Personen, die nicht emigrieren konnten oder wollten – bis auf wenige, die versteckt überlebten, – deportiert und fanden fast ausnahmslos den Tod in den Vernichtungslagern. Fast alle Vertriebenen der Medizinischen Fakultät waren, selbst wenn sie zunächst wegen politischer Unzuverlässigkeit entlassen worden waren, „Juden" und „Nicht-Arier". Im Gegensatz zu anderen Fakultäten sind keine Verfolgungen von Angehörigen der Linksparteien, Homosexuellen oder politisch zum Nationalsozialismus in grundsätzlicher Opposition stehenden Liberalen und Konservativen bekannt. Auch weitere Opfergruppen, die im Zuge der „Bereinigung" des Lehrkörpers ihre Ämter hatten niederlegen müssen, sind bei den Berliner Medizinern bislang nicht ermittelt, wie etwa solche, die mit Juden oder „Nicht-Ariern" verheiratet waren oder solche, die mit politischem Hintergrund, „freiwillig" ihre Ämter aufgaben. Dort wo sich die Klinikleiter für sie einsetzten, konnten „nicht arische" Mitarbeiter noch bis zum Herbst des Jahres 1935 weiterarbeiten. Dies war z. B. in der Chirurgie unter Sauerbruch, in der Gynäkologie unter Stoeckel und in der Zahnklinik unter Schröder der Fall.[21] Die Durchführung der berüchtigten „Nürnberger Gesetze" vom 15. September 1935 beendete auch diese Arbeitsverhältnisse.

Stellvertretend für all jene, für die die Vertreibung das Ende ihrer Karriere in Deutschland bedeutete, seien hier nur einige international anerkannte Kliniker genannt:

Entlassen wurde der Extraordinarius und Leiter der III. Chirurgischen Klinik Moritz Borchardt (1868–1948). Das Institut für Krebsforschung verlor seinen Direktor Ferdinand Blumenthal (1870–1941), die Hautklinik den Direktor des Lichtinstituts Franz Blumenthal (1878–1971). In der Gynäkologie wurde den Honorarprofessoren Robert Meyer (1864–1947), Begründer der Gynäkopathologie, und dem Hormonforscher Selmar Aschheim (1878–1965) die Lehrbefugnis entzogen. Aus ihrem Amt vertrieben wurden auch die gynäkologischen Extraordinarien Paul Strassmann (1866–1938) und Bernhard Zondek (1891–1966), deren Namen ebenfalls mit der Hormonforschung verbunden sind. Der außerordentliche Professor der Inneren Medizin, Hermann Zondek (1887–1979), wurde mit dem Verlust der Lehrbefugnis auch von seiner Funktion als Direktor der Inneren Abteilung am Urban-Krankenhaus entbunden.

Für die meisten bedeutete die Vertreibung das Ende ihrer Karriere. Nur einige der jüngeren Kollegen konnten ihren wissenschaftlichen Weg fortsetzen, wie der Oberarzt Sauerbruchs Rudolf Nissen (1895–1981), der 1933 in Istanbul die Leitung der Chirurgischen Klinik übernahm und 1952 Ordinarius für Chirurgie in Basel wurde. Zu den wenigen nicht-habilitierten Wissenschaftlern, deren Schicksal bekannt ist, gehört Ernst Boris Chain (1906–1979), der 1933 als Mitarbeiter des Pathologischen Instituts vertrieben wurde, nach England emigrierte und 1945 zusammen mit Alexander Fleming (1881–1955) und Howard Walter Florey (1898–1968) den Nobelpreis für die Entdeckung des Penicillins erhielt.

Vom Schicksal vieler vertriebener Dozenten der Fakultät, deren Namen erstmalig anlässlich des 250-jährigen Jubiläums der Charité im Jahre 1960 publiziert wurden, wissen wir immer noch wenig.[22] Weitere Namen Vertriebener konnten seitdem ergänzt werden. Insgesamt wissen wir derzeit von über 160 Vertreibungen aus der Fakultät, das sind weit mehr als 40 Prozent (!) aller Dozenten und Hochschullehrer. So waren allein in der Berliner Inneren Medizin 52 Dozenten von rassischer Verfolgung betroffen. Ihre Namen sind wenigstens nach ihrer Fächerzugehörigkeit[23] und einschließlich einer Reihe weiterer Angaben auch in neueren Publikationen zugänglich.[24] Von vielen sind die Stationen der Emigration und ihr weiteres berufliches Schicksal nicht bekannt.

In unmittelbarer Folge der nationalsozialistischen Vernichtungspolitik fanden folgende Dozenten der Berliner Medizinischen Fakultät den Tod:

ABRAHAM BUSCHKE (1868–1943)
Professor für Dermatologie und Chefarzt am Rudolf-Virchow-Krankenhaus. B. wurde am 4. 11. 1942 mit seiner Frau nach Theresienstadt deportiert, wo er starb.

PAUL FRAENCKEL (1874–1941)
Professor für Gerichtliche Medizin und designierter Nachfolger Fritz Strassmanns als Leiter des Instituts. F. vergiftete sich kurz vor Inkrafttreten der Verordnung vom 1. 9. 1941, die das Tragen des Judensterns zur Pflicht machte.

RICHARD FREUND (1878–1942)
Professor der Gynäkologie und Geburtshilfe an der Charité-Frauenklinik. F. beging Suizid in Berlin nach Einsetzen der Judendeportationen.

HANS FRIEDENTHAL (1870–1942)
Professor der Physiologie und Anthropologie. F. beging vor der drohenden Deportation Selbstmord.

GEORG GROSCURTH (1904–1944)
Privatdozent und Leiter der Poliklinik der IV. Medizinischen Universitätsklinik in Berlin-Moabit, nach bisheriger Kenntnis einziges im Widerstand (Europäische Union) aktives Mitglied des Lehrkörpers der Medizinischen Fakultät. G. wurde am 8. 5. 1944 im Zuchthaus Brandenburg hingerichtet.

ERNST HERZFELD (1880–1944)
Professor der Inneren Medizin an der III. Medizinischen Universitätsklinik, H. wurde im Mai 1943 nach Theresienstadt deportiert und in Auschwitz ermordet.

EMIL HEYMANN (1878–1936)
Professor der Chirurgie und Chefarzt der chirurgischen Abteilung des Augustahospitals Berlin. Nach Entzug der Lehrbefugnis am 19.10.1935 beging H. am 11.1. 1936. in Berlin Selbstmord.

Hans Hirschfeld (1873–1944)
Professor der Inneren Medizin und Vorsteher der Poliklinik und Abt. für Histologie und Hämatologie am Institut für Krebsforschung der Charité. H. emigrierte nach dem Entzug der Lehrbefugnis 1934 nach Argentinien, kehrte aber wieder zurück und wurde am 30. 10. 1942 mit seiner Ehefrau nach Theresienstadt deportiert, wo er starb.

Eugen Joseph (1879–1933)
Professor und Leiter der Abt. für urologische Chirurgie in der Chirurgischen Universitätsklinik. Nach dem Entzug der Lehrbefugnis und Amtsenthebung erschoss sich J. am Heiligabend 1933 in seiner Berliner Wohnung, nachdem er seine Familie im Schweizer Exil in Sicherheit wusste.

Arthur Kronfeld (1886–1941)
Erster mit psychotherapeutischer Qualifikation bestallter Privatdozent und Professor der Psychiatrie der Charité. Zudem Mitbegründer des Instituts für Sexualwissenschaft und politisch für die SPD aktiv. K. emigrierte 1935 über die Schweiz in die Sowjetunion und wurde 1937 Direktor der Abteilung für experimentelle Pathologie und Therapie der Psychosen in Moskau. Nach Beginn der deutschen Offensive auf Moskau nahm sich K. zusammen mit seiner Ehefrau das Leben.

Leopold Langstein (1867–1933)
Professor der Kinderheilkunde, Direktor des Kaiserin-Auguste-Viktoria-Krankenhauses sowie Präsident der Reichsanstalt zur Bekämpfung der Säuglings- und Kleinkindersterblichkeit in Berlin. L. beging kurz vor der Entlassung aus dem Amt Selbstmord.

Arthur Nicolaier (1862–1942)
Professor der Inneren Medizin, Entdecker des Tetanus-Erregers. N. nahm sich angesichts der drohenden Deportation das Leben.

Ludwig Pick (1868–1944)
Professor der Pathologie, Direktor des pathologisch-anatomischen Institutes des Krankenhauses Friedrichshain. P. wurde nach Theresienstadt deportiert, wo er starb.

Arthur Simons (1877–?)
Professor der Neurologie. S. wurde 1942 „in den Osten deportiert“und gilt als „verschollen“.

Hermann Strauss (1868–1944)
Professor und Direktor der Inneren Abteilung des Krankenhauses der jüdischen Gemeinde Berlin. Deportation und Tod in Theresienstadt.

László Wámoscher (1901–1934)
Privatdozent der Hygiene und Bakteriologie. W. war als ehemaliger Freikorpsangehöriger zunächst nur vom Hygieneinstitut beurlaubt worden. Er vergiftete sich, nachdem ein Antrag auf weitere Beurlaubung abgelehnt und damit seine Entlassung wirksam geworden war.

7.3 Die Ausrichtung der Ärzte auf die Rassenhygiene

Man würde annehmen, die 1933 an die Macht gekommenen Nationalsozialisten, die alsbald die Ministerien und Verwaltungen mit verlässlichen Männern besetzten, hätten neben den neu eingeführten frauen- und judenfeindlichen Zulassungsregeln[25] auch gleich den Studienplan für Medizinstudenten in ihrem Sinne verändert. Das war nicht nötig. Die Universität besorgte das von sich aus. Das durch die Entlassung des „rassisch" nicht genehmen Direktors des Sozialhygienischen Seminars, Benno Chajes (1880–1938), zur Verfügung stehende Extraordinariat für Soziale Hygiene wurde auf Vorschlag des Rektors der Universität Eugen Fischer (1874–1967), der zugleich Leiter des *Kaiser-Wilhelm-Instituts für Anthropologie, menschliche Erblehre und Eugenik* war, in ein Extraordinariat für Rassenhygiene umgewandelt.[26] Das Ministerium besetzte das nun als Institut ausgewiesene Fach mit dem Mitbegründer und einem der bedeutendsten Exponenten der „Rassenhygienischen Bewegung" Fritz Lenz. Lenz genoss bei den nationalsozialistischen Machthabern Vertrauen, obwohl er erst später Mitglied der Partei wurde. National-sozial denkend, galt er als einer der bedeutendsten Verfechter rassenhygienischer Ideen, hatte eine ideologische Nähe zur Programmatik der NSDAP und war mit dem Leiter der Abteilung Volksgesundheit im Reichsinnenministerium, Arthur Gütt (1891–1949), persönlich bekannt. Zusammen mit Erwin Baur (1875–1933) und Eugen Fischer gab er 1921 die zweibändige Publikation *Grundriß der menschlichen Erblichkeitslehre und Rassenhygiene* heraus, die in der zweiten vermehrten und verbesserten Auflage 1923 zum Standardwerk wurde und für die weitere öffentliche Diskussion über Vererbungsbiologie grundlegend war. Wie Lenz selbst feststellte, waren die hier formulierten rassenhygienischen Ideen in Hitlers 1925 erschienenes Buch *Mein Kampf* eingeflossen.[27]

Schon lange hatte sich Lenz für die Etablierung der Rassenhygiene als medizinisches Fach und dessen Integration in den akademischen Unterricht eingesetzt. Genetisches Grundlagenwissen und rassenhygienische Kenntnisse sollten allen Medizinstudenten vermittelt werden. Genetik definierte Lenz als die Wissenschaft von der „Erblichkeitslehre", der „Erbänderung" und „Auslese" und die Rassenhygiene als „Hygiene der erblichen Veranlagung". Unter Rassenhygiene fielen für ihn „rassenhygienische Sterilisation und Eheberatung, Bevölkerungsbewegung und -politik". Seiner Meinung nach konnten genetische Grundlagenkenntnisse in der Vorklinik vermittelt werden, wohingegen Bevölkerungspolitik und Rassenhygiene wegen ihrer Relevanz für die Praxis in den klinischen Unterricht gehörten und von einem Rassenhygieniker unterrichtet werden sollten. Prüfungen im Fach Rassenhygiene führte Lenz bereits im Wintersemester 1935/36 ein. Erst mit der Studienordnung von 1938/39 wurde Rassenhygiene zum vollwertigen Examensfach für Mediziner und bis 1941 war sie als Unterrichtsfach an der Hochschule endgültig etabliert.

Mit der Aufwertung des Faches war mehr Personal für die Erbringung der Lehrleistung von Nöten. In der Lehre, die sich z. T. auch an die Hörer aller Fachbereiche richtete, unterstützten ihn die außerordentliche Professorin für Vererbungslehre der Medizinischen Fakultät Paula Hertwig (1889–1983), der Präsident des Reichsgesundheitsamtes Hans Reiter (1881–1969) und der außerordentliche Professor, Chirurg und Radiologe Arthur Hintze (1881–1946). Das Themenspektrum reichte von der Einführung in die „menschliche Erbkunde und Rassenhygiene" bis hin zu „Umwelt und Erbe, die Pflicht zur Gesundheit, Züchtungspolitik".[28]

In diese Art der praktischen Rassenhygiene war ein weiterer Kollege von Lenz involviert. Der Inhaber des Lehrstuhls für Hygiene, Heinz Zeiss, hatte den theoretischen Ansatz einer „Geomedizin" entwickelt, der sich nicht nur auf die Beschreibung der Entstehung einer Krankheit in einem geografischen Raum beschränkte sondern auch zu politischem Handeln aufforderte. Ein biologistisch verstandenes „Volk" und sein „Volkstum" waren eng mit der Idee vom notwendigen „Lebensraum" verknüpft. Die politische Bedeutung, die dieser Geomedizin auch von staatlicher Seite beigemessen wurde, war Zeiss durchaus bewusst. Für die Beherrschung Osteuropas und des Großraums Sowjetunion waren die von ihm und von anderen Wissenschaftlern gemachten Forschungen von praktischem Interesse.

Lenz, Zeiss und andere lieferten Inhalt und Methode für das Studienziel einer biologistisch ausgerichteten Gesundheits-, Sozial- und Bevölkerungspolitik, die gleichermaßen nach innen wie nach außen wirkte, indem sie sich gegen Teile der deutschen Bevölkerung wie auch gegen alles als „fremdvölkisch" Definierte richtete. Sie stellten die wissenschaftliche Expertise für Zwangssterilisationen wie auch für Umsiedlungen, Deportation und Vernichtung ganzer Bevölkerungsgruppen in Osteuropa zur Verfügung. Ihre wissenschaftliche Legitimation generierten sie, indem sie eine „natürliche" Verbindung von „Volk", „Raum" und Krankheit konstruierten. Durch ihre wissenschaftliche Produktion wie Politikberatung trugen sie zur Verschiebung ethischer Wertsetzungen und zur Akzeptanz nationalsozialistischer Vernichtungspolitik bei. Durch ihre Lehrtätigkeit an der Universität implementierten sie solche grundlegenden Systematiken in den Theoriefundus des akademischen Nachwuchses.

7.4 Anpassung, Kollaboration und Widerstand[29]

Auch wenn während der Zeit des Nationalsozialismus die alte Struktur erhalten blieb, nach der einerseits die Charité-Kliniken und andererseits die Universitätsinstitute und -kliniken unterschiedlichen Verwaltungen unterstellt waren, kann bei den Klinik- und Institutschefs im Hinblick auf gesundheitspolitische Überzeugungen und gesundheits- wie hochschulpolitisches Handeln nicht mehr nach der Verwaltungszugehörigkeit unterschieden werden. Die Mitglieder der Fakultät stellten die übergroße Mehrheit der verantwortlichen Ärzte und Wissenschaftler an der Charité. Darüber hinaus repräsentierte die Fakultät auch die allein der Universität zugeordneten Kliniken und medizinischen Institute. Nur die Leiter einiger unbedeutender Abteilungen der Charité gehörten nicht zur Medizinischen Fakultät. Forschungsergebnisse zur NS-Zeit, die sich auf die nachgeordneten Ärzte, auf das nichtärztliche Personal sowie auf die Patienten beziehen, liegen nur ausnahmsweise vor. Nicht nur aus diesem Grund, sondern auch, weil die Fakultätsmitglieder als Kliniks- und Institutsleiter sowie als Lehrende die Haltung ihrer nachgeordneten Mitarbeiter sowie der zukünftigen Ärztegenerationen prägten, wird im Folgenden die formale Verwaltungszugehörigkeit – hier die Charité, dort die Universität – vernachlässigt.

Von Seiten der braunen Machthaber wurde der Universitätsmedizin aufgrund der von ihr selbst vertretenen rassen- sowie gesundheits- und bevölkerungspolitischen Zielsetzungen

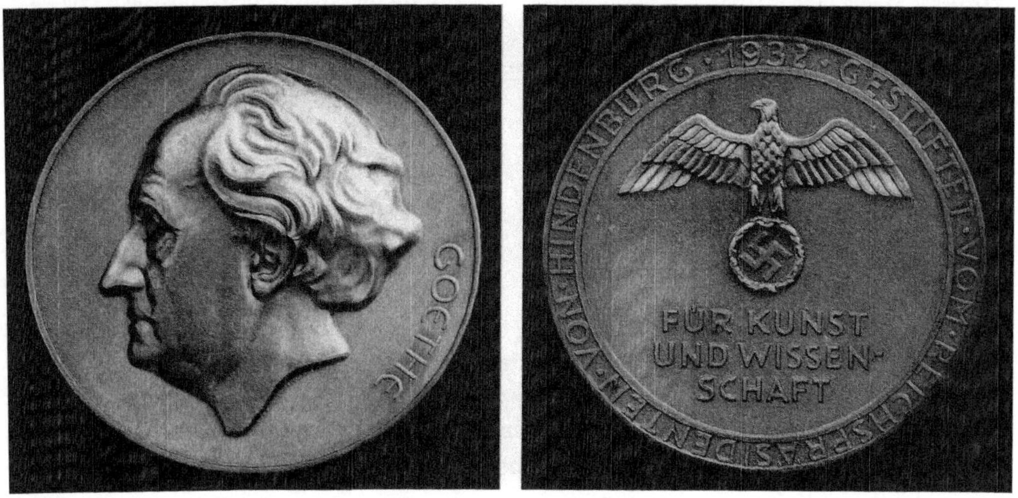

Abb. 7.2 Die Goethe-Medaille für Kunst und Wissenschaft (Vorder- und Rückseite), mit der neben anderen Walter Stoeckel 1941 von Adolf Hitler ausgezeichnet wurde.

eine große Bedeutung beigemessen. Ihre Professoren genossen innerhalb ihrer jeweiligen medizinischen Disziplin auch außerhalb Berlins große Anerkennung. Ihre wissenschaftliche Laufbahn hatte sie über erste Berufungen zunächst auf Ordinariate anderer Universitäten geführt, von wo sie erst später, meist von ihnen selbst als Krönung ihrer Laufbahn betrachtet, nach Berlin berufen worden waren. Die Gruppe der Klinikdirektoren unter den Hochschullehrern soll hier besonders hervorgehoben werden, da die meisten von ihnen über eine besonders lange Zeit die Berliner Medizin und nicht zuletzt mehrere Generationen auszubildender Ärzte prägten. Ein Teil von ihnen war von der Weimarer Republik über die Zeit des Nationalsozialismus bis in die sowjetische Besatzungszeit hinein im Amt.

Tabelle 7.1 Die klinischen Ordinarien im Jahr 1933 (in der Reihenfolge ihrer Berufung).

Ordinarius	Berufungsjahr	Klinik
Bonhoeffer, Karl (1868–1948)	1912	Psychiatrische und Nervenklinik (bis 1938)
Krückmann, Emil (1865–1944)	1912	Augenklinik (bis 1938)
Dieck, Wilhelm (1867–1935)	1912	Universitätszahnklinik
Schroeder, Hermann (1872–1942)	1912	Universitätszahnklinik
Eicken, Carl von (1873–1960)	1922	I. HNO-Klinik (bis 1950)
Friedrich, Walter (1883–1968)	1923	Institut für Strahlenforschung (bis 1951)
Stoeckel, Walter (1871-1961)	1926	I. Frauenklinik (bis 1951)
Bergmann, Gustav von (1878–1955)	1927	II. Medizinische Klinik (bis 1946)
Gocht, Hermann (1869–1938)	1927	Orthopädie
Sauerbruch, Ferdinand (1875–1951)	1928	II. Chirurgische Klinik (bis 1949)
Axhausen, Georg (1877–1960)	1928	Zahnärztliche Chirurgie (bis 1939)
Wagner, Georg August (1873–1947)	1928	II. Frauenklinik (bis 1945)
Bessau, Georg (1884–1944)	1932	Kinderklinik
Frieboes, Walter (1880–1945)	1933	Klinik für Haut- und Geschlechtskrankheiten

Sieben der 1933 amtierenden klinischen Ordinarien waren in den 1870er Jahren, drei in den 1880ern und vier bereits in den 1860ern geboren, waren also bis in das Erwachsenenalter hinein durch das Kaiserreich geprägt, in dem auch der Beginn ihrer beruflichen Karrieren lag. Fast alle hatten als Soldaten am Ersten Weltkrieg teilgenommen und Auszeichnungen erhalten. 1933 war der Jüngste von ihnen bereits 51 Jahre alt. Keiner hat, soweit bekannt, jemals ernsthaft den Beitritt zur NSDAP erwogen. Sie befanden sich in beruflich und gesellschaftlich gesicherter Position, auch wenn sie seit Ende des Ersten Weltkrieges von Einsparungen in Wissenschaft und öffentlichem Dienst betroffen waren. Alle waren national und konservativ eingestellt, keiner hatte direkte Beziehungen zum (späten, konservativen) Widerstand gegen Hitler, mit Ausnahme von Bonhoeffer, dessen Familienmitglieder in den Widerstand involviert waren. Einige zählten „Juden“ zu ihren Freunden, wollten aber deren Einfluss in der Gesellschaft im Allgemeinen und im ärztlichen Beruf im Besonderen reduziert wissen. Schon diese personelle Kontinuität in den zentralen Fächern der Medizin legt nahe, dass größere Brüche sich nicht ereignet haben.

Nur drei der ordentlichen Professoren, die der Medizinischen Fakultät noch Anfang 1933 angehörten, fielen in die Klasse der „Nicht-Arier“. Alle drei hatten zu diesem Zeitpunkt die seit 1921 für Ordinarien geltende Altersgrenze von 70 Jahren fast erreicht oder bereits überschritten. Der emeritierte Pathologe Otto Lubarsch (1860–1933) starb, nachdem er noch auf dem Totenbett die Machtergreifung Hitlers begrüßt hatte, am 1. April 1933. Der Hygieniker Martin Hahn (1865–1934), bat am 20. April 1933 um seine vorzeitige Emeritierung, da er die Einschränkungen seiner Tätigkeit als entehrend empfand.[30] Alfred Goldscheider (1858–1935) hatte trotz seiner Emeritierung 1926 noch immer die Geschäfte des Leiters der III. Medizinischen Poliklinik wahrgenommen und musste seine Tätigkeit im Oktober 1933 beenden. Solidaritätsbekundungen von Seiten der klinischen Kollegen sind nicht bekannt.

Auch der Pharmakologe Wolfgang Heubner (1877–1957), der viele jüdische Freunde besaß und bekanntlich ab 1943 das Leben seines wegen Hochverrats zum Tode verurteilten Assistenten Robert Havemann (1910–1982) schützte, vermied es, sich in Bezug auf die nationalsozialistische Judenpolitik zu exponieren. Zwar sollte er sich selbst in einem Brief an den Wissenschaftsminister Rust provokativ des Liberalismus und Pazifismus bezichtigen, da es ihm unerträglich sei „in einem öffentlichen Amt nur deswegen zu verharren, weil etwa bei der vorgesetzten Behörde ein Irrtum über mein wahres Wesen besteht."[31] Doch nicht er, sondern sein Oberassistent Otto Krayer war bereit, tatsächlich persönliche Konsequenzen zu ziehen.

Otto Krayer (1899–1982)[32] hatte im Sommer des Jahres 1933 als 33jähriger, frisch habilitierter Assistent des Berliner Pharmakologischen Instituts den an ihn ergangenen Ruf des Preußischen Kultusministeriums auf eine ordentliche Professur in Düsseldorf abgelehnt, die durch die Vertreibung des Lehrstuhlinhabers Philipp Ellinger (1887–1952) vakant geworden war. Zur Begründung schrieb er an den Minister:

> [...] dass ich die Ausschaltung der jüdischen Wissenschaftler als ein Unrecht empfinde, dessen Notwendigkeit ich nicht einsehen kann, da sie, wie mir scheint, mit ausserhalb der Sphäre der Wissenschaft liegenden Gründen gestützt wird.
> Diese Empfindung des Unrechts ist ein ethisches Phänomen. Es ist in der Struktur meiner Persönlichkeit begründet und keine äusserliche Konstruktion. Unter diesen Umständen würde die Übernahme einer solchen Vertretung, wie der in Düsseldorf für mich eine seelische Belastung bedeuten, welche es mir erschweren würde, meine Tätigkeit als Lehrer mit jener Freude und Hingabe aufzunehmen, ohne die ich nicht recht lehren kann.
> Ich habe eine hohe Meinung vom Werte der Aufgabe eines akademischen Lehrers und ich möchte selbst das Recht zur Ausübung dieser Tätigkeit nur auf Männer übertragen wissen, die abgesehen von der Bedeutung für die Forschung über besondere menschliche Qualitäten verfügen.[33]

Daraufhin wurde Krayer vom Ministerium „mit sofortiger Wirkung das Betreten staatlicher Institute sowie die Benutzung staatlicher Bibliotheken und wissenschaftlicher Hilfsmittel" untersagt. Kein zweiter Fall ist bekannt, in dem ein nichtjüdischer, nicht politisch engagierter Wissenschaftler ohne Rücksicht auf seine eigene Karriere und ohne Rücksicht auf mögliche politische Verfolgung eine ebenso eindeutige und gegenüber den Machthabern offensiv vorgetragene Haltung einnahm. Dies hat umso mehr Gewicht, als es für Krayer der erste Ruf auf ein Ordinariat war, der gemäß der Karrierekonventionen von Wissenschaftlern kaum abgelehnt werden konnte. Krayers Haltung ist so bemerkenswert, weil sie in schroffem Gegensatz zur allgemeinen Zustimmung, wenn nicht sogar Begeisterung der Hochschullehrerschaft gegenüber der von Adolf Hitler geführten neuen Reichsregierung stand. Krayer schloß seine auch schriftlich mitgeteilten Ablehnungsgründe mit der Bemerkung:

> Ich will lieber darauf verzichten, eine Stellung zu erlangen, die meinen Neigungen und Fähigkeiten entspricht, als dass ich gegen meine Überzeugungen entscheide; oder dass ich durch Stillschweigen an unrichtiger Stelle dem Zustandekommen einer Meinung über mich Vorschub leiste, die mit den Tatsachen nicht übereinstimmt.[34]

An Heubner schrieb Krayer:

> Ich bin mir vollkommen klar darüber, dass die Maßnahme des Ministeriums gegen die jüdischen Wissenschaftler eine politische Maßnahme ist. Mich trifft sie nicht als politisches Subjekt, sondern als moralisches Subjekt, dessen Handeln vor dem Forum der Ethik zu verantworten ist. Ich habe nie daran gedacht, mich für Herrn Ellinger einzusetzen. Es handelt sich gar nicht um eine Person. Es handelt sich um ein ethisches Phänomen in mir, über das ich nicht hinweg gehen kann, ohne vor mir selbst schamrot zu werden.[35]

Krayer war mit Sicherheit klar, dass ihm von nun an die wissenschaftliche Laufbahn in Deutschland verschlossen sein würde. Es blieb ihm die Emigration. Er nutzte noch die Zeit der „Beurlaubung", um das Lehrbuch seines verstorbenen Lehrers Paul Trendelenburg (1884–1931) *Die Hormone* abzuschließen, während er sich gleichzeitig um Arbeitsmöglichkeiten im Ausland bemühte. Er konnte einer Einladung aus London folgen und wurde nach vielen Jahren hochberühmter Chef der Pharmakologie der *Harvard University* in Boston/USA.

Dagegen wird immer wieder von den engen Beziehungen zwischen Mitgliedern der damaligen Medizinischen Fakultät und den NS-Verantwortlichen berichtet. Sie waren nicht nur einer geografischen Nähe zum politischen Machtapparat der Nationalsozialisten geschuldet – die Charité befand sich in unmittelbarer Nachbarschaft zu den einschlägigen Reichsbehörden – vielmehr existierten zwischen Regierungsmitgliedern und Mitgliedern der Charité persönliche Kontakte, die nicht selten in den privaten Bereich hineinragten. So berichtete Walter Stoeckel in seinen autobiografischen Aufzeichnungen von Treffen mit führenden Vertretern der nationalsozialistischen Regierung im „kleinen Kreis" oder von Besuchen Hitlers bei der Wöchnerin und Ehefrau von Joseph Goebbels in der Universitätsfrauenklinik, die nicht selten zu Gesprächen zwischen ihm und Hitler geführt hätten. 1953 erinnerte sich Stoeckel an Hitler und charakterisierte ihn einerseits bewundernd als „überlegenen Geist und [...] bedeutenden, edlen Menschen von größtem Format und einer überragenden, begeisternden Persönlichkeit", berichtete aber andererseits, dass „politische Erfolge" und „Veranlagung" dazu geführt hätten, dass dieser als „Verbrecher [...] endete".[36] Diese biologistische Betrachtung des wichtigsten Exponenten des NS-Regimes ist im Wesentlichen die einzige Kritik an den Mitgliedern der NS-Regierung, auf die der Leser in seiner Autobiographie stößt. Stoeckels Kollege von der Hals-Nasen-Ohrenklinik Carl von

Eicken (1873–1960) operierte Hitlers Stimmbandpolypen. Der Ordinarius für Chirurgie, Ferdinand Sauerbruch, der Hitler seit den 20er Jahren persönlich kannte, hatte sich u. a. auf der Kundgebung deutscher Hochschullehrer zur Reichtagswahl am 12. November 1933 „als Vertreter der medizinischen Wissenschaft, die wie kein anderer Stand volksgebunden ist", für die politischen Ziele der neuen Reichsregierung verwendet. Selbst der Ordinarius für Medizingeschichte Paul Diepgen (1878–1966) pflegte einen engen wissenschaftlichen Austausch mit dem später in Nürnberg hingerichteten Begleitarzt Hitlers Karl Brandt (1904–1948), einem der wichtigsten Verantwortlichen für die NS-Gesundheitspolitik, der ebenfalls der Fakultät angehörte.

Abb. 7.3 Modell eines Großklinikums an der Heerstraße (Architekt: Hermann Distel, 1941), geplant als Ersatz für die Charité, die nach Albert Speers Plänen für die Reichshauptstadt Germania dem Bau der „Großen Halle" weichen sollte.

Bei dem Verhältnis von Wissenschaft und Politik handelte es sich nicht um einseitige Eingriffe „von oben" in die Freiheit der Wissenschaft, sondern, um den von Herbert Mehrtens geprägten Begriff zu gebrauchen, um „Kollaborationsverhältnisse",[37] also Verhältnisse, die durch gegenseitiges Einvernehmen gekennzeichnet waren und in denen die Bereitstellung von Ressourcen[38] immer wieder neu ausgehandelt wurde. Auch Begriffe wie „Selbstrekrutierung", „Selbst-Indienstnahme" und „Handlungsspielräume" beschreiben dieses Beziehungsgeflecht. Nach dem heutigen Forschungsstand ist davon auszugehen – und einige der genannten Beispiele zeigen es – dass der medizinische Wissenschaftler und Arzt auch während des Nationalsozialismus über Handlungsmöglichkeiten und -alternativen verfügte, die ihm eine eigene Positionierung sowie die Ziehung von Grenzen ermöglichte. Das Spektrum der Handlungsalternativen und Entscheidungsmöglichkeiten von Wissenschaftlern während des Nationalsozialismus reichte von bedingungsloser, offen zur Schau getragener Hingabe an das politische System über unauffällige Anpassung (Mitläufer) bis zur versteckten bzw. offenen Form des Widerstandes, diese allerdings nur in an einer Hand abzählbaren Einzelfällen. So gilt für die Charité wie für die deutsche medizinische Wissenschaft insgesamt, dass ihre Mitglieder sich in Forschung und Lehre freiwillig einfügten in eine Politik der Verfolgung, Vertreibung, Verstümmelung und Ermordung, und dass sie Mitverantwortung tragen an der Verwirklichung der nationalsozialistischen Ziele der Ausgrenzung großer Teile der deutschen und der europäischen Bevölkerung.

7.5 Anhang: Planung eines neuen Klinikums

Im kurzen wirtschaftlichen Aufschwung der Weimarer Republik gab es auch Planungen, die Universitätskliniken in der Ziegelstraße durch größere Neubauten zu ersetzen. Der Neubau der Frauenklinik in der Artilleriestraße für Walter Stoeckel war ein erster Anfang gewesen, dem die wirtschaftliche Depression jedoch ein jähes Ende gesetzt hatte. Die Bauplanungen wurden während des Nationalsozialismus wieder aufgenommen. Im Rahmen der neuen Reichshauptstadtplanung Hitlers schlug sein Begleitarzt Karl Brandt die Verlegung der Charité in den Westen der Reichshauptstadt und den Neubau eines völlig neuartigen und riesigen „Universitätsklinikums Berlin“ vor (Abb. 7.3, S. 185).[39] Die Erläuterungen des Architekten Hermann Distel (1875–1945) im Entwurf von 1941 lassen die Ausmaße des projektierten Baus erkennen:

> Im Rahmen der vom Führer angeordneten Neugestaltung der Grosstädte sind vor allem für Gross-Berlin umfassende Bauvorhaben zur Ausführung vorgesehen. In diesem Zusammenhang bedingt der Ausbau der grossen Süd-Nord Achse die Anschneidung des Geländes der Charité, die dadurch an dieser Stelle nicht mehr verbleiben kann. [Das jetzige Klinikum und die Charité entsprächen] als Universitätskrankenhaus mit seinen veralteten Häusern, mit seinen An- und Umbauten und mit der Verteilung wichtiger Kliniken und Institute an den verschiedenen Stellen der Stadt Berlin keineswegs mehr den Anforderungen, die an ein Universitäts-Krankenhaus von Weltruf gestellt werden müssen.[40]

Die Hitler-Speer-Planung für die Reichshauptstadt Berlin sah die komplette Verlegung der Universität, einschließlich der Charité, in die westliche Region der Stadt zwischen Reichssportfeld und Havelseen vor. Hintergrund dieser Überlegungen war, dass die im Zentrum Berlins liegenden Gebäude der Charité abgerissen werden sollten um für die „Grosse Halle“ der umzubenennenden Reichshauptstadt „Germania“ Platz zu schaffen. Das neue Universitätsklinikum sah nach einer Aufstellung von 1941 2.915 Betten für Kassenpatienten und 410 Betten für Privatpatienten vor. Damit gingen die Planungen weit über den Ist-Bestand von 1938 hinaus, der bei insgesamt 1.749 Betten lag. Allein 5.000 Studierende sollten in dem neuen Universitätsklinikum ausgebildet werden und täglich 15.000 Menschen ein- und ausgehen können. Brandt machte bereits 1938 dem mitplanenden Medizinhistoriker Paul Diepgen das gigantische Bauvorhaben wie folgt schmackhaft: „Man kann vielleicht gleichzeitig jetzt schon berücksichtigen, dass es möglich sein kann, ein Medico-historisches Zentralmuseum für das ganze Reich anzuschliessen. Das Gebäude hierfür kann 4–5 Stockwerke hoch sein.“[41]

Davon inspiriert meldete Diepgen einen detaillierten Bedarf von 1.600 m^2 Gebäudefläche an und reiste mit seinen Mitarbeitern an das *Wellcome-Museum* nach London, um weitere Anregungen für die Gestaltung der Räumlichkeiten zu erhalten.

In diesem Zusammenhang wird auch verständlich, warum Diepgen zusammen mit Paul Rostock – seinerzeit noch Oberarzt – 1939 bereits einen Abgesang auf die traditionsreichen Kliniken schrieb: „Wenn die großartige Lehr- und Forschungsstätte, die der deutschen Wissenschaft vom Genius Adolf Hitlers in der neuen Universitätsstadt geschenkt wird, zur Tat geworden ist, wird das Klinikum in der Ziegelstraße, dessen Geschichte in diesem Buche geschrieben ist, vom Erdboden verschwinden.“[42] Dem Größenwahn dieser Planung machte der Krieg ein Ende.

Abb. 7.4 Aufräumarbeiten auf dem Gelände der Charité, 1945.

8. Charité in Trümmern (1945–1949)

> April 1945: Der Bunker zeigte zahllose Treffer, aber er hielt. Viele Zivilisten strebten in größter Angst in ihn hinein, und er wurde ein Flüchtlingslager. Von den Zerstörungen war die schwerste, dass alle elektrischen Leitungen durchschlagen waren und auf schnelle Reparatur nicht zu hoffen war. Also dauernd kein Licht, die Wasserfiltriermaschine kaputt, die Entlüftung unbrauchbar. Weder Dampf noch Essen zu haben.
> [...]
> Draußen' war der Zerfall schrecklich. Die sicher erwartete Ersatzarmee blieb aus, die Disziplin ging in die Brüche im Gegensatz zur klinischen Gefolgschaft, die unermüdlich mit brillanter Disziplin arbeitete. In dem Bahnübergang über die Friedrichstraße hingen zwei aufgehängte Offiziere und zwischen ihnen eine Papptafel. Auf ihr stand: Wir sind aufgehängt, weil wir unser Geschütz nicht in d e m Zustand erhalten haben, wie es der Führer befohlen hat. Ein Teil der Polizisten zog Zivil an und verließ seine Posten.[1]

So schilderte der Gynäkologe Walter Stoeckel 1953 die letzten Kriegstage im Zentrum Berlins. Die Deutschland erobernden russischen Truppen waren im April 1945 im Gebiet der Berliner Innenstadt angekommen. Durch Sprengungen von deutscher Seite, infolge des gegenseitigen Granatenbeschusses und durch den erbittert um einzelne Häuser und Straßenzüge erfolgenden Kampf waren nicht nur die Gebäude in Trümmer gelegt worden, sondern große Teile der Infrastruktur der Stadt, vor allem die Wasser- und Stromversorgung sowie das Verkehrssystem waren völlig zusammen gebrochen. Die in der Charité arbeitenden und wohnenden Ärzte und Schwestern waren seit Wochen nicht mehr aus den Kleidern gekommen und taten in den Bunkern ihren Dienst.

Wegen der Nähe zu den Regierungsbauten in der Umgebung von Wilhelmstrasse und Reichstag, die von den deutschen Verbänden am längsten verteidigt wurden, hatten sich diese Kämpfe auch auf das Gelände der Universitätskliniken von der Monbijoustraße über die Ziegelstrasse bis zur Charité selbst und bis zur Hannoverschen und Invalidenstrasse erstreckt. Neben den riesigen Schäden, die bereits durch die Luftangriffe entstanden waren, wurden nun durch den direkten Beschuss weitere große Teile der Krankenstationen völlig zerstört. Erst am 2. Mai 1945 abends um acht Uhr konnten sowjetische Einheiten die SS-Verbände vertreiben, die sich auch auf dem Krankenhausgelände verschanzt hatten, und die Charité einnehmen.[2] Wir folgen der Beschreibung von Heinz David:

> In der Nacht vom 2. zum 3. Mai 1945 wurde der 35-jährige Major des medizinischen Dienstes der sowjetischen Armee Nikolai Leonidowitsch Steiker (geb. 1910) beauftragt, „in kürzester Zeit alle erkrankten und verwundeten Kriegsgefangenen auf dem von der Armee besetzten

Territorium zu sammeln und ihre Unterkunft, Verpflegung und medizinische Behandlung zu sichern. Steiker war Leiter des Chirurgischen Lazaretts der 3. Stoßarmee der 1. Belorussischen Front. Sein Auftrag ging auf den Befehl Nr. 1 von Generaloberst Nikolai Erastowitsch Bersarin (1904–1945), Garnisonschef der Stadt Berlin, zurück. In den ersten beiden Maiwochen wurden mehr als 6.000 deutsche Verwundete behandelt. Steiker ordnete die Verbringung der Patienten aus den Kellerräumen in Zimmer mit Tageslicht, deren Fenster provisorisch geschlossen werden sollten, an. Zudem befahl er die Durchführung täglicher Visiten, die Abfassung von Krankengeschichten sowie die Protokollierung von Autopsien. Als medizinische Einrichtungen hierfür waren die Charité, das Universitätsklinikum in der Ziegelstraße, die Orthopädische Klinik in der damaligen Karlstraße und die in der Nähe gelegenen Krankenanstalten, das Robert-Koch-Krankenhaus, das Hedwigs-Krankenhaus und die Lazarette 135 und 104 in der Albrecht- und Schumannstraße vorgesehen. Diese Krankenanstalten unterstanden für sechs Wochen der sowjetischen Militärkommandantur.[3]

Zu den Maßnahmen, die nach dem Willen der alliierten Siegermächte in der ersten Nachkriegszeit umgesetzt werden sollten, zählte neben der Wiederherstellung der Funktionsfähigkeit der Charité auch die Entnazifizierung ihres Personals. Außerdem sollte mit der Beseitigung von nationalsozialistischen Strukturen und nationalsozialistischem Gedankengut eine Demokratisierung aller ihrer Bereiche erreicht werden. Wie in den anderen Kapiteln werden entsprechend dem Stand der jüngeren Forschung nur einzelne Fragen, die für diesen Zeitraum von besonderer Bedeutung waren, behandelt: Die Folgen der Kriegsschä-

Abb. 8.1 Russische Offiziere des medizinischen Dienstes 1945 (Charité) bei den Reichstagssäulen. 2. Reihe Mitte: Major Nikolaj Leonidowitsch Steiker (geb. 1910).

den, die Entnazifizierung und die beginnenden Ost-West-Probleme, die auch das Schicksal des berühmtesten Klinikchefs, Ferdinand Sauerbruch, bestimmten.

8.1 Medizin im zerstörten Berlin[4]

Am 10. September 1945 brach in Berlin auf der Straße eine junge Frau tot zusammen. Sie wog zu diesem Zeitpunkt 42 kg. Die 175 cm große 18jährige Oberschülerin hatte noch im März desselben Jahres 65 kg gewogen und war niemals ernstlich erkrankt gewesen. Im Gegenteil, sie hatte über besondere körperliche Gewandtheit verfügt und aktiv Sport betrieben. Bei ihren Eltern lebte sie in guten Verhältnissen. Insofern war sie vorher ausreichend, wenn auch nicht übermäßig ernährt gewesen. Mit den Kämpfen um Berlin begann ihr Ernährungszustand schlechter und schlechter zu werden. Ihr Vater war noch im Krieg gefallen, die Wohnung wurde von der Besatzungsmacht beschlagnahmt. Sie hatte stark gehungert, ihre Regel war daraufhin ausgeblieben und insgesamt hatte sie mehr als 36 Prozent ihres Körpergewichts verloren. In Wirklichkeit war die Gewichtsabnahme noch größer, da sie insbesondere in der Bauchgegend und in den Gliedmaßen sehr viel Wasser eingelagert hatte (Hungerödeme). Die universitäre pathologisch-anatomische Untersuchung zeigte alle Anzeichen für ein Verhungern, ansonsten aber keinerlei Anzeichen einer bestehenden Krankheit.[5]

Die Ernährungssituation der immer noch mehr als zweieinhalb Millionen zählenden Berliner Bevölkerung war vier Monate nach der Befreiung durch die sowjetrussischen Armeen und zwei Monate nach der Aufteilung in vier Besatzungszonen und der Übernahme von drei Stadtsektoren durch die Franzosen, Engländer und Amerikaner immer noch katastrophal. Zwar hatte die sowjetische Kommandatur schon am 15. Mai die Ausgabe von Lebensmittelkarten veranlasst, doch von den fünf Zuteilungskategorien garantierte nur die Klasse I, die für Schwerarbeiter, Ärzte, verdiente Kulturschaffende und leitende Beschäftigte gedacht war, mit 2.400 Kalorien eine annähernd ausreichende Nahrungsmittelzuteilung. Hausfrauen und Beschäftigungslose mussten mit 1.400 Kalorien auskommen, darunter pro Tag 20 Gramm Fleisch, 7 Gramm Fett und 15 Gramm Zucker.[6]

Bald breiteten sich in Berlin Seuchen aus. Zunächst kam es aufgrund der katastrophalen hygienischen Verhältnisse im Juli 1945 zu einer Ruhrepidemie bei der 70% der Erkrankten starben. Drei Wochen später brach Typhus aus. Nach Dinter forderten allein die Darmseuchen dieses Sommers 7.500 Tote. Zudem stieg unter der erschöpften und von Hunger geschwächten Bevölkerung die Mortalität an Tuberkulose erschreckend an. Schon in den letzten Kriegsmonaten waren täglich bis zu 40.000 Menschen, die vor der Roten Armee geflohen waren, nach Berlin geströmt. Im Sommer 1945 kamen täglich 3.000–4.000 verzweifelte Menschen in Berlin an: Frauen und Kinder, Alte, Kriegsversehrte, Vertriebene und Heimkehrer, alle körperlich entkräftet und psychisch erschöpft, viele krank, ein Drittel ver-

Abb. 8.2 Aufräumarbeiten auf dem Gelände der Charité, 1945.

laust. Fleckfieber und Krätze breiteten sich aus. „Gleichzeitig", so Dinter, „änderte sich das Verlaufsmuster der Erkrankungen, maligne Formen mit hoher Letalität gewannen an Bedeutung, weniger aufgrund einer verstärkten Virulenz der Erreger, als vielmehr infolge der allgemeinen Abwehrschwäche."[7] Neben Erschöpfung, Hunger und der zerstörten hygienischen Infrastruktur spielte auch das Fehlen von Wäsche, warmer Kleidung, benutzbarem Wohnraum und Heizmaterial eine Rolle.

Unter diesen Umständen war der Bedarf an stationärer Versorgung groß. Doch ein Großteil der Krankenhäuser in der Stadt war zumindest teilweise zerstört. Nach Beendigung der Kämpfe zählte man noch 9.000 Krankenhausbetten für ganz Berlin. Durch die Inbetriebnahme von Provisorien in Schulen, Turnhallen oder ehemaligen Wehrmachtsbaracken konnten Ende 1945 etwa 40.000 Krankenhausbetten betrieben werden, sodass es möglich wurde, Seuchenkranke zu isolieren.

Auch in der zum russischen Sektor zählenden Charité und den meisten ebenfalls dort liegenden Kliniken der Universität konnte von einer geordneten Krankenversorgung zunächst nicht die Rede sein. Der Lehr- und Forschungsbetrieb blieb im Sommer des Jahres 1945 ganz eingestellt. Insgesamt waren 65 Prozent der Gebäudesubstanz zerstört, 20 Prozent lagen völlig in Trümmern und nur ein Anteil von neun Prozent der Kliniken blieb unzerstört. In einem Bericht vom Juni 1945 hieß es, dass von den ursprünglich 1.667 Betten nur mehr 800 genutzt werden konnten.[8] Entsprechend groß waren die abzutransportierenden Trümmerberge. Die auf dem Gelände lagernden Schuttmassen vermehrten sich sogar im Zuge der Aufräumungsarbeiten noch. Sie behinderten nicht nur den Krankenhausbetrieb sondern – es war Sommer – bildeten einen ständigen Seuchen- und Infektionsherd und begünstigten die Ausbreitung von Ungeziefer. Erst im Herbst 1945 konnte mit Hilfe einer Gleisanlage mit Lorenzügen der Schutt aus der Charité wenigstens auf die andere Seite der Spree gefahren werden.

Der Verwaltungsdirektor der Universität hielt in seinen Erinnerungen fest, dass den Mitarbeitern zunächst auch die schwere Aufgabe zufiel „mehrere hundert Tote auf dem Gelände der Charité in drei Schichten übereinander provisorisch zu begraben, um den Ausbruch von Seuchen zu verhindern.“[9] Bei den Toten handelte es sich nicht um Patienten, sondern um in den Kämpfen auf dem Gelände gefallene Soldaten sowie um Klinikpersonal, das in diese Kämpfe geraten war.

Die Stromleitungen waren unterbrochen. Die Wasserversorgung der Klinik erfolgte durch Brunnen auf dem Gelände. Dort standen auch die Schwestern, um die Patientenwäsche in Trögen zu waschen. Mitarbeiter der Klinik arbeiteten als Transportarbeiter auf den sowjetischen LKWs, die die Verpflegung für Patienten und Personal heranbrachten.[10] Die Charité selbst verfügte zeitweise nur noch über ein einziges Pferdefuhrwerk für den Transport von Material. Die nicht im Gelände wohnenden Mitarbeiter brauchten oft Stunden, um zu Fuß oder per Fahrrad durch die teils kaum passierbare Stadt zum Arbeitsplatz zu kommen.[11] Von der Charité-Verwaltung erhielten sie eine Bescheinigung, „die mit einem Dienstsiegel versehen wurde, aus dem der faschistische Adler herausgeschnitten worden war“. Hierdurch sollten ihnen „das ungehinderte Passieren zwischen dem Wohnort sowie die Zuteilung der ersten Lebensmittelkarte“ garantiert werden.[12] In den Instruktionen, die am 10. Mai 1945 vom Verwaltungsleiter der Charité erlassen worden waren, hieß es unter Punkt 10: „Bei Aufräumungs- und Instandsetzungsarbeiten in den Kliniken und im Gelände ist sorgfältig darauf zu achten, dass alles noch brauchbare Material (Instrumente, Glas, Porzellan, Wäsche usw.) gesammelt und sichergestellt wird.“[13]

In einem Bericht der Charité-Verwaltung vom 20. Juni 1945 wird vor allem auf den Mangel an Kohlen verwiesen, „da die Kliniken für den Operations- und sonstigen Betrieb nicht mehr mit Dampf bzw. Warmwasser versorgt werden können.“ Auch müsse die Charité dringend wieder an eine funktionierende Kanalisation angeschlossen werden. Es fehle Verbandsmull, Mullbinden und Zellstoff. Auch Gummihandschuhe seien nicht mehr vorrätig. Dringend erforderlich seien „Alkohol, Narkoseäther, Chloraethyl, Schmierseife, Neo-

Salvarsan, Sulfonamide in Tablettenform, blutstillende Mittel, Diphtherieserum, Narkotika, Sympathol, Pflaster aller Breiten, Barium, Lebertran, fette Öle, Rivanol, Talkum."[14] Die Verpflegung für die Kranken reiche nicht aus, Frischgemüse stehe überhaupt nicht, Fleisch und Fett nur sehr mangelhaft zur Verfügung.

Abb. 8.3 Aufräumarbeiten auf dem Gelände der Charité, 1945.

Wegen der Bedeutung, die die Charité für die Stadt hatte, stellte der Magistrat für einen ersten Bauabschnitt in einem Sofortprogramm 545.000 Reichsmark zur Verfügung; bis zum 1. November 1945 sollten 40 Prozent der Gebäude provisorisch wieder nutzbar gemacht werden. Die Charité wurde zur größten Baustelle Berlins, im September arbeiteten bis zu 800 Bauarbeiter auf dem Gelände. Wegen der schlechten Ernährung der Arbeiter und Arbeiterinnen war die Leistung aber so stark herabgesunken, dass eine eigene Kantine gebaut wurde, um ihre Verpflegung zu verbessern. Total zerstörte Gebäude, wie z. B. die Augenklinik der Charité, wurden abgerissen und das Abbruchmaterial benutzt, um andere Gebäude „winterfest" zu machen. Insbesondere die Dächer und Fensterhöhlen mussten abgedichtet werden. Bis Ende 1945 wurden für die Charité immerhin 2.500 Quadratmeter Glas geliefert, der berechnete Bedarf allein für die Charité lag bei 24.500 Quadratmetern. Als Ersatz wurde in der Hauptsache Pappe, gelegentlich auch Röntgenfilme, verwendet. Die Schwierigkeiten bei der Beschaffung der notwendigen Baumaterialien, die in ganz Berlin nicht zur Verfügung standen, führten zu zahlreichen Verzögerungen im Baufortschritt,

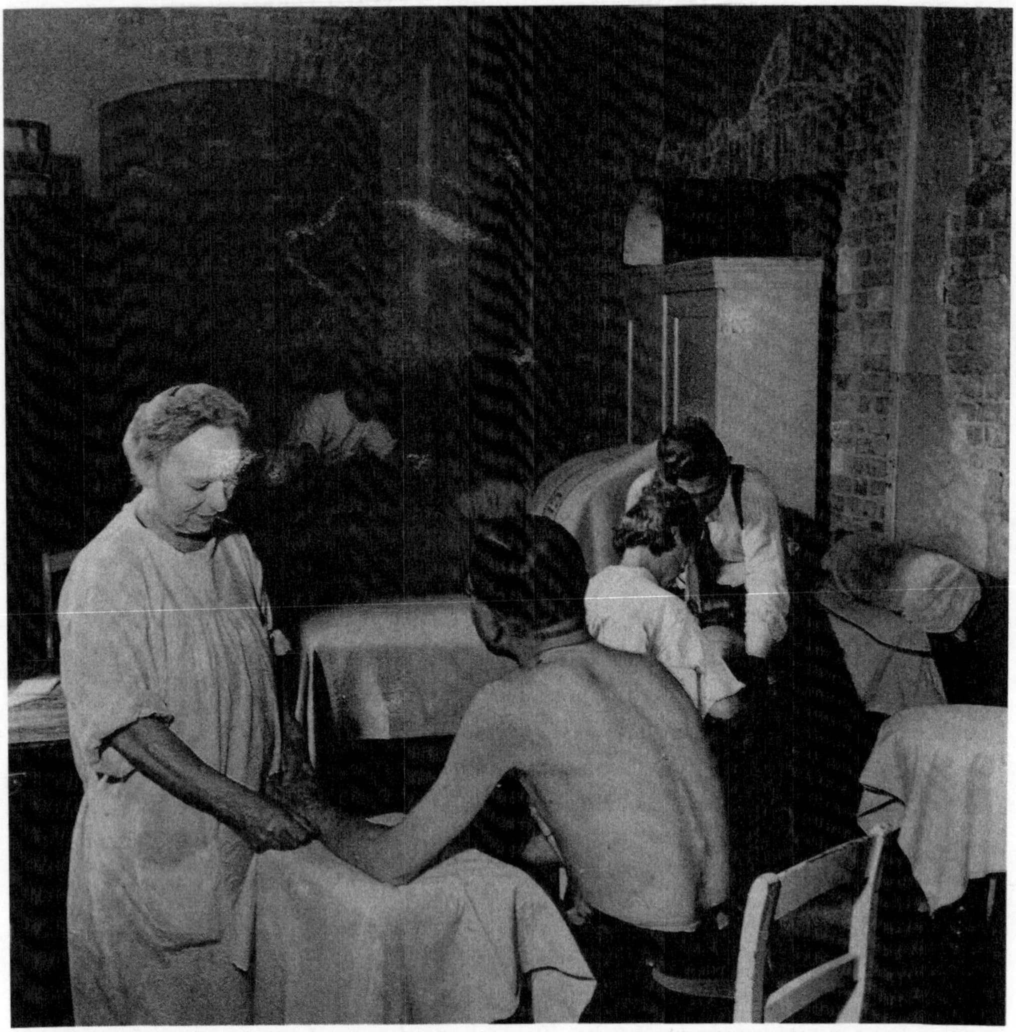

Abb. 8.4 Patientenversorgung in einer Charité-Poliklinik 1946. (Foto Fritz Eschen)

sodass immer wieder nur Provisorien genutzt werden konnten. Die Wiederherstellung der kriegsgeschädigten Bauten und notwendige Ersatzbaumaßnahmen blieben für die folgenden Jahre das Dauerthema allen Verwaltungshandelns. Immerhin gelang es, bereits Ende 1945 1.000 „winterfeste Betten" und 1.600 Hörsaalplätze fertig zu stellen.[15] Bis Ende 1947 konnten dann wieder 1.824 Betten in Betrieb genommen werden.[16]

8.2 Hochschulmedizin nach der Befreiung der Stadt

In den letzten Wochen des Krieges hatten die beiden wichtigsten, mit dem Nationalsozialismus besonders eng verbundenen medizinischen Funktionsträger der Universität die Hauptstadt des Deutschen Reiches verlassen: Der eine war Paul Rostock (1892–1956), seit 1941 Direktor der Chirurgischen Universitätsklinik in der Ziegelstrasse und ordentlicher Professor und seit 1942 Dekan, zudem seit 1943 auch Stellvertreter von Hitlers Bevollmächtigtem für das Sanitäts- und Gesundheitswesen Karl Brandt (1904–1948) und gleichzeitig dessen Beauftragter für Medizinische Wissenschaft und Forschung sowie Generalarzt der Reserve und Beratender Arzt der Armee und seit 1938 Mitglied der NSDAP.[17] Der andere war Lothar Kreuz (1888–1969), ordentlicher Professor und Direktor der Orthopädischen Universitätsklinik seit 1938, Parteigenosse seit 1933, Generalarzt der Reserve und SS-Standartenführer, der seit 1942 auch das Amt des Rektors der Universität bekleidet hatte. Beide sollten nach amerikanischer Kriegsgefangenschaft im Westen Deutschlands neue leitende Positionen finden: Rostock wurde 1948 Chefarzt des *Richard-Wagner-Krankenhauses* in Bayreuth und Kreuz 1950 Ordinarius für Orthopädie und Direktor der Orthopädischen Universitätsklinik in Tübingen.

Da das Dekanat also verwaist war, ergriff Ferdinand Sauerbruch am 21. April 1945 die Initiative und bat im Konsens mit den anwesenden Fakultätsmitgliedern den Direktor der Hals-, Nasen- und Ohrenklinik Carl von Eicken (1873–1960), die Fakultätsleitung zu übernehmen. Das Einverständnis der abwesenden Klinikleiter wurde nachträglich eingeholt. Von Eicken berichtete später selbst, dass eine Versammlung von Klinikleitern sich über die Amtsgeschäfte des Dekans verständigt hätte.[18] Die Formulierung lässt erkennen, dass die formale und strukturelle Zugehörigkeiten zu den Kliniken der „Charité“ einerseits und zu den Universitätskliniken andererseits für die Beteiligten endgültig nachrangig geworden waren. Zwar waren Rostock und Kreuz wie auch andere Klinik- und Institutsleiter aus den verschiedensten Gründen nicht mehr in der Hauptstadt, Georg Bessau (1884–1944) und Walter Frieboes (1880–1945) waren in den letzten Kriegsmonaten bzw. -tagen gestorben und Maximinian de Crinis (1889–1945) hatte sich durch Selbstmord dem Untergang des Reiches entzogen, aber die Medizin der Universität hatte auf der strukturellen Ebene ihre Funktionsfähigkeit behalten. Dies war einer der Gründe warum es der Fakultät möglich war, nach Kriegsende so zu tun, als ob alles so weiter laufen könne wie bisher.

Ein weiterer Grund bestand darin, dass ein großer Teil der Klinikchefs und Ordinarien keine NSDAP-Mitglieder geworden waren und sich deshalb, obwohl viele von ihnen den Nationalsozialismus aktiv gefördert hatten,[19] im Hinblick auf den von den Siegermächten zu erwartenden personellen Umbau als Nichtbetroffene fühlten. Zudem stellten einige der älteren, die schon vor 1933 ins Amt gekommen waren, internationale Berühmtheiten dar und konnten auf ihren medizinischen Ruf auch in den Ländern der Alliierten bauen. Manche von ihnen hätten eigentlich schon vor oder während des Krieges aus Altersgründen ausscheiden sollen, waren aber aus Mangel an qualifizierten Nachfolgern im Amt gehalten worden.[20] Dies galt in der Nachkriegssituation erst recht, sollte sich die gesundheitliche Lage der Bevölkerung Berlins, die durch die letzten Kriegshandlungen und der Verbreitung von Seuchen in einem so desolaten Zustand war, gravierend verbessern. So hatten sich schon in den ersten Tagen nach der Kapitulation Abgesandte im Auftrag der *Sowjetischen Militäradministration* und ihrer deutschen Vertrauensleute in der Stadt auf den Weg gemacht, um beispielsweise Ferdinand Sauerbruch zu suchen. Sie fanden ihn in seiner Villa in Wannsee und schlugen ihm vor, Leiter des Gesundheitswesens im Berliner Magistrat zu werden. Im Mai 1945 übernahm er das Amt. Ein weiterer Chirurg, Erwin Gohrbandt (1890–1965), ordentlicher Professor und Chef der III. Chirurgischen Universitäts-Klinik, wurde aus gleicher Motivation heraus zum Verantwortlichen für das Gesundheitswesen im Bezirk Tiergarten ernannt.[21]

Personalaustausch – Entnazifizierung[22]

Auf der Konferenz von Jalta vom 3. bis 11. Februar 1945 hatten sich die Alliierten auf das gemeinsame Ziel verständigt, „die Nazi-Partei, die nazistischen Gesetze, Organisationen und Einrichtungen vom Erdboden zu tilgen“. Der geplanten Demokratisierung der deutschen Gesellschaft sollte eine politische Säuberung vorausgehen. Mit den Kontrollratsgesetzen Nr. 1 vom 20. September 1945, Nr. 10 vom 20. Dezember 1945 und der Direktive Nr. 24 vom 21. Januar 1946 schufen die Alliierten den juristischen Rahmen für die Entnazifizierung. Die Umsetzung gestaltete sich in den vier Besatzungszonen jedoch unterschiedlich.

25 nationalsozialistische Gesetze, Verordnungen und Erlasse wurden auf Anweisung der Alliierten mit sofortiger Wirkung annulliert. Im Gegensatz zu den Westzonen wurden in der sowjetischen Besatzungszone auch das rassenhygienisch ausgerichtete *Gesetz zur Verhütung erbkranken Nachwuchses* von 1933 (Grundlage der Zwangssterilisationen) und das *Gesetz zum Schutze der Erbgesundheit des deutschen Volkes* (Ehegesundheitsgesetz) von 1935 sowie das *Gesetz über die Vereinheitlichung des Gesundheitswesens* von 1934 abgeschafft. Gerade das Letztgenannte gilt heute als entscheidende gesundheitspolitische Weichenstellung, die dem öffentlichen Gesundheitswesen eine zentralistisch hierarchische Struktur unter der Leitkategorie der nationalsozialistischen Erb- und Rassenhygiene gab. Anfänglich beabsichtigte die *Sowjetische Militäradministration* (SMAD), das oberste Verwaltungsorgan der sowjetischen Besatzungszone, alle Ärzte zur Verantwortung zu ziehen, die an Erbgesundheitsverfahren beteiligt gewesen waren. Durch die Intervention deutscher Juristen wurde diese Absicht jedoch verworfen und nur diejenigen Ärzte wurden juristisch verfolgt, die Zwangssterilisation aus rassischen oder politischen Gründen veranlasst oder durchgeführt hatten. Bereits zu diesem Zeitpunkt wurde argumentiert, dass man nicht die ganze Besatzungszone von allen Ärzten reinigen könne, die in Erbgesundheitsverfahren involviert

gewesen waren, da es danach nicht mehr ausreichend Personal für die gesundheitliche Versorgung der Bevölkerung geben würde.[23] Gemäß den Vereinbarungen über die Entnazifizierung sollten Personen, die Mitglieder der NSDAP waren, aus öffentlichen und halböffentlichen Ämtern sowie aus verantwortlichen Positionen in bedeutenden Unternehmen entfernt werden, womit auch die Mediziner gemeint waren. Je nach Region und Tätigkeitsfeld waren bis zu 60 Prozent der Mediziner, in einzelnen Bereichen auch mehr, Mitglied der NSDAP und anderer NS-Organisationen gewesen. Für die sowjetische Besatzungszone schätzte die *Deutsche Zentralverwaltung für das Gesundheitswesen* (DZVG), die von der *Sowjetischen Militäradministration* eingesetzte höchste deutsche Verwaltungsstelle, im Frühjahr 1946 die Parteimitgliedschaft je nach Region sogar auf 65 Prozent bis 80 Prozent, bei niedergelassenen Ärzten ging sie von 80 Prozent bis 90 Prozent aus. Art und Umfang der politischen Säuberung der in medizinischen Heilberufen Tätigen konnte daher nicht mit der gleichen Konsequenz wie in anderen Berufsgruppen durchgeführt werden.[24] Der Mangel an medizinischem Personal bzw. die Befürchtung des Zusammenbruchs der medizinischen Versorgung beeinflusste auch in anderen Besatzungszonen entscheidend die Durchführung der Entnazifizierung. Nach einem Verzeichnis aus der Charité vom 20. Juli 1945 waren von 141 Ärzten 39, also fast 30 Prozent, Mitglieder der NSDAP, der SA der SS oder mehrerer dieser Organisationen gewesen.[25] In den Akten der Charité-Verwaltung finden sich auch für die ersten Nachkriegsjahre Aufstellungen über Angestellte aus allen Arbeitsbereichen, vom Arzt bis zum Heizer, die der NSDAP einmal angehört hatten und weiterhin in der Charité beschäftigt waren. Noch 1948 waren allein von den auf dem Charité-Gelände in der Schumannstr. 21/22 wohnenden Ärzten zehn, von den Schwestern 36 und den Arbeitern 25 Mitglied der NSDAP gewesen.[26]

Wie bereits erwähnt hatte die Fakultät zehn Tage vor Kriegsende mit der Wahl des neuen Dekans Carl von Eicken, der nicht Parteimitglied gewesen war, den Versuch unternommen, sich selbst von getreuen Parteigängern des Nationalsozialismus zu befreien und damit die zukünftige Entwicklung der Fakultät nicht den Besatzern zu überlassen. Bereits am 29. Mai 1945 konnte wieder eine außerordentliche Sitzung der Fakultät stattfinden, an der 25 „medizinische Kollegen“ und Vertreter der naturwissenschaftlichen Unterrichtsfächer der ersten Semester teilnahmen.[27] Gegenstand der Verhandlungen waren nicht nur die Gebäudeschäden, die den Beginn des Unterrichts in weite Ferne rücken ließen. Vielmehr beschäftigten sich die Mitglieder auch mit der Frage, welche Ordinarien und Dozenten der Fakultät in Zukunft zur Verfügung stehen würden und auf welche angesichts ihrer exponierten Stellung während des Nationalsozialismus in Zukunft zu verzichten sei. Nach Kenntnisnahme der Mitteilung, dass der ehemalige Rektor der Universität Lothar Kreuz, SS- und NSDAP-Mitglied und verantwortlich für die NS-Hochschulpolitik, inzwischen im nördlichen Böhmen und noch am Leben sei, gaben die noch amtierenden Ordinarien zu Protokoll: „Die Meinung der Fakultät geht dahin, dass es für Kreuz nicht ratsam sei, nach Berlin zurückzukehren.“[28]

In den folgenden Sitzungen beschäftigen sich die Klinik- und Institutschefs ausführlich mit der Frage, welche Institute und Kliniken geschlossen werden sollten. Dabei bildete der Bauzustand der jeweiligen Einrichtung eines der wesentlichen Argumente für oder gegen eine Wiederetablierung eines Instituts.[29] Es ist aber nicht zu übersehen, dass nur solche Abteilungen und Kliniken in der dem Protokoll der Fakultätsratssitzung anhängenden Liste den Vermerk „kann fortfallen“ tragen oder mit anderen Kliniken „vereint“ werden sollten, deren Chefs aktive Nationalsozialisten waren oder die sich, soweit bekannt, inzwischen nicht mehr in Berlin aufhielten. Hierzu zählten das Institut für Rassenhygiene, die Orthopädische Chirurgie und Sportmedizin, die Klinik für Geschwulstkranke, die Röntgenologie und Radiologie der Charité, die Urologie, die Chirurgische Universitätsklinik (Ziegelstraße), die III. Medizinische Poliklinik und zunächst auch die I. Medizinische Klinik und das Institut für Strahlenforschung.[30]

Abb. 8.5 Trümmerbeseitigung auf dem Gelände der Charité 1946. Im Bild Reste der alten Augenklinik (am heutigen Südflügel der Klinik für Innere Medizin).

Im Gegensatz zu anderweitigen Planungen, nach denen der Lehrbetrieb zum Wintersemester wieder eröffnet werden sollte, gelang dies dem Magistrat Berlins wie auch den Besatzungsbehörden erst im Januar 1946. Alle Professoren, denen nach Meinung der sowjetischen Besatzungsmacht keine Mitgliedschaft in der NSDAP, der SS oder SA nachgewiesen werden konnte, wurden als Ordinarius bestätigt und neu berufen. Grundlage des Verfahrens waren nicht die oben geschilderten eigenen Initiativen der Fakultät. Vielmehr hatte der Dekan im Auftrag des leitenden Ausschusses des Amtes Wissenschaft beim Magistrat Berlin im Juni 1945 Fragebögen an alle Professoren, Ärzte und Assistenten versandt, die von den Wissenschaftlern selbst auszufüllen waren. Diese bildeten die Basis, um entsprechend dem Befehl von Marschall Shukow sämtliche formal belasteten Beamten und Angestellten im öffentlichen Dienst zu entlassen. Sollte jedoch durch „die Entlassungen der ordnungsmäßige Dienstbetrieb des Instituts etc. gefährdet oder gar unmöglich gemacht werden, so ... [war] dies in einem Begleitbericht darzustellen und die vorläufige Weiterbeschäftigung einzelner wissenschaftlicher Persönlichkeiten oder anderer Institutsangehöriger überzeugend zu begründen."[31] Die Verantwortung für diese Entscheidung hatten die Direktoren zu übernehmen.

Nur wenige Ordinarien wurden vom Magistrat „aus der Liste der Fakultät" entfernt: Friedrich Koch (1892–1948) (Innere Medizin), Heinz Zeiss (1888–1949) (Hygiene), Karl Gebhardt (1897–1948) (Sportmedizin), Otto Ringleb (1875–1946) (Urologie), Henri Chaoul (1887–1964) (Strahlenkunde) und Paul Rostock (1892–1956) (Chirurgie). Hinzukamen aber eine ganze Reihe von außerordentlichen Professoren und weiteren Mitarbeitern. Von den Lehrstühlen wurden lediglich Rassenhygiene, Strahlenforschung und Orthopädie gestrichen.[32] In fast allen Fällen bildete die Zugehörigkeit zur Partei und ihren Organisationen das einzige genannte Kriterium. Lediglich im Fall des Wissenschaftlers Fritz Lenz wurde eine inhaltliche Begründung angegeben, nämlich „abgelehnt wegen der Einengung seines Lehrfaches auf die nationalsozialistische Rassen-Ideologie".[33] Die Einbindung von einigen Ordinarien in die Kriegsforschung und die nationalsozialistische Ausgrenzungs- und Vernichtungspolitik spielte zu diesem Zeitpunkt für die Bewertung offenbar keine Rolle.[34]

Die Entnazifizierung lag in der sowjetischen Besatzungszone wie auch bei den anderen in der Kompetenz der Länder. Die von den Alliierten beschlossene politische Säuberung wurde hier „entschlossener" und „konsequenter als in den Westzonen" durchgeführt.[35] Die von der deutschen Gesundheitsverwaltung am 9. Oktober 1945 erlassenen „Richtlinien über die Reinigung der [der] Pflege der Volksgesundheit dienenden Verwaltung von nazistischen Elementen" waren eine Umsetzung eines von der SMAD am 1. Oktober 1945 erlassenen Befehls, mit dem der „Entnazifizierung der Gesundheitsverwaltung von Anfang an Priorität" eingeräumt wurde.[36] Hier war der Versuch unternommen worden „zunächst für alle Mediziner einheitliche Maßstäbe zugrunde zu legen", die jedoch „unter dem Druck der personellen Umstände modifiziert" werden mussten.[37] Erst später gewann die politische Zuverlässigkeit von Personen, die in den Heilberufen tätig waren und daher zu einem Großteil der Bevölkerung Kontakt hatten größere Bedeutung, weshalb Ärzte, die in leitenden Positionen tätig sein wollten, eine antifaschistische Gesinnung nachweisen mussten.

Zunächst waren alle ehemaligen NSDAP-Mitglieder entlassen worden. Für unentbehrlich gehaltene Wissenschaftler, insbesondere in den Kliniken, konnten aber trotzdem in Krankenversorgung und Forschung verbleiben, jedoch zunächst nicht in der Lehre. Hinzu kam, dass überzeugte Nationalsozialisten sich meist schon vor der heranrückenden sowjetischen Armee und andere unmittelbar nach ihrer Entlassung im Mai und Juni 1945 in den Westen Deutschlands abgesetzt hatten. So mussten in der gesamten sowjetischen Besatzungszone vom verbliebenen Rest nur weniger als 15% der Klinik- und Institutschefs die Universitätslaufbahn endgültig abbrechen. Verglichen mit dem Personalaustausch der nach 1933 aus politischen und rassistischen Gründen durchgeführt wurde, war der in der SBZ und später in der DDR politisch gewollte Elitenaustausch eher ineffektiv.

8.3 Anhang: Das Schicksal des Chirurgen Sauerbruch als Ost-West-Tragödie[38]

Bereits im vorigen Kapitel wurde auf das enge Verhältnis hingewiesen, das einer der berühmtesten Klinikchefs der Charité, der Chirurg Ferdinand Sauerbruch, zum Nationalsozialismus hatte und das der Einstellung der meisten Fakultätsmitglieder entsprach. Auch im Zeitraum von 1945 bis 1949 war Sauerbruch als Chirurg und Hochschullehrer wieder aktiv. Sein Verhältnis zur sowjetischen Besatzungsmacht, die Ambivalenz der sowjetischen und deutschen Verwaltung im Ostteil und später auch der deutschen Behörden im Westteil der Stadt, die den Umgang mit ihm bestimmten – auch als er bereits schwer krank eine Gefahr für die Patienten darstellte –, und sein Verhalten im Entnazifizierungsverfahren können hier stellvertretend für die Situation der Charité und Medizinischen Fakultät in der Zeit des beginnenden „Kalten Kriegs“ zwischen Ost und West gesehen werden.

Sauerbruchs Position als Direktor und Professor der Chirurgischen Universitätsklinik der Charité blieb nach Ende des Krieges unangetastet. Dies, obwohl es den Sowjets und auch den bald eingesetzten deutschen Verwaltungen der Stadtbezirke nicht unbekannt geblieben sein konnte, dass Sauerbruch ein eifriger Propagandist der Nationalsozialisten gewesen war und von diesen hohe Ehrungen durch Titel und Preise erhalten hatte. Angesichts seiner Bedeutung für die Medizin wurde bei ihm eine Ausnahme gemacht und zunächst von Ermittlungen abgesehen. Bei dem Mangel an qualifizierten Ärzten kam es den sowjetischen Militäradministratoren allein darauf an, eine Vertrauensperson einzusetzen, deren Autorität bei den deutschen Stellen galt. Gleichzeitig war Sauerbruch auch für die sowjetischen Militärärzte aufgrund seiner überragenden Verdienste in der Entwicklung chirurgischer Techniken und seinem bereits seit dem ersten Jahrzehnt des Jahrhunderts ständig wachsenden Ruhm eine bewunderte medizinische Koryphäe.[39] Erst als im Oktober 1945 die inzwischen Berlin regierende *Alliierte Kommandantur* aller vier Besatzungsmächte unter Federführung der Amerikaner Sauerbruch wegen seiner Nähe zu den Nationalsozialisten für nicht mehr tragbar hielt, wurde er als Leiter des Gesundheitswesens der Stadt wieder abgesetzt. Seine Stellung in der Charité und der Fakultät blieb aber weiterhin vollständig erhalten. Wie die ganze Universität, die zunächst dem von sowjetischen Militärs eingesetzten

Magistrat der Stadt unterstand, war die Charité inzwischen von der sowjetischen Besatzungsmacht, in deren Sektor sie lag, der für die gesamte *Sowjetische Besatzungszone* zuständigen *Deutschen Verwaltung für Volksbildung* (DVV) unterstellt worden. Damit waren Universität und Charité dem Zugriff der *Alliierten Kommandantur* und der anderen Besatzungsmächte entzogen und fielen in die alleinige Zuständigkeit der sowjetischen Besatzungsmacht, die damit auch für alle Personalentscheidungen zuständig wurde – auch für Ferdinand Sauerbruch.[40]

Die Charité benötigte die Arbeitskraft des erfahrenen Chirurgen, zumal seine langjährigen Oberärzte am Ende des Krieges in andere Positionen gewechselt oder auch verhaftet worden waren sodass er bald nur noch von fachlich erheblich weniger erfahrenen Kollegen umgeben war. Erst 1947 holte er sich wieder einen sehr erfahrenen Chirurgen, den von den Briten in Düsseldorf wegen seiner (Reiter-)SS-Mitgliedschaft abgesetzten Max Madlener (1898–1990) an die Charité. Bedenken gegen dessen politische Vergangenheit wurden auf Einspruch Sauerbruchs gegenüber den Sowjetischen Militärs und der deutschen Verwaltung für Volksbildung im Hinblick auf die Notwendigkeiten des Klinikbetriebes und die Betonung der unverzichtbaren fachlichen Qualifikation zurückgestellt.

Diese über alle alltägliche Kritik erhabene Position des nunmehr 70jährigen war besonders fatal, da Sauerbruch an einer zunehmenden Altersdemenz litt, die in den meisten späteren Berichten als Zerebralsklerose bezeichnet wird. Da die Symptome über lange Jahre nur sporadisch aufgetreten waren, war die Krankheit schwer zu erkennen. Sie zeigte sich in sehr sprunghafter, dabei aber häufig weiter fesselnder Redeweise, die ihm auch früher schon nachgesagt worden war, oder in zunächst nur zeitweiliger Desorientiertheit.

Im Juli 1946 wurde ein erster Fall dokumentiert, bei dem es unmittelbar nach einer von Sauerbruch durchgeführten Leistenbruch-Operation bei dem Patienten zu einer Nachblutung gekommen war, an der dieser verstarb. Der Todesfall wurde von den engeren Kollegen Sauerbruchs offensichtlich als Folge des mit dem chirurgischen Eingriff verbundenen Risikos bewertet. Trotz weiterer Anzeichen für fehlerhafte Behandlungen in den nächsten Monaten und Jahren unternahmen sowohl Sauerbruchs Fakultätskollegen und die Klinikverwaltung und auch der am besten informierte Chef der Pathologie, Robert Rössle (1876–1956), nichts. Keiner wollte öffentlich als Kritiker des berühmten Kollegen dastehen.

Erst im Frühsommer 1948 begann sich die Verwaltung für Volksbildung für die nunmehr offensichtlichen krankheitsbedingten Ausfallerscheinungen Sauerbruchs zu interessieren. Ab Frühjahr 1949 versuchte Sauerbruchs erster Oberarzt und Stellvertreter ihn vom Operationstisch fern zu halten, nachdem „der Chef" zeitweise sogar vergaß, wo er war und sich auch immer öfter nicht mehr an die Regeln der chirurgischen Hygiene hielt. Sauerbruchs Krankheit wurde nach außen beschwiegen, inadäquates Verhalten wurde als eine seiner vielen bekannten Stimmungsschwankungen abgetan. Im Frühjahr 1949 kam es zu einem operativen Eingriff, der von Sauerbruch ganz offensichtlich fehlerhaft zu Ende geführt wurde. Niemand hatte ihm am Operationstisch widersprochen. Offenbar hatten alle Angst vor unberechenbaren Reaktionen des hier mit Instrumenten „bewaffneten“ Chirurgen. Erst nach Rückversicherung bei der Fakultät gab der eben erst zum neuen Chef der Pathologie ernannte Johannes Linzbach (1909–1984) die den Fall dokumentierende Akte an die vorgesetzte Behörde, die *Deutsche Verwaltung für Volksbildung*, heraus. Nun erst wurde auch vom zögerlichen Präsidenten der Verwaltung für Volksbildung, Paul Wandel (1905–1995) grünes Licht für eine Entlassung gegeben; Wandel seinerseits meinte, sich dafür sogar beim *Zentralkomitee der SED* absichern zu müssen. Die Rücksicht auf den berühmten Chirurgen führte dazu, dass seine Entlassung als freiwilliger Rücktritt erscheinen sollte. Die Angst, dass die westliche Presse die Entlassung als politischen Akt bewerten würde, war groß. Gleichzeitig wurde eine Verordnung vorbereitet, nach der über 70-jährige Professoren grundsätzlich emeritiert werden sollten. Sauerbruch erschien jetzt auch immer wieder tagelang nicht in der Klinik. Er selbst zeigte sich vollkommen uneinsichtig.

Auch Sauerbruchs Verhalten bei der Entnazifizierungskommission am 22. 4. 1949, über das sein Biograf Jürgen Thorwald (1915–2006) auf der Grundlage von Akten und der auszugsweise im *Deutschen Rundfunkarchiv* erhaltenen Aussagen berichtete, war Ausdruck der Krankheit. Es wurde deutlich, dass Sauerbruch nicht einmal mehr die Fragen der Kommission verstand. Als er den Verhandlungsraum einfach empört verließ, rief sein Verhalten bei den Anwesenden Fassungslosigkeit hervor.

Erst als sieben Monate später, am 28. 11. 1949 ein Privatpatient während einer Magenoperation starb, wurde die Fakultät aktiv und ließ den Oberarzt berichten. Sie beauftragte schließlich den erst kürzlich emeritierten 73-jährigen Pathologen Rössle, persönlich mit dem 74-jährigen Sauerbruch zu reden und ihn zum Amtsrücktritt zu bewegen. Das zweistündige Gespräch blieb ohne Erfolg. Auch ein weiterer Versuch des 71-jährigen Direktors der Medizinischen Klinik, Theodor Brugsch (1878–1963), der zugleich Vizepräsident der Zentralverwaltung für Volksbildung war, blieb erfolglos. Erst am 2.12.1949 konnten Brugsch und Wandel im persönlichen Gespräch und in privater Umgebung Sauerbruch überreden, die Klinikleitung abzugeben. Am Tag danach bestätigte Sauerbruch offiziell, dass er in den Ruhestand treten wolle.

Zwar meldete die DDR-Presse am 6.12.1949 korrekt, Sauerbruch habe darum gebeten, dass man ihn im Zuge der allgemeinen Emeritierung der über 70 Jahre alten Lehrkräfte von seinen Pflichten entbinden möge. Das hinderte aber westberliner Zeitungen nicht, von einer politischen Entlassung zu berichten. Der kranke Sauerbruch stützte diese Version auch gegenüber Reportern. Die notwendige Entpflichtung eines kranken und alten Chirurgen durch seine vorgesetzte Behörde geriet, wie befürchtet, zwischen die Räder der Systemauseinandersetzung.

Hinzu kam ein weiteres Problem der inzwischen vollzogenen Teilung der Stadt. Sauerbruchs an der Charité vergleichsweise hohes Gehalt reichte nicht, seinen Lebensstandard im Westen der Stadt aufrecht zu erhalten. Von den monatlichen 1.800 Mark Ost verblieben ihm nach dem Umtausch lediglich 600 Mark West. Das entsprach gerade der Miete für sein Haus in Berlin Grunewald. Ein ihm persönlich unterbreitetes Angebot der Verwaltung für Volksbildung über eine Pension von 3.500 Mark sowie zusätzlicher Vergünstigungen unter der Bedingung, dass er in den Ostteil der Stadt zöge, schlug Sauerbruch uneinsichtig gegenüber dem Vorgehen der Behörde aus. Auch dieses, nicht öffentlich gemachte Angebot kann vor dem Hintergrund der Ost-West-Auseinandersetzungen gesehen werden. In der Öffentlichkeit wollte die Behörde (DVV) nichts zum Gesundheitszustand Sauerbruchs verlauten lassen, gleichzeitig aber auch nicht in den Verdacht geraten, einer immer noch international beachteten medizinischen Kapazität kein angemessenes Auskommen zu garantieren.

Nun machte eine Privatklinik im Villenviertel Grunewald Sauerbruch ein Angebot zur Mitarbeit, das dieser sofort annahm. Es war offensichtlich, dass mit seinem Namen geworben werden sollte. Seine Krankheit war auch hier nicht bekannt. Immer noch war er zeitweise in einem Zustand, wo dies nicht offensichtlich war. Die westberliner Presse feierte ihn und die Tatsache, dass ihm dort, im Gegensatz zur Charité im Osten der Stadt, weitere Arbeitsmöglichkeiten offen stünden. Wenn sein Zustand zu offensichtlich geworden war, wurde aus Kollegialität eine öffentliche Berichterstattung darüber verhindert, so z. B. im Herbst 1949 als er bei einem Vortrag in Hannover vor den dort versammelten Ärzten nicht in der Lage war, seine Ausführungen vom Blatt zu lesen und einen konfusen Vortrag hielt. Bald ließ ihn auch die Privatklinik nicht mehr operieren, verzichtete aber noch lange darauf, ihm das Haus zu verbieten. Die zuständigen Gesundheitsbehörden und ärztlichen Organisationen im Westteil der Stadt erfuhren bald von Sauerbruchs Zustand, der weiter Patienten in seinem privaten Haus behandelte und nicht daran gehindert werden konnte. Die Gesundheitsbehörden, die allerdings auch von niemandem vollständig über seinen Gesundheitszustand informiert worden waren, schrieben ihm mehrfach Briefe, mit denen ihm das Operieren untersagt wurde. Ob er die Verbote einhielt, wurde nicht kontrolliert. Sauerbruch ignorierte sie. Ein möglicher Entzug der Approbation, der ihm die ärztliche Tätigkeit grundsätzlich verboten hätte und der bei seinem Krankheitsbild möglich gewesen wäre, erfolgte nicht. Immer wieder verschafften sich Patienten, voller Vertrauen in den berühmten Namen, Zutritt zu ihm, um sich beraten und behandeln zu lassen. Nur durch Eingreifen seiner Umgebung gelang es meist, größere Katastrophen zu verhindern.

In diesem bedauernswerten Zustand gab Sauerbruch über Monate verteilt noch die Interviews, die aufgezeichnet, teilweise auch mit seinen früheren Schriften verglichen und überarbeitet Grundlage für die nach seinem Tode am 2. Juni 1951 unter dem Titel „Das war mein Leben“ veröffentlichte „Autobiographie“ wurden. Sie erreichten eine riesige Auflage und wurden die Basis für einen ebenfalls erfolgreichen Film, der für lange Zeit das Arztbild in der Öffentlichkeit prägen sollte. So blieb Sauerbruch in seinem unerkannten körperlichen Verfall Mittelpunkt einer auf internationale Glanzleistungen und Berühmtheiten fixierten Öffentlichkeit. Ohne die politischen Rücksichtnahmen, die das Klima der Auseinandersetzungen in Ost- und West-Berlin bestimmten, wäre es möglich gewesen, mit dem Kranken normaler und adäquater umzugehen und seinen Patienten viel Leid zu ersparen.[41]

Sabine Schleiermacher und Udo Schagen

9. Rekonstruktion und Innovation (1949–1961)

> Auf Anordnung genannter Behörde [Gesundheitsamt] musste er heute in stationäre Behandlung in die Charité. Dort wurde er in Baracke Nr. 2 eingewiesen. Ich begleitete ihn dorthin und bin schwer beeindruckt von dieser Unterbringung. Meiner Meinung [nach] geht es primitiver wirklich nicht. Solche Baracken gab es schon, habe ich mir sagen lassen, zu wilhelms [!] und braune Horden Zeiten, ich halte sie für unwürdig zur Heilung unserer arbeitenden Menschen. Man hat wirklich dort den ersten Eindruck hier ist die letzte Station da braucht man nichts mehr. Mein Mann ist wirklich ein sehr fleissiger und bescheidener Mensch dabei sehr kräftig und lässt sich nicht so leicht umwerfen, aber er war im Moment der Einlieferung wie erschlagen. Zudem war er noch nie nach dem Krieg krankgeschrieben. Sie sehen also daraus, dass er noch voll leistungsfähig [ist,] aber wenn er dort nur kurze Zeit bleiben muss bin ich fest überzeugt, dass er wirklich krank wird. [...] Ausserdem habe ich mich auf dem Gelände der Charité umgesehen und dabei festgestellt, dass dort Abteilungen sind wie z.B. die Frauenabteilung, die so vorbildlich ausgestattet sind, dass ich den Eindruck hatte [mich] auch in einem erstklassigen Hotel zu befinden da die Zimmer mit allem Komfort ausgestattet sind. Ausserdem habe ich gesehen das[s] auch dort in einem Zimmer ein ganz alter Herr mit schwerem Lungenleiden lag. Ich kann mir nicht vorstellen dass man irgendwelche Unterschiede macht und es ist doch einleuchtend dass ein noch leistungsfähiger Mensch in einer so tristen Umgebung [nicht] schnell wieder hergestellt wird.[1]

Dieser Beschwerdebrief an den Gesundheitsminister beschreibt die Situation in der Charité im Jahr 1957 aus der Perspektive der Angehörigen eines tuberkulose-kranken Patienten. Zwölf Jahre nach der Befreiung waren einige Einrichtungen wiederhergestellt, während andere für die Versorgung von Patienten nur ausreichend waren, auch wenn sie nicht allen Ansprüchen gerecht werden konnten. Die Aufgaben, die in diesen Jahren hatten bewältigt werden müssen, waren enorm. Neben der Beseitigung von Kriegsschäden wurden überkommene Verwaltungs- und Organisationsstrukturen vereinheitlicht; medizinische Forschung und Lehre sowie die Versorgung von Patientinnen wurden zusammengeführt; der Mitarbeiterstab war nicht ausreichend. Darüber hinaus beteiligten sich Angehörige der Charité in staatlichen Funktionen an der Rekonstruktion und Neuausrichtung des Gesundheitswesens der DDR. Der Bau der Mauer brachte eine gewisse Stabilisierung mit sich.[2]

9.1 Fusion von Charité und Fakultät

Seit Kriegsende war die Charité dem *Hochschulausschuss des Berliner Magistrats* zugeordnet und wurde mit dem Befehl Nr. 4 der *Sowjetischen Militäradministration in Deutschland* (SMAD) vom 8. Januar 1946 der *Deutschen Verwaltung für Volksbildung* unterstellt. Mit Anweisung Nr. 73 des *Ministeriums für Volksbildung* vom 9. Dezember 1950 wurden alle klinischen Einrichtungen der Medizinischen Fakultät der Humboldt-Universität zu Berlin (das Universitätsklinikum in der Ziegelstraße, die Frauenklinik in der Artilleriestraße und das Zahnärztliche Institut auf dem nördlichen Charitégelände) mit den Einrichtungen der Charité vereinigt – und unter einem einheitlichen Haushalt als Teil des Universitätshaushalts geführt. Unter dem Namen *Charité (Universitätskliniken)* wurde der nichtklinische Bereich mit dem klinischen Bereich der medizinischen Ausbildung und Forschung zusammengeführt. So wurde Anfang der 1950er Jahre eine Verwaltungsstruktur geschaffen, die das historisch bedingte Nebeneinander von Fakultät und Charité beseitigte und der langwährenden Praxis des Zusammenwirkens Rechnung trug. In der Fakultät wurde diese Fusion damit begründet, „dass das Klinikum und die Charité schwere Kriegsschäden erlitten hätten“ und man beide Teile vereinen müsse, „um ein lebensfähiges Ganzes zu garantieren“.[3]

Der klinische Bereich sollte von einem Ärztlichen Direktor und einem Verwaltungsdirektor geleitet werden, die beide vom *Ministerium für Volksbildung* ernannt wurden und diesem verantwortlich waren. Die Verantwortung für die medizinische Forschung und Lehre sollte beim Rektor der Humboldt-Universität liegen, der seine Entscheidungen „im Einvernehmen“ mit dem Ärztlichen Direktor der Charité zu treffen hatte. Der Verwaltungsdirektor der Charité unterstand wiederum dem Verwaltungsdirektor der Humboldt-Universität, dem auch die Verwaltung des nichtklinischen Bereichs oblag. Im Zuge dieser Vereinigung gingen Personalakten, Gehaltskarteien sowie statistische Unterlagen für die Personalplanung der Universitätskliniken an die Charité-Verwaltung über.

Als Prorektor für Medizin wurde 1949 der Sozialhygieniker Alfred Beyer (1885–1961) zum Ärztlichen Direktor 1950 Friedrich Hall (1908–1963) ernannt. Hall war Mediziner, der sich in sowjetischer Kriegsgefangenschaft dem *Nationalkomitee Freies Deutschland* angeschlossen hatte. Geschult in einer „Antifa-Schule für politische Funktionäre in Moskau“ wurde er nach seiner Rückkehr nach Deutschland im April 1948 Assistenzarzt in der Nervenklinik der Charité und zugleich Hauptreferent für Medizinische Fakultäten in der Verwaltung für Volksbildung. Er löste Maxim Zetkin (1883–1965) im Amt ab, der Ende 1949 vom *Minister für Volksbildung*, Paul Wandel (1905–1995), zur Beseitigung infrastruktureller Mängel in Patientenbetreuung und Forschung eingesetzt worden war.

In Fragen, die das Gesundheitswesen betrafen, waren die Universitätskliniken dem *Ministerium für das Gesundheitswesen* und nicht dem städtischen *Landesgesundheitsamt* (LGA) wie die anderen Kliniken der Stadt zugeordnet. Gleichwohl sollte die Charité weiterhin mit dem Landesgesundheitsamt Berlin zusammenarbeiten. Der Ärztliche Direktor sollte nach Anordnung des Ministeriums Sitz und Stimme in der Fakultät haben. Er war gegenüber den Ministerien, dem Magistrat und der Öffentlichkeit

> verantwortlich für alle medizinischen Belange, soweit sie ausserhalb des Rahmens des Studentenunterrichts liegen, also auch für verwaltungstechnische Aufgaben, soweit medizinische Fachkenntnisse zu ihrer Beurteilung notwendig erscheinen. So ist der ärztliche Direktor vor allem zuständig für die Bauplanung der Charité und für die Einstellung der Oberärzte und Ärzte, desgleichen für die repräsentative Vertretung der Charité.

Die Fakultät war in diese Entscheidungsprozesse nicht involviert. Mit Schreiben vom 17. Juli 1950 teilte das *Ministerium für Volksbildung* lediglich mit, dass es das Amt eines Ärztlichen Direktors eingerichtet und mit Hall besetzt habe. Mit seiner Anordnung hatte das Ministerium weitreichend in die Strukturen der Fakultät eingegriffen. Dem Ärztlichen Direktor waren Befugnisse zugewiesen worden, die bis dahin vom Dekan bzw. Verwaltungsleiter der Fakultät und in den Kliniken von den Direktoren „mit weitgehend selbständigem Verantwortungsbereich" ausgeübt worden waren. Den Mitgliedern des Fakultätsrats missfiel diese Entscheidung sehr. Zudem begriffen sie die Berufung eines nicht habilitierten Mediziners mit Stimmrecht in den Rat der Fakultät als einen Eingriff in die akademische Selbstverwaltung und damit auch in ihre Autonomie. Der Dekan der Medizinischen Fakultät, Theodor Brugsch (1878–1963), sprach in einer Fakultätssitzung dem Ministerium gar das Recht ab, „dem ärztlichen Direktor in der Fakultät Sitz und Stimme zu geben".[5] Vielmehr sollte der Ärztliche Direktor, da er „nur die Belange der Charité im engeren Sinne zu wahren" habe, nur dann zu Fakultätssitzungen eingeladen werden, wenn seine Anwesenheit inhaltlich begründet sei, worunter die anwesenden Professoren offenbar lediglich die Angelegenheiten der Kliniken verstanden. Dem Ministerium gegenüber vertrat Brugsch die Position, dass „Sitz und Stimme [...] dem ärztlichen Direktor, sofern er nicht habilitiert sei, in der Fakultät [...] nicht zugebilligt werden" könne. Mit Verweis auf die Fakultätsstatuten wies er darauf hin, dass „eine Fakultät [...] ihre Rechte solange verteidigen [müsse] solange ihr diese Rechte nicht aberkannt würden". Gerade so folgenreiche Entscheidungen müssten so gehandhabt werden, dass „sie mit den bestehenden Bestimmungen übereinstimmen".[6] Gegenüber dem Ministerium konnten sich Dekan und Fakultät jedoch nicht durchsetzen. Stattdessen ernannten sie den vom Ministerium eingesetzten Ärztlichen Direktor Hall ohne Habilitation zum Professor mit Lehrauftrag. Hall behielt dieses Amt bis er 1952 die *Deutsche Demokratische Republik* (DDR) verließ. Das Arbeitsgebiet des Ärztlichen Direktors und seine Stellung in der Fakultät wurden 1954 analog der Rahmenkrankenhausordnung bestätigt. 1961 entsprach seine Stellung der eines Prodekans.

9.2 Raummangel und Personalknappheit

Von Ende des Krieges bis in die frühen 60er Jahre standen Rekonstruktion, Neubau und Modernisierung der Gebäude im Mittelpunkt der Aktivitäten der Verwaltung der Charité. Ca. 80 Prozent ihrer Gebäude waren zerstört oder beschädigt und ein Teil der noch vorhandenen Einrichtungen war nicht nutzbar, weil während des Nationalsozialismus Instandhaltungsarbeiten an den Gebäuden im Zusammenhang mit Planungen für den Neubau eines groß dimensionierten Universitätsklinikums im Westen Berlins vernachlässigt worden waren (vgl. Kap. 7.5, S. 186). Um die Raumnot zu beseitigen wurden Behelfsbauten errichtet. Dennoch mussten Patienten auch noch nach 1949 mangels Unterbringungsmöglichkeiten abgewiesen werden. Aber auch Anlagen für Verwaltung, Betrieb, Technik und Forschung sowie Labore und Inventar standen nicht ausreichend zur Verfügung. Die Wiederherstellung von Räumlichkeiten und Einrichtungen war Voraussetzung sowohl für die Versorgung von Patienten als auch für die Wiederaufnahme des akademischen Lehrbetriebs sowie für die Fortführung von Forschung. Bis 1951 konnte die Charité die Anzahl der Plätze für stationäre Behandlung auf 2.066 Betten steigern, ohne das anvisierte Ziel von 3.680 Betten zu erfüllen.

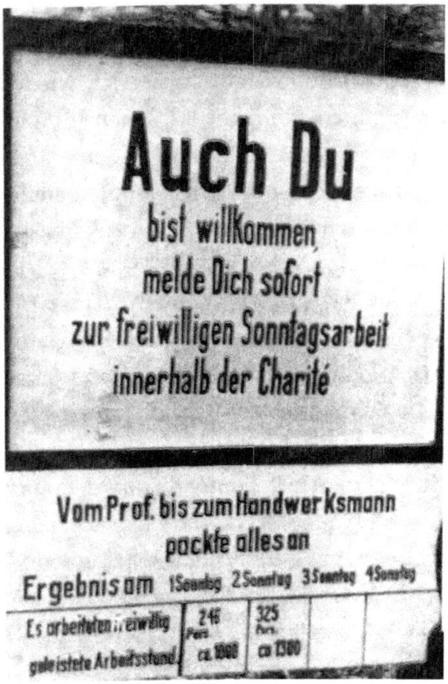

Abb. 9.1 Aufruf zur Sonntagsarbeit (Enttrümmerung der Charité), ohne Datum.

Dem Mangel stand ein gesteigerter Bedarf gegenüber. Die durch den Krieg und seine Folgen hervorgerufenen problematischen Lebensbedingungen hatten zu gesundheitlichen Beeinträchtigungen bei der Bevölkerung geführt, die sich bis in die 50er Jahre hinein auswirkten. Die jahrelange Mangel- und Fehlernährung führte unter anderem zu einer Erhöhung der Infektionsanfälligkeit und Krankheiten wie die Tuberkulose erlangten wieder an Bedeutung.

Anfang der 50er Jahre sah sich die Charité mit der Situation konfrontiert, einen großen „Zustrom auswärtiger Patienten abzuwehren".[7] Vereinbarungen zwischen den noch bestehenden Landesregierungen sahen eine regionale Zuständigkeit der klinischen und poliklinischen Charité-Einrichtungen vor. Aufgenommen werden durften nur Patientinnen und Patienten aus den Bezirken Berlin, Potsdam und Frankfurt/Oder. Kranke aus Mecklenburg oder Sachsen durften nur dann in die Charité überwiesen werden, wenn die Bestätigung eines Amtsarztes vorlag, dass die Behandlung nicht an den regionalen Universitätskliniken durchgeführt werden könne. Nach eigenen Angaben waren die Betten der Charité nur zu 82 Prozent belegt und damit nicht voll ausgelastet. Im Gegensatz zum *Staatssekretariat für Hochschulwesen*, das für die Charité als Hochschuleinrichtung zuständig war und sich gleichzeitig als zuständige Behörde um die medizinische Versorgung der Bevölkerung sorgte, waren die Mitglieder der Fakultät mit diesem Ergebnis zufrieden, wollten sie doch Betten für solche Patientinnen und Patienten frei halten, die sie sich für ihre Lehre und Forschung wünschten und daher „nicht jeden Krankenhausfall aufnehmen".[8]

Der Bedarf an Investitionsmitteln für die klinischen Einrichtungen stieg in den Jahren von 1945 bis 1951 um das Sechsfache. Im Zusammenhang mit den III. Weltfestspielen der Jugend 1951, denen besondere politische Bedeutung beigemessen wurde, wurden zusätzlich hohe Summen für die Charité bereitgestellt. Nicht in jedem Fall konnten die Mittel ausgegeben werden, da die für den Bau benötigten Materialien nicht immer zur Verfügung standen. Unter den Fakultäten war es die Medizinische, die den größten Anteil investiver Mittel vom Finanzministerium erhielt, auch wenn dies den Investitionsbedarf aus Sicht der Charité keineswegs befriedigte. Erst 1960 waren die meisten Schäden behoben und die Gebäude wieder funktionsfähig. Zahlreiche Institute waren wieder aufgebaut (Anatomisches Institut und Chirurgische Klinik) bzw. durch Neubauten ersetzt (Geschwulst-, Frauen-, Haut- und Kinderklinik, Institut für Physiologische Chemie).

Die umfangreiche Bautätigkeit war mit großem Planungsaufwand verbunden. Dies stieß bei manchen Leitern der Einrichtungen keineswegs auf große Freude, da sie sich wieder einmal kurzfristig mit Raumbedarfs- und Investitionsplänen konfrontiert sahen. Bereits seit 1935 hatten sie sich an Planungen beteiligt, die jedoch nicht realisiert worden waren (vgl. Kap. 7.5). Und nun wollte sich nicht jeder Ordinarius wieder an einer Utopie beteiligen, wie der Anatom Hermann Stieve in einer Fakultätssitzung im Oktober 1951 unumwunden feststellte.

Neben dem Raummangel war die Personalknappheit das größte Problem der ersten Nachkriegsjahre. Manche Stelle, die durch Entlassungen im Zusammenhang mit Entnazifizierungsverfahren frei geworden war, konnte allein aus finanziellen Gründen nicht wieder besetzt werden. Einige Mitarbeiter waren während des Krieges verstorben oder nicht nach Berlin zurückgekommen, andere hatten sich in den westlichen Besatzungszonen oder in West-Berlin niedergelassen. Vor allem Wissenschaftler und Ärzte fehlten. Ende der 40er Jahre waren lediglich 124 von 237 Arztstellen in der Charité besetzt. 1950 gab Theodor Brugsch als Dekan der Fakultät auf eine entsprechende Anfrage des *Ministeriums für Volksbildung* an, dass bei den ordentlichen Professoren nur 12 von 24, bei den Professoren mit Lehrauftrag 25 von 29 und bei den wissenschaftlichen Assistenten 211 von 252 Planstellen besetzt seien.

Hinzu kam die Abwanderung aus der DDR. Viele der geplanten Stellen, die die Charité für Forschung, Lehre und Krankenversorgung benötigte, konnten nicht besetzt werden, da es weder qualifiziertes Personal noch ausreichend Mittel gab. Wegen der fortdauernden Unterbesetzung forderte die Fakultät in ihrem Perspektivplan für die Jahre 1960 bis 1965 eine Erhöhung der Beschäftigtenzahl um 13 Prozent. Ein Memorandum an das Büro des Ministerrats änderte an der Situation jedoch ebenso wenig wie Eingaben an das ZK der SED. Der Universitätsleitung war das Personalproblem an ihrer Medizinischen Fakultät bekannt. Auch sie mahnte in ihrem Perspektivplan von 1953 die Einstellung von 117 weiteren Wissenschaftlern, 75 Ärzten und 133 Personen aus dem wissenschaftlich-technischen Bereich an, um die Ausbildung der 600 jährlich zu immatrikulierenden Studierenden garantieren zu können.

Abb. 9.2 Aufbaueinsatz der Ärzte der Universitätsfrauenklinik 1960.

Trotz Personalknappheit übernahm die Medizinische Fakultät die *Patenschaft über das Gesundheitswesen im Eisenhüttenkombinat-Ost* in Fürstenberg/Oder (ab 1953 Stalinstadt, ab 1961 Eisenhüttenstadt), um die sich das VEB Eisenhüttenkombinat bemüht hatte. Ärzte, Studierende der Medizin oder Heilhilfspersonal sollten „die gesundheitliche Betreuung der Werktätigen des Eisenhüttenkombinats-Ost" übernehmen, die „in Anbetracht des bestehenden Ärztemangels und des enormen Aufbautempos" nicht garantiert zu sein schien.[9] 1951 schrieb ein Mitarbeiter des Eisenhüttenkombinats an den Dekan der Medizinischen Fakultät:

> Die gesundheitliche Betreuung der Werktätigen des Eisenhüttenkombinat-Ost stellt für die Ärzte und das Heilhilfspersonal ein riesiges, umfangreiches Arbeitsgebiet dar, dessen Bewältigung [...] grosse Schwierigkeiten bereitet hat und noch bereitet. Eine Betriebspoliklinik mit modernen diagnostischen und therapeutischen Möglichkeiten ist im Bau, ein Krankenhaus mit 300 Betten und einer kommunalen Poliklinik im Bereich der Wohnstadt des Eisenhüttenkombinat-Ost, die für 25.000 Menschen gebaut wird, soll im nächsten Jahr in Angriff genommen werden.[10]

9.3 Im zentralstaatlich organisierten Gesundheitswesen

Schon vor Beendigung der Potsdamer Konferenz hatte die SMAD mit einem ihrer ersten Befehle jene Verwaltungen eingerichtet, die für das Gesundheitswesen und die Wissenschaft zuständig sein sollten. Sie fungierten als Ansprechpartner sowohl für Forschung und Lehre als auch für die medizinische Versorgung in der Charité und der Medizinischen Fakultät. Mit Befehl Nr. 17 der SMAD vom 27. Juli 1945 wurden die *Deutsche Verwaltung für Volksbildung* (DVV) und die *Deutsche Zentralverwaltung für Gesundheitswesen* (DZVG) eingerichtet. Die DZVG war für das Gesundheitswesen, die medizinischen Lehranstalten und Institutionen sowie für Betriebe der medizinischen Industrie zuständig. In ihr hatten vor allem Remigranten, die das Deutsche Reich 1933 hatten verlassen müssen, weil sie als Kommunisten oder Sozialdemokraten Verfolgung ausgesetzt waren, und Personen, die sich während des Nationalsozialismus politisch nicht kompromittiert hatten, Leitungsfunktionen erhalten.

Die *Deutsche Verwaltung für Volksbildung* hingegen war für Hochschulfragen zuständig und damit auch für die Medizinische Fakultät. Zwischen der *Verwaltung für Volksbildung* und der *Zentralverwaltung für Gesundheitswesen* bestanden gemeinsame Zuständigkeitsbereiche. Nach Gründung der DDR ging die Zuständigkeit für Wissenschaft und Forschung nahtlos von der DVV an das *Ministerium für Volksbildung* (ab 1952 das *Staatssekretariat für Hochschulwesen*, SfH) über, während der Bereich Gesundheit dem *Ministerium für Gesundheit* überantwortet wurde. Sämtliche grundlegenden Entscheidungen über Aufbau und Struktur des Gesundheitswesens waren bereits in der Zeit der sowjetischen Besatzung gefallen. 1949 wurden Institutionen und Personal ohne wesentliche Modifikationen in das Hochschul- und Gesundheitswesen der DDR überführt.

Beide Verwaltungsbereiche waren personell eng mit der Charité verbunden. Angehörige der Charité waren in Personalunion in Wissenschaft und Politik tätig oder setzten nach ihrer politischen Tätigkeit ihre Karriere an der Charité fort. Beispiele sind die Sozialhygieniker Kurt Winter (1910–1987) und Eva Schmidt-Kolmer (1913–1991) und der Pathologe Carl Coutelle (1908–1993), die nach ihrer Tätigkeit in der Verwaltung an die Charité wechselten. Die Vizepräsidenten der *Zentralverwaltung Gesundheitswesen*, der bereits erwähnte Alfred Beyer sowie der Chirurg Maxim Zetkin hatten gleichzeitig mit ihrer politischen Tätigkeit einen Lehrstuhl an der Fakultät inne. Der Präsident der *Zentralverwaltung Gesundheitswesen*, der Dermatologe Karl Linser (1885–1976), wechselte 1950 auf einen Lehrstuhl an die Charité. Die drei letztgenannten gaben dem Gesundheitswesen der SBZ und DDR mit einer prophylaktischen Orientierung eine neue und nachhaltige Ausrichtung. Alle brachten ihre Erfahrungen und Kontakte aus einer langjährigen Kooperation mit Besatzungsbehörden und staatlichen Institutionen, die sie zum Teil selbst geleitet hatten, in die Charité mit.

Für die Charité besonders prägend war der bereits mehrfach erwähnte Ordinarius für Innere Medizin und Leiter der I. Medizinischen Klinik, Theodor Brugsch. Er war zunächst Mitglied des Hochschulausschusses beim Berliner Magistrat und leitete ab September 1945 die *Abteilung Wissenschaft und Forschung* in der Verwaltung Volksbildung. Von 1946 bis 1949 war er dort als 2. Vizepräsident mit allen Fragen von Forschung und Lehre betraut. Daneben war Brugsch Mitglied des Volksrats und an der Ausarbeitung der Verfassung der DDR beteiligt. Von 1949 bis 1956 stand er als Dekan der Medizinischen Fakultät vor, zeitgleich war er Mitglied der Volkskammer (bis 1954). Brugsch war 1936 wegen seiner Ehe mit einer im nationalsozialistischen Sinne „jüdischen" Frau seiner Funktionen als Professor und Direktor der Medizinischen Klinik in Halle a.d. Saale enthoben worden. Obwohl er förderndes Mitglied der SS gewesen war, wurde dem Ordinarius und Vertreter der Charité von der sowjetischen Besatzungsbehörde große Anerkennung gezollt. Die Dokumente der SMAD charakterisieren ihn als jemanden, der

> aktiv aufgetreten [ist] gegen den Nazismus und gegen die Nazisten, sowohl während der Säuberung der Universitäten von ehemaligen Mitgliedern der nazistischen Partei, als auch in seiner täglichen Arbeit in den Vorlesungen und Vorträgen für Studenten und auf den Versammlungen der Professoren.[11]

Die Mitarbeiter der SMAD waren sich darin einig, dass Brugsch ihre „Anordnungen bei der Leitung der Hochschulen richtig" ausführte. Als parteiloser „liberal gesinnter Spezialist" und als „Befürworter eines vereinten demokratischen Deutschlands" schien er die Fähigkeit zu besitzen, die im Kaiserreich und Nationalsozialismus sozialisierten Ordinarien und Funktionsträger, die weiterhin die Geschicke der Charité bestimmten, unter den veränderten politischen Voraussetzungen hinter sich zu bringen und für den Wiederaufbau zu gewinnen. „Ein wesentlicher Mangel" in seiner Person wurde vom SMAD jedoch darin gesehen, „dass er bereitwillig [...] Anordnungen zum Umbau der Universität aufnimmt und verwirklicht, aber aktiv, auf eigene Initiative nicht einen einzigen ernsthaften Schritt in diese Richtung unternimmt". Deshalb könne er, so die Einschätzung, „das Leben der Hochschule in der von uns gewünschten Richtung nicht selbständig und ohne Leitung lenken."[12]

Auch sonst waren führende Wissenschaftler der Charité an den zentralen wissenschaftlichen Beratungsgremien der staatlichen Verwaltung beteiligt. Als 1957 der *Forschungsrat der DDR* als *Beirat für naturwissenschaftlich-technische Forschung und Entwicklung* gegründet wurde, gehörten ihm über die Jahre ein Reihe von Vertretern aus der Charité an wie der Pädiater Friedrich Hartmut Dost (1910–1985), der Strahlenspezialist Walter Friedrich (1883–1968), der Radiologe Fritz Gietzelt (1903–1968), der Gynäkologe Helmut Kraatz (1902–1983), der Pneumologe Paul Steinbrück (1911–1994) sowie die Biochemiker Karl Lohmann (1898–1972) und Samuel Mitja Rapoport (1912–2004). Das gleiche galt für den 1962 gegründeten *Rat für Planung und Koordinierung der medizinischen Wissenschaft*. Dieser Beirat am *Ministerium für Gesundheitswesen*, der die Forschungsschwerpunkte festlegte, wurde von Helmut Kraatz geleitet. Vier seiner fünf Stellvertreter waren gleichfalls Mitglieder der Fakultät, nämlich der Nephrologe Harald Dutz (geb. 1914), der Pharmakologe Friedrich Jung (1915–1997) sowie die bereits erwähnten Professoren Winter und Rapoport.

Neugestaltung der Krankenversicherung in Berlin

Noch vor dem Einrücken der Westalliierten regelte der erste Nachkriegsmagistrat die Berliner Sozialversicherung neu und gründete am 1. Juli 1945 die *Versicherungsanstalt Berlin* (VAB), die nicht nur für die gesamte Krankenversicherung, sondern auch für die Renten- und Unfallversicherung zuständig war. Alle existierenden 122 Krankenkassen, 30 Unfallversicherungs-Anstalten und vier Rentenversicherungs-Anstalten für Arbeiter und Angestellte mit ehemals über 9.000 Beschäftigten wurden in eine einzige Versicherungsanstalt, die VAB, mit nunmehr 2.775 Beschäftigten überführt.[13]

Das Vermögen der Sozialversicherung in Deutschland war zu Kriegsende fast gänzlich verloren. Dieser Bankrott erleichterte nach der Befreiung die Durchsetzung alter Ziele der Arbeiterbewegung und der mit ihr verbundenen Experten für soziale Sicherung. Seit März, zum Teil bereits seit Februar 1945 hatten 378.000 Berliner Rentner (einschließlich der Familienangehörigen 550.000 Personen) keine Rente mehr erhalten. 60.000 Kranke (einschließlich der Familienangehörigen 150.000 Personen) waren seit Mitte April ohne Krankengeld. Für Ärzte bestand keine rechtliche Verpflichtung zur Anerkennung von Krankenscheinen der Sozialversicherung. Die Sozialversicherung konnte ebenfalls keine Mittel für Medikamente oder die Behandlungskosten der Kranken- und Heilanstalten zur Verfügung stellen.

Die neu gegründete VAB wurde ausschließlich über Beiträge finanziert. Ihre Einnahmen stiegen rasch. 1947 wurden 624 Millionen RM mehr eingenommen als ausgegeben, so dass Rücklagen in Höhe von rund 70 Prozent der Leistungen für das gesamte Gesundheitswesen gebildet werden konnten. Versicherungspflichtig waren in Berlin (und ab 1947 auch in der SBZ) alle Arbeiter und Angestellten (Beamte gab es nicht mehr), alle Gewerbetreibenden und sonstigen Selbständigen, die nicht mehr als fünf Versicherungspflichtige beschäftigten. Rentner, „Opfer des Faschismus", Pensionäre, Unterstützungsempfänger, Heimkehrer, Kriegsbeschädigte und Kriegshinterbliebene, Arbeitslose, Studenten, aber auch auswärtig beschäftigte Angehörige von Berlinern genossen ebenfalls Versicherungsschutz. Jedes Mitglied konnte sich bei Ausscheiden freiwillig weiterversichern, was auch alle Familienangehörigen einschloss. Die Beiträge waren einheitlich auf 20 Prozent des Bruttoeinkommens bei einem Einkommen von maximal 600 RM monatlich festgelegt und wurden hälftig von Arbeitgeber und Arbeitnehmer getragen.

Während die VAB im Westen der Stadt Berlin zugunsten der Restauration des alten Systems wieder abgeschafft wurde, obwohl auch Vertreter westlicher Ortskrankenkassen den Berliner Weg einhellig begrüßten und seine generelle Einführung erwarteten, nahm die Einheitsversicherung im Ostteil der Stadt immer festere Strukturen an. Sie entsprach der in der SBZ geschaffenen Sozialversicherung. In Erwartung einer kostenlosen Behandlung, wie sie für Ostberliner wegen der VAB üblich war, suchten auch zahlreiche West-Berliner Hilfe in der Charité.[14]

9.4 Gesundheitsschutz als Staatsziel

Beim Aufbau eines erklärtermaßen „demokratischen" Gesundheitswesens in der DDR war es das Ziel, Voraussetzungen zu schaffen, die dem Bürger das „Recht" auf die „Entfaltung aller körperlichen und geistigen Kräfte" garantierten.[15] In der Verfassung der DDR vom 7. Oktober 1949 wurden die „Erhaltung der Gesundheit und Arbeitsfähigkeit" und „ein einheitliches, umfassendes Sozialversicherungswesen auf der Grundlage der Selbstverwaltung der Versicherten" festgeschrieben. Dem hohen politischen Stellenwert, der der Gesundheit der Bevölkerung beigemessen wurde, Rechnung tragend wurde das Gesundheitswesen zentralistisch organisiert. Die politischen Vorgaben, Anordnungen und Weisungen wurden für die gesamte DDR vom *Ministerium für das Gesundheitswesen* erlassen. Der „Gesundheitsschutz" rückte ins Zentrum gesundheitspolitischer Erwägungen im Sinne einer gesundheitsfördernden Gesamtpolitik.

In der Begründung wurde auf die wissenschaftlichen Abhandlungen von Alfred Grotjahn (1869–1931) zurückgegriffen, der 1920–1931 Professor für Sozialhygiene an der Universität Berlin gewesen war, sowie Forderungen aus der deutschen Arbeiterbewegung in der Weimarer Republik aufgenommen. Zusätzlich orientierte man sich am von Grotjahn beeinflussten Gesundheitswesen der UdSSR und an Überlegungen zum Gesundheitsschutz des *Volkskommissars für Gesundheitswesen der UdSSR*, Nikolai Alexandrowitsch Semaschko (1874–1949). Während Grotjahn bei Forderungen nach einer sozialhygienisch ausgerichteten Medizin den Schwerpunkt auf gesundheitspolitische Reformen gelegt hatte, wollte man in der DDR den Schwerpunkt auf die Veränderung der gesellschaftlichen Rahmenbedingungen legen, die dann zu dem gewünschten Ergebnis führen sollten. Diese Vorgehensweise spiegelt sich in der Parole aus den 50er Jahren: „Die beste Prophylaxe ist der Sozialismus".[16]

Der Begriff „Gesundheitsschutz" umfasste nicht nur Prävention im engeren Sinne, sondern vielmehr die „Einheit von Prävention, medizinischer Betreuung und Rehabilitation". So war medizinische Versorgung mit sozialen Leistungen verbunden. In der gesundheitsfördernden Gesamtpolitik wurden Schwerpunkte auf besonders unterstützungswürdige Personengruppen (Mütter, Säuglinge, Kinder und Jugendliche, kinderreiche Familien) und infrastrukturelle Einrichtungen (Kindergärten, Ambulatorien, Polikliniken und Wohnungsbau) gesetzt. Der „Ausbau eines Netzes von öffentlichen Einrichtungen für die Erkennung und Behandlung von Krankheiten, für die Aufklärung über Gesundheitsfragen und für die Erziehung zu gesundheitlicher Lebensführung", der Aufbau des Betriebsgesundheitswesens und eine „breite Entfaltung der medizinischen Forschung und Lehrtätigkeit" sowie die „Heranbildung eines demokratischen Ärzte- und Heilberufsnachwuchses" wurden zum integralen Bestandteil jener gesundheitspolitischen Programmatik, die auf dem III., IV. und V. Parteitag der SED bestätigt wurde, nachdem sie vorher auf einer Reihe von

ZK-Tagungen sowie Fachkonferenzen vorbereitet worden war. Sie galt mit allen grundlegenden Formulierungen bis in die letzten Jahrzehnte der DDR.

Die Zusicherung einer unentgeltlichen und allgemein zugänglichen medizinischen wie sozialen Betreuung fand bei der Bevölkerung Anerkennung. Viele Menschen empfanden den Ausbau der medizinischen Betreuung in bis dahin unterversorgten ländlichen Gebieten durch Landambulatorien und Gemeindeschwesternstationen, die zahnmedizinische Versorgung, den Aufbau des Impfwesens, den prophylaktischen Gesundheitsdienst sowie die Kinderbetreuung als Verbesserung ihrer Lebenslage.

Im Juli 1959 legte die Ärztekommission des ZK der SED *(Ständige Kommission beim Politbüro für die Fragen der Medizinischen Wissenschaft und Fragen des Gesundheitswesens)* den Entwurf für einen *Perspektivplan der Entwicklung der medizinischen Wissenschaft und des Gesundheitswesens in der DDR* vor, der das gesundheitspolitische Programm bis 1965 enthielt. An seiner Ausarbeitung waren über 800 Vertreter aus Medizin, Pharmazie, Gesundheitsverwaltung und Parteien beteiligt. In einer Auflage von 100.000 Exemplaren wurde der Entwurf an die Medizinischen Fakultäten sowie Einrichtungen des Sozial- und Gesundheitswesens mit der Bitte um Stellungnahme verteilt, um anschließend nach deren Einarbeitung durch die Ärztekommission dem Politbüro vorgelegt zu werden.

Im „Maßnahmeplan" des Perspektivplanes des Politbüros wurden das Ministerium für Gesundheit, die Parteileitung und Massenorganisationen aufgefordert, die Bedeutung, die der Gesundheitsschutz für den Aufbau des Sozialismus habe, in den Mittelpunkt gesundheitspolitischen Handelns zu stellen. Die „ärztliche Intelligenz" sollte vermehrt für das gesundheitspolitische Anliegen der DDR gewonnen und die Versorgung der Bevölkerung in Ambulatorien und Praxen ausgebaut werden. Außerdem sollte die Wissenschaft stärker volkswirtschaftlich ausgerichtet und auf Schwerpunkte konzentriert und moderne „Methoden der Diagnostik und Therapie in den Hochschulkliniken und Bezirkskrankenhäusern" entwickelt und eingeführt werden.[17]

Auf der Weimarer Gesundheitskonferenz von 1960, die vom ZK der SED, dem *Freien Deutschen Gewerkschaftsbund* (FDGB) und dem Gesundheitsministerium durchgeführt wurde, stand der überarbeitete Entwurf zur Debatte. An der Diskussion beteiligten sich 1.200 Personen aller medizinischer Berufsgruppen, darunter auch zahlreiche Mitglieder der Charité. Inhalt und Funktion medizinischer Wissenschaft und des Gesundheitswesens wurden als „untrennbarer Bestandteil des Siebenjahrplans" neu bestimmt. Der Katalog zukünftiger Aufgaben reichte von der „Erziehung" des Bürgers zu „gesunden Lebensgewohnheiten", der Gesundheitsförderung der berufstätigen Frau, dem Mutterschutz und der „Erhaltung des keimenden Lebens", bis hin zur Bekämpfung von Infektionskrankheiten, der Stärkung epidemiologischer und mikrobiologischer Forschung sowie der Abfassung eines neuen Impfgesetzes. Alle Bereiche des Arbeits- und Gesundheitsschutzes sollten künftig wissenschaftlich begleitet und dadurch effizienter und den jeweiligen Problemen angemessener gestaltet werden. Die Dispensairebetreuung sollte, durch wissenschaftliche Forschung unterstützt, zur „Hauptmethode der medizinischen Betreuung" weiterentwickelt werden.

Nach Diskussion und Überarbeitung wurde der in Weimar verabschiedete Entwurf am 27. Oktober 1960 als *Grundsatzprogramm für alle Maßnahmen auf dem Gebiet des Gesundheitsschutzes* vom Präsidium des Ministerrats bestätigt. In seinem Mittelpunkt standen die „Senkung des Krankenstandes und die weitere Verminderung der Säuglingssterblichkeit", „Verminderung übertragbarer Krankheiten", verbesserte „Versorgung mit qualitativ hochwertigen Arzneimitteln" und Instrumenten, Verbesserung der Personalsituation sowie der fachlichen aber auch politischen Qualifikation von Medizinern, die Förderung der Spezialisierung der medizinischen Wissenschaft, die Entwicklung der „Gemeinschaftsarbeit", worunter interdisziplinäre Zusammenarbeit verstanden wurde, und der Grundlagenforschung.[18] Das Bemerkenswerte an diesem Plan ist die Breite der Beteiligung an seiner Erarbeitung sowie die gleichzeitige Einbeziehung aller zuständigen Einrichtungen der SED wie der Regierungsorgane.

Die Ergebnisse der Weimarer Konferenz wurden auch in allen Einrichtungen der Charité diskutiert. Eine aus Fakultätsratsmitgliedern bestehende Kommission formulierte nach „mehrmonatiger Arbeit" einen Entwurf des Perspektivplans der Charité, der wiederum unter den Mitarbeitern erörtert und Anfang 1961 verabschiedet wurde. Fast wörtlich wurden die Ergebnisse übernommen. Mit Verweis auf die Rahmenkrankenhausordnung, die sich auch auf die Einrichtungen der Medizinischen Fakultäten bezog, sollte sich die Charité zu einem „Gesundheitszentrum" entwickeln. Die Einrichtungen der Medizinischen Fakultät sollten zukünftig mehr in die „territoriale Gliederung des Gesundheitsschutzes einbezogen werden". Ohne die Aufgaben in Forschung und Lehre zu vernachlässigen, sollten alle Institute und Kliniken mehr als bisher in das gesundheitliche Versorgungssystem integriert werden. Die Mitarbeiter der Charité sollten sich stärker an der Gesundheitserziehung der Bevölkerung, der Prophylaxe in den Betrieben, an der ambulanten und stationären Betreuung beteiligen und diese wissenschaftlich begleiten. In einem Diskussionsentwurf der Fakultät von 1962 in Hinblick auf den Perspektivplan hieß es:

> Als Fakultät der Hauptstadt Deutschlands soll sie [die Charité] zum führenden medizinisch-wissenschaftlichen Zentrum für ganz Deutschland werden. Die Fakultät ist bestrebt, dadurch das Weltniveau zu erreichen und mitzubestimmen, tausende Ärzte und Wissenschaftler auszubilden. Gleichzeitig ist die Charité zu einem vorbildlichen Gesundheitszentrum zu entwickeln. Das bedeutet auf höchstem wissenschaftlichen Niveau die Einheit von Prophylaxe, Behandlung und Nachsorge zu vereinen. Diese Aufgabe kann die Fakultät dann erfüllen, wenn es ihr gelingt, durch Kooperation und Gemeinschaftsarbeit die großen Potenzen aller Mitarbeiter in Forschung und Lehre wirksam zur Geltung zu bringen.[19]

Im Frühjahr 1959 erarbeitete der Magistrat einen Perspektivplan, der den gesetzlichen Rahmen für die Zusammenarbeit zwischen der Charité und den Einrichtungen des städtischen Gesundheitswesens in „Spezialgebieten" der Medizin schuf. Auch dieser Plan wurde, wie alle

Pläne, ausgiebig mit den leitenden Klinik- und Institutsdirektoren der Charité beraten und bildete schließlich die Vorarbeit für den von Gesundheitsverwaltung und Charité im September 1962 unterzeichneten „Freundschaftsvertrag". Der elf Punkte umfassende Vertrag gab der Fakultät das Recht, die Fachabteilungen der Einrichtungen des Städtischen Gesundheitswesens für die medizinische Ausbildung zu nutzen. Außerdem sollten für Forschung und Unterricht interessante Patienten direkt in die Kliniken der Charité eingewiesen werden. Im Gegenzug wurden die Leiter der Fachabteilungen am Rat der Fakultät beteiligt.

Durch die Einrichtung einer Außenstelle der Charité in einer Poliklinik in Berlin-Treptow eröffnete man Facharztanwärtern der Charité die Möglichkeit, die gesamte Ausbildung in der Charité zu absolvieren. Als Gegenleistung versprach sich der Magistrat eine stärkere Beteiligung der Charité bei der ambulanten Versorgung der Bevölkerung, indem die „ärztlichen Mitarbeiter der Charité für eine nebenberufliche Tätigkeit in ihrem Fachgebiet" im städtischen Gesundheitswesen gewonnen werden sollten. Darüber hinaus beteiligte sich die Charité auch am „Notaufnahmeverfahren bei Lebensgefahr" und an der Bekämpfung von Epidemien.

9.5 Partei und Massenorganisationen

Bei der Zielsetzung gesundheitspolitischer Maßnahmen bestanden keine gravierenden Unterschiede zwischen SMAD und SED. Die zentrale Person in der *Deutschen Zentralverwaltung für Gesundheitswesen* und ihrem Verhältnis zur SMAD sowie in der Gesundheitsverwaltung der frühen DDR war der aus Sicht der Partei über jeden Verdacht der „politischen Unklarheit" erhabene Maxim Zetkin, der auch das volle Vertrauen der sowjetischen Besatzungsbehörden besaß. Der Chirurg Zetkin war seit 1902 in der SPD, USPD und KPD organisiert und hatte sich in der russischen Emigration und in der Roten Armee große Verdienste erworben. Das Bemühen der SED war vor allem darauf gerichtet, verlässliche SED-Mitglieder an den entscheidenden Positionen des Staatsapparats die Grundsätze ihrer Gesundheitspolitik umsetzen zu lassen. Die Übernahme wichtiger Ressorts durch SED-Mitglieder machte eine weitere politische Kontrolle des Gesundheitswesens nicht notwendig.

Im Januar 1949 wurde das vom Parteivorstand gebildete Politbüro zum wichtigsten politischen Organ der SED und avancierte nach Staatsgründung zum Machtzentrum des Staates. Im Juli 1950 wurde an Stelle des bisherigen Parteivorstandes ein Zentralkomitee gebildet. Zunächst gab es im ZK-Apparat niemanden, der durchsetzungsfähig genug und personell hinreichend ausgestattet war, um gesundheitspolitische Fragen zu forcieren. 1952 wurde Kurt Hager für Fragen der Wissenschaft, auch an den Medizinischen Fakultäten, zuständig und 1955 Sekretär des *ZK für Wissenschaft, Volksbildung und Kultur*. Erst im Juli 1959, als sich die steigende Zahl medizinischen Personals, das die DDR verließ, nicht mehr ignorieren ließ und deutlich wurde, wie gering der Einfluss auf diese Gruppe war, beschloss die Parteiführung eine selbständige *ZK-Abteilung Gesundheitspolitik*, die ebenfalls Kurt Hager als *ZK-Sekretär für Bildung und Wissenschaft* unterstellt wurde. Diese Abteilung übernahm jetzt die politische Arbeit für das Gesundheitswesen sowie für die medizinische Wissenschaft einschließlich der Fakultäten. Sie erlangte jedoch erst mit der Einrichtung spezieller beratender Kommissionen Einfluss, wie beispielsweise mit der bereits im September 1958 gegründeten *Ständigen Kommission für medizinische Wissenschaft und Fragen des Gesundheitswesens beim Politbüro* oder der *Ärztekommission beim Politbüro*, der bedeutende Vertreter der Ärzteschaft, der medizinischen Wissenschaft – darunter auch Wissenschaftler der Charité – verschiedener Ministerien und des FDGB angehörten.1952 wurden die Länder aufgelöst und durch Bezirke mit Bezirksleitungen der SED mit Abteilungen für Volksbildung, Kultur und Wissenschaft ersetzt, denen auch das Gesundheitswesen zugeordnet war. In jeder Einrichtung des Gesundheitswesens gab es eine Parteiorganisation der SED, der alle Parteimitglieder der Einrichtung, ungeachtet ihres Berufes, angehörten. Ab einer größeren Mitarbeiterzahl war ein hauptamtlicher Parteisekretär eingesetzt. So wurde 1952 auch in der Charité eine Fakultätsparteiorganisation mit einer Fakultätsparteileitung gegründet, der 1953 ca. 400 und 1960 mehr als 500 Mitglieder angehörten. 1953 waren von den 19 Ordinarien der Fakultät fünf in der SED: der Kieferchirurg Wolfgang Rosenthal (1882–1971), der Pathologe Louis-Heinz Kettler (1910–1976), der Internist Alfons Krautwald (1910–1992), Alfred Beyer und der Radiologe Fritz Gietzelt. Als Mitglieder der Partei sollten sie gemeinsam mit dem Parteisekretär die „führende Rolle der Partei" durchsetzen. Die berufenen Ordinarien, Direktoren, Chefärzte usw. hatten in politischen und gesundheitspolitischen Angelegenheiten die Pflicht zur Information und Zusammenarbeit mit der SED-Parteiorganisation und ihren Einrichtungen. Funktionäre der SED hatten das Recht, als Gast an Beratungen eines Leitungsgremiums teilzunehmen. Die gesundheitspolitischen Aufgaben und Zielsetzungen wurden in Form von Beschlüssen des Politbüros, des Zentralkomitees oder der Parteitage verkündet und den staatlichen Organen auf allen Ebenen zur Umsetzung vorgegeben. In der anderen Richtung sollten über diese Struktur Vorschläge an die nächst höheren Gremien vermittelt werden.

Nach den im März 1947 formulierten gesundheitspolitischen Richtlinien der SED waren ihre Intentionen der staatliche Charakter des Gesundheitswesens, die einheitliche Sozialversicherung für Arbeiter und Angestellte, die prophylaktische Orientierung, der Aufbau poliklinischer Einrichtungen und eines Betriebsgesundheitswesens. Im Vordergrund stand der „Gesundheitsschutz als eine Angelegenheit des Staates", der als Konsequenz die Verstaatlichung des Gesundheitswesens nach sich zog, wodurch der medizinischen Intervention der Charakter einer monetär zu begleichenden Dienstleistung entzogen und „alle Errungenschaften der medizinischen Wissenschaft der gesamten Bevölkerung dienstbar gemacht" werden sollten.[20]

Neben der SED hatte auch das *Ministerium für Staatssicherheit* (MfS) Einfluss auf die Entwicklung der Charité und ihre Beschäftigten. Als „Schild und Schwert der Partei" war eine seiner zentralen Aufgaben, Personen mit abweichenden Meinungen zu identifizieren, zu observieren und wenn für nötig erachtet, ihre Entfaltungsmöglichkeiten einzuschränken. Die Überwachung der Mitarbeiter des Gesundheitswesens, der Humboldt-Universität und ihrer Fakultäten, die Überprüfung von Reiseanträgen, von Kontakten in die Bundesrepublik und nach West-Berlin sowie die Verhinderung von Ausreisewünschen und „Republikfluchten" waren ihr Aktionsfeld. In der Berliner *Bezirksverwaltung der Staatssicherheit* war 1962 hierfür ein eigenes Referat eingerichtet worden, das fast ausschließlich für die Charité zuständig war. Wie aus dem Beitrag von Jutta Begenau hervorgeht, wurde in der Charité ein Netz von inoffiziellen Mitarbeitern aufgebaut, das bis 1989 bestand. Mit geheimdienstlichen Methoden wurden Informationen über Mitarbeiter der Charité, deren Arbeitszusammenhänge und privates Umfeld gesammelt und an die überwachenden Behörden weitergeleitet.

Weitere Organisationen waren der FDGB und die *Freie Deutsche Jugend* (FDJ). Beide waren „Transmissionsriemen", mit deren Hilfe die Beschlüsse der SED an die Mitarbeiter und Studierende der Charité weitergegeben und durchgesetzt werden sollten. Während die Gewerkschaftsfunktionäre in den ersten Nachkriegsjahren vor Ort für bessere Arbeitsbedingungen und eine bessere Verteilung der knappen Lebensmittel sorgten und die FDJ die Verbesserung der wirtschaftlichen und sozialen Situation der Studierenden einforderte, gerieten die Organisationen zunehmend in Abhängigkeit von der SED. Ihre Transmissionsfunktion bezog sich nicht nur auf die Integration in die politische Institutionenordnung, sondern diente auch der Leistungssteuerung und der Beseitigung struktureller Mängel unterschiedlicher Natur, der Durchsetzung der gesundheitspolitischen Programmatik der SED, der Hochschulreformen und der Umgestaltung der Universitäten im Sinne der neuen Gesellschaftsordnung.

Gleich nach Ende des Krieges hatten Mitglieder der KPD in der Charité mit der Umsetzung des SMAD-Befehls Nr. 2 begonnen, der nicht nur die „Ausrottung der Überreste des Faschismus und die Festigung der Grundlagen der Demokratie", sondern auch die Gründung von „freien Gewerkschaften und Organisationen zum Zwecke der Wahrung der Interessen und Rechte der Werktätigen" angeordnet hatte.[21] Die Personen, denen hier die wichtigsten Funktionen in der Personalverwaltung übergeben worden waren, waren schon vor 1933 als KPD-Mitglieder an der Charité politisch aktiv und wegen ihres Engagements nationalsozialistischer Verfolgung ausgesetzt. Zu ihnen zählte Albert Kotzke (1890–1947), der bis 1933 Betriebsratsvorsitzender der Charité gewesen war und im Juli 1945 zum Verwaltungsdirektor ernannt wurde sowie der Sozialdemokrat Julius Bär (geb. 1896), der vom Magistrat zum Personaldezernenten berufen wurde. Beide gründeten in der Charité eine Betriebszelle der KPD, die am 26. Juni 1945 erstmals zusammenkam und im September 1945 bereits 45 Mitglieder umfasste.

Die Leitung der Schwesternschaft erhielt Emma Haase (Amtszeit 1945–1950). In der Charité als „Krankenpflegerin mit Wohnmöglichkeit" seit 1925 tätig hatte sie 1927 ihre Ausbildung als Krankenschwester abgeschlossen. Seit 1926 war sie Mitglied der Betriebszelle der KPD und bald auch deren Organisationsleiterin. 1933 verhaftet und fristlos entlassen, war sie zunächst wieder als Aushilfe und seit 1937 in einem festen Arbeitsverhältnis als Krankenschwester in der von Walter Stoeckel geleiteten Universitätsfrauenklinik tätig.

Die Bildung erster gewerkschaftlich orientierter Ausschüsse ging von den Mitgliedern der ersten Betriebsgewerkschaftsleitung aus. Erste Betriebsversammlungen fanden bereits 1945 statt. Ihnen folgten 1947 und 1948 Betriebsratswahlen. Ab 1949 war die *Betriebsgewerkschaftsleitung* (BGL) die einzige Interessenvertretung der Mitarbeiter der Charité. Sie war wiederum Teil der zum FDGB gehörenden IG 15 (Industriegewerkschaft 15) für *Öffentliche Betriebe und Verwaltungen im FDGB Groß-Berlin*, Sektion IV Gesundheitswesen, in der Ärzte, Zahnärzte, Heilpraktiker und Masseure organisiert waren. Prominentes Mitglied war seit 1945 Theodor Brugsch, der auch als Dekan im Fachausschuss Ärzte mitarbeitete. Im Zuge der Zusammenführung von Fakultät und Charité wurden 1951 alle Hochschullehrer und wissenschaftlichen Mitarbeiter in der Gewerkschaft Wissenschaft organisiert. Erster Vorsitzender an der Charité wurde 1953 Samuel M. Rapoport.

Als Ebene der studentischen Organisation sollte die FDJ fungieren. Nachdem sie im Oktober 1947 in Berlin zugelassen worden war, wurde im November 1948 an der Berliner Universität die Hochschulgruppe der FDJ gegründet, der zu diesem Zeitpunkt 350 Studierende aller Fakultäten angehörten. Durch Unterstützung bei der Studienorganisation, die Bildung von Lernkollektiven oder die Erarbeitung von Studienreformplänen versuchte die FDJ-Fakultätsleitung sich in der Medizinischen Fakultät zu etablieren. Ihr vorrangiges Ziel war, bei den Studierenden eine Akzeptanz für hochschulpolitische Entscheidungen des Ministeriums/Staatssekretariats, der SED oder der Fakultätsleitung herzustellen.

Mit dem *Gesetz über die Teilnahme der Jugend am Aufbau der DDR und die Förderung der Jugend in Schule und Beruf, bei Sport und Erholung* vom 8. Februar 1950 sowie Proklamationen des III. Parteitags der SED (22.–24. Juli 1950) wurden die Studierenden in den Aufbau des Sozialismus eingebunden und erhielten damit auch eine juristische Grundlage, in Angelegenheiten der Fakultät mitzureden. Schließlich wurde die FDJ an den obligatorischen gesellschaftswissenschaftlichen und philosophischen Prüfungen beteiligt.

Exkurs 1:
Die Struktur der SED an der Berliner Charité 1945 bis 1989[22]

Andreas Malycha

Auf Basis ihres Führungsanspruchs versuchte die SED über ihre Mitglieder an den Universitäten und Hochschulen politischen Einfluss auszuüben. Entsprechend dem im April 1946 beschlossenen Statut meldete sich jedes Mitglied in dem Betrieb, in dem es arbeitete an und zahlte dort seine Beiträge. Regelmäßig fanden Mitgliederversammlungen dieser „Betriebsgruppe" statt. Die SED betrachtete die Parteigruppen, die sich in der Industrie, in den staatlichen Institutionen von Wissenschaft und Kultur sowie den Verwaltungen bildeten, als die entscheidende Organisationsform an der Basis.

Eine „Hochschulgruppe" als Betriebsgruppe der SED wurde an der Berliner Universität im Sommer 1947 gebildet. Sie zählte über 800 Mitglieder. Ein hauptamtlicher Sekretär der Betriebsgruppe wurde von der jeweiligen Landesleitung finanziert. Im ersten Halbjahr des Jahres 1948 folgte eine Verkleinerung der Organisationseinheiten mit dem Ziel, die politische und ideologische Schlagkraft zu erhöhen. Die „Gesamtbetriebsgruppe" gliederte sich nun nach Fakultätsgruppen.

Die Fakultätsgruppen veranstalteten monatliche Mitgliederversammlungen. Ihre organisatorische Zuordnung war allerdings nicht eindeutig: Formell war die Hochschulgruppe der Berliner Universität dem Kreisvorstand Mitte unterstellt, politisch aber wurde sie vom Berliner Landesvorstand über den zuständigen Hochschulreferenten geleitet.

In der Abteilung Kultur und Erziehung des SED-Zentralsekretariats konzentrierte sich die politische Verantwortung für die Universitäten und ihre Hochschulgruppen. Von 1945 bis 1950 spielte sie im Vergleich zur staatlichen Hochschulverwaltung nur eine untergeordnete Rolle. Der zentrale Parteiapparat beschloss zwar allgemeine Grundsätze der Hochschulpolitik und formulierte strategische Beschlüsse zur Stellung der Universitäten und Hochschulen im Gesellschaftskonzept der SED. Die praktische Hochschulpolitik wurde jedoch in der staatlichen Hochschulverwaltung organisiert. Der Stellenwert des SED-Apparates für die Konzipierung und Umsetzung der SED-Hochschulpolitik änderte sich erst nach grundlegender Umstrukturierung der Parteizentrale im November 1952 mit der Konstituierung einer Abteilung Wissenschaft und Hochschulen mit Sektoren für Naturwissenschaften/Medizin, Gesellschaftswissenschaften, technische Wissenschaften, Biologie und Agrarwissenschaft, pädagogische Wissenschaften und Geschichtswissenschaft. Abteilungsleiter war Kurt Hager, der dann ab 1955 als *Sekretär für Wissenschaft im Politbüro* bis zum Herbst 1989 maßgeblich die Wissenschafts- und Hochschulpolitik der SED prägte.

Im Ergebnis der Auflösung der Länder sowie der Bildung von 14 Bezirken in der DDR im Juli 1952 konstituierte sich am 4. und 5. Dezember 1952 eine Bezirksleitung der SED mit einem 1. Sekretär an der Spitze. Das Stadtgebiet von Berlin (Ost) behielt seine administrativ-territoriale Struktur und galt verwaltungsrechtlich als 15. Bezirk. Die Bezirksorganisation Berlin vereinte sowohl die nach dem Produktionsprinzip (Betriebe, staatliche Institutionen und Verwaltungen) organisierten als auch die territorialen Kreisorganisationen der SED. Die Universitätsparteiorganisation der Humboldt-Universität und deren Universitätsparteileitung (UPL) bzw. zentrale Parteileitung (ZPL) waren der Kreisleitung Mitte zugeordnet (Territorialprinzip). Die Kreisleitung Mitte unterstand der Bezirksleitung Berlin.

Die Medizinische Fakultät bildete nach dem Zusammenschluss mit den Kliniken und Instituten der Charité im Jahre 1951 eine Fakultätsparteiorganisation mit einer Fakultätsparteileitung (FPL), die Ende des Jahres 1953 ca. 400 Mitglieder und Kandidaten umfasste. Medizinische Fakultät und Charité beschäftigten zur gleichen Zeit rund 5.550 Mitarbeiter. Die Zahl der Mitglieder hatte nunmehr einen Umfang erreicht, der weitere Untergliederungen erforderlich machte. So wurde im Oktober 1953 die Fakultätsparteiorganisation in drei Grundorganisationen aufgeteilt:

1. Grundorganisation der Vorkliniker mit 85 Mitgliedern (Studenten des 1. und 2. Studienjahres),
2. Grundorganisation der Kliniker mit 100 Mitgliedern (Studenten des 3. bis 6. Studienjahres),
3. Grundorganisation der Professoren, Dozenten, Aspiranten, Arbeiter und Angestellten mit 210 Mitgliedern.

Ferner existierten auf der untersten Ebene der Parteihierarchie noch eigene Parteigruppen in besonders mitgliederstarken Kliniken sowie in den einzelnen Studienjahrgängen der Studenten.

Als Problem erwies sich die Anstellung eines hauptamtlichen Sekretärs innerhalb der SED-Parteiorganisation der Medizinischen Fakultät. Im Oktober 1953 wandte sich die zentrale Parteileitung der Humboldt-Universität in einem Schreiben an die Bezirksleitung Berlin und forderte die Korrektur eines Beschlusses des Sekretariats des ZK, der vorsah, die Organisationsstruktur der Großbetriebe auf die Universitäten zu übertragen. Demnach konnte die zentrale Parteileitung der Universität drei hauptamtlich tätige Sekretäre anstellen, die Fakultäten jedoch keine. Die Bezirksleitung unterstützte die Forderung der Universitätsparteileitung.

Über den Einsatz hauptamtlicher Sekretäre in der Parteileitung der Fakultät konnte indes in der dafür zuständigen Abteilung *Leitende Organe* beim ZK der SED keine Einigung erzielt werden. Dort herrschte die Auffassung, dass bei der Besetzung der zentralen Universitäts-Parteileitung mit drei Sekretären und vier weiteren Instrukteuren keine hauptamtlichen Sekretäre in der Parteiorganisation *Medizinische Fakultät* und in den Grundorganisationen der Charité notwendig seien. Erst im September 1955 bestätigte das SED-Politbüro die Anstellung von Sinaida Rosenthal (1932–1988) als erste hauptamtliche Parteisekretärin der Medizinischen Fakultät. In den Jahren von 1955 bis 1989 amtierten folgende hauptamtliche Parteisekretäre der Charité:

Tabelle 9.1 Hauptamtliche Parteisekretäre der Charité, 1955–1989

Jahr	Name
1955–1958	Sinaida Rosenthal
1958–1960	Gerhard Falk
1960–1961	Eva Schmidt-Kolmer
1961–1964	Horst Spaar
1964–1966	Klaus Gößler
1966–1969	Fritz Welsch
1969–1972	Ruth Marko
1972–1981	Magda Enk
1982–1988	Lienhard Linke
1988–1989	Bärbel Papies

Am Ende der 50er Jahre und im Verlauf der 60er Jahre kam es zu weiteren Strukturveränderungen. In besonderer Weise wurden die Grundorganisationen und die Parteigruppen mehrfach um- und neugebildet.

Seit Anfang der 60er Jahre gliederte sich die Parteiorganisation der Medizinischen Fakultät/Charité in immer zahlreicher werdende Grundorganisationen auf. Bis zum Jahre 1964 stieg die Zahl der SED-Mitglieder in den Grundorganisationen auf 642 an. Allerdings wiesen die einzelnen Grundorganisationen eine höchst unterschiedliche Mitgliederstärke auf.

Tabelle 9.2 Zahl der SED-Mitglieder an der Charité (1964)

Grundorganisation	Mitglieder
Verwaltung	48
Vorklinik	130
Innere Kliniken	55
Theoretische Institute	33
Chirurgische Kliniken	42
Geschwulstklinik	41
Stomatologie	18
Nervenklinik	18
Medizinische Schule	17
1. und 2. Studienjahr	45
3. Studienjahr	50
4. Studienjahr	52
5. Studienjahr	53
6. Studienjahr	40
Gesamt	642

Für die Entscheidungen im Fakultätsrat spielte in den 60er Jahren die *Parteigruppe Rat* eine besondere Rolle. Sie umfasste jene Mitglieder des Fakultätsrates, die in der SED organisiert waren. Von 40 Ratsmitgliedern gehörten immerhin rund die Hälfte der SED an. Als Parteigruppenorganisator amtierte lange Jahre Kurt Winter, Leiter des Instituts für Sozialhygiene. Vor Abstimmungen im Fakultätsrat, die zumeist geheim erfolgten, traf sich die *Parteigruppe Rat*, um ihr Abstimmungsverhalten im Fakultätsrat bei bedeutsamen Vorlagen festzulegen. Auf diese Weise versuchte die Parteiorganisation der Medizinischen Fakultät, ihren Einfluss im höchsten Leitungsgremium zur Geltung zu bringen, insbesondere bei politischen Stellungnahmen und wichtigen Personalentscheidungen.

Die Grundorganisation Medizin zählte 1989 ca. 1.200 Mitglieder und Kandidaten. Werden die Studierenden aus dieser Gesamtzahl herausgerechnet, waren rund 14 Prozent der Mitarbeiter der Charité in der SED organisiert. Fachliche Entscheidungen waren von der Zustimmung der jeweiligen Parteileitung abhängig. Über die Parteistrukturen versuchte die SED-Führung in über vier Jahrzehnten aber auch politischen Einfluss gerade in einem Bereich zu erlangen, der in ihren Augen als besonders unpolitisch galt. Die Charité bildete im gesamten Zeitraum einen Schwerpunkt ideologischer Einwirkung, weil gerade hier die bildungsbürgerlichen Traditionen auch durch drei Hochschulreformen bis in die 80er Jahre hinein nicht vollständig aufgebrochen werden konnten. Der Erfolg politischer Einflussnahmen blieb allerdings stark begrenzt. Die Mehrzahl der Mediziner stand dem politischen System in der DDR kritisch gegenüber und blieb im traditionellen akademischen Milieu fest verankert. Der Versuch, über die SED an der Charité eine weltanschauliche Erziehungsfunktion auszuüben, ist weitgehend gescheitert.

Die SED war an der Charité kein homogenes, sondern ein lebendiges und vielgestaltiges Gefüge von Menschen, die in ihren Rollen als Partei- und Gesellschaftsmitglieder handeln mussten und beide Rollen selten zur Deckung brachten. Oft misslang der geforderte Spagat zwischen fachlichen und politisch-ideologischen Anforderungen, was permanent für Kritik übergeordneter Parteileitungen sorgte.

Tatsächlich begriffen sich nur wenige Parteimitglieder der Charité als jene „Kämpfer an der ideologischen Front", die die SED-Führung gerne gesehen hätte. Darüber hinaus gehörte die Charité zu jenen staatlichen Institutionen, in denen sich auch Mitglieder der SED vordergründiger politischer Indienstnahme verweigerten. So bewertete ein Oberarzt der Chirurgischen Klinik den Mauerbau am 13. August 1961 „als einen großen Fehler der Partei. Es sei ein Ausdruck der Schwäche, wenn man mit Panzern und Stacheldraht die Menschen in einem Staat zurückhalten müsse".[23] Gleichwohl ist unter dem echten wie vermeintlichen Zwang zur Anpassung in der Grundorganisation der SED an der Charité wie überall in der Partei ein fast kleinbürgerliches Milieu voller Konformität entstanden, in der sich eine Mehrheit mit den Verhältnissen arrangiert hatte. Einerseits herrschte Stolz auf das materiell-sozial Erreichte und andererseits Ungewissheit über die von der Führungsriege proklamierte sozialistisch-kommunistische Perspektive.

Exkurs 2:
Hauptamtliche Mitarbeiter des Ministeriums für Staatssicherheit an der Charité

Jutta Begenau

Einfluss auf die Geschicke der Charité und ihrer Beschäftigten hatten bis 1989 nicht nur Gewerkschaft und Partei.[24] Von Bedeutung war hier auch das Ministerium für Staatssicherheit (MfS). Naturgemäß im Geheimen arbeitend, tat es dies über von ihm angeworbene inoffizielle und hauptamtliche Mitarbeiter. Im Mittelpunkt der folgenden Betrachtungen sollen die Hauptamtlichen stehen, jene also, die mit einem Funktionsplan des MfS ausgestattet und von ihm (mit-)finanziert, Abläufe und Personen an der Charité beobachteten, kontrollierten und lenkten. Es waren nicht viele, vielleicht 15, die dies taten. Aber die Orte ihres Einsatzes, Aufgaben und Arbeitsweise und ihre Vernetzung machen sichtbar, wie wirkmächtig ihr Einfluss war.

Insgesamt kann festgestellt werden, dass ab Anfang der 60er Jahre die Observierung der Charité zunehmend stärker institutionalisiert wurde. Eröffnet wurde dieser Prozess Ende 1962 damit, dass Heinz Lucas (Jg. 1937), Mitarbeiter der Abteilung XX/3 der Berliner Bezirksverwaltung des MfS, „für die Absicherung der Charité verantwortlich" gemacht wurde. Diesen Arbeitsschwerpunkt, die „politisch-operative Sicherung des Bereichs Medizin der Humboldt-Universität (Charité) und der Medizinischen Fachschule" behielt Lucas bis 1989, 27 Jahre also. In diesem Zeitraum warb er inoffizielle Mitarbeiter (IM) an, etablierte und führte innerhalb der Abteilung XX/3 eine eigene Arbeitsgruppe und hatte Kontakte zu den höchsten Leitungsebenen der Charité: dem Prorektor für Medizin und der zentralen Parteileitung sowie in das MfS hinein. Lucas observierte viele Personen und sammelte Informationen über einzelne Kliniken/Institute. Er lenkte IM und *Gesellschaftliche Mitarbeiter Sicherheit* (GMS) und war federführend bei der Etablierung der drei mit dem MfS aufs engste verknüpften Funktionen an der Charité: den *Beauftragten für Sicherheit und Geheimnisschutz* (BSG), den *Hauptamtlichen Führungsoffizieren* (H'FIM) und den *Beauftragten für technische Sicherheit* (BftS).

Vermutlich erst Ende der 60er Jahre entstand die erste Struktur der Überwachung von Mitarbeitern an der Charité: der *Beauftragte für Sicherheit und Geheimnisschutz.* Zunächst war – dafür gibt es Hinweise – eine Frau in dieser Funktion tätig. Ab 1975 war dann Heinz Weidmann (1932–1987; MfS-Deckname Harald Schmidt), ein langjähriger Mitarbeiter des MfS, verantwortlich. Spätestens ab jetzt arbeitete der BSG in doppelter Funktion: Als IM des MfS berichtete Weidmann dem MfS über verdächtige Personen, besondere Vorkommnisse oder auch Querelen in Kliniken und Leitungsstäben. Offiziell gehörte Weidmann als wissenschaftlicher Mitarbeiter zum Leitungsstab des Prorektors für Medizin (PM). In dieser Rolle arbeitete Weidmann in Kommissionen mit, kontrollierte den Zugang zu den als Vertrauliche oder Geheime Verschlusssache (VVS/GVS) eingestuften Materialien, überwachte alle Bewegungen in Richtung West und zurück in die Charité und versuchte über den Prorektor Medizin die Charité-Politik zu beeinflussen.

Etwas später, Anfang der 70er Jahre, wurde mit dem *Hauptamtlichen Führungsoffizier* eine zweite Struktur geschaffen. Als H'FIM arbeitete man „nur" für eine Seite, für das MfS, und erhielt ausschließlich von dort seine Aufgaben. Von 1973 bis 1975 nahm diese Funktion Heinz Weidmann wahr, der spätere BSG. Ab 1975 bis 1989 folgte Walter Galster (Jg.1950; MfS-Deckname Andreas Reiter). H'FIM waren „Einzelkämpfer". Ihnen waren definierte Einsatzgebiete zugewiesen, wo sie ihre konspirativen Schleifen mit dem Ziel zogen, IM zu lenken und verdächtige Personen zu „behandeln". Weidmann kümmerte sich an der Charité um ein Netz von etwa 20 IM, unter denen sich – wie es in einem Auskunftsbericht des MfS heißt – „Professoren, Dozenten und Oberärzte in verantwortungsvollen Positionen, medizinisch-technische Assistenten, Krankenschwestern und Studenten" befanden.

Im Laufe der Jahre entwickelten sich innerhalb des MfS neue Strukturen. Ende 1975 entstand unter Leitung von Lucas eine eigene *Arbeitsgruppe Medizin (Charité)* in der Abteilung XX/3. Zunächst mit zwei Mitarbeitern, Hauptmann Werner Dewitz (Jg. 1939) und Hauptmann Stoßmeister besetzt, gehörten ihr ab Anfang 1980 Dewitz (verantwortlich für die Forschung), Oberleutnant Günter Engelmann (Jg. 1951), für die Klinikangestellten, Herbert Ramser (Jg. 1954) für die Lehrenden, Wissenschaftler, Kampfgruppen und die Zivilverteidigung sowie Joachim Knobloch (Jg. 1952) für den studentischen Bereich an.

Anfang der 80er Jahre wurde an der Charité die Präsenz des MfS nochmals verstärkt und ein weiterer Sicherheitsbeauftragter, der so genannte Beauftragte für technische Sicherheit, etabliert. Eingerichtet wurde die Stelle mit Fertigstellung des Chirurgisch Orientierten Zentrums (COZ) mit der Aufgabe, diesen „Technikbereich, vor allem den Neubau, die zentrale Poliklinik und das Lehrgebäude materiell und personell" sicherzustellen. Von 1984 bis 1989 übernahm Norbert Pawlak (Jg. 1947), ein ehemaliger Pilot der Interflug, diese Aufgabe. Ähnlich wie der BSG hatte der BftS ein doppeltes Dienstverhältnis. Offiziell war Pawlak dem Verwaltungsdirektor unterstellt und arbeitete hier – wie Weidmann – eng mit der Kommission Ordnung und Sicherheit, dem Brandschutzinspektor oder auch der Abteilung Betriebssicherheit zusammen. Inoffiziell war Pawlak Offizier im besonderen Einsatz (OibE). Damit war sein eigentlicher Dienstherr das MfS. In seinem Funktionsplan verpflichtete das MfS Pawlak „diversions-, terror- und andere gefährdete" Situationen an der Charité zu erkennen, „spezielle Personen" zu bearbeiten und „neue IMs" zu gewinnen. In Erfüllung seines Auftrages berichtete Pawlak über besondere Vorkommnisse, „Kontrollbegehungen im Gelände" oder Diskussionen im Kollegenkreis. Er beurteilte aber auch jene Mitarbeiter der Charité, die als künftige Reisekader vorgesehen waren.

Was waren die Ziele des MfS und der für die Charité zuständigen Hauptamtlichen? Es lassen sich neben der übergeordneten Bestimmung, der „politisch-operativen" Sicherung der Charité und der Bekämpfung „feindlicher bzw. rechtswidriger Tätigkeiten" zwei konkrete Ziele ausmachen. Zum einen war – wie es in der Sprache des MfS hieß – die Aufklärung von „Delikten des staatsfeindlichen Menschenhandels und ungesetzlichen Grenzübertritts“ wichtig. Die genannten Hauptamtlichen sollten folglich verhindern, dass Ärzte, später auch Schwestern und MTA die DDR in Richtung Westen verließen. Als zweites Ziel kam Mitte der 1970er Jahre die Personalpolitik an der Charité hinzu, so wie dies der Minister für Staatssicherheit, Erich Mielke, 1975 für das Gesundheitswesen insgesamt gefordert hatte.

Die in den Jahren 1978 bis 1987 von der *Zentralen Auswertungs- und Informationsgruppe* (ZAIG), einem auf höchster Ebene angesiedelten MfS-Organ, erarbeiteten „sieben streng geheimen Informationen“ legen Zeugnis davon ab, dass ein wichtiges Ziel die Observierung der Charité war. In diesen streng geheimen Informationen wurden die Partei- und Staatsführung (Kurt Hager und Ludwig Mecklinger) sowie die MfS-Leitung (Generaloberst Rudi Mittig) ausführlich über die aktuellen Fluchtbewegungen in den Westen unterrichtet. Darüber hinaus erhielten sie detaillierten Einblick in Leitungsprobleme, oder wie es auch hieß, „noch ungelöste Kaderprobleme“ in einzelnen Einrichtungen der Charité wie der Orthopädie, der Anatomie, der Kinderchirurgie und der Mikrobiologie.

Macht man sich klar, dass diese streng geheimen Informationen an die Partei- und Staatsführung auf den Informationen der in der Charité tätigen Hauptamtlichen basierten, ist deren Wirkungsmächtigkeit unverkennbar. Bei der Bewertung der Hauptamtlichen sollte ferner berücksichtigt werden, dass sie auch in die eigene Behörde hinein agierten. Informationen über die Charité gingen nicht nur an Lucas, sondern oft auch an den Leiter des Referats XX/3, Major Mentschke, sowie an Oberst Häbler, den Leiter der Abteilung XX. Zudem wurden themenbezogen andere Abteilungen in die Vorgänge und „Bearbeitung“ von Personen involviert, etwa beim Thema „Republikflucht“ der Leiter der *Bezirkskoordinationsgruppe Bearbeitung von Antragstellern auf ständige Ausreise*, Oberstleutnant Greif.

Exkurs 3:
Betriebliche Gewerkschaftsarbeit in der Charité

Jutta Begenau

Wer in der DDR in einer staatlichen Einrichtung respektive einem Betrieb (außer staatlichen Institutionen wie Polizei und Armee) arbeitete, war meist gewerkschaftlich (im FDGB) organisiert.[25] Man kann also davon ausgehen, dass von den 5.093 Mitarbeitern der Charité, die 1982 als Schwestern, MTA, Ärzte und in anderen Berufsgruppen beschäftigt waren, über 95 Prozent Mitglied im FDGB waren, inklusive der Professorinnen und Professoren. Viele waren darüber hinaus auch gewerkschaftlich aktiv. In der Charité gab es eine *Zentrale Betriebsgewerkschaftsleitung* (ZBGL) mit einem hauptamtlichen Mitarbeiterstab. Ihr waren zentrale Kommissionen zugeordnet. Jede Klinik, jedes Institut und jede größere Verwaltungseinheit hatte darüber hinaus eine eigene *Abteilungsgewerkschaftsleitung* (AGL, später *Betriebsgewerkschaftsleitung*, BGL) und eine je nach Größe der Einrichtung differierende

Anzahl an Gewerkschaftsgruppen. In den 1980er Jahren gab es mindestens 60 solcher Abteilungsgewerkschaftsleitungen und 290 Gewerkschaftsgruppen. Sowohl auf der Ebene der ZBGL, der AGL und oft auch der Gewerkschaftsgruppe gab es Bevollmächtigte für Kultur, Sozialversicherung, Wettbewerb, Frauen oder Arbeitsschutz. Es kann davon ausgegangen werden, dass insgesamt über 1.000 Beschäftigte ehrenamtlich gewerkschaftlich aktiv waren, mithin jeder fünfte Charité-Mitarbeiter.

Wer sich für eine AGL-Funktion zur Verfügung stellte, war in seiner Klinik oder seinem Institut für die Organisierung der Plandiskussion, die Sicherstellung des arbeitsrechtlichen Rahmens (z.B. Kontrolle der Einhaltung der Arbeits- und Erholungszeiten oder der Überstunden), die Bewilligung von Kuren, die Vergabe von Ferienplätzen oder die Ausgestaltung von Festen (Frauentagsfeier) zuständig. Die Mitglieder der AGL wurden „geheim" gewählt. Für die kleinste Organisationseinheit, die Gewerkschaftsgruppe, wurde die Vertrauensfrau/der Vertrauensmann in offener Abstimmung gewählt. Sie/er war zuständig für die monatliche Mitgliederversammlung, das Kassieren der Beiträge, die Sicherung der Arbeitsrechte im Kollektiv, den Besuch kranker Kolleginnen oder auch die gewerkschaftliche Vertretung bei Einstellungsgesprächen und vertrat Kollegen und Kolleginnen auf zentralen Veranstaltungen, etwa der *Vertrauensleutevollversammlung* (VVV) und damit in der zentralen Plandiskussion. Die VVV war auf betrieblicher Ebene die wichtigste zentrale gewerkschaftliche Veranstaltung. Meist fand sie am Ende des Jahres statt und wurde von der ZBGL organisiert. Hier trafen sich alle 290 Vertrauensleute, 60 AGL-Vorsitzenden und Gäste: Mitglieder übergeordneter Vorstände der *Gewerkschaft Wissenschaft*, Vertreter der Leitung der Humboldt-Universität und des Bereichs Medizin (Charité) sowie der Parteileitung. Auf ihr wurden die getane und künftige Arbeit, mögliche neue Rahmenbedingungen oder Entwicklungslinien ausgehend von den Beschlüssen der SED diskutiert. Im Mittelpunkt stand die Abrechnung des vergangenen und Eröffnung des folgenden „sozialistischen Wettbewerbs". Zudem wurde auf der VVV gewählt:

1. die ZBGL und die ihr nebengeordneten zentralen Kommissionen,
2. die Delegierten zu den Kreisdelegiertenkonferenzen und
3. die Arbeiter- und Bauerninspektion (ABI) und oft auch die Konfliktkommission.

Laut Statut des FDGB waren die Wahlen direkt und „geheim". Die Anführungszeichen bei „geheim" sollen auf eine diesbezüglich eingeschränkte Praxis aufmerksam machen. Denn, obwohl es eine Kabine gab, galt es als ungeschriebenes Gesetz, diese nicht zu nutzen. Der direkte Gang zur Wahlurne bekundete Vertrauen, der Gang in die Kabine das Gegenteil. Hinzukam, dass für jede Funktion nur ein und auf allen Ebenen vorher abgestimmter Kandidat aufgestellt wurde.

Welche Schwerpunkte die Gewerkschaftsarbeit an der Charité hatte, wird an den der ZBGL zugeordneten zentralen Kommissionen sichtbar. Im Zeitraum von 1974 bis 1983 gab es insgesamt 15 Kommissionen: Agitation und Propaganda, Kultur, Forschung, Wissenschaftsfragen, Küchen, medizinische Betreuung, Feriendienst, Arbeit und Löhne, Internationale Arbeit, Arbeits- und Gesundheitsschutz, Körperkultur und Sport, Erziehung und Ausbildung, Jugend, Frauen und eine Revisionskommission. Die betrieblichen Aufgaben, also die medizinische Betreuung sowie die Lehre und Forschung, nahmen auch in der Gewerkschaftsarbeit einen zentralen Stellenwert ein. Hierbei oblag ihr, die Kolleginnen und Kollegen zu immer höheren Leistungen zu stimulieren. Den dafür vorgesehenen organisatorischen Rahmen bildete der bereits erwähnte „sozialistische Wettbewerb". Auf der VVV eröffnet, wurde der „sozialistische Wettbewerb" von hier aus in die Kliniken und Institute getragen. Hier, an der Basis, wurden die konkreten Wettbewerbspläne erarbeitet und manches Kollektiv nahm den Titelkampf *Kollektiv der sozialistischen Arbeit* auf. Am Ende des Jahres wurden die Ergebnisse präsentiert, diskutiert und prämiert. Einen zweiten Schwerpunkt betrieblicher Gewerkschaftsarbeit bildete die „ständige Verbesserung" der Arbeits- und Lebensbedingungen der Beschäftigten. Hierzu zählte nicht nur der Arbeits- und Gesundheitsschutz (Kontrolle des Unfallgeschehens, des Krankenstandes, der Einhaltung der gesetzlich vorgeschriebenen Arbeitszeiten) oder die Lohn- und Prämienregelungen, sondern auch die Organisierung des betrieblichen Feriendienstes (zwischen 20 und 50 Prozent aller Urlaubsplätze wurden über den FDGB vergeben), der Kinderferiengestaltung und die kulturelle Betreuung der Beschäftigten.

Die Kommission Agitation und Propaganda hatte die Aufgabe, die „Schulen der sozialistischen Arbeit" zu organisieren. Sie macht auf eine dritte, eine ideologische und Bildungsfunktion betrieblicher Gewerkschaftsarbeit aufmerksam. „Schule" kann in diesem Zusammenhang mit Schulung übersetzt werden und bezeichnet ein Fortbildungssystem, in dem vorrangig politische, aber auch ökonomische Themen behandelt wurden. *Schulen der sozialistischen Arbeit* fanden einmal monatlich zu zentral vorgegebenen Themen statt. ReferentInnen waren oft SED-Genossen, die Gesprächsleiter wurden zentral an der Humboldt-Universität angeleitet. Von 1974 bis 1980 stieg die Zahl der „Schulen" von jährlich sechs mit insgesamt 82 Teilnehmerinnen und Teilnehmern auf 56 mit insgesamt 972 Teilnehmenden an.

In die Gewerkschaftsarbeit involviert waren alle Statusgruppen, von der Krankenschwester über den Arzt oder die Oberärztin bis hin zum Professor. Der Vorsitz in den AGLen blieb meist wissenschaftlichen MitarbeiterInnen vorbehalten. Die Vertrauensleute rekrutierten sich dagegen häufig aus der Gruppe der Sonstigen Beschäftigten: den Krankenschwestern, Sekretärinnen und MTA. Sich gewerkschaftlich zu engagieren konnte auch in der Charité unterschiedlich motiviert sein. Im Kontext sozialer Erwünschtheit bot ein gewerkschaftliches Engagement Schutz vor weiteren Erwartungen und verbesserte zudem die Chancen für die eigene berufliche Karriere. Dies traf allerdings eher auf die höheren Leitungsfunktionen und damit auch höheren Statusgruppen zu. Bei den Vertrauensleuten waren andere Motive vorherrschend: Zum einen korrespondierte mit der offenen Wahl kollektive Wertschätzung und öffentlich entgegengebrachtes Vertrauen, zum anderen konnten Vertrauensleute tatsächlich den konkreten Rahmen ihrer Arbeit mit beeinflussen. Die Frage, wie viel Partizipation über die Gewerkschaftsarbeit in der Charité möglich war, muss weitgehend offen bleiben. Was sicher scheint, ist der inverse Zusammenhang: je höher die Leitungsebene, desto geringer die partizipativen Handlungsspielräume des Einzelnen. Wenn auf der Abteilungsebene auf organisatorische Mängel, zeitliche Belastungen, Konflikte zwischen Stationsarzt und Schwestern oder Engpässe in der medizinischen Versorgung noch direkt Einfluss genommen werden konnte, reduzierten sich derartige Mitsprachemöglichkeiten auf zentraler Ebene meist deutlich.

Abb. 9.3 1. Mai-Demonstration der Angehörigen der Berliner Universität 1951. Im Wagen vorn: Theodor Brugsch.

9.6 Das Studium der Medizin

Im ersten Nachkriegssemester hatten sich in Berlin wie an anderen Universitäten weit mehr Bewerber im Fach Medizin eingeschrieben als Studienplätze zur Verfügung standen.[26] Die Alliierten und die eingesetzten deutschen Verwaltungen waren sich nach 1945 nicht nur darin einig, im Schul- und Hochschulwesen eine umfassende politische Säuberung durchzuführen, sondern auch „gleiche Bildungsmöglichkeiten" für alle Schichten der Bevölkerung zu schaffen, da der Anteil der Kinder von bildungsfernen Schichten an den Universitäten nur wenige Prozent betrug. So war die Frage der Zulassung zum Studium bereits seit Wiedereröffnung der Universität ein wesentlicher Aspekt der Hochschulpolitik. Die östlichen Institutionen proklamierten neben der vermehrten Zulassung von „Arbeiter- und Bauernkindern" auch die Erhöhung des Anteils von Frauen an den Studierenden. „Werktätigen" mit entsprechender Begabung sollte, wie auch an einzelnen westlichen Hochschulen, „auch ohne Reifezeugnis" die Möglichkeit des Hochschulstudiums gegeben werden. Der erleichterte Bildungszugang für diese Schichten der Bevölkerung galt den Alliierten als Voraussetzung einer Demokratisierung der deutschen Bevölkerung. Der Anteil von 8,4 Prozent Arbeiter- und Bauernkindern unter den Erstsemestern des Jahres 1946 war den Behörden der SBZ jedoch zu gering, obwohl dies bereits eine bedeutende Steigerung gegenüber früheren Jahrzehnten bedeutete.[27] Ehemaligen Mitgliedern der NSDAP, Personen, die in der Hitler-Jugend aktiv gewesen waren, anfänglich auch ehemaligen Wehrmachtsoffizieren sollte hingegen der Hochschulzugang verwehrt bleiben. Mit den neuen Zulassungsregelungen wurde auch der Zugang für Angehörige traditionell bildungsnaher Schichten eingeschränkt, wenn sie den politischen Kriterien nicht entsprachen bzw. ihre Vorbildung als nicht ausreichend eingeschätzt wurde. Eine politische Beurteilung der Studienbewerber wurde Grundlage der Zulassung. Hierbei wurde unterschieden zwischen politisch wertvoll (Arbeiter- und Bauernkinder, NS-Opfer), annehmbar (aktive Teilnahme an der demokratischen Entwicklung) und politisch nicht belastet (alle übrigen). Die Ordinarien und Klinikleiter der Charité opponierten mit schriftlichen Stellungnahmen aktiv und wortreich gegen diese neue Zulassungspolitik. Eines der am häufigsten angeführten Argumente war, dass die politischen Kriterien einen Leistungsverfall der Studierenden zur Folge hätten. In diesem Punkt konnten sie sich jedoch nicht durchsetzen. Weitere Veränderungen der Zulassung und der medizinischen Ausbildungsziele wurden auf dem III. Parteitag der SED im Juli 1950 bekannt gegeben. Da Kinder von Ärzten nach der neuen Zulassungsregelung wegen ihrer Zuordnung zur „Intelligenz" nicht mehr davon ausgehen konnten, der familiären Tradition folgend natürlich Medizin studieren zu können, wurde die Zulassungsfrage Grund die DDR zu verlassen, wenn nicht in „Einzelverträgen" entsprechende Vereinbarungen über das Studium der Kinder getroffen worden waren. Ein weiteres wichtiges Mittel, auf die Sozialstruktur der Studierenden verändernd einzuwirken, war die 1950 erlassene Stipendienverordnung, die allen unabhängig von den Finanzierungsmöglichkeiten des Elternhauses ein Studium ermöglichte.

1950 waren lediglich rund 200 Studienanfänger für Medizin an der Charité immatrikuliert. Ihre Zahl stieg in den folgenden Jahren beträchtlich an. 1953 wurden 650 und Mitte der 1960er Jahre 720 Studierende neu zugelassen. Der Anteil von „Arbeiter- und Bauernkindern" stieg bis 1952 auf gut 40 Prozent im Durchschnitt aller Studiengänge an. An der Charité gehörte 1953 ein gutes Drittel dieser Gruppe an. Auch der Anteil der Frauen stieg auf über die Hälfte aller Studierenden.

Neue Inhalte für das Medizinstudium

Die erste Nachkriegsnummer der medizinischen Fachzeitschrift *Das deutsche Gesundheitswesen* kündigte 1946 eine Neuorientierung der medizinischen Ausbildung an:

> Die bisherige analytische Medizin, der auf Grund ihrer Forschungsmethoden so wichtige Einblicke und so fruchtbare Ergebnisse für Diagnose und Therapie aller Krankheiten zu verdanken sind, wird nach wie vor die ihrer Bedeutung entsprechende Stellung einnehmen. Auf jeden Fall aber verlangt die Wandlung der Wissenschaft eine Anpassung des Lehrbetriebes und der wissenschaftlichen Ausbildung des jungen Mediziners. *Die Ausweitung seiner Kenntnisse auf allgemeine Vorgänge und Probleme des Lebens*, der untrennbare Zusammenhang seines Berufes mit anderen nicht medizinischen Wissensgebieten muß in dem Studienplan zum Ausdruck kommen. Es ist eine möglichst *universelle* Ausbildung anzustreben und dabei gleichzeitig auf eine *andere Geisteshaltung* hinzuarbeiten, welche die Ärzteschaft vor einer ähnlichen allgemeinen Desorientierung bewahrt, wie sie sich in den letzten zwölf Jahren entwickelt hatte. [...] In schändlicher und unverantwortlicher Weise hat der Nationalsozialismus auch die Wissenschaft zum Werkzeug seiner verbrecherischen Geisteshaltung und seiner verbrecherischen Ziele gemacht. Dabei hat er leider auch die Unterstützung oder die stillschweigende Duldung großer Teile der Ärzteschaft gefunden.[28]

Vorrangig zwei Maßnahmen sollten der nächsten Ärztegeneration ein neues gesellschaftliches Bewusstsein vermitteln: Erstens der Einbezug geisteswissenschaftlicher Studieninhalte, die auf die Arbeit im Rahmen eines an Prävention und Prophylaxe orientierten Gesundheitswesens vorbereiten sollten, sowie zweitens die bevorzugte Zulassung von „Arbeiter- und Bauernkindern" und Frauen.

Bereits im August 1945 war mit Mitgliedern der Fakultät unter Vorsitz von Brugsch in seiner Funktion als Mitglied des *Leitenden Ausschusses des Amtes Wissenschaft, Abteilung Volksbildung* beim Berliner Magistrat ein Lehrplan für das Wintersemester 1945/46 erstellt worden. Der Lehrplan orientierte sich weitgehend an der Studienordnung der Weimarer Zeit und setzte die traditionelle medizinische Ausbildung fort – sieht man von der Aufnahme der Medizingeschichte als geisteswissenschaftliches Wahlfach ins Curriculum ab. Die *Deutsche Zentralverwaltung für Gesundheitswesen* erarbeitete zur gleichen Zeit unter Vorsitz des ehemaligen Assistenten am Pharmakologischen Institut der Universität Berlin, Fritz von Bergmann (1907–1982), einen eigenen Studienplan. Über den Entwurf von Magistrat und Fakultät hinausgehend erhob er neben der Medizingeschichte auch die „Geschichte der Philosophie", „Erkenntnistheorie und Logik" sowie „Psychologie" und „Kulturgeschichte" zum Unterrichtsgegenstand und Prüfungsfach. Während dieser stark geisteswissenschaftlich orientierte Vorschlag bei den Ordinarien der Medizinischen Fakultät auf heftige Kritik stieß, beauftragte die SMAD die *Deutsche Verwaltung für Volksbildung* den tradierten medizinischen Fächerkanon zu reduzieren und geisteswissenschaftliche Fächer in das Medizinstudium zu integrieren. So wurde der Nachweis über den Besuch mehrerer Veranstaltungen in diesem Bereich bereits im Jahr 1946 zur Zulassungsvoraussetzung für das medizinische Examen erklärt. Insgesamt sollte das Studium stärker berufsbezogen werden.

Am 19. Januar 1951 beschloss das SED-Zentralkomitee die II. Hochschulreform mit weitreichenden strukturellen und inhaltlichen Eingriffen ins Hochschulsystem. An allen Hoch- und Fachschulen wurde ein gesellschaftswissenschaftliches Grundstudium mit den Fächern Marxismus-Leninismus, Politische Ökonomie und Dialektischer und Historischer Materialismus verpflichtend. Auch Russisch und Deutsch wurden nebst Sportunterricht als Pflichtfächer eingeführt. Dieses obligatorische Curriculum sollte die Studierenden befähigen, sich Fachliteratur in russischer Sprache anzueignen, während der Unterricht in deutscher Sprache und Literatur der „Hebung des Kulturellen Niveaus" dienen sollte.

1951/52 wurde ein zehnmonatiges Studienjahr eingeführt, das in einen 1. Vorlesungsabschnitt (Herbstsemester) und einen 2. Vorlesungsabschnitt (Sommersemester) unterteilt war. Die Universitätsleitungen wurden um die Prorektorate Gesellschaftliches Grundstudium, Forschungsangelegenheiten, Wissenschaftliche Aspirantur und Studentenangelegenheiten erweitert. In der Fakultät und bei den Studierenden stieß die Reform „nicht selten auf Unverständnis".

Voraussetzung für das ärztliche Abschlussexamen wurde eine gesellschaftswissenschaftliche Prüfung, die mit der Rundverfügung vom 20. August 1950 in das medizinische Staatsexamen integriert wurde. Die Prüfungskommission setzte sich aus je einem Lehrstuhlinhaber des Philosophischen Instituts (Walter Hollitscher (1911–1986)) und der Medizinischen Fakultät (Krautwald) sowie je einem Vertreter des *Ministeriums für Arbeit und Gesundheitswesen*, der FDJ und des FDGB (IG Gesundheitswesen) zusammen, sodass die nicht zum Kollegium der Hochschule gehörenden Prüfer in der Überzahl waren. Am 2. Mai 1952 wurde schließlich auf Anweisung des Staatssekretariats auch das Fach „Sozialhygiene" zum Prüfungsfach erhoben.

Das *Staatssekretariat für Hochschulwesen* war an Kontakten zu sowjetischen Wissenschaftlern und deren Forschungen interessiert. So sollten jene Abschnitte von Vorlesungsverzeichnissen aus der UdSSR übersetzt werden, „die für die Arbeit" wichtig seien. Ebenso wurde ein akademischer Austausch mit Professoren aus der Sowjetunion und anderen Volksrepubliken angeregt. Im Dezember 1950 wurden die Ordinarien der Charité vom Wissenschaftsministerium anlässlich eines *Monats der deutsch-sowjetischen Freundschaft* dazu angehalten, wissenschaftliche Arbeiten aus der Sowjetunion in ihren Vorlesungen vorzustellen. Brugsch gab beispielsweise auf Nachfrage des Rektors der Humboldt-Universität an, er habe im Fachgebiet Innere Medizin zum Thema gelesen: „Was hat uns die interne Medizin der sowjetischen Wissenschaft geschenkt". Der Ordinarius für Chirurgie, Willi Felix (1892–1962), hielt eine Vorlesung über „Gewebe-Therapie aufgrund sowjetischer Forschungen und Ergebnisse" und der Direktor der III. Medizinischen Poliklinik, Ignaz Zadek (1887–1959), ließ wissen, dass er „im Rahmen seiner Vorlesungen ständig sowjetische Forschungsergebnisse über das gesamte Gebiet der inneren Medizin" verwende.[29]

Weiterreichende strukturelle Reformen des Medizinstudiums lehnte die Medizinische Fakultät ab. So sprachen sich ihre Mitglieder gegen eine Ausrichtung am sowjetischen Modell einer frühzeitigen Spezialisierung und gegen die Herauslösung der Medizinischen Fakultäten aus den Universitäten aus. Die Gründung von Medizinischen Akademien fand ebenso wenig eine Mehrheit wie die Verlagerung der vorklinischen Ausbildung an die Mathematisch-Naturwissenschaftliche Fakultät, die der Biochemiker Rapoport auf einer Sitzung der Fakultätsparteileitung der SED vertreten hatte.

Abb. 9.4 Veranstaltung des pathologischen Instituts im Rahmen des Monats der deutsch-sowjetischen Freundschaft 1950. Eröffnungsansprache von Samuel Mitja Rapoport.

Nach dem Aufstand vom 17. Juni 1953 sollten die Beschlüsse der II. Hochschulreform abgefedert werden: Der Russischunterricht wurde von vier auf drei Jahre gekürzt, das Fach Deutsche Sprache und Literatur fakultativ und nur noch jenen Studierenden anempfohlen, die darin nicht ausreichend kompetent erschienen. Außerdem wurden Kurse in englischer und französischer Sprache eingeführt, der Unterricht in Marxismus und Leninismus auf drei Jahre reduziert und in zwei Jahre Grundlagen des Marxismus-Leninismus sowie ein Jahr Politische Ökonomie aufgeteilt.

Grundsätzlich war man sich, wie der Dekan Wolfgang Rosenthal an den Ministerpräsidenten Otto Grotewohl (1894–1964) im September 1954 schrieb, darin einig, dass „jeder einzelne" Professor der Fakultät das Wissenschaftsministerium in seinem Bestreben unterstützen werde, „einen höchst qualifizierten Ärztenachwuchs zu erziehen":

> Wir begrüssen daher die Absichten, die von Regierungsseite, [...] in dieser Hinsicht bestehen und die in letzter Konsequenz darauf ausgerichtet sind, durch Intensivierung des Unterrichts, seminaristische Übungen und Gruppenunterricht, sowie praktische Arbeit am Krankenbett, dieses Ziel zu erreichen; sie werden von uns voll und ganz unterschrieben. [...] Es wird notwendig sein, die zukünftige Studienordnung so auszurichten, dass sie bei der von uns allen so sehnlichst erhofften Wiedervereinigung unseres Vaterlandes ohne Schwierigkeiten bindend für beide Teile in Kraft gesetzt werden kann. [...] Auch stehen wir auf dem Standpunkt, dass diese Fragen nur im engen Konnex mit der studentischen Jugend und ihren Wünschen erreicht werden können, denn sie ist ja in erster Linie berufen, darüber zu urteilen, ob sie die Forderungen einer solchen Studienordnung auch wirklich in dem angestrebten Sinne erfüllen kann.[30]

Die Gründung der Freien Universität Berlin[31]

Nicht alle Innovationen, die von der neuen Administration an der Charité durchgesetzt wurden, fanden das Einverständnis der Hochschullehrer. So hatten Klinik- und Institutschefs, die den Versuch, neuen Bevölkerungsschichten den Hochschulzugang zu ermöglichen, bekämpft hatten, die neuen Zulassungsbedingungen hinnehmen müssen. Ebenso hatte manch älterer Hochschullehrer die neuen Ausbildungsinhalte nur auf Druck der Sowjetischen Militäradministration und der Deutschen Verwaltung für Volksbildung akzeptiert. Letztlich dachten nur wenige der Hochschullehrer daran, Berlin zu verlassen. Viele waren schließlich in einem Alter, in dem man einen beschwerlichen Umzug in eine unabwägbare Zukunft ungern wagt, zumal angesichts einer jahrzehntelangen Verbundenheit mit der Charité. Oft wurden Angebote aus dem Westen, an denen es nicht mangelte, zu Bleibeverhandlungen genutzt.

Abb. 9.5 Krankenschwestern der Charité auf der 1.-Mai-Demonstration 1949.

Bei den Studierenden, unter den aktiven nicht wenige, die während des Nationalsozialismus verfolgt worden waren, hatten die Parteilosen mit jeweils 50 bzw. 65 Prozent den größten Anteil bei den Studentenratswahlen 1946/47 und 1947/48 errungen. Die Kandidaten der SED hatten hingegen nur jeweils 14 bzw. 10 Prozent der Mandate erhalten. So hatten sich die Hoffnungen der SED, dass die neuen Aufnahmekriterien zu einer besseren Akzeptanz der Partei führen würden, nicht erfüllt. Zum Wintersemester 1949/50 wurde dann die Wahlordnung revidiert, so dass die FDJ zur Trägerin der Wahl wurde. Vor allem konnten Kandidaten nur noch über die Mitgliederversammlungen der „demokratischen Massenorganisationen" nominiert werden.[32] Aber selbst den Spitzenkandidaten der FDJ-Vorschlagslisten gelang es nicht, mehr als eine Handvoll Stimmen zu erreichen, die der Mitgliederzahl der SED entsprach. Der weitaus größte Teil der Wähler hatte dagegen die Wahl durch Abgabe ungültiger Stimmzettel boykottiert: in der Medizinischen Fakultät waren dies 820 der 1.223 abgegebenen Stimmen.

Die Beeinflussung der studentischen Selbstverwaltung brachte eine Reihe von Studenten dazu, bei den westlichen Besatzungsmächten um Unterstützung für die Neugründung einer Universität im Westteil der Stadt zu werben. Die amerikanischen Besatzungsbehörden nahmen sich dieser Idee an. Mit großer Medienunterstützung der westlichen Presse wurde 1948 die *Freie Universität Berlin* (FUB) im amerikanischen Sektor gegründet. Ihren Sitz hatte sie in Dahlem, da dort unzerstörte Gebäude für wissenschaftliche Institute vorhanden waren. Die *Freie Universität Berlin* zog Studierende aus Westberlin und aus der inzwischen zur Humboldt-Universität umbenannten Universität sowie Personen, die aus den verschiedensten Gründen dezidiert nicht in Ostberlin studieren wollten, an. Aus dem Lehrkörper wechselten unter anderen der bereits emeritierte Pharmakologe Wolfgang Heubner (1877–1957), der Gerichtsmediziner Victor Müller-Heß (1883–1960) und die ehemalige Prodekanin der Medizinischen Fakultät Else Knake (1901–1973) an die FUB.

Trotz entsprechender Werbung konnten sich die traditionsreichen alten Universitäten der westlichen Besatzungszonen nicht so schnell mit dem Gedanken an eine neue Universität in Berlin anfreunden. So fand die Gründungsversammlung der FUB ohne eine Beteiligung der eingeladenen Rektoren statt,[33] die ihre Absage in vorsichtiger Zurückhaltung unterschiedlichst begründeten. Die Kräfte der Beharrung und die taktische Zurückhaltung gegenüber Innovationen behielten die Oberhand – anders als 1933.

9.7 In der geteilten Stadt bis zum Mauerbau

Die Lebens- und Arbeitsbedingungen in der Nachkriegszeit waren vor allem in der stark zerstörten Großstadt Berlin über längere Zeit von Mangel in jeglicher Hinsicht gekennzeichnet. Darüber hinaus war die wirtschaftliche Situation der DDR durch spezifische Probleme belastet wie Demontagen, Reparationen aus der laufenden Produktion, der umfänglichen Verlagerung von Betrieben einschließlich ihrer Belegschaften in den Westen sowie den Auswirkungen durch die Umstrukturierung des Wirtschaftssystems in eine Planwirtschaft und des Gesellschaftssystems nach den Idealen des Sozialismus.

Diese Bedingungen wurden wiederholt in den Fakultätsratssitzungen erörtert. Hintergrund der Erörterungen war die Sorge, dass qualifiziertes Personal die Charité verlassen und sich damit die ohnehin bestehende Personalknappheit weiter verschärfen könnte. Die Fakultät bemühte sich, ihr Personal zu halten und versuchte die Lebens- und Arbeitsbedingungen spezialisierter Fachkräfte so angenehm wie möglich zu gestalten, d.h. den für die Nachkriegszeit symptomatischen und in Ost- und Westdeutschland gleichermaßen herrschenden Mangel individuell abzufedern. So organisierte die Fakultät zum Beispiel 1950 in Absprache mit dem *Minister für Volksbildung* eine „Verbilligungsaktion für Lebensmittel und Textilien für die Dozentenschaft".[34] 1955 wurden alle Instituts- und Klinikdirektoren zusätzlich mit Kohle versorgt. Die Zuteilung erfolgte jedoch nicht personenbezogen oder nach Bedarf. Vielmehr wurde nach Status zugeteilt. „Hervorragende Angehörige der Intelligenz" erhielten auf Antrag eine „Sonderzuteilung".[35]

Die im Westteil der Stadt wohnenden Angehörigen der Charité sahen sich zusätzlich mit dem Problem des Geldumtauschs konfrontiert. Das Gehalt in Ost-Mark konnte über eine bestimmte Quote hinaus nur zu einem unvorteilhaften Wechselkurs in Westmark getauscht werden. Dies reichte jedoch nicht für den Lebensunterhalt im westlichen Teil der Stadt. Der Dekan Alfred Beyer setzte sich dafür ein, dass Professoren und Dozenten, „die in den Westsektoren wohnen, laufend Lebensmittelkarten sowie Bezugsausweise für Textilien erhalten" sollten. Von ihr waren jedoch jene Professoren und Dozenten ausgenommen, die durch „Privatpraxen oder sonstige Quellen Einnahmen in DMK.-West haben, sowie diejenigen, die ihre Lebensmittelkarten bereits im demokratischen Sektor beziehen, weil sie vom Geldumtausch ausgeschlossen worden sind".[36]

Seit der Währungsreform 1948 bestand das Problem, die verschiedenen Wirtschafts- und Währungsräume, die besonders in einem urbanen Raum wie Berlin über Großbetriebe wie die Charité und Menschen, die in ihren gewohnten Quartieren lebten und ihren bisherigen Arbeiten in anderen Stadtteilen nachgingen, hierfür nun jedoch wegen Kriegsfolge und Besatzungsregime zwischen zwei Systemen pendeln mussten, miteinander verflochten waren, gegeneinander zu sichern und in Austausch zu bringen. Die Behörden reagierten zunehmend mit unterschiedlichen Maßnahmen, um die Wirtschaftsräume möglichst klar zu trennen, indem sie etwa versuchten, Personen dazu zu zwingen, in jenem Teil der Stadt zu wohnen, in dem sie auch arbeiteten, wodurch das Problem des Austausches entfiele. An der Charité wurde am 30. Mai 1950 zahlreichen „Angestellten niederer Lohngruppen" unerwartet und ohne Angabe von Gründen gekündigt. Gegen diesen vermeintlichen Willkürakt erhoben Klinik- und Institutsleiter heftigen Protest, mussten sie jetzt doch zum Teil ohne Sekretärin und anderes Hilfspersonal auskommen. Über die Gründe für die Entlassungen herrschte im Fakultätsrat Unklarheit. Einig war man sich, dass unter den Angestellten das Misstrauen gegenüber der Verwaltung und dem Ministerium wachse, wenn sich keiner der Angestellten auf seiner Stelle mehr „sicher" fühlen könne. „Die Ungerechtigkeit der Maßnahme [habe] zu Empörungen geführt [...], die für den personellen Bestand der Charité schlimme Folgen haben könne."[37] Klinik- und Institutsleiter schickten einen Protestbrief, den sie auch am Schwarzen Brett der Charité veröffentlichten sowie an die Presse lancierten, an den *Minister für Volksbildung*. Im Auftrag der Fakultät nahm Brugsch Kontakt mit der Staatssekretärin im *Ministerium für Volksbildung*, Ruth Fabisch (LDP), auf. Dort erfuhr er, dass den Angestellten, wie einige vermutet hatten, auch deswegen gekündigt worden sei, weil sie als Beschäftigte der im Ostteil der Stadt gelegenen Charité trotz zahlreicher Aufforderungen ihre Wohnsitze nicht vom Westen in den Osten verlegt hatten. Nach Aussage der Staatssekretärin existiere beim Kabinett ein Beschluss, nach dem „in staatlichen Instituten der DDR und des Ostsektors nach Möglichkeit nur solche Angestellte tätig sein sollen, die auch dort wohnen". Da die Staatssekretärin selbst der Ansicht sei, dass die Art und Weise der Kündigungen „abwegig" gewesen sei, sei vom Ministerium nach Rücksprache mit dem Minister Wandel entschieden worden, dem Pflegepersonal, den Krankenschwestern, technischen Angestellten und Ärzten aus diesem Grunde zukünftig nicht mehr zu kündigen, „besonders, wenn die in Frage kommenden Personen betriebsnotwendig seien". In der Folge wurden die Fakultätsmitglieder gebeten „eine Liste der Personen aufstellen, die sie gern behalten möchten". Dieser Vorgang solle „jedoch vertraulich behandelt werden, da [...] ein offizieller Kabinettsbeschluß vorläge und alles vermieden werden muß, was geeignet wäre, das Kabinett zu desavouieren".[38] Auch die Exmatrikulation von 125 Studierenden der Humboldt-Universität im Dezember 1952, weil sie ihren Wohnsitz im Westteil der Stadt hatten, löste Irritationen aus. In der Fakultät war die Empörung groß, vor allem, weil man erst nach einem Monat (den Professoren selbst war das Fehlen der Studierenden offenbar nicht aufgefallen) Kenntnis von diesem Vorgang erhielt. Brugsch wandte sich in diesem Falle sogar an den Ministerpräsidenten Otto Grotewohl, um sich für die Studierenden persönlich einzusetzen. Vor allem für Mitarbeiter in gehobenen Positionen war die Erfahrung neu, nicht einmal im Vorfeld in Entscheidungsprozesse involviert, sondern ihnen vielmehr unvorbereitet ausgesetzt zu sein. Die Konfrontation mit den vielen Kündigungen, deren Folgen für den Arbeitsablauf sowie weitere Vorgaben schädigten das Betriebsklima an der Charité. Trotz aller Bemühungen, Professoren, Dozenten und andere höher qualifizierte Mitarbeiter in ihren täglichen Lebens- und Arbeitsbedingungen – entgegen den eigenen Überzeugungen der proklamierten Ideologie der Demokratie und später des Sozialismus – nur deshalb zu privilegieren, um sie an der Charité zu halten, verließen viele ihren Arbeitsplatz und suchten – mehrheitlich im Westen – andere Anstellungen.

Im ersten Quartal 1953 verließen 28 Mitarbeiter der Charité, darunter zwölf Ärzte, die DDR. Der Fakultätsrat befasste sich auf seiner Sitzung am 25. März 1953 mit diesem Thema und wollte sich – gemeinsam mit dem Staatssekretariat für Hochschulwesen – ein Meinungsbild zur „Republikflucht" von Mitarbeitern erstellen. Als Gründe wurden diskutiert: die

„überraschende Exmatrikulation der Westberliner Studenten“, die „Panikstimmung“ an der Charité wegen willkürlicher „Maßnahmen“ der Ministerien und das „überraschende“ Verlassen der DDR von leitenden Persönlichkeiten wie des Ärztlichen Direktors Hall. Aber auch die „gespannte Versorgungslage [...] vor allem bezüglich vieler Medikamente und Instrumente“ sowie „die berufliche Überlastung der chirurg[ischen] Chefärzte wegen Mangels an Assistenten“ wurden als Ursachen der schlechten Stimmungslage genannt. Die Einschränkung von Kongressteilnahmen, die Furcht vor Aufhebung der freien Arztwahl und nicht zuletzt Probleme bei der Zulassung zum Studium von „Arztsöhnen“ waren weitere Anlässe des Unmuts.[39]

Um das medizinische Personal zu halten, wurden ab 1949 Ehrungen und Auszeichnungen mit unterschiedlich hohen Gratifikationen eingeführt, über die auch eine Identifikation mit dem Staat hergestellt werden sollte. Zu ihnen gehörten Nationalpreise, der *Verdienter Arzt des Volkes* oder der *Rudolf-Virchow-Preis*. Darüber hinaus versprach die Regierung eine privilegierte Versorgung, Erhöhung der Gehälter, verbesserte Arbeitsbedingungen sowie die Beschaffung von ausreichender Fachliteratur. In den 1950er Jahren bezog ein Professor mit Lehrauftrag einen zehnfach höheren Lohn als ein Arbeiter oder Angestellter (zwischen 2.400 bis 3.600 Mark). Weiter erhöht werden konnte das Grundgehalt mit einem „Einzelvertrag“ zwischen Wissenschaftler und Staatssekretariat, das seit 1951 über ein nach Universitäten und Hochschulen aufgeschlüsseltes Kontingent solcher Einzelverträge verfügte.[40] So benannte beispielsweise der Dekan der Medizinischen Fakultät allein im September 1951 acht Professoren, die aufgrund ihrer herausragenden wissenschaftlichen wie gesundheitspolitischen Verdienste für einen Einzelvertrag in Frage kämen: Alfred Beyer, Karl Linser, der Physiologe Emil Ritter von Skramlik (1886–1970), der Kieferchirurg Wolfgang Rosenthal, der Ophtalmologe Hugo Gasteiger (1899–1978), der Orthopäde Friedrich Löffler (1885–1967) und der Chirurg Willi Felix. In regelmäßigen Abständen wurden diese Anfragen wiederholt. Bis 1961 hatten etwa 43 Prozent aller Professoren und Dozenten der DDR einen Einzelvertrag abgeschlossen.

Auch der Pädiater Friedrich Hartmut Dost (1910–1985) schloss mit dem Staatssekretariat für Hochschulwesen einen Einzelvertrag ab, als er 1952 eine Professur mit Lehrauftrag für Kinderheilkunde erhielt. Dost wurde „zu den besten jüngeren Wissenschaftlern der DDR“ gezählt, der nicht nur „ganz in seiner Wissenschaft“ aufgehe und „bis in die Nacht hinein“ arbeite, sondern auch „dem Aufbau in der Deutschen Demokratischen Republik [...] positiv gegenüber“ stehe. So hatte Dost 1949 in einem Schreiben an das Staatssekretariat betont, dass er „aus grundsätzlichen Erwägungen keine Lust verspüre, eine a[ußer].o[rdentliche]. Professur an einer westdeutschen Universität anzunehmen“.[41] Im Einzelvertrag wurden neben dem Grundgehalt eine jährliche „Amtsvergütung“ für die Klinikleitung, ein Zuschlag für jeden Gastvortrag sowie eine Sonderzuwendung „bei erfolgreicher Arbeit für die Entwicklung der Lehre und Forschung“ festgelegt. Darüber hinaus wurde vereinbart, dass Dost in der Klinik eine Privatpraxis „entsprechend seinen Wünschen“ führen könne, „dass die Kinder [...] die von ihm gewünschten Ausbildungsmöglichkeiten in der Deutschen Demokratischen Republik erhalten“ könnten und ihm über seine Emeritierung hinaus „angemessener Wohnraum zur Verfügung gestellt“ werde.[42] In der 3. Ergänzung zum Einzelvertrag von Dezember 1958 wurden sein Grundgehalt nochmals deutlich erhöht sowie ergänzende Vergütungen für eine Tätigkeit als Rektor, Prorektor, Dekan oder Prodekan, für Gastvorlesungen oder die „Mitgliedschaft in einer wissenschaftlichen Akademie“ zugesagt. Trotz dieser Vergünstigungen blieb Dost nicht an der Charité. 1960 folgte er dem Ruf an die Universität Gießen. Universität wie Staatssekretariat versuchten ihn seit Bekanntwerden seiner Entscheidung mit werbenden Gesprächen in der DDR zu halten, jedoch ohne Erfolg. In seinem Bericht an die Abteilung Wissenschaft im ZK der SED gab der Rektor der Universität an, dass „die Hauptsache [...] ideologische Unklarheiten“ gewesen seien. So habe Dost „die Überfülle des Papierkrams, z.B. bei dem Beantragen von Forschungsanträgen“ moniert, die Assistentenordnung beklagt, die den Leitern der Einrichtungen „die Entscheidung über die Einstellung der Assistenten genommen“ hätte. Entscheidend sei aber gewesen, dass Dost erklärt habe, „er könne die Thesen des dialektischen Materialismus vielfach nicht als richtig anerkennen“.[43]

Auf Berufungen an Universitäten der Bundesrepublik reagierte das Staatssekretariat einerseits mit Begünstigungen und weiteren Zugeständnissen und andererseits mit wachsender Rigidität wie etwa der Ablehnung von Ausreiseanträgen. Dies stand in Zusammenhang mit der Verschärfung der Personalsituation seit Mitte der 1950er Jahre. Nicht nur auf der Leitungsebene der Medizinischen Fakultät fehlte Personal. Auch der Mangel an Pflegekräften prägte den Arbeitsalltag in den Kliniken. In einem ausführlichen Brief über die Situation in der von ihm geleiteten Frauenklinik berichtete Helmut Kraatz dem Ärztlichen Direktor, Alfred Beyer, dass die Stationsschwestern seiner Klinik „die Verantwortung für eine ordnungsgemäße Versorgung der Patienten nicht mehr übernehmen“ könnten, wofür er „nicht nur volles Verständnis“ habe, vielmehr, so Kraatz, „muß [ich] auch von mir aus erklären, daß ich als Direktor der Klinik auch nicht mehr in der Lage bin, die Verantwortung für die Zwischenfälle zu tragen, die sich aus dem Mangel an Schwestern und Pflegepersonal ergeben“.[44]

Ein Grund für den Fachkräftemangel wurde darin gesehen, dass ihre Eingruppierung an der Charité nicht ihrer Qualifikation entsprach. So suchten Angehörige dieser Berufsgruppen nicht nur im Westteil Berlins, sondern auch an Ost-Berliner Krankenhäusern eine Anstellung, weil sie dort ein höheres Entgelt erhielten. Daher wurde 1955 die Einstellung von Schwestern und Pflegekräften zugelassen, die ihren Wohnsitz außerhalb Ost-Berlins in der DDR hatten. Auch das Einstellungsverfahren wurde beschleunigt. Im selben Jahr beklagte sich der Dermatologe Linser bei der „Kaderabteilung“ der Charité:

> Wie ich so eben erfahre hat auch Frau Käthe Richter, meine in der Histologie ganz hervorragend arbeitende med[izinisch]. techn[ische]. Assistentin, die Klinik verlassen und ist gleichsam über Nacht nach Norderney übergesiedelt, wo sie in der von Dr. Jo Hartung geleiteten Klima-Klinik für Hautkranke weiter tätig sein wird. Ich muss jetzt wieder eine sich für die Histologie eignende Kraft heranbilden. Wann hört endlich diese Abwanderung qualifizierter Fachkräfte auf? Wann wird der Tarif für solche wertvollen Mitarbeiterinnen endlich besser?[45]

Im September 1961, einen Monat nach dem Mauerbau, waren mehr als 100 Mitarbeiter der Charité, unter ihnen 53 Ärzte, „republikflüchtig", wie es in einem Aktenvermerk heißt. Von 33 Ärzten, die an der Charité arbeiteten und ihren Wohnsitz in Westberlin hatten, hatten 16 gekündigt. Die ärztliche Versorgung in den Einrichtungen der Charité sei zwar „sichergestellt", aber „erschwert". Nur unter größtem Einsatz könne der Lehrbetrieb, vor allem der klinische Unterricht, aufrecht erhalten werden – worunter die Forschung leide. In der Diktion eines Kriegsberichtes wurden in den internen Berichten der Charité-Verwaltung die „besonders hohen Verluste an qualifizierten Mitarbeitern" beschrieben:

> II. Med[izinische]. **Klinik** hat 8, [davon] 6 qualifizierte Ärzte und Chemiker, Leiter von Spezialabteilungen verloren. Sie hat jetzt noch 3 westberliner Ärzte. [...] I. Med[izinische]. **Klinik** wird, wenn der Umtausch endgültig ausfällt noch 4 Mitarbeiter verlieren und 2 behalten. **Frauenklinik** verlor 4 Ärzte, muß noch mit dem Verlust von 3 Assistenten rechnen, die aber vorläufig noch bleiben wollen. **Augenklinik** hat von 32 Ärzten 10 eingebüßt, hat noch 3 Westschwestern und 1 Röntgenassistentin.[46]

Der Charité-Verwaltung zufolge arbeiteten Anfang September 1961 noch 166 Personen in der Charité, die nach wie vor ihren Wohnsitz in Westberlin hatten. Diese Personengruppe zum Umzug in den Ostteil der Stadt zu motivieren war eine der Aufgaben des Staatssekretariats für Hochschulwesen, wollte man nicht Gefahr laufen, wichtige Bereiche der Forschung, Lehre und Krankenversorgung einschränken bzw. einstellen zu müssen. Die zahlreichen Gespräche, die der Staatssekretär vom *Staatssekretariat für Hoch- und Fachschulwesen*, Wilhelm Girnus (1906–1985), mit den betroffenen Ärzten und Wissenschaftlern führte, hatten jedoch nur wenig Erfolg.

„Wirtschaftliche Gründe (Wegfall des Geldumtausches) und mangelnde Bereitschaft sich den veränderten Verhältnissen anzupassen" waren nach Ansicht von Mitarbeitern der Charité Motive dafür, dass sich zahlreiche Westberliner, obwohl sie sich nach dem Mauerbau zunächst bereit erklärt hatten zu bleiben und den Betrieb in der Charité aufrecht zu erhalten, dennoch zum Weggang entschlossen. Selbstkritisch wurde in den Berichten vermerkt,

> daß die mangelnde Koordination der verschiedensten Stellen, die mit westberliner Mitarbeitern Gespräche führten, nicht schuldlos daran ist, daß so viele westberliner Mitarbeiter, die auch unter finanziellen Opfern zunächst noch bereit waren hier weiter zu arbeiten, später um Auflösung ihres Vertrages baten.[47]

Zu diesen gehörten der Direktor des Instituts für Strahlenforschung, Hans K.W. Schreiber, der Leiter und Oberarzt der Unfallklinik, Ostapowicz, der Leiter der Poliklinik für chirurgische Stomatologie, Walter Hoffmann-Axthelm (1908–2001), und der Direktor der II. Medizinischen Klinik, Alfons Krautwald. Unter ihnen befanden sich Wissenschaftler, die in den ersten Nachkriegsjahren mitgeholfen hatten die Charité wieder aufzubauen. Wie man selbstkritisch feststellte, wurde die Medizinische Fakultät „um viele Jahre in der Entwicklung zurückgeworfen". Aus Sicht der Charité war „straffe, unbürokratische Zusammenarbeit zwischen der Fakultät, dem Rektorat und dem Staatssekretariat [...] unbedingt notwendig, wenn die entstandenen Lücken auch nur behelfsmäßig geschlossen und Lehre, Forschung und Arbeit am Krankenbett in den nächsten Monaten auch nur annähernd gesichert sein" sollte.[48]

Am 27. 09. 1961, also gut sechs Wochen nach dem Mauerbau, beschloss die Medizinische Fakultät eine Erklärung, die vom *Rat der Medizinischen Fakultät*, an oberster Stelle von Dekan Anton Waldeyer (1901–1970), dem Prodekan für wissenschaftlichen Nachwuchs, Louis-Heinz Kettler, dem Prodekan für Forschungsangelegenheiten, Friedrich Jung, dem Prodekan für Studentenangelegenheiten, Friedrich-Horst Schulz, und 27 weiteren Professoren und Dozenten unterzeichnet wurde. Mit ihr schlossen sie sich der Grundsatzerklärung des Senates der Humboldt-Universität an und riefen „alle Mitarbeiter und Studenten" dazu auf,

> an der Erhaltung des Weltfriedens aktiv mitzuarbeiten und aus der deutschen Geschichte die richtigen Lehren zu ziehen. Die imperialistischen und faschistischen Kräfte haben unser Volk schon zweimal in einen grauenhaften Weltkrieg gestürzt. Ein dritter Krieg käme der Preisgabe der deutschen Nation gleich. [...] Der Rat ruft alle Wissenschaftler und Studenten auf, eng verbunden mit der Arbeiterklasse ihre Staatspflichten zu erfüllen.

Ihre „besondere Verantwortung" sahen die Hochschullehrer in der

1. Ausbildung der Studenten zu sozialistischen Ärzten mit hohem patriotischen Bewußtsein, die über gute theoretische und praktische Kenntnisse verfügen. [...]
2. Heranbildung zahlreicher Nachwuchswissenschaftler, die charakterlich, fachlich und politisch gereifte Persönlichkeiten darstellen [...],
3. Entwicklung des wissenschaftlichen Lebens in der DDR [...]
4. Sicherung vor Störung von Lehre, Forschung und ärztlicher Versorgung.

Schließlich rief der unterzeichnende Rat dazu auf, „die Deutsche Demokratische Republik allseitig zu stärken".[49]

Nach dem Bau der Mauer, der nicht ohne Auswirkungen auf die Medizinische Fakultät (Charité) war, ist die III. Hochschulreform (1965–1971) als das einschneidendste Ereignis hochschulpolitischer Entscheidungen in der DDR anzusehen. Um ihre Genese und Auswirkung auf die Charité darstellen zu können, bedarf es weiterer Forschung.

Abb. 9.6 Blick auf die Charité vom Westen Mitte der 1970er Jahre

Volker Hess

Epilog

Der Bau der Mauer brachte eine tiefe Zäsur, deren Bedeutung und Auswirkung für die weitere Entwicklung der Charité bislang nur in Ansätzen erfasst ist. Mit der Abriegelung der Grenze wurde die Spaltung zementiert und die DDR endgültig vom Westen abgeschottet. Zugleich brachte sie dem jungen Staat eine Stabilität, ja sogar eine gewisse wirtschaftliche Erholung. Die Mauer verhinderte die weitere Abwanderung von ausgebildeten Fachleuten, von Ärzten und Krankenpflegekräften aus der Charité. Viele Strukturen die die Charité in den 1970er und 1980er Jahren prägen sollten, wurden erst jetzt – im Schutz der Mauer – eingeführt oder umgesetzt. Das gilt für die energische Implementierung der Partei, deren systematische Kaderplanung dazu führte, dass der Aufstieg in Leitungspositionen auch an der Charité die Mitgliedschaft in der SED voraussetzte. Hierzu gehört auch der gar nicht sanfte Druck, mit dem die Wissenschaftlerinnen und Wissenschaftler zum Rückzug aus den alten und meist auf westdeutschem Boden angesiedelten Fachgesellschaften genötigt wurden, oder die Einführung der so genannten Reisekader in den frühen 1970er Jahren, mit der die Belegschaft der Medizinischen Fakultät nach ihrer politischen Zuverlässigkeit klassifiziert wurde. Nicht vergessen werden darf, dass die Mauer dem Regime auch den Schutz gab, Repressionen zu erhöhen. So zählt der Ausbau des Informantensystems des Ministeriums für Staatssicherheit an der Charité ebenfalls zur fragwürdigen Leistungsbilanz jener Jahre.

Doch für die Zeit nach dem Mauerbau liegen bislang nur sehr punktuell Forschungsergebnisse vor, die über das normative Rahmenwerk von Gesetzen, Erlassen, Parteitags- und Fakultätsbeschlüssen hinausgehen. Inzwischen veröffentlichte Zusammenstellungen aus den Protokollen der Fakultät und anderer Gremien von Universität und Charité stellen eine wichtige Grundlage für eine künftige Charitégeschichte dar.[1] Doch die Frage, welche Auswirkungen die unzähligen Beschlüsse und noch viel längeren Diskussionen für das Arbeitsklima an der Charité, die wissenschaftliche Kreativität der Einrichtungen oder das Lebensgefühl der Mitarbeiter hatten, ist auf diesem Wege nicht zu beantworten. Um uns solchen Fragen zu nähern, brauchen wir eine Forschung, die über die reine Rekonstruktion interner Abläufe hinausgeht und diese in ihren wissenschafts- und gesellschaftsgeschichtlichen Zusammenhängen analysiert. Eine Forschung, die sich nicht mit der Anhäufung und Evaluierung mehr oder weniger bedeutender Namen, mit Rechenschaftsberichten und Festschriften zufrieden gibt. Eine Forschung, die mit den Vorurteilen umzugehen weiß, die aus dem stets nahe liegenden Ost-West-Vergleich resultieren.

Auch Untersuchungen über die Entwicklung der einzelnen Fächer stehen weitgehend aus. Was der Eiserne Vorhang für Forschung und Lehre bedeutete, wie sich der technologische Rückstand auf die Krankenversorgung auswirkte, und welche Folgen die konsequente Umsetzung der so genannten „Störfreimachung" hatte, ist trotz laufender Forschungsprojekte eine offene Frage. Erst recht wissen wir kaum etwas über die praktische Umsetzung der Aufgabenverteilung zwischen Universitätsklinikum und städtischen Krankenhäusern. Man darf nicht vergessen, dass von den vier städtischen Krankenhäusern (Alt-Berlins) nur das Krankenhaus Friedrichshain im Ostteil der Stadt lag. Selbst über das System der Polikliniken und Ambulanzen, die einen guten Teil der ambulanten Versorgung übernahmen, ist wenig bekannt. Meist wird sogar übersehen, dass diese Einrichtungen keine sozialistische Erfindung waren, sondern bereits ein Reformprojekt der Weimarer Republik, das allerdings damals am Widerstand der niedergelassenen Ärzte scheiterte.[2]

Sogar über die wenigen Glanzlichter jener Jahre wissen wir bislang fast nichts, sieht man von den Anekdoten, den kolportierten Geschichten und den obligaten Auflistungen in den Rechenschaftsberichten ab. Auch die in Festschriften festgehaltenen Namen und Jahreszahlen können nur eine grobe Richtung abstecken, die von der Forschung in den nächsten Jahrzehnten eingeschlagen werden muss. Allerdings bestehen die Forschungsdesiderate in der Medizin- und Wissenschaftsgeschichtsschreibung nicht nur für die Charité oder die DDR. Auch für die Bundesrepublik oder Westeuropa liegen bislang nur punktuelle Studien zu einzelnen technischen Entwicklungen oder therapeutischen Innovationen vor, die dezidiert die Klinik in den Blick nehmen.[3] Über die Entwicklung der modernen, d.h. interdisziplinär arbeitenden, technisch hochgerüsteten, hoch spezialisierten und arbeitsteilig organisierten Krankenhausmedizin der zweiten Hälfte des 20. Jahrhunderts gibt es erstaunlich wenige historische Arbeiten. Wie die Einführung der Intensivmedizin die klinische Praxis veränderte, was die neuen diagnostischen Techniken von der Elektroencephalographie, Endoskopie, über die Computertomographie bis hin zum Ultraschall bedeuteten, darüber gibt es auch für „den Westen" bislang nur vereinzelte Untersuchungen.[4]

Einige wissenschaftliche Fallbeispiele, in denen die historischen Verflechtungen an der Charité der 1960er bis 1980er Jahre zum Ausdruck kommen und zu denen erste Ergebnisse vorliegen oder in nächster Zeit zu erwarten sind, sollen abschließend Erwähnung finden.

So liefert die Geschichte der Medizinisch-Biologischen Institute in Berlin-Buch gewissermaßen das Gegenbild zu den korrespondierenden Entwicklungen an der Charité.[5] Denn der Ausbau der Bucher Institute war mit dem Abbau der entsprechenden Forschungseinrichtungen an der Charité und Fakultät verbunden, teilweise sogar mit deren vollständigen Auslagerung. Die Förderung von außeruniversitären Forschungsstrukturen stellt kein Spezifikum der DDR dar, sondern hatte sich bereits am Ende des Kaiserreichs mit dem Aufbau der Kaiser-Wilhelm-Institute abgezeichnet. Das in Buch gegründete Medizinisch-biologische Zentralinstitut wurde in den ersten zwei Jahrzehnten seines Bestehens dem Anspruch einer Modellanstalt auch international gerecht. Doch nach dem erzwungenen Rückzug aus den bestehenden etablierten Fachgesellschaften, der strengen Zugangskontrolle zur Forschungsliteratur und der noch strengeren Reglementierung von Tagungsteilnahmen im „kapitalistischen Ausland" wurden die Wissenschaftler zunehmend von der internationalen Forschung abgeschnitten, die sich zugleich durch eine immer stärkere Nationalisierung und Dominanz der US-amerikanischen Medizin auszeichnete. Das traf die weitere Entwicklung der biomedizinischen Forschung hart. Seit Anfang der 1970er Jahre litten die unter dem Dach der Akademie der Wissenschaften der DDR (AdW) vereinigten außeruniversitären Forschungsinstitute immer dramatischer an materiellen Engpässen – sowohl bei der technischen Geräteausstattung als auch bei der Anschaffung von Labor- und Feinchemikalien. Die Einführung der Mikroelektronik und die Automatisierung der Laboruntersuchung verschärften diesen Mangel in den 1980er Jahren, so dass die biomedizinische Forschung nicht mehr mit den wissenschaftlichen Entwicklungen im kapitalistischen Ausland Schritt halten konnte. Das Gleiche gilt für die laborexperimentelle Forschung an der Charité.

Für den Bereich der klinischen Forschung und Lehre wird man eine vergleichbar zwiespältige Bilanz ziehen müssen. In den Jahren nach dem Mauerbau und der darauf folgenden Stabilisierung des Systems unternahm die DDR erhebliche Anstrengungen, einzelne klinische Bereiche mit Blick auf internationale Entwicklungen auszubauen. Das bekannteste Beispiel ist die Neonatologie. Die enge Verzahnung des neuen Fachgebietes mit der Geburtshilfe an der Charité war eine wegweisende Entwicklung. Selbst im Westteil der Stadt registrierte man die im internationalen Vergleich extrem niedrige Säuglingssterblichkeit der DDR mit einigem Erstaunen und Bewunderung. Auf internationalem Niveau fortgeführt wurde an der Charité auch die experimentelle Endokrinologie, auch wenn heute manche der theoretischen Ansätze nur schwer nachvollziehbar sind. Schließlich wurde, dank kräftiger Förderung, eine leistungsfähige Transplantationschirurgie entwickelt, die keine Konkurrenz aus dem Westen zu scheuen brauchte. Von diesen Facetten können wir jedoch nicht auf das Gesamtbild der klinischen Forschung und Lehre schließen.

Zu den Entwicklungen, die ohne Mauer nur schwer denkbar sind, zählt das an der Psychiatrischen und Nervenklinik der Charité erarbeitete Klassifikationssystem. Dort hatte Karl Leonard (1904–1988), der aus Westdeutschland gekommen war, in den 1960er und 1970er Jahren ein sehr eigenes Einteilungsverfahren der psychiatrischen Krankheiten entworfen. Während sich der Rest der psychiatrischen Fachwelt (auch in der DDR) seit Mitte der 1950er Jahre intensiv mit den neuen Psychopharmaka auseinander setzte und diese immer breiter anwendete, war man an der Charité offenbar sparsam mit der Verordnung der neuen Wirkstoffe. Erste diesbezügliche Auswertungen bestätigen Berichte von Leonards Schülern, wonach der leitende Psychiater sehr zurückhaltend in der neuen Pharmakotherapie gewesen sei, weil er die klinische Ausprägung der Krankheitssymptome – und damit ihre Erforschung – nicht durch die Arzneimittelwirkung beeinträchtigt sehen wollte. Und während man in Jena, Leipzig und Dresden neue Verfahren zur Objektivierung des psychopharmakologischen Wirkungsspektrums erprobte und dabei still und heimlich das westdeutsche

Beurteilungsraster übernahm, entzog sich die Nervenklinik der Charité dem internationalen Trend. Das hatte durchaus Folgen: Einerseits wird das ausgefeilte und fein verästelte Klassifikationssystem Leonards heute auch im angelsächsischen Sprachraum mit einer gewissen Bewunderung wahrgenommen und für erbbiologische bzw. genetische Forschungen herangezogen. Andererseits hatte sich die Psychiatrie der Charité in diesen zwei Jahrzehnten sowohl von der internationalen wie auch der nationalen Entwicklungen ein ganzes Stück weit verabschiedet.[6] Ein weiteres Element dieses zwiespältigen Bildes ist Leonards Aufbau einer speziellen Behandlungsstation für neurotische Erkrankte. Das dort entwickelte therapeutische Verfahren durfte – den politischen Vorgaben folgend – weder Psychotherapie noch Psychosomatik genannt werden. Erst weitere Forschungen werden jedoch zeigen können, ob sich hinter dem gesprächszentrierten Verfahren, das Leonard forcierte, womöglich ein eigenständiger Weg zu einem psychosomatischen Behandlungsansatz verbirgt.

Wir können hoffen, dass die Geschichtsschreibung in den nächsten fünf bis zehn Jahren viele Lücken schließen und einige der hier gestellten Fragen beantworten wird. Dagegen werden die Ereignisse von 1989/1990 und die Entwicklung der Charité in den letzten zwanzig Jahren noch länger auf eine historische Aufarbeitung warten müssen. Die Chronologie der Ereignisse ist schnell berichtet. Was diese Jahre jedoch bedeuten, lässt sich historisch noch nicht ermessen. Es liegen bislang zwar politische Deutungen unterschiedlicher Couleur vor, eine historische Analyse, die in der Lage wäre, die unterschiedlichen Perspektiven in eine Sinn stiftende Darstellung jener bewegten Jahre einzubinden, ist zur Zeit jedoch noch nicht in Sicht. Die Aufarbeitung des Materials ist nur eine der Aufgaben der nächsten Jahrzehnte. Der Anfang ist mit der reichen Archivsammlung von Heinz David, aber auch mit der Befragung von Zeitzeugen – beginnend mit Rosemarie Steins Buch – gemacht.[7] Interviews, die zur Zeit mit Zeitzeugen der Charité führen, zeigen: Die Auflösung der bewährten Strukturen, die rigide Evaluierung aller Mitarbeiterinnen und Mitarbeiter nach Vorgaben, die bis dahin keine Rolle spielten, das Zerbrechen der Kollegialität, und der plötzliche Verlust des sicheren Arbeitsplatzes waren für alle Betroffenen eine traumatische Erfahrung – und zwar unabhängig vom eigenen politischen Standort. Aus einer Perspektive von oben war der rasche Umbau der Charité mit dem Austausch der Eliten durch die zügige Berufung von Professoren aus Westdeutschland eine äußerst erfolgreiche Operation, die für den Elan, das Engagement und die Durchsetzungsfähigkeit der Beteiligten spricht. Diese Erfolgsgeschichte ist aber nur ein Teil der Geschichte, zu der nicht minder die Verletzungen und das Leid der Betroffenen gehören. Die Geschichte der Wendejahre nicht als eine westdeutsche Erfolgsgeschichte, aber auch nicht als ostdeutsche Verlust- und Trauma-Geschichte zu erzählen, sondern die widersprüchlichen Erfahrungen und konträren Deutungen mit analytischer Tiefenschärfe in *eine* (gemeinsame) sinnstiftende Erzählung einzubinden, ist eine klassische Aufgabe der Geschichtsschreibung - die aber unsere Überzeugung nach zur Zeit noch nicht auf der Ebene einer Lokalstudie geleistet werden kann. Erst wenn dies getan ist, wird sich auch der letzte Entwicklungsschritt der langen Geschichte der Charité, nämlich die Fusion der Berliner Universitätsmedizin unter ihrem nominellen Dach (2002–2005) in seiner historischen Bedeutung begreifen lassen.

Geschichte ist nie zu Ende. Sobald wir die Perspektive wechseln, entstehen neue Fragen, auf die neue Antworten gesucht werden müssen. Eine Charitégeschichte, die im Gewand einer Geschichte ihrer großen Lehrer und Schüler auftrat, hatte zuletzt wenig unentdecktes Territorium zu erwarten. Eine Charitégeschichte, die sich an den Patienten, an der Bedeutung der Charité in der medizinischen Versorgung der Stadt oder für die Ausbildung von Ärzten und Forschern orientiert, hat – das zeigt unser Buch – mehr unerwartete Fragen als fertige Antworten zu gewärtigen. Warum etwa kam es um 1770 zu einer erheblichen Steigerung der Patientenzahlen? Warum verdoppelte sich zwischen 1874 und 1910 die Sterblichkeit auf der Chirurgischen Abteilung? (Vgl. Tabelle 10). Welchen Beitrag zur Versorgung der Stadtbevölkerung leistete die Charité in den 1870er Jahren oder während des Ersten und Zweiten Weltkrieges? Auf einige Fragen konnten wir, zuweilen überraschende, Antworten finden. Viele Lücken sind geblieben. Einige Problemkonstellationen, wie etwa die Konflikte zwischen Kostenträgern, Krankenversorgung, Lehre und Forschung sind konstitutiv für die Geschichte der Krankenhausmedizin generell. Andere scheinen eher für die Charité spezifisch. Zu diesen gehört unter anderem, dass die materielle Ausstattung der Charité – gemessen an ihren Aufgaben – offenbar zu allen Zeiten unzureichend war. Man könnte die Charité auch als eine permanente Baustelle bezeichnen: Dreihundert Jahre lang wurden beständig bei laufendem Betrieb marode Gebäude saniert oder ersetzt, Räumlichkeiten umgenutzt und von neuen Institutionen bezogen, Einrichtungen umbenannt oder geschlossen. Das ist also nichts Neues – und vielleicht stellen die gegenwärtigen Zumutungen und Anforderungen, die von vielen gerne als Folge der Wende betrachtet werden, nichts anderes dar als eine weitere aktive Phase im nach wie vor turbulenten Leben der Charité.

Anmerkungen

Einleitung

1 Vgl. u.a. Jäckel 1986; Fischer 2009. Diese populären und in weiten Teilen fiktionalen Darstellungen stützen sich in der Regel auf die folgende Referenzliteratur: Scheibe 1910, Pütter 1928, Winau 1987, Harig 1987, Schneck und Lammel 1999, Engstrom und Hess 2000, David 2004, Schleiermacher und Schagen 2008.

2 Robert Koch war von 1885 bis 1891 als Professor für Hygiene Mitglied der Fakultät, nach dem Wechsel in die Spitze des neu gegründeten Preußische Instituts für Infektionskrankheiten war er zwar für einige Jahre auf dem Stammgelände der Charité tätig, doch ebenso wenig Teil der Einrichtung wie heute beispielsweise das Max-Planck Institut für Infektionskrankheiten (vgl. den Beitrag von Marion Hulverscheidt und Volker Hess [2010] in der Geschichte der Humboldt-Universität). Emil Behring war Pépin, also Zögling der Berliner Militärärztlichen Bildungseinrichtungen und war als Stabsarzt unter anderem an das Hygiene-Institut und das Preußischen Institut für Infektionskrankheiten abkommandiert. Paul Ehrlich war Anfang der 1880er Jahre als Zivilassistent an der 1. Medizinischen Klinik der Medizinischen Fakultät und nach dem Tod Theodor Frerichs als Oberarzt in der II. Medizinischen Klinik tätig, stand also nicht auf der pay-roll des Königlichen Charité-Krankenhauses. 1891 wechselte er ans das Preußische Institut für Infektionskrankheiten und übernahm 1895 die Leitung der neu gegründeten Serum-Kontrollstation, zunächst in Berlin-Steglitz, dann in Frankfurt am Main (das heutige Paul-Ehrlich Institut).

3 Die genannten Ordinarien waren Mitglieder der Medizinischen Fakultät ohne Bezug zum Charité-Krankenhaus.

4 Vgl. Hess 2010a und Hess 2010b.

Kapitel 1

1 Eller 1730, 232–235.

2 Friedrich I. (1657–1713); 1688–1701 als Friedrich III. Kurfürst von Brandenburg, König in Preußen seit 1701; das Königreich umfasste bei Begründung nur das Territorium des einstigen Herzogtums Preußen, das 1618 infolge fehlender Erben an Brandenburg ging. Zur Gründungsgeschichte der Charité siehe vor allem Scheibe 1910 und Mamlock 1905.

3 Kurfürst Friedrich Wilhelm (1640–1688) ließ seit 1658 die Residenzstadt Berlin und Cölln durch Johann Gregor Memhardt (1607–1678) zu einer Festung mit 13 Bastionen ausbauen. Zur Stadtentwicklung auch: Autorenkollektiv 1983, 11–14.

4 Hinweise bei Münch 1995a, 32f, 93 u. 133. Münch geht davon aus, dass im Zusammenhang mit der Pestgefahr ein getrennt vom *Collegium medicicum* existierendes *Collegium sanitatis* eingerichtet wurde.

5 Zitiert nach Rüster 1990, 15.

6 Nach den Waltherschen Charité-Zeichnungen betrug eine Gebäudelänge 160 Rheinländische Fuß, was rund 50 m entspricht. Abb. 7 in Scheibe 1910, 25.

7 Weder über die Baugrundqualität (einige Autoren sprechen von Sumpfland, andere von Sand und Wiesen, auch Ackerland) noch über die exakte geografische Lage des Gebäudes gibt es offenbar Unterlagen. Ursächlich kann der Zeitdruck sein, unter dem das Haus nach Erlassung des Pestreglements von 1709 errichtet wurde. Darauf könnten auch die bereits 1726 festgestellten Baumängel zurückzuführen sein. Durch das Fehlen von Bauplänen lassen sich die Umbauten im 18. Jahrhundert kaum nachvollziehen. Siehe Scheibe 1910.

8 Unter Friedrich Wilhelm I. erfolgte der Ausbau der Armee zur 4. stärksten Militärmacht in Europa hinter Russland, Frankreich und Österreich auf 76.000 Mann (3,4 % der Bevölkerung); bevölkerungsstatistisch nahm Preußen den 12. Platz ein. Zudem galt es noch dem

Kaiser den „Preis" für das Königreich zu zahlen: 8.000 Soldaten und 150.000 Gulden Hilfsgelder. Demps 1988, 43–45.

9 Neben der Grund-, Gewerbe- und Kopfsteuer kam auf alle die Stadttore passierenden Waren für die Stadtbewohner eine Handlungsakzise und eine Komsumptionsakzise bereits bei der Produktion und bei dem Verkauf, damit auf alle Waren des täglichen Bedarfs. 75 Prozent aller Berliner Steuern erbrachten die Lebensmittel. Böhme 1969, 6. Dieses Steueraufkommen deckte im Jahrhundertdurchschnitt 8 % der Militärausgaben. Demps 1988, 79–80.

10 Stürzbecher 1958, 208 u. 211.

11 Die wohl bekanntesten, auch in Berlin praktizierenden Kurpfuscher, Eisenbart und der „Monddoktor", konnten in gewissen Fällen durchaus Heilerfolge, zum Beispiel in der kleinen Chirurgie, erzielen.

12 Mit Reskript vom 3. April 1699 setzte der Kurfürst Friedrich III. (1657–1713) eine Armenkommission, das spätere königliche Armendirektorium zur Verwaltung der Armut ein, nicht etwa zur Ursachenanalyse oder gar Beseitigung der Ursachen. Harig und Lammel 1987, 14.

13 Man versuchte vergeblich, staatlicherseits am Ende des 17. Jahrhunderts die Ärzte und Chirurgen zur unentgeltlichen Krankenbehandlung der Armen zu verpflichten; als noch 1737 Berliner Chirurgen ein derartiges Ansinnen ablehnten, setzte die Stadt vier Armenchirurgen mit einer Vergütung von jährlich 50 Rthl. ein. Stürzbecher 1966, 103–105.

14 Esse 1850, 3–4.

15 Winau 1987, 78; Scheibe 1910, 16–19.

16 Über dem Eingang zum *Theatrum anatomicum* und dem *Collegium medico-chirurgicum*, die beide im ehemaligen Marstall untergebracht waren, standen deren Bestimmung zu lesen:

„Friedrich Wilhelm König von Preussen und Churfürst von Brandenburg hat diese anatomische Theater im Jahre 1713 gegründet, durch das medicinisch chirurgische Collegium der Professoren 1724 befestigt und zur fortdauernden Ausübung der Kunst mit einem Ueberfluss an Leichnamen versehen, zum Heil der Armee und des Volkes, zum Nutzen der Bürger und Fremden". Schickert 1895, Abbildung zwischen S. 4–5.

17 Angabe der Matrikel – Lyncker 1934, 130–158, Lyncker 1935, 97–135

18 Biographie Thedens in Koehler, 1899, 198–218.

19 Preuß 1819, 33–34.

20 Durch die umgehend erfolgte Überführung der Hospitaliten aus dem Großen Friedrichs-Hospital erhöhte sich deren Zahl von knapp 70 auf fast 100, hinzu kamen noch im gleichen Jahr ca. 130 Hausarme, privilegierte Straßenbettler und Armenhäusler hinzu. Dieser Zustand blieb in den baulich nicht erweiterten Räumlichkeiten des Erdgeschosses bis 1798 erhalten. Harig 1985, 33, Anm. 8; auch Scheibe 1910, 18; Eller 1730, 12.

21 Eine erste Aufstockung eines Flügels erfolgte noch 1727. Um 1768 zeigt eine Darstellung von Johann Friedrich Walther das Haus mit drei aufgebauten Gebäudeflügeln. Damit standen 75 Räume zur Verfügung, davon 8 Lebensräume für Hospitaliten im Erdgeschoß, 12 Krankenzimmer im 1. Stockwerk und 13 im 2. Stock. Scheibe 1910, 25, Abb. 7.

22 Dazu dürften der Hausverwalter, die Hausväter von Lazarett und Hospital, die in der Charité wohnenden Militärchirurgen, die Hebamme, der Pfarrer usw. zu zählen sein.

23 Die Kellerräume desselben standen mit dem vorherigen Gebäude in Verbindung und boten Platz für eine eigene Darre- und Malzbereitung. Das Bier gelangte über Rinnen und Schläuche in die im Keller befindlichen Fässer.

24 Interpretation des so genannten Eller-Stichs aus dem Jahr 1730; Hinweis auf Krankentransport auf dem Wasserweg bei Schaper 1897, 7.

25 Legt man die Hospitalitenzahlen von 1727 mit rund 300 zugrunde, so betrug die Zimmerbelegung fast 40 Personen. Das größte Zimmer maß 12 x 6 m, das kleinste 7 x 6 m.

26 Es ließen sich sechs Abteilungen erkennen: für Kranke der Garnison, für innerlich Kranke, für chirurgisch zu behandelnde Patienten, für an Syphilis Erkrankte, für Krätzekranke und für geburtshilfliche Fälle. Esse 1850, 6. Das größte Krankenzimmer maß 22 x 6 m, weitere waren

12 x 6 m, bzw. 6 x 6 m groß, so dass die Belegung zwischen 8 und 22 Personen variierte. Böhme 1969, 23.

27 Für die Schwangeren war ein Zimmer in der Hospitalebene vorgesehen. Wie das übrige Charité-Personal „wohnte" auch die Hebamme in unmittelbarer Nähe ihrer Patienten. Der als „Cammer" bezeichnete Raum dürfte nur Platz für ein Bett geboten haben, so dass von „wohnen" im heutigen Sinne sicher nicht zu reden ist, selbst „leben" ist zu hoch gegriffen. Interpretationen nach den Grundrissen auf den Abbildungen 9, 10, 11 in Scheibe 1910, und deren Raumbelegungslisten S. 27–30.

28 Harig und Lammel 1987, 17, ausführlicher bei Scheibe 1910, 19. Der König stellte daher für die erste zweckbestimmte Einrichtung die merkwürdige Summe von 2.765 Reichstaler und für den Umbau die Baumaterialien zur Verfügung. Das Armendirektorium beteiligte sich mit Geldern aus Vermächtnissen; den militärischen Zweck besonders im Auge habend, spendete Ende 1727 der General Georg Dietloff von Arnim (1679–1753) 1.000 Reichstaler.

29 Mit den Um- und Neubauten am Ende des 19. Jahrhunderts schwand das zur Unterstützung eines Krankenhauses unübliche Kuriosum. Zur weiteren Finanzierung der Charité siehe vor allem Esse 1850, 4 f.; Harig 1985, 30.

30 v. Wartensleben schenkte der Charité benachbartes Acker- und Wiesenland. Scheibe 1910, 19; 1740 spendete ein Bankier namens Negelin 12.000 Reichstaler und schenkte Grundstücke in Charlottenburg, die – von der Charité später in Erbpacht gegeben – beträchtliche Summen einbrachten. Esse 1850, 5.

31 Ordre vom 11.6.1739. Zu dieser eindeutigen Klärung des Charité-Vermögens siehe Harig und Lammel 1987, 16.

32 Die Charité bezog dadurch Waren aus dem Stadtmagazin zum Einkaufspreis; Scheibe 1910, 16–17.

33 „Fluch und Unsegen" sollten bei Zweckentfremdung von Kapital und Zinsen den Verantwortlichen treffen. Esse 1850, 4–5.

34 Der Bedarf der Anstalt dürfte eine Herausforderung für den Hofapotheker und sein Personal gewesen sein, da es keine Arzneifertigwaren gab und alle Zubereitung nach Rezept des Arztes angefertigt wurden.

35 1 Reichstaler (RT) wog 28,6 Gramm Silber, entsprach 24 Silbergroschen (deutlicher Wertverlust, da ab 1821 30 Silbergroschen), 1 Groschen zu 12 Pfennigen (bis 1873)

36 Kurfürst Friedrich III. setzte 1699 eine Armenkommission ein um die zunehmende Zahl der Armen staatlich zu erfassen, zu „sortieren", wobei Zwangsmaßnahmen als probates Mittel galten, die Armen den verschiedenen Anstalten selbst den Arbeits- und Zuchthäusern zuzuweisen. Die Herausbildung des Armendirektoriums kann als hohe Organisationsform der Bürokratie gesehen werden; bei angenommen „selbst verschuldeter Armut" konnte die Leistungszuweisung erschwert werden, wenn nicht sogar unterbleiben. Zur Armut in Berlin siehe Schultz 1990 und Schultz 1992.

37 Der erste Hospital-Direktor Johann Heinrich Piper, von Amts wegen in der General-Domänen-Rechen-Kammer tätig, wirkte offenbar hier ehrenamtlich im Wortsinn. Eller 1730, 15–16.

38 Eller stand unter dem Einfluss der Leidener klinischen Schule eines Herman Boerhaave (1668–1738) und besaß nicht nur direkte Erfahrung im Unterricht am Krankenbett, sondern auch eine aufgeschlossene Einstellung zur modernen Chirurgie, die er während seiner praktischen chirurgischen Tätigkeit in Amsterdam bei Johann Jakob Rau (1668–1719) erworben hatte.

39 Klein 2001, 72, Hanke 1981, 60.

40 Zum Streit zwischen der Verwaltung und den Ärzten siehe Hanke 1981, 59–60; Klein 2001, 72.

41 Hanke 1981, 50.

42 Archiv HUB, Charité-Direktion Sign. 180, Bl. 206.

43 Der erste Inspektor, später Oberinspektor, war der Stadt- und Armenarzt Christian Habermaaß, sein Nachfolger im Amt des Oberinspektors war sein Sohn Christian Gottfried Haber-

maaß. Durch Korruption veruntreute dieser zum Nachteil der Charité und der Armenkasse 20 Tausend RT. Dafür erhielt er sechs Jahre Festungshaft in Spandau. Lammel 1992, 1206; dazu Archiv HUB, Charité-Direktion, Sign. 151, 463 u. a. Durch einen zusätzlichen Inspektor und Offenlegen der Geschäftsgänge sollte weiteren finanziellen Manipulationen vorgebeugt werden. Man blähte damit den Verwaltungsapparat allerdings vergeblich auf, da sich die Doppelspitze als wenig leistungsfähig zu Gunsten ihres Arbeitgebers erwies.

44 Nach Angaben von Hanke 1981, 27 standen 33 Bedienstete auf der Lohnliste. Es fällt aber auf, dass darunter einige Berufsgruppen fehlen, die zum Betrieb der Bäckerei, Brauerei, der Ställe und Gartenanlagen gehören mussten.

45 Zum Wartungspersonal siehe Eller 1730, 14 f., 28–29 und Wagner 1990, 69–70. Zu den Gehältern auch Hanke 1981, 27 f.

46 Zwischen 1754 und 1777 mussten Waisenjungen des Großen Friedrichs-Hospitals als Wasserträger auf den Maulbeerplantagen der Charité arbeiten. Aus den Mädchen, die allerdings nicht in der Charité, sondern für den Manufakturunternehmer Ephraim Spitzen klöppelten, kam eher der regelmäßige Zuwachs an Prostituierten und damit an potentiellen Patientinnen der Charité, da sie als Dienstpersonal unvermittelbar waren. Vgl. Schultz 1984, 64.

47 Vgl. dazu den Auszug eines Schreibens des leitenden Arztes Muzell aus dem Jahr 1755 in: Wagner 1990, 70. Siehe zudem Eller 1730, 28 f. und Hanke 1981, 37.

48 Eller 1730, 24

49 Aufnahmezahlen berechnet nach Böhme 1969 Tab. 16, Hanke 1981 Tab. 81, Krecker und Krecker 1978 Tab. 7 u. 20. Liegezeiten berechnet nach Böhme 1969 Tab. 14, Hanke 1981 Tab. 77, Krecker und Krecker 1978 Tab. 16 u.17

50 Formey 1796, S. 271 f.

51 Nach Hanke 1981 wurden zwischen 1749 und 1752 die Kurkosten bei 9 % der Männer von den Innungen (z.B. der Schneider) übernommnen, bei knapp 26 % der Männer von als „Gesellschaften" bezeichneten Gesellenvereinen. Dass überhaupt eine Kostenerstattung stattfand konnte Hanke bei 18,9 % der Männer und 1,8 % der Frauen nachweisen. Vgl. Hanke 1981, S. 252–254. Zusammenfassend lassen sich aus den von Böhme, Hanke und Krecker angegebenen Daten folgende Angaben zur beruflichen Verortung der Charité-Patienten gewinnen: Bei den Männern stieg im Laufe des Jahrhunderts die Zahl derer, die aus Handwerksberufen (Schneider, Weber, Schuster, Zimmermann etc) kamen von 31 % auf 45 %. Die Angehörigen von „Sonstigen Berufen" (Tagelöhner, Fuhrleute, Beamte, Bauern, Händler) waren mit 20 % bis 30 % vertreten. Die weiblichen Patienten waren zu rund 40 % Frauen und Töchter von Soldaten, zu je 25–30 % von Handwerkern oder von Angehörigen der sonstigen Berufe.

52 1730er 53 % Männer, 1740er 67 % Männer, wohl in Folge des Zweiten Schlesischen Krieges, als die Charité auch 144 Kriegsgefangene aufnahm. Vgl. Hanke 1981, S. 125 u. 144 f.

53 1750er 56 %, 1760er 63 %, 1770er 55 % Frauen.

54 1730er bis 1750er jeweils 63 %, ab den 1750ern 55 % bzw. 56 %.

55 berechnet nach nach Böhme 1969, Tab.16; Hanke 1981, Tab. 81; Krecker/Krecker 1978, Tab. 7 u. 20.

56 Im Jahr 1763 starben 42,6 % der Männer und 35,6 % der Frauen!

57 Siehe zu dieser Thematik Ulbricht 1997 und Harms-Ziegler 1997.

58 Zu Gründung der Hebammenschule an der Charité siehe Loytved 2001. Siehe auch Mamlock 1905, Wolff 1987.

59 Böhme 1969, 81 u. 83, Hanke 1981, 152 u. 155, Krecker u. Krecker 1978, Tabelle 23 u. 48.

60 Koehler 1899, 159, auch bei Eller 1730 in zahlreichen Berichten erwähnt

61 Eller 1730, 20.Operationsbericht S. 209–212,

62 Eller 1730, 36–37.

63 Eller 1730, 217.

64 Eller 1730, 36–37. Wann die separaten Räume für Frischoperierte, die in den Waltherschen Plänen von 1768 eingezeichnet sind, eingerichtet wurden, ließ sich nicht feststellen.

65 Köhler 1899, 154 und160.

66 Unter den Bezeichnungen Lustseuche, Franzosenkrankheit oder Morbus venerum wurden damals alle einschlägigen Geschlechtskrankheiten und ihre Symptome begriffen. Eine Trennung zwischen Syphilis und Gonorrhoe fand nicht statt.

67 Eller 1730, 246–248.

68 Die Krankengeschichte der M.S. folgt im Wesentlichen der Darstellung von Eller 1730, 232–235, ergänzt durch weitere Aussagen ebd. 38f. u. 232–248. Die Originalschreibweise in den Zitaten wurde gelegentlich zugunsten der Lesbarkeit etwas modernisiert, alle Hervorhebungen in Zitaten entsprechen dem Original.

69 Quecksilber(I)-chlorid, auch unter den Namen „versüßtes Quecksilber" oder Kalomel fester Bestandteil im Arzneischatz des 18. und 19. Jahrhunderts.

70 Unguentum Hydrargeri cinereum.

71 Eller 1730, 235.

72 Prahmer 1798.

73 Falk 1798, 98.

74 Zur Tierarzneischule siehe Albers 1841; Meyer 2000.

75 Vgl. hierzu Horn 1818 bzw. Kapitel 2.

Kapitel 2

1 Vgl. zur Krankengeschichte Horn 1813 und resp. Eintrag im Rezeptionsbuch 1812/13 (UAHU, Akten der Charité-Direktion 1725–1945, ohne Nummer), die historischen Wetterbeobachtungen im NCAR Research Data Archive (http://dss.ucar.edu) und GHCN-Klimaarchiv (http://www.ncdc.noaa.gov/cgi-bin/res40.pl/), die Darstellung des Geschäftsganges bei der Administration der Königlichen Charité (o.D, um 1830), UAHU, CD alt, No 41, Bl. 70–87, Leerformulare Bl. 88–109, Horn 1818. Zur Stimmung in der „aufsässigen Hauptstadt" Mieck 1988, 457–462.

2 Gutachten des Magdeburger Consistoriums, 1804 (zit. nach Kaufmann 1995, 138). Zum „bürgerlichen Tod" siehe Bernet 2007.

3 Dort verlor sich seine Spur in den 1820er Jahren. Das biographische Lexikon der Oberlausitz verzeichnet den Tod eines Luckauer Predigers Baudius am 5. März 1823.

4 Formey 1796, 275.

5 Zur Neuruppiner Anstalt siehe Kaufmann 1995, 155–160; Zitat Horn 1818, 263.

6 Eine anschauliche Schilderung gibt der Predigerkandidat Moritz 1803, der sich erstmals den Patientinnen und Patienten eines öffentlichen Krankenhauses gegenüber sah.

7 Horn 1818, 62–65. Dieser den bürgerlichen Arzt so beeindruckende Gestank war, wie schon Horn wusste, allen Krankenhäusern eigen. Das mag den Aufwand erklären, den man sich anderorts mit der Belüftung der Krankenzimmer machte (Marcus 1797).

8 Augenzeugenschilderungen in Prahmer 1799, Falk 1799, Moritz 1803, Horn 1818. Vgl. weitergehend Sohns 1989, Schneider 1986.

9 Hierzu Horn 1818, 23 sowie 211–214; die entsprechenden Dienstinstruktionen in Hilf 2003 und Neuhaus 1971.

10 Es gibt leider keine konsistenten Zahlen. Selbst die Angaben in Horns Übersicht (Horn 1818, Einlage zu Seite 289) differieren um bis zu 10 Prozent (d.h. um 400–500 Aufnahmen) von den Rapports in Hufelands Journal (Hufeland 1802 und folgende), obwohl beide auf den gleichen, nicht mehr erhaltenen Jahresberichten basieren dürften. Vgl. Thoms 2005

11 Zitat Schulz 1785, 75; vgl. hierzu Koselleck 1975, 119f.; Mieck 1988, 478–490; Wehler 1987b, 17–21.

12 Zu den Preußischen Reformen siehe Koselleck 1975, Wehler 1987a; zu den sozialen Folgen Frevert 1984; zu Industrialisierung und Städtewachstum Büsch 1971, Thienel 1973, Mieck 1988; zum *Ganzen Haus* Brunner 1968 und Weiß 2001.

13 Radtke 1981, Müller 1998, Armen-Direction 1828.

14 Kaufmann 1995, 111–130; Mein Besuch bey den Irren und Wahnsinnigen in der Charité zu Berlin 1805, 116.

15 Horn 1813.

16 Zitate hier wie im Folgenden aus Horn 1813 und Reil 1803, 223–253. Vgl. auch Schneider 1986, Schmiedebach 1995, Windholz 1995.

17 Kaufmann 1995, 178; Zitate aus Langermann 1845.

18 Die hohe Sterblichkeit im Jahr 1813 auf der Inneren Abteilung könnte auf die Behandlung fieberkranker Rückkehrer aus dem Russlandfeldzug zurückzuführen sein, während die niedrigere Sterblichkeit auf der Irrenabteilung für eine Verbesserung der Lebensverhältnisse spricht.
19 Hier und im Folgenden vgl. Hagner 1997, zu Reil vgl. auch Mocek 1995. Zur Therapie siehe Schrenk 1973.
20 Reil 1803, 243.
21 Proposal for improving the practice of medicine, by the introduction of clinical tables 1799, 180 (Einen Dank an Andrew J. Mendelsohn für diesen Hinweis).
22 Zur Biographie Horns siehe Schneider 1986.
23 Zum Geist der Charité siehe Diepgen und Heischkel 1935, Harig 1990, 53; zur weiteren Entwicklung der Irrenabteilung s. Wunderlich 1981, Sammet 2000 a oder b und Sammet 2004.
24 Turner 1974, Lundgreen 1975, Schubring 1981, Broman 1989, Schubring 1991.
25 Zur Geschichte der klinischen Ausbildung vgl. Probst 1972.
26 Fritze 1791, vgl. Horn 1818.
27 Zum klinischen Kursus siehe Hufeland 1802, Zitat nach Scheibe 1910.
28 Huerkamp 1985, Hess 1995–1997, Bleker 1995 und Hess 1998.
29 Huerkamp 1985, Huerkamp 1995· Lachmund und Stollberg 1992· Hess 1995–1997.
30 Reil 1910, Hufeland 1910.
31 Tuchman 2000. Die Universitätsprofessoren wie Graefe und Kiesewetter erhielten in der Regel ein Gehalt von 200 Talern per annum, der Leiter des Klinischen Kursus (und der klinischen Ausbildung) höchstens ein Gehalt von 800 Talern p. a. Hinzu kamen Hörergelder von 40 (Horn) bis 400 Talern (Hecker). Vgl. Schickert 1895.
32 Blasius 1980, Bericht des Oberpräsidenten v. Merckel an Altenstein vom 17. 9. 1818 (nach Kaufmann 1995, 189), Engstrom 1997, Hess 2000 a, Hess und Engstrom 2001.
33 Schmiedebach 1987, Sammet 2000 a und b.

Kapitel 3

1 Wettertabelle des Instituts für Meteorologie der Freien Universität Berlin (Mitteilung vom 13. Februar 2009). Die Krankengeschichte ist wiedergegeben in Traube 1850 a und b, hier und im Folgenden zitiert nach Traube 1871, hier 48.
2 Schreiben des Ministerium des Innern an die Regierung Berlin vom 9. Dezember 1817, zitiert nach Münch 1995, 160.
3 Beispiele gibt Koselleck 1975, 590 für 1816; Mieck 1988, 548–550 für 1845. Vgl. auch Bergmann 1973.
4 Neumann 1858.
5 Diese Relation änderte sich auch mit der Gründung der konfessionellen Häuser (St. Hedwig-Krankenhaus und Bethanien) nicht grundsätzlich, da beide Einrichtungen vor allem die Nachfrage von „zahlenden Kranken" befriedigten. So wurden nach dem Rechenschaftsbericht über die ersten fünf Jahre im St. Hedwigs-Krankenhaus rund zwei Drittel der Kranken gegen Bezahlung behandelt (Bericht über das katholische Krankenhaus zu Berlin 1848, 22). Das Bethanien deckte die Kosten von 250 der insgesamt 350 Betten „durch die Kurkosten der bemittelten Kranken" ab (Bethanien. Die ersten fünfzig Jahre und der gegenwärtige Stand des Diakonissenhauses Bethanien zu Berlin 1897, 145–50). Erst mit dem Bau der Städtischen Krankenhäuser in den späten 1870er Jahren stieg das stationäre Versorgungsangebot. Dieser „Berliner Sonderweg" wird gerne übersehen wie z. B. bei Labisch 1993 oder Bleker 1997.
6 Förster 1895; Harig 1987.
7 Münch 1995, 165–171, hier S. 171.
8 Für Bamberg und Würzburg siehe Bleker, et al. 1995, Brinkschulte 1998; für Bremen siehe Leidinger 1996; für Hessen-Kassel Homburg 1985; für Osnabrück siehe Berger 1996; für Preußen siehe Frevert 1984. Die Forschungen der letzten zwei Jahrzehnte haben vor allem gezeigt, dass sich die generalisierende Behauptung nicht halten lässt, das Krankenhaus habe in der preußischen Krankenversicherung nur eine randständige Rolle gespielt, wie Labisch 1996 (S. 263) noch behauptet. Stattdessen

muss – angesichts der lokalen Reichweite dieser Krankenkasse – die Bedeutung und Funktion nicht mit großen Statistiken, sondern im lokalen Rahmen erfasst werden.

9 Vgl. Frevert 1984, hier 162–165; Bericht über die Verwaltung der Stadt Berlin in den Jahren 1841 bis incl. 1850. 1853, 418 f. sowie Bericht über die Verwaltung 1863, 270).

10 Eintrag im Rezeptionsbuch der Charité für das Jahr 1850 (Männer) vom 5. Januar.

11 Neumann 1983, 131.

12 Gewerbeordnung vom 17. Januar 1845, § 144, zit. nach Frevert 1984, 245. Die Darstellung folgt hier weitgehend Frevert 1984, 245–254; vgl. auch Bergmann 1973, 23–25, 58–60, 84–86.

13 Die Ärzte des Gesundheitspflegevereins hatten sich fast alle bereits im Umfeld der Medicinischen Reform hervorgetan. Zum Gesundheitspflegeverein siehe Frevert 1984, 306–314; Karbe 1983. Angaben für die Gesamtzahl der Berliner Handwerker und Fabrikarbeiter für 1845 (Mieck 1988, 543).

14 Frevert 1984, 290.

15 Labisch 1981/1982.

16 Hausen 1999.

17 Freiberg 1997.

18 Hess 2006.

19 Vgl. hierzu die Rezensionen von Güterbocks Darstellung der Schönleinschen Vorlesungen (Güterbock 1842, Wunderlich 1843, Angerstein 1846)

20 Traube 1871, 49.

21 Hess 2005.

22 Traube 1850a, hier 304; Traube 1850b, 446 und 457; Traube 1851–52. Vgl. hierzu Hess 2000 b, Kapitel 2 sowie Hess 2005.

23 Rosenberg 1979, Warner 1986.

24 Buess und Balmer 1962; Altstaedter 1996.

25 Hess 2000b, 114–117; Rosenberg 1979, Risse 1991, zur stärkenden Therapie Tsouyopoulos 1976, zur Kost an der Charité s. Thoms 2000 sowie Thoms 2005, Tab. 62; zur Sicht der Krankenhausverwaltung siehe Hess 2000 c, zu der der Patienten Elkeles 1996, 361 f. sowie Lachmund und Stollberg 1995, 154–178.

26 Engstrom und Hess 2000.

27 Vgl. Bleker 1995; Tuchman 2000.

28 Heller 2002, 60. Vgl. Büttner 1989 sowie Hess 2000 a.

29 Virchow 1849b. Vgl. hierzu klassisch Ackerknecht 1957 sowie rezent Goschler 2002, insbesondere Kapitel 2.

30 Schreiben von Rudolf Virchow an seinen Vater vom 1. Mai 1848 (zitiert nach Rabl 1906). Vgl. Bleker 1978 und Wahrig-Schmidt 1985). Die genaueste Analyse dieses Amalgams leistet Goschler 2002, wobei er das zeitgenössische Argument einer demokratischen Verfassung der Wissenschaften leider nur rhetorisch nimmt und nicht auf seine wissenschaftshistorische Materialität abklopft.

31 Virchow 1848, Virchow 1849 b; vgl. Schmiedebach 1995 b, 51–68.

32 Virchow 1868, Leyden 1875.

33 Lenz 1910, Bd. 2.2, 163.

34 Leubuscher 1848, 3 , ebd. S. 41, vgl. Hess 2000 a, 80–83.

35 Personal-Nachrichten 1849.

36 Wagner 1995.

37 Virchow 1876; Schmiedebach 1995b, 149–174.

38 Lenz 1910, Bd. 2.2, 163 Anm., zur Biographie Ludwig Traubes siehe neben den bereits erwähnten Arbeiten Harig 1989 und Berndt 1993.

39 Vgl. die Instruktion für die dirigierenden Ärzte der Charité, z. B. in Hilf 2003.

40 Esse 1850, 41–42

41 Bartels 1830 sowie die in den *Gesammelten Beiträgen* zusammengetragenen Krankengeschichten (Traube 1871).

42 Vgl. hierzu auch Hess 2000b, 180–182.

43 Hess und Engstrom 2001

44 Zur *laboratory revolution* siehe Lenoir 1988, Cunningham und Williams 1992; zu den Schwierigkeiten bei der Vermittlung von Labor und Klinik siehe Bleker 1982, Bleker 1995, Warner 1995 und Hess 1995–1997. Beispiele für die zeitgenössische Programmatik finden sich u.a. bei Roser und Wunderlich 1842, Virchow 1847, Bernard 1961.

45 Rothschuh und Bleker 1974. Zum Begriff der Verschiebung siehe Borck, et al. 2005. Einen Überblick über das physiologische Instrumen-

tarium der Zeit bietet das Virtuelle Labor (http://vlp.mpiwg-berlin.mpg.de).

46 Hess 2002, De Chadarevian 1993, Frank 1988.

47 Dierig 2006; vgl. hier ferner das Kapitel 3 in Hess 2010b. Im Nachlass Traube-Litten der Berliner Staatsbibliothek findet sich ein Einladungsschreiben Du Bois-Reymonds.

48 Lenoir 1993, Brain 2002.

49 Billroth 1941, 50; Brief an Meissner vom 21. April 1852.

50 Vgl. hierzu die erwähnten Nachrufe. Zur Geschichte des Tiermodells siehe Gradmann 2005.

51 Bleker 1995.

52 Naunyn 1925, 140–143.

53 Franke 1994, Lucas-Langenohl 1993; Kirsch 2009.

54 Vgl. hierzu Hess 2010b.

55 Das Dissertationsprojekt von Klaus-Peter Ruppert mit dem Arbeitstitel *Die experimentelle Pathophysiologie an der Medizinischen Klinik der Berliner Universität im Zeitraum von 1860–1870* ist noch in Arbeit. Zur Anarchie des Frerichs'schen Labors siehe Naunyn 1925, 141. Zu Senator siehe Lucas-Langenohl 1993, zu Rühle Kirst 1966; vgl. außerdem Franke 1994.

Kapitel 4

1 Bardeleben Disk. bem. zu: Volkmann/Reyher 1874, 55 f.

2 Die 1795 zur Weiterbildung von Feldscheren gegründete Pepinière erhielt 1818 den Namen Friedrich-Wilhelms-Institut und bildete mit der 1811 gegründeten Medizinisch-chirurgischen Akademie für das Militär und der Charité die medico-chirurgische Spezialschule im Geist des späten 18. Jahrhunderts. Institut und Akademie (die schon seit 1855 etatmäßig vereinigt waren) wurden 1895 unter den Namen Kaiser-Wilhelms-Akademie für das militärärztliche Bildungswesen zusammengefasst und 1919 in Erfüllung des Versailler Vertrags geschlossen. Vgl. Rüster 1995, 209–221. Neben den Zöglingen des Militärs konnten auch so genannte Akademiker, d.h. zivile zahlende Auszubildende eine medico-chirurgische Ausbildung erhalten. Doch nur die Militärangehörigen durften in der Charité als Praktikanten Hand anlegen.

3 Lampe 1934, 24 f.

4 Zit. bei Pawlow 1995, 165 f.

5 Berlin 1829–1834; außerdem Lampe 1934, 114–127; Pawlow 1995, 164–166.

6 Lampe 1934, 67–73.

7 Lampe 1934, 53, 105, 113.

8 Lampe 1934, 60.

9 Porter 2000, 598.

10 Porter 2000, 599.

11 Bleker 2009.

12 Engstrom 2000, 165.

13 Harig/Lammel 1987, 18 f.; Münch 1995 b, 236 f.; Hilf 2000, 50–52.

14 Winau 1987, 157.

15 Winau 1987, 158–163.

16 Zit. bei: Hilf 2000, 57.

17 Hess 2000a, 81–84.

18 Gurlt 1880, 635 f; Krietzsch 1986, 340–346.

19 Pruell 2000, 90–94.

20 Pruell 2000, 101–104.

21 Lampe 1934, 83–95; Brunn 1939, 68–78.

22 Scheibe 1910, 68.

23 Pütter 1928, 25; Scheibe 1910, 72.

24 Fischer 1865.

25 Schaper 1896, 103.

26 Michler 1982, 58–582; Brunn 1939, 81–92; Bergmann 1888, 1–95; Stürzbecher 1987, 87–108.

27 Bergmann 1888, 20.

28 Köhler 1877 a, 452–456 (entnommen Bleker 2009).

29 Hess 2000 b.

30 Bardeleben 1876, 8.

31 Brandt 1997, 75.

32 Hübner 1969, 11.

33 Brandt 1997, 76.

34 Zit. bei Ridder 1993, 78.

35 Brandt 1997, 81.

36 Sabarth 1866, 62–73.

37 Silex 1890, 169.

38 Bardeleben Disk.bem. zu Gurlt 1893, 24 f.

39 Bardeleben Disk.bem. zu Gurlt 1891, 52.

40 Bardeleben Disk.bem. zu Gurlt 1894, 23–27.

41 Gurlt 1893, 14.

42 Schleich 1892, 127.

43 Bergmann 1894, 101 f.
44 Bardeleben 1876, 24.
45 Zu Lister vgl. Koelbing 1991 und Lister (1867) 1912.
46 Zitiert nach Lister (1867) 1912, 66–68.
47 Bardeleben 1875, 77.
48 Schultze 1873.
49 Volkmann 1874, 44, Bardeleben Disk.bem. zu Volkmann/Reyher 1874, 48–56, 61.
50 Bardeleben 1876, 31.
51 Bardeleben Disk.bem. zu Volkmann/Reyher 1874, 49–52.
52 Thiersch 1875.
53 Bardeleben 1875, 74.
54 Küster 1915, 39; Bardeleben Disk.bem. zu König 1878, 6.
55 Brunn 1924, 10.
56 Bardeleben Disk.bem. zu König 1878, 7.
57 Mikulicz 1884, 233.
58 Bardeleben Disk.bem. zu Esmarch/Bruns 1879, 48.
59 Küster 1915, 41.
60 Bardeleben Disk.bem. zu Langenbeck 1882, 151.
61 Bardeleben Disk.bem. zu Neuber 1892, 74.
62 Bardeleben Disk.bem. zu Volkmann/Reyher 1874, 53 f.
63 Bardeleben Disk.bem. zu Volkmann/Reyher 1874, 54.
64 Zit. bei König 1939, 97.
65 Koch 1881, 234–282.
66 Koch 1881, 275 f.
67 Buchholtz 1911, 413.
68 Schlange 1887, 144.
69 Bardeleben zu Neuber 1892, 74.
70 Zit. bei Neuber 1892, 82f.
71 Bardeleben zu Neuber 1892, 73f.
72 Bergmann 1895, 780.
73 Bergmann 1892, V.
74 Bergmann 1892, V.
75 König 1939, 97.
76 Pütter 1928, 25–28.
77 Bardeleben 1876, 10.
78 Esmarch 1874, 1–9.
79 Bardeleben 1876, 9–20.
80 Krankengeschichte aus Köhler 1877 b, 471 f.
81 Grimm/Jüngken 1854, 157–170.
82 Bardeleben Disk.bem. zu Neuber 1892, 74.
83 Köhler 1877 a, 419.
84 Bardeleben 1894, 69.
85 Köhler 1877 a, 456.
86 Charité Annalen 2 (1877) 5 und 457–461.
87 Scheibe 1910, 78.
88 Böhme 1967, 17 f.
89 Busch Disk.bem. zu Esmarch/Burchardt/Graf/Burow 1876, 7.
90 Hildebrand 1922, 1–14.

Kapitel 5

1 Henoch 1876, 596–597
2 Henoch 1876, 559.
3 Henoch 1876, 588.
4 Förster 1964, 23.
5 Förster 1964, 24.
6 Förster 1964, 28.
7 Peiper 1958, 214.
8 Förster 1964, 37.
9 Heubner 1927, 146.
10 Henoch 1881, 551 f.
11 Loeffler 1891, 353–356.
12 Henoch 1881, 639.
13 Henoch 1881, 643.
14 Henoch 1881, 554.
15 Dost 1960, 12.
16 Kluthmann 1888, 61–63.
17 Seidler 2007, 19.
18 Vom Bruch 1999, 30.
19 Köhler 1987, 814; „Gesetz über die Bildung einer neuen Stadtgemeinde Berlin“ abgedruckt bei: Engeli/Haus 1975, 579–605.
20 Erbe 1987, 701–709.
21 Stöckel 1996, 151–169, bes. 162; Erbe 1987, 698.
22 Schlossmann 1930, 1504.
23 Virchow 1873; vgl. auch: Goschler 2002, 224–232.
24 Zur ersten Orientierung: Erbe 1987, 725–727.
25 Seebacher 1991, 17–19.
26 Vgl. etwa: Schaper 1893. Zum Ablauf der Meinungsbildung ausführlich bei Seebacher 1991, 19–25.
27 David 2004, Bd. 1, 11.
28 David 2004, Bd. 1, 11.

29 Vgl.: Dettke 1995; Briese 2003, bes. Bd. 3: Panik-Kurve: Berlins Cholerajahr 1831/32.
30 Poppelauer 1867; Müller 1867.
31 Die Kommission stellte 1902/03 die Arbeit ein, als feststand, dass die „Ortskrankenkasse für den Gewerbebetrieb der Kaufleute" (an der Spitze Albert Kohn, der spätere erste Direktor der AOK Berlin) mit Hilfe staatlicher Mittel eine offizielle Wohnungs-Enquete samt Foto-Dokumentation beginnen konnte (Bernstein 1924, 389).
32 „Vorwärts" vom 24.8. 1893, 10. Jg., Nr. 198; Bernstein 1924, 383–389; Lange 1984, 565–569. Vgl. auch: Labisch 1981, 133.
33 „Vorwärts" vom 24.8. 1893, 10. Jg., Nr. 198.
34 Freiberg 1997; Freiberg 1999.
35 Grotjahn 1932, 73.
36 Blaschko 1893, 111.
37 Guttmann 1892, 1–3.
38 Zitiert nach Freiberg 1997, 70.
39 Sachse 1928; Eckart 1991; Kretschmann 1959.
40 Althoff und die Charité, in: „Vorwärts" 25. Jg. (1908), Nr. 250.
41 Sachse 1928, 246.
42 Geheimes Staatsarchiv Preußischer Kulturbesitz, Berlin, Rep. 92, A I, Nr. 252, Bl. 1–14.
43 Geheimes Staatsarchiv Preußischer Kulturbesitz, Berlin, Rep. 92 A I, Nr. 252, Bl. 75–93.
44 Vom Brocke 1991.
45 Lischke 1990, 72–82.
46 Wirth et al. 1985, 15; Scheibe 1910; Wille 1927.
47 Leyden 1910, 249–262; Wagner/Mauersberger 1989, 3–27.
48 Heubner 1927, 173.
49 Vom Brocke 1991.
50 Siehe hierzu Hulverscheidt / Hess in der Festschrift der Humboldt-Universität
51 Simon 2007 (?) über „Inner Disinfection" (Publikation aus unserem Institut)
52 Gradmann 2005a, 151–158.
53 Behring/Kitasato 1890, 1114.
54 Throm 1995, 17.
55 Behring 1893, IV.
56 Heubner 1927, 132.
57 Hüntelmann 2008, Kap. 3.3; Hess 2008.
58 Heubner1895a, 22–14; vgl. auch: Heubner 1895b.
59 Ehrlich et al. 1894.
60 Heubner 1927, 146.
61 Heubner 1927, 148; Heubner 1895a.
62 Heubner 1911 und Heubner 1898.
63 Schabel 1995, 19.
64 Vgl. Rott/Langstein 1908.
65 Heubner 1927, 212.
66 Dost 1960, 21.
67 Dost/Joppich 1960, 265.
68 Pütter 1928, 51.
69 Czerny 1939, 27.
70 Brüning 1917, XIX–XXI; Zitat: Schlossmann 1918, 28; Faksimile der Denkschrift in: Schweier/Seidler 1983, 218f.
71 Hauptfächer waren Innere Medizin, Chirurgie und Gynäkologie sowie die pathologische Anatomie. Erst in der Bestallungs- und Prüfungsordnung für Ärzte vom 17. Juli 1939 wurde die Prüfung in Kinderheilkunde in der Bewertung den Hauptfächern gleichgestellt (vgl.: Ramm 1943, 36 und 197–199).
72 Scheibe 1907, 326.
73 Herxheimer 1960.

Kapitel 6

1 Die hier und im weiteren Verlauf des Kapitels referierte Krankengeschichte des Paul S. folgt der ärztlichen Krankenakte Aufnahme-Nummer 5850 (1925) aus dem Krankenblattarchiv des Instituts für Geschichte der Medizin der Charité, Akten der Psychiatrischen und Nervenklinik der Charité Kiste Männer 1925 Jan./Feb.
2 Hans Luther (1879–1962) war bis Anfang 1925 Finanzminister; seit Januar 1925 führte er als Reichskanzler eine bürgerliche Koalition.
3 David 2004, 165.
4 Statistisches Amt der Stadt Berlin 1926, 155–59.
5 David 2004, 165.
6 Reichsmedizinalkalender 1926.
7 Borck 2008.
8 Radkau 1998.
9 UA HU Akten der Charité-Direktion Nr. 967 Errichtung der Poliklinik für Nervenmassage, Oberstabsarzt Cornelius 1908–1932, Bl. 2.

10 UA HU Akten der Charité-Direktion Nr. 967 Errichtung der Poliklinik für Nervenmassage, Oberstabsarzt Cornelius 1908–1932, Bl. 188.
11 Brinkschulte 1995.
12 Stelzner 1912, 1291; zit. nach Bleker/Schleiermacher 2000, 96.
13 Seine dermatologischen Kenntnisse, insbesondere auf den Gebieten der Diagnostik und der Therapie, wurden schon zu seinen Lebzeiten in Frage gestellt. Erich Hoffmann (1868–1959) brachte diese Kritik sogar in einem Nekrolog auf Schweninger an, als er insbesondere dessen naturheilkundliche Methoden bei der Behandlung von Syphilis-Fällen scharf kritisierte. Klaschka/Rauhut 1984, 49.
14 Stürzbecher/Wagner 1962.
15 Zit. n. Klaschka/Rauhut 1984, 25.
16 Blumenthal 1930, 1–4.
17 Harnack 2000, 53.
18 Zit. n. Harnack 2000, 53–54.
19 Sauerteig 1999, 80 sowie Tabelle 6, Abhängigkeit der Geschlechtskranheitenfrequenz von Alter und Geschlecht, in Prozent, 1927 und 1934 siehe auch Blaschko/Fischer 1913.
20 Sauerteig 1999, 76.
21 Blaschko 1918, 108.
22 Kästner 1985, 182.
23 Becken 2008, 122.
24 Blaschko 1918.
25 Die Neue Folge der Charité-Annalen begann erst wieder 1980.
26 Scheibe 1913, 72–73.
27 Pütter 1913, 27.
28 Pütter 1913, 26.
29 Gradmann 1995.
30 Sauerteig 1999, 32.
31 Kohl/Winzer 2005.
32 Wassermann et al 1906.
33 Wechselmann 1910, 1262.
34 Schnalke 1994, 18.
35 http://www.dermatology.uni-kiel.de/pages/forschung/moulagensammlung.php
36 Helmchen 1999, 449 weist im Bestand der Wittenauer Heilanstalten etwa die Hälfte der Patienten als „metaluisch diagnostiziert“ aus.
37 Binding/Hoche 1920.
38 Tab. 2: Zugänge der Paralytiker in den Irrenhäusern der einzelnen deutschen Provinzen, zit. n. Grotjahn 1923, 311.
39 Grotjahn 1923, 312.
40 Wagner-Jauregg 1918.
41 Mühlens et al. 1920.
42 Jossmann/Steenaerts 1924. Bonhoeffer/Jossmann 1932.
43 Jossmann/Steenaerts 1924, 250–51.
44 Zu weitern Beispielen der Syphilisbezüge im Benn'schen Werk vgl. Schonlau 2005.
45 Bonhoeffer/Jossmann 1932.
46 Bei den übrigen 28,5 Prozent wurde keinerlei Veränderung im Krankheitsverlauf beobachtet.
47 Rothenberger/Neumärker 2005.
48 Forsbach 2006, 201.

Kapitel 7

1 Doetz 2010.
2 Stellvertretend für die Fülle von Darstellungen zur Medizin im Nationalsozialismus wird hier besonders verwiesen auf Aly 1987; Ärztekammer Berlin 1989; Bleker/Jachertz 1993; Hubenstorf 1994; Rüther 1997; Beddies/Hübener 2003; Schleiermacher/Schagen 2008a.
3 Beddies 2005.
4 Hahn 2008.
5 Oppitz 1999.
6 Dewey et al. 2006; Eckart 2008.
7 Schagen 2009 b.
8 Schmuhl 2008.
9 Schleiermacher 2008a.
10 Beddies/Schmiedebach 2004, 12 f.
11 Mitscherlich 1962.
12 Bremberger/Frewer 2009.
13 Schagen 2008 a, 51–53, hier 51.
14 David 2004, 191.
15 UA HUB Medizinische Fakultät Nr. 42, Bl. 166–167, zitiert nach Schagen 2008a, 52 f. Siehe auch David 2004, Bd. 1, 191.
16 Walther 2008, 37.
17 Vossen 2008, Walther 2008.
18 Walther 2008, 42.
19 Kümmel 1989.
20 Strassmann 2006, 238.
21 Vgl. hierzu Koehn 1994, 75–81.
22 Rat der Medizinischen Fakultät 1960, 87–95.

23 David 2004, 205–210.
24 Schagen 2008a. Zu Freund: Ebert/Weitzel 1994.
25 Schagen 2009a.
26 Schleiermacher 2008a.
27 Nach Becker 1988, 142. Siehe Schleiermacher 2005, 82.
28 Schleiermacher 2005, 82.
29 Schleiermacher/Schagen 2008 a.
30 Schleiermacher 2008a; David 2004, Bd.1, 210 f.
31 Heubner an Rust am 4.10. 1933, zitiert nach Schagen 2008 b, 219.
32 Schagen 2007 a; Schagen 2008 b.
33 Brief Otto Krayer an das Ministerium vom 15.6. 1933, zitiert nach Schagen 2007 a, 243.
34 Ebd., 244 f.
35 Brief Krayer an Heubner, zitiert nach Schagen 2007 a, 233.
36 Stoeckel 1953, 187.
37 Mehrtens 1994, 15 f., 22–27.
38 Ash 2002, 32–34.
39 David 2004, Bd. 1, 223–235; Frewer 2008; dort auch die Zitatnachweise.
40 Zitiert nach Frewer 2008, 98.
41 Ebd., 99.
42 Ebd., 99.

Kapitel 8

1 Stoeckel 1953, 183.
2 Burmeister/Lange-Pfautsch 1986, 263.
3 Entnommen David 2004, S. 329. David bezieht sich seinerseits auf Darstellungen u.a. bei Tutzke 1985 und Paubel 1985.
4 Dinter 1999 a; Dinter 1999 b; David 2004, 318.
5 Die Darstellung folgt einem Fallbericht bei Stieve 1952, 131 f.
6 Dinter 1999 a, 72–78.
7 Dinter 1999 a, 242.
8 David 2004, Bd.1, 318.
9 Rosenhahn in UAHUB Rektorat 404, Bd. 1, Bl. 22–27, zitiert nach David 2004, Bd. 1, 317.
10 Ebd.
11 Bericht der Charité-Verwaltung vom 20.6. 1945, UAHUB Charité-Direktion 2493, Bl. 105–107, zitiert nach David 2004 Bd.1, 318–320.
12 Der Verwaltungsdirektor Rosenhahn in seinen Erinnerungen. Zitiert nach David 2004, Bd.1, 317.
13 Zitiert nach David 2004, Bd. 1, 330
14 Bericht der Charité-Verwaltung vom 20.6. 1945, UAHUB Charité-Direktion 2493, Bl. 105–107, zitiert nach David 2004, Bd. 1, 318–320.
15 Andere Quellen sprechen von über 1.500 Betten. Vgl. David 2004, Bd. 1, 326.
16 David 2004, Bd. 1, 324–326.
17 Siehe hierzu auch Kapitel 7.
18 Schreiben von Eickens an Eduard Spranger vom 19.7. 1945, UAHUB 0100/70, 38.
19 Schleiermacher/Schagen 2008 a.
20 Das gilt nicht nur für Sauerbruch. Auch Stoeckel und von Eicken hatten bereits das 70. Lebensjahr überschritten. Der 1938 emeritierte Karl Bonhoeffer wurde nach dem Tod von de Crinis noch einmal mit der Leitung der Psychiatrischen Klinik betraut.
21 Müller, J.T. 1986.
22 Schagen/Schleiermacher 2001.
23 Meyer-Seitz 1998.
24 Malycha 2007.
25 Burmeister/Lange-Pfautsch 1986, 266.
26 UAHUB VD 320/10/1, 27, 30–34
27 Einladung, Protokoll und Anwesenheitsliste der außerordentlichen Fakultätssitzung am 29. Mai 1945. UAHUB 0100/45, Bl. 71–78
28 Protokoll der Sitzung vom 29.5. 1945, zitiert nach David 2004, Bd. 1, 426.
29 Protokoll der Fakultätssitzung vom 18.6. 1945, UAHUB 0100/45, 82–91.
30 Vgl. David 2004, Bd. 1, 376.
31 UAHUB 0100/70, 5.
32 UAHUB 0100/70, 11, 16, 19.
33 Ebd.
34 Schleiermacher/Schagen 2008c. In dieser Hinsicht unterschied sich die Charité nur wenig von den Universitäten in den anderen Besatzungszonen.
35 Vollnhals 1991, 43.
36 BArch DQ 1–1336, 242 f.
37 Ernst 1997, 177 f.
38 Thorwald 1963; Dewey u. a. 2006; Eckart 2008.
39 Genschorek 1985.
40 Malycha/Schagen 2006.

Kapitel 9

1 Rechtschreibung wie im Original. Brief an den Minister 28.10.1957. UAHUB 0200/12.

2 Die Geschichte der Charité nach 1945 ist bisher kaum systematisch erforscht. Der folgende Beitrag ist eine Annäherung an das Thema. Er beansprucht nicht ein geschlossenes Bild über die Entwicklung der Charité bis 1961 zu zeichnen. Für die hier in Auswahl behandelten Themen ist der zeitliche Rahmen unterschiedlich gesetzt. In keinem Fall konnten sie bis zum Ende der DDR und dem schwierigen und oft schmerzhaften Übergang der Institutionen, Strukturen und Personen in den politisch-rechtlichen Raum der Bundesrepublik geführt werden. Neben einer großen Zahl durchgesehener Archivmaterialien aus den Beständen des Bundesarchivs (BArch) und des Universitätsarchivs der Humboldt-Universität Berlin (UAHUB) wird in vorliegendem Beitrag auf die erst für Ausschnitte vorhandene Literatur, insbesondere aus den Charité-Annalen, Neue Folge, sowie auf die Publikationen von Horst Spaar und Heinz David (s. Literaturverzeichnis) zurückgegriffen.

3 Protokoll der Fakultätssitzung 17.1.1951, S. 2. UAHUB 0100/21a.

4 Kettler an den Rektor der Humboldt Universität 9.12.1953. UAHUB 0200/12, Bl. 298. Aufgaben des Ärztlichen Direktors, o.D., Bl. 300.

5 Im Folgenden zitiert aus dem Protokoll der Fakultätssitzung 19.7.1950, S. 2. UAHUB 0100/21a.

6 Protokoll der Fakultätssitzung 13.9.1950, S. 3. UAHUB 0100/21a.

7 Bericht über die Sitzung der leitenden Ärzte der Polikliniken am 16.2.1952. UAHUB 0100/90.

8 Brugsch auf der Direktorenkonferenz 4.9.1952. UAHUB 100/91, Bl. 30.

9 Eisenhüttenkombinat Ost VEB an den Dekan der Med. Fak. Theodor Brugsch 12.9. 1951 UAHUB 0100/5, Bl. 53.

10 Ebd.

11 Einschätzung des Mitarbeiters der SMAD Boronov vom 14.9.1946. BArch Z 47 F. Hierauf wird im folgenden Text Bezug genommen.

12 Ebd.

13 Im Folgenden beziehen wir uns auf: Versicherungsanstalt Berlin, 1945.

14 Arndt 2009, 68–71.

15 Im Folgenden beziehen wir uns auf die Darstellung in: Schagen/Schleiermacher 2004.

16 Dieses Motto wurde angeblich von Maxim Zetkin kreiert. Vgl. Ernst 1997, 25.

17 Maßnahmeplan zum Perspektivplan der Entwicklung der medizinischen Wissenschaft und des Gesundheitswesens. Politbüro des ZK Anlage Nr.6 zum Reinschriftprotokoll Nr. 33 vom 7.7.1959. BArch DY 30 IV/2/657.

18 Richtlinie zur Durchführung des Perspektivplanes 1960, 95 f.

19 Diskussionsentwurf des Perspektivplanes der Med. Fakultät (Charité), vermutlich 1962. UAHUB 0100/90.

20 Das Zentralsekretariat der Sozialistischen Einheitspartei Deutschlands: Beschluss über gesundheitspolitische Richtlinien. Berlin, 31. März 1947. Dokumente der Sozialistischen Einheitspartei Deutschlands. Beschlüsse und Erklärungen des Zentralsekretariats und des Parteivorstandes. Bd.1. Berlin (Ost), 2. Aufl. 1951, 171–175.

21 Befehl Nr. 2 des Obersten Chefs der Sowjetischen Militäradministration in Deutschland über die Zulassung antifaschistischer Parteien und Organisationen vom 10. Juni 1945. Ministerium für Auswärtige Angelegenheiten der DDR um ein antifaschistisch-demokratisches Deutschland. Dokumente aus den Jahren 1945–1949. Berlin 1968, 54 f.

22 Dieser Beitrag stützt sich in erster Linie auf Archivmaterial des ZK der SED sowie der SED Bezirksleitung Berlin im Bundesarchiv und im Landesarchiv Berlin sowie Sekundärliteratur, insbesondere David 2004 und Malycha/Winters 2009.

23 Bericht Horst Spaar zur Lage innerhalb der Parteiorganisation der Medizinischen Fakultät vom 17. August 1961. Landesarchiv Berlin, C Rep. 903-01-12/73.

24 Die folgende Darstellung stützt sich auf Sekundärliteratur (Hürtgen 2004; Stein 1992; Henke et al. 1996) und auf Akten, zum einen

aus dem Archiv der Humboldt-Universität zu Berlin (Bestand „Charité nach 1945“) und zum anderen Archiv des Bundesbeauftragten für die Unterlagen des Staatssicherheitsdienstes der ehemaligen DDR (BStU) (Materialien der Zentralen Auswertungs- und Informationsgruppe (ZAIG) sowie Personal- und Arbeitsakten).

25 Die folgende Darstellung stützt sich auf Sekundärliteratur und auf Akten aus dem Archiv der Humboldt-Universität zu Berlin, Bestand „Charité nach 1945“.

26 Tent 1988, 49–54; Lönnendonker 1988, 138–159.

27 Laitko 1987, 592–692.

28 Unsere neue Zeitschrift. In: Das deutsche Gesundheitswesen 1 (1946), 3. Hervorhebungen im Original. Schagen 1997. Vgl. zum Folgenden Schleiermacher 2006.

29 Brugsch an den Rektor der Humboldt-Universität Berlin 23.12. 1950. UAHUB 0100/5, Bl. 457, 458.

30 UAHUB 100/107, Bl. 55.

31 Der Prozess dieser Gründung soll im Einzelnen hier nicht behandelt werden, da er ausführlich erforscht ist und in umfangreichen einschlägigen Publikationen nachgeschlagen werden kann. Hier beziehen wir uns in der Hauptsache auf die Darstellung in Tent 1988, Lönnendonker 1988.

32 Siehe hierzu und zum Folgenden Schagen 1997.

33 Tent 1988; Freie Universität Berlin 1998.

34 Protokoll der Fakultätsratssitzung 10.5. 1950. UAHUB 0100/21a.

35 Medizinische Fakultät der Humboldt-Universität an alle Instituts- und Klinikdirektoren oder Vertreter im Amt 15.10. 1955. UAHUB 0100/22.

36 Beyer i.V. Rektor der HU Berlin an den Dekan der Med. Fak. 28.12. 1950. UAHUB 0100/5, Bl. 425.

37 Protokoll der Fakultätssitzung 14.6. 1950, S. 3. UAHUB 0100/21a.

38 Protokoll der Fakultätssitzung 21.6. 1950, S. 2. UAHUB 0100/21a.

39 Protokoll der Fakultätssitzung 25.3. 1953, S. 2. UAHUB 0100/21a.

40 Jessen 1999, 207 ff.

41 Dost an das Ministerium für Volksbildung 23.10. 1949. Bundesbeauftragte für die Unterlagen des Staatssicherheitsdienstes der ehemaligen Deutschen Demokratischen Republik (BstU) MfS AS 2122/67, Bl. 34 f.

42 Einzelvertrag zwischen Hartmut Dost und dem Staatssekretariat für Hochschulwesen der DDR vom 25. Juni 1952. BStU MfS AS 2122/67, Bl. 92–96.

43 Hartke an das ZK der SED Abt. Wissenschaft 29.10. 1959. BStU MfS AS 2122/67, Bl. 104–107.

44 Kraatz an Beyer als Ärztlicher Direktor der Charité 7.4. 1955. UAHUB 0200/12.

45 Linser an die Kaderabteilung der Charité 19.9. 1955. UAHUB 0200/12.

46 Aktenvermerk 2.9. 1961. UAHUB 0100/146, Bl. 75, Hervorhebung im Original.

47 Bericht 6.10. 1961. UAHUB 0100/146, Bl. 124 f.

48 Ebd.

49 Medizinische Fakultät der Humboldt-Universität zu Berlin, 27.09. 1961. UAHUB 0100/146, Bl. 103–105.

Epilog

1 David 2004

2 Naser 2000

3 Zum Beispiel Gaudillière 2002, Bonah und Rasmussen 2005, Balz 2008.

4 Vgl. z.B. Borck 2005, Schlich 2002, Anderson, et al. 2007.

5 Vgl. zu Berlin-Buch Bielka 2002.

6 DFG Forschungsprojekt „Psychochemical crossing the wall“ (Hess 2007), vgl. Balz, Viola und Volker Hess, Documentation Regimes & Research Interests. Imipramin in the Medical Files of the Charité Psychiatric Clinic, 1962–63. MS 2009, Klöppel 2009

7 Stein 1992, David 2004, Atzl, et al. 2005, Atzl, et al. 2006.

Tabelle 10.1 Überblick über die Zahl der 1874–1910 aufgenommenen und gestorbenen Patienten der Charité insgesamt und für ausgewählte Klinische Abteilungen (summiert für jeweils 5 Jahre).

	Chirurgische Klinik		Kinderklinik		Nervenklinik		Psychiatrische Klinik		Hautklinik		Medizinische Klinik		Charité Gesamt	
1874–1880	15.569 († 5,67 %)		5.530 († 43,25%)		1.354 († 10,78%)		6.806 († 11,57%)		5.776 († 0,17%)		9.910 († 14,86%)		121.915 († 9,21%)	
m/w %	w 19,6	m 80,3	w 50,7	m 49,3	w 34,7	m 65,2	w 29,3	m 70,7	w 18,4	m 81,6	w 36,5	m 63,5	w 41,2	m 58,8
1881–1885	12.601 († 6,22)		6.033 († 46,29%)		900(† 11,66%)		8.672 († 8,22%)		6.070 († 0,26%)		14.350 († 15,01%)		104.727 († 9,12%)	
m/w %	w 25,3	m 74,7	w 53,5	m 46,5	w 41,5	m 58,5	w 32,7	m 67,3	w 27,4	m 72,6	w 44,1	m 55,9	w 45,4	m 54,6
1886–1890	12.483 († 6,44 %)		4.570 († 46,17%)		1.389 († 9,78%)		9.771 († 7,9%)		3.105 († 0,41%)		18.474 († 14,75%)		97.456 († 8,83%)	
m/w %	w 26,7	m 73,3	w 49,3	m 50,7	w 32,6	m 67,4	w 32,5	m 67,5	w 29	m 71	w 50,3	m 49,7	w 47	m 53
1891–1895	12.675 († 7,65%)		6.181 († 39,92%)		1.523 († 6,76%)		11.896 († 8,44%)		5.313 († 0,16%)		20.427 († 15,91%)		120.618 († 8,52%)	
m/w %	w 30	m 70	w 49,8	m 50,2	w 37,5	m 62,5	w 30,5	m 69,5	w 34,1	m 65,9	w 47,6	m 52,4	w 49,5	m 50,5
1896–1900	11.518 († 8,95%)		5.878 († 28,97%)		1.452 († 7,23%)		10.805 († 7,96%)		3.948 († 0,27%)		22.723 († 13,71%)		110.731 († 7,95%)	
m/w %	w 35,7	m 64,3	w 49,5	m 50,5	w 40	m 60	w 32,8	m 67,2	w 31,3	m 68,7	w 47,3	m 52,7	w 50	m 50
1901–1905	10.998 († 9,1%)		4.836 († 25,8%)		1.652 († 3,6%)		9.688 († 5,8%)		1.399 († 1,3%)		18.069 († 15,56%)		79.216 († 7,92%)	
m/w %	w 35,7	m 64,3	w 50	m 50	w 46,3	m 53,7	w 36	m 64	w 45	m 55	w 44,4	m 55,6	w 52,8	m 47,2
1906–1910	11.401 († 11,05%)		5.269 († 20,99%)		2.625 († 3,35%)		8.779 († 5,9%)		1.822 († 2,36%)		16.809 († 13,10%)		99.586 († 6,82%)	
m/w %	w 38	m 62	w 46,4	m 53,6	w 45,6	m 54,4	w 43	m 57	w 39,5	m 60,5	w 48	m 52	w 56,2	m 43,8

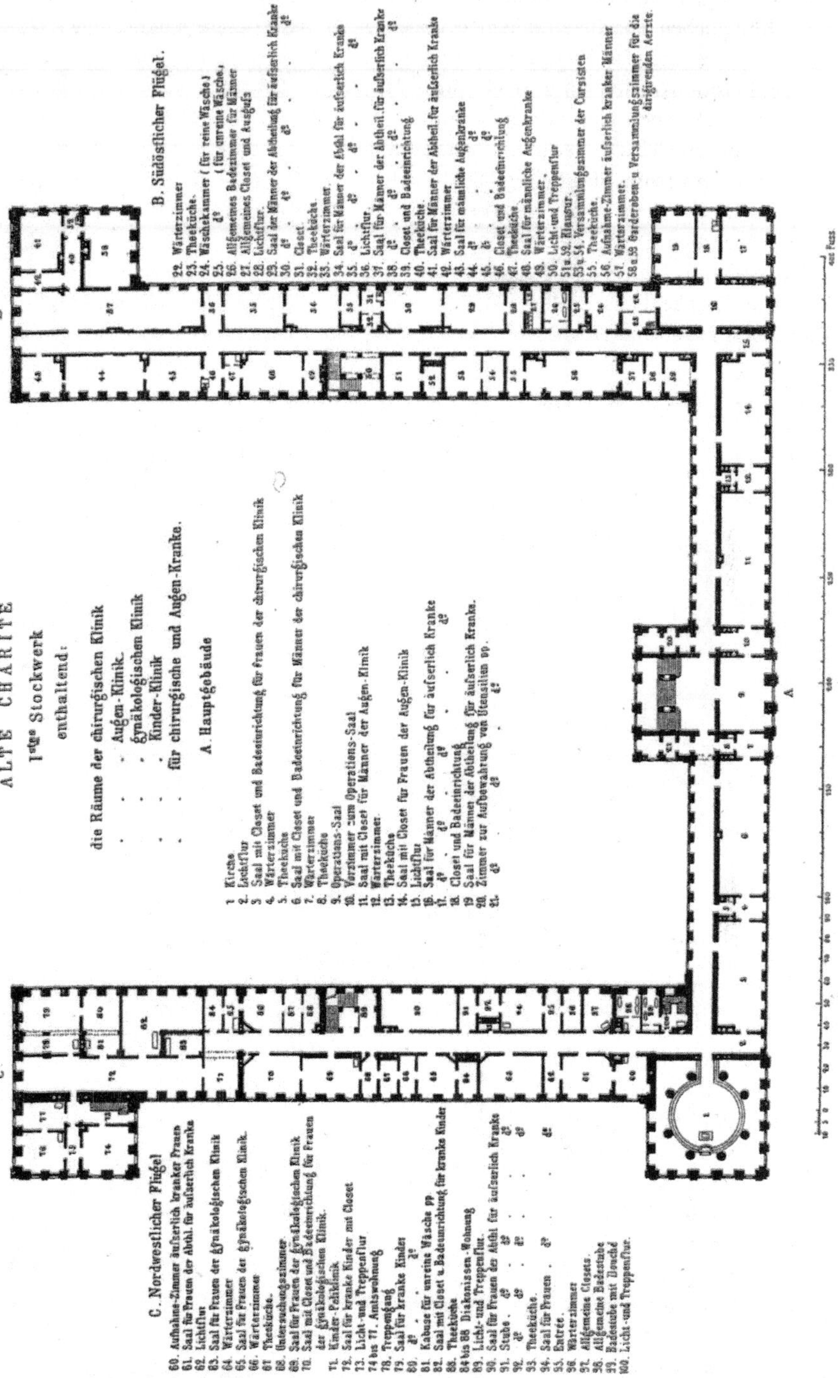

Abb. 10.1 Grundriß der 1800 fertig gestellten Alten Charité.

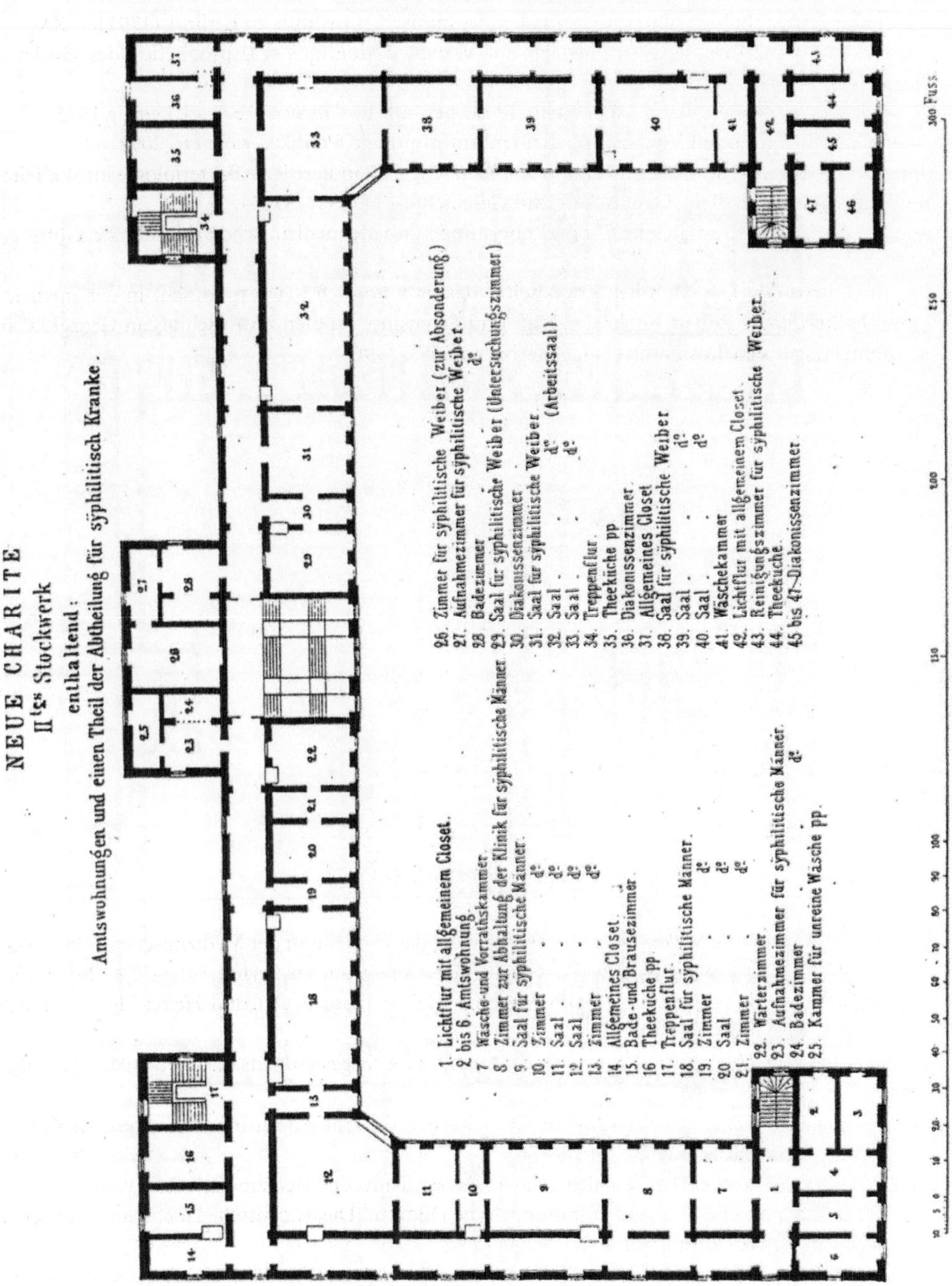

Abb. 10.2 Grundriß der 1835 vollendeten Neuen Charité.

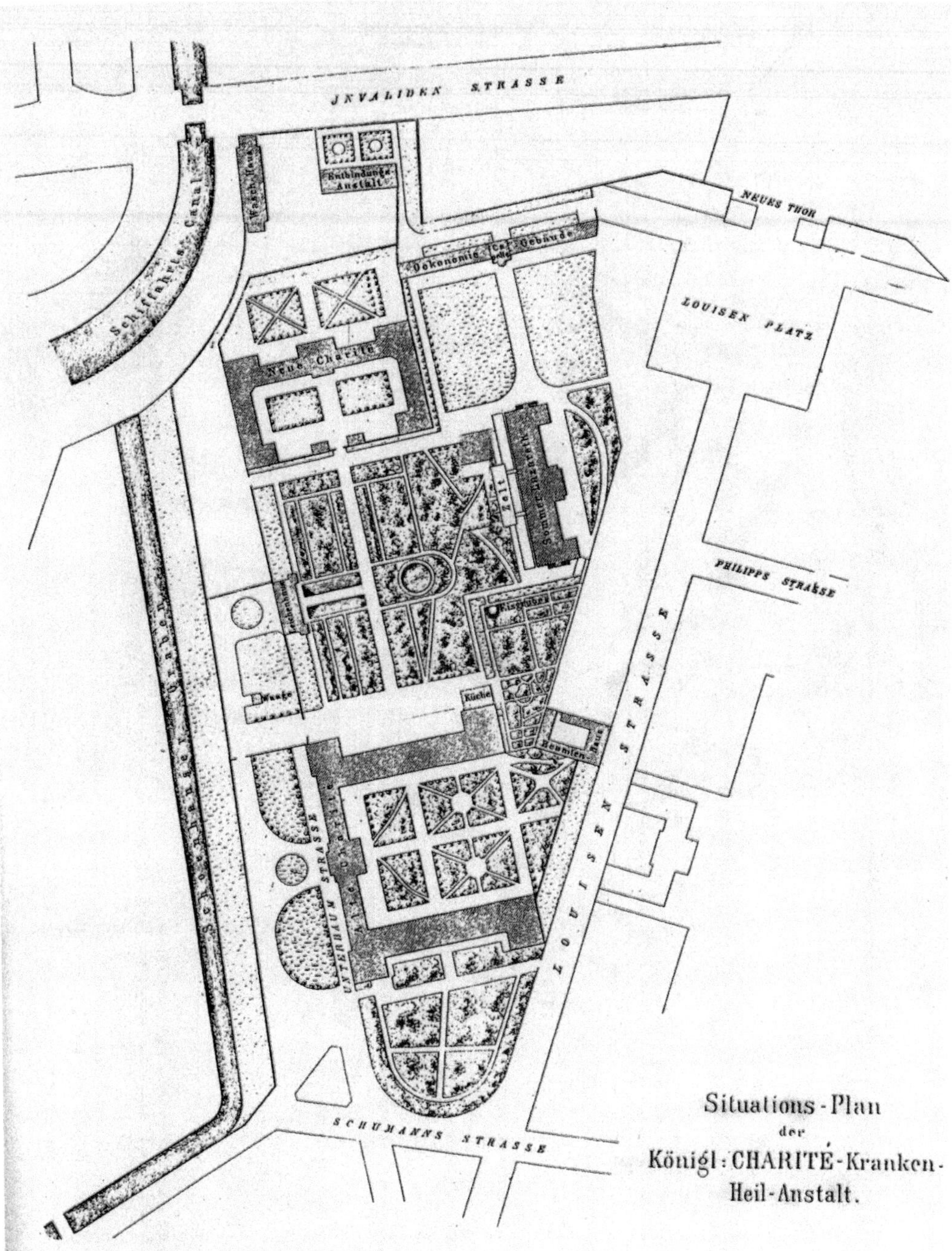

Abb. 10.3 Lageplan der Charité 1865.

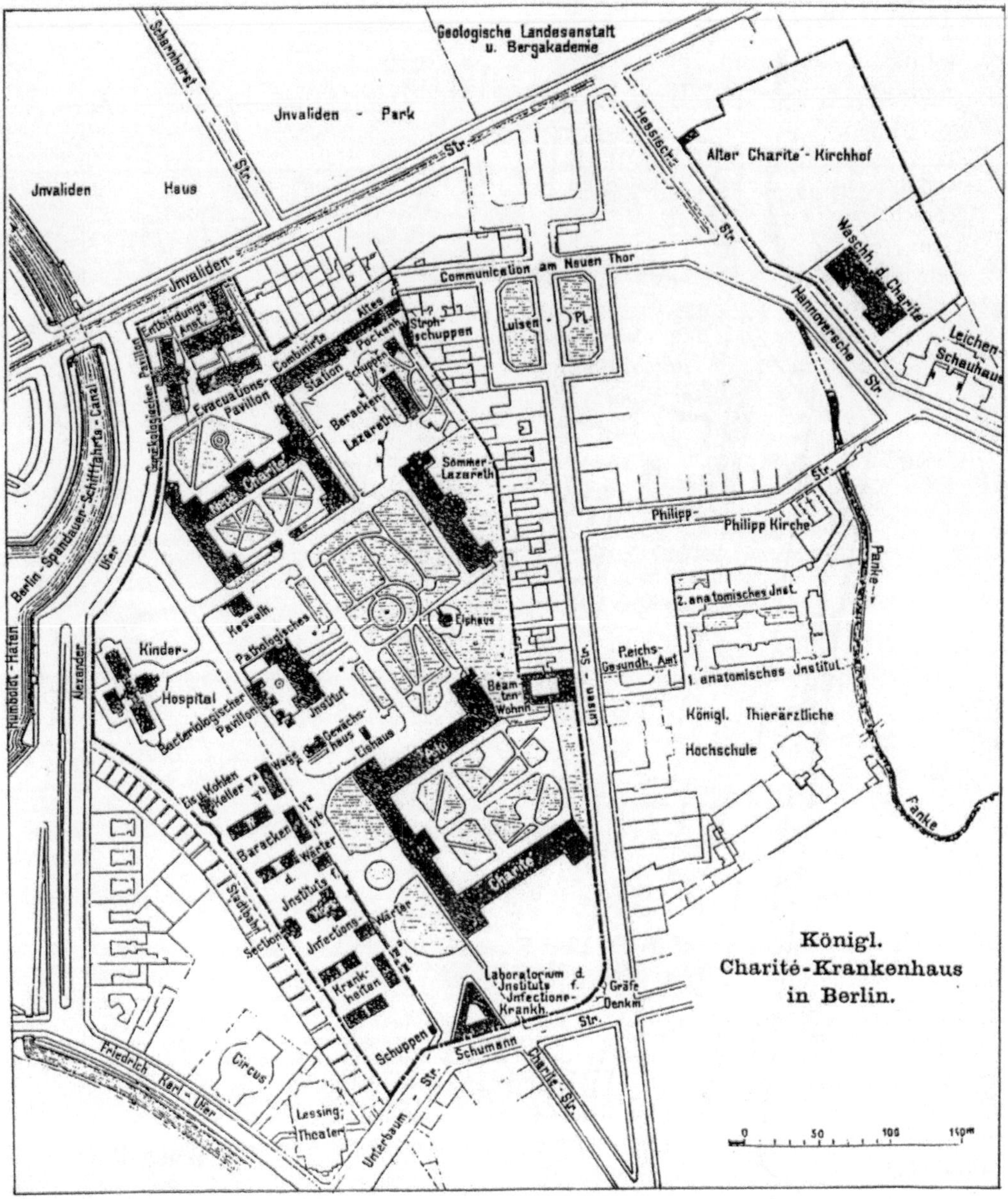

Abb. 10.4 Lageplan der Charité 1886.

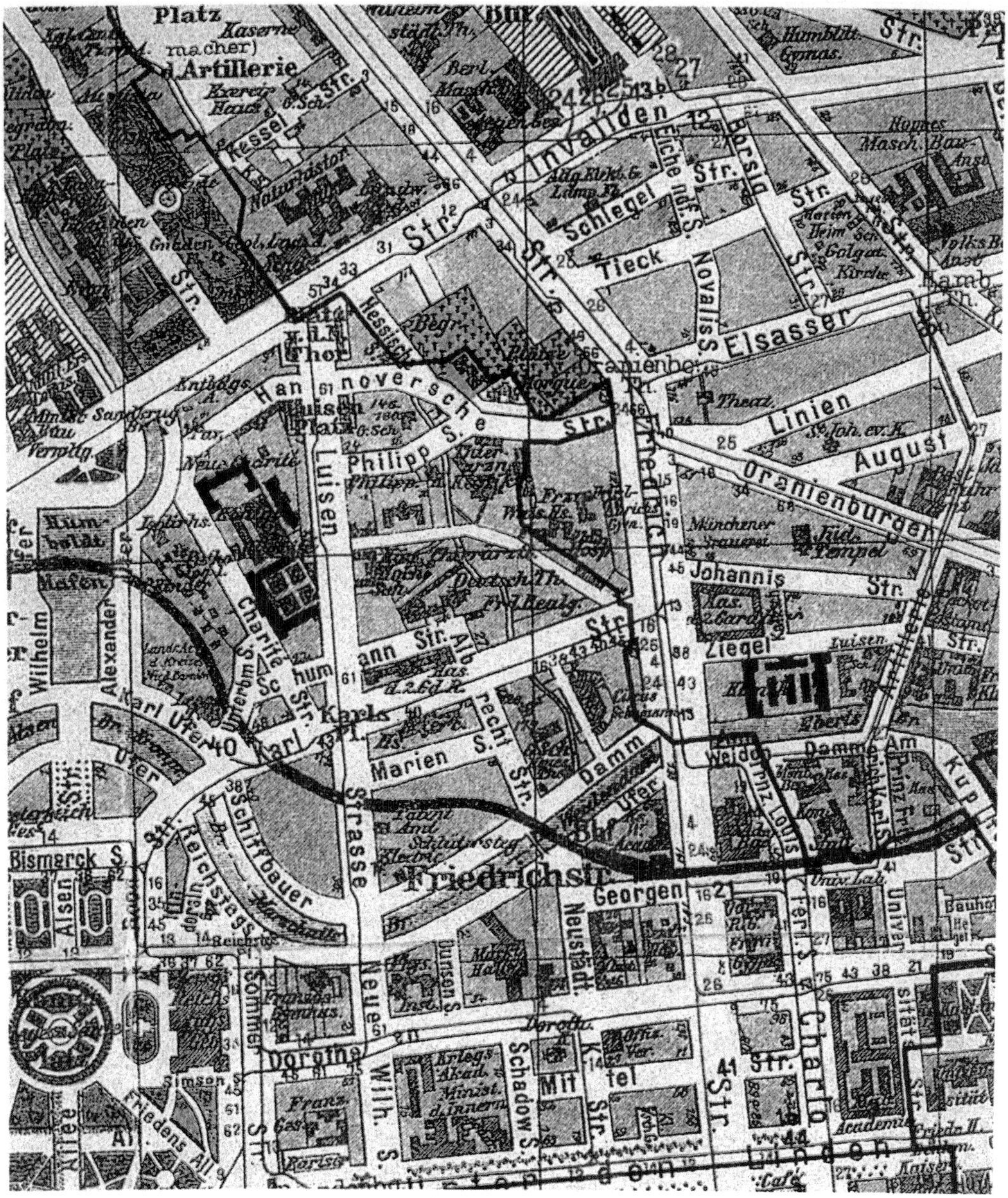

Abb. 10.5 Situation um 1900. Grosser Verkehrsplan von Berlin 1902 (Ausschnitt).
Die Gebäude der Alten und der Neuen Charité mit dem Sommerlazarett sowie das Universitätsklinikum in der Ziegelstraße sind hervorgehoben.

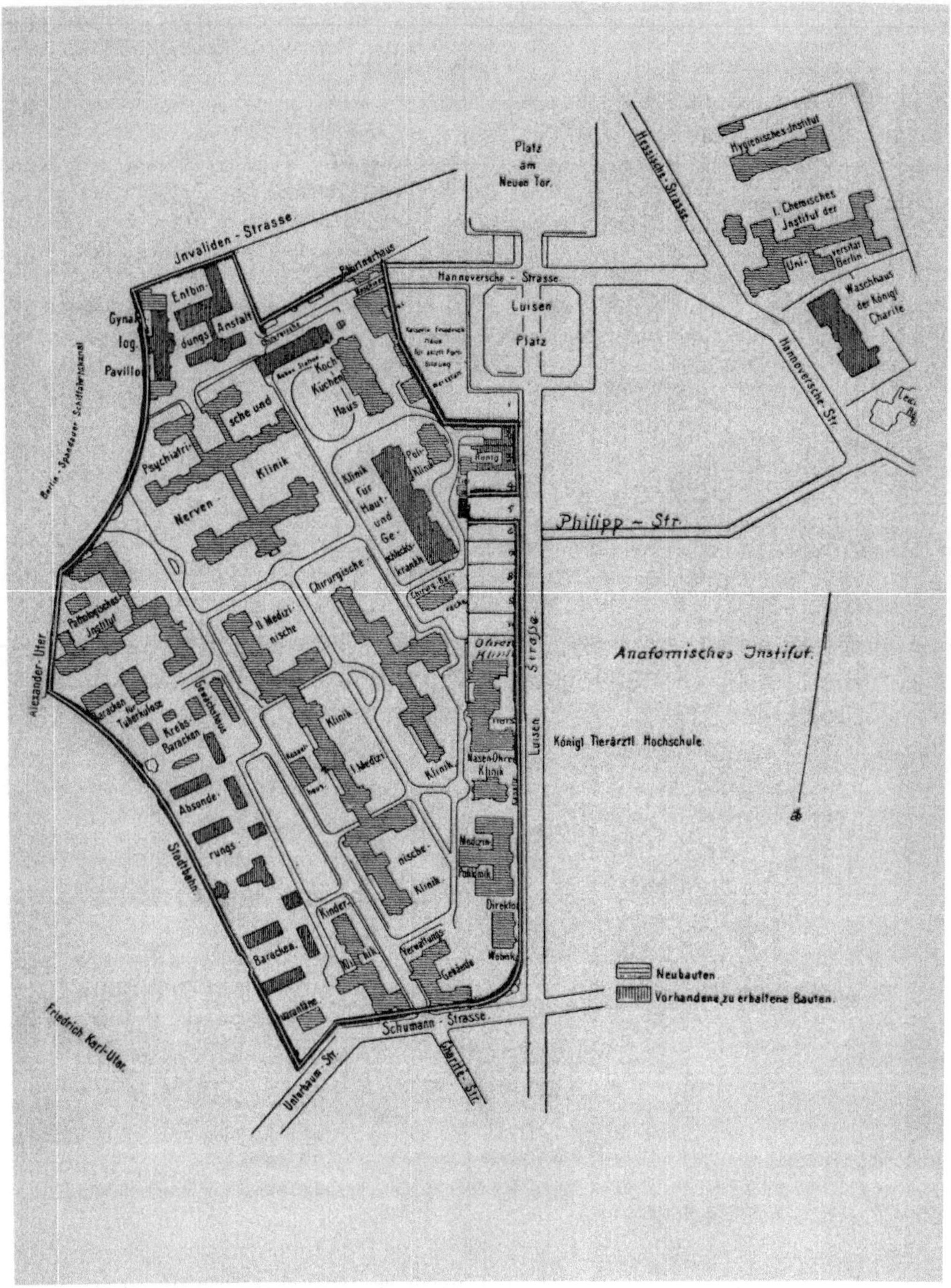

Abb. 10.6 Bebauungsplan des Charité-Geländes 1910.

Abb. 10.7 Situation 1945. Plan des Charité-Geländes mit markierten Bombenschäden.

Literaturverzeichnis

Ackerknecht, Erwin: Rudolf Virchow. Arzt, Politiker, Anthropologe. Stuttgart 1957.

Albers, J. C.: Geschichte der Königlichen Thierarzneischule zu Berlin nebst Darstellung ihrer bisherigen Leistungen und gegenwärtigen Verfassung. Einladungsschrift zur Einweihung des neuerbauten Gebäudes der Thierarzneischule und des fünfzigjährigen Bestehens der Anstalt am 2. Februar 1841. Berlin 1841.

Altstaedter, R. und J. Gotthold (Hrsg.): Schmerz zwischen Steinzeit und Moderne: Ein Führer durch die Geschichte der Schmerztherapie. Leverkusen 1996.

Aly, Götz (Hrsg.): Aktion T4 1939–1945. Die „Euthanasie"-Zentrale in der Tiergartenstraße 4. Berlin 1987.

Anderson, Julie et al. (Hrsg.): Surgeons, Manufacturers and Patients: A Transatlantic History of Total Hip Replacement. Basingstoke etc. 2007.

Angerstein, J. Carfrae: Clinical Lectures of Dr. Schonlein. Medical Times 14 (1846), 386–387.

Archiv der Humboldt-Universität zu Berlin, Charité-Direktion, Sign. 14, 15, 151, 180.

Armen-Direction: Die öffentliche Armenpflege in Berlin: mit besonderer Beziehung auf die vier Verwaltungs-Jahre 1822–1825. Berlin 1828.

Arndt, Melanie: Gesundheitspolitik im geteilten Berlin 1948 bis 1961. Köln etc. 2009.

Ärztekammer Berlin (Hrsg.): Der Wert des Menschen. Medizin in Deutschland 1918–1945. Berlin 1989.

Ash, Mitchell: Wissenschaft und Politik als Ressourcen für einander. In: Bruch, Rüdiger vom und Brigitte Kaderas (Hrsg.): Wissenschaften und Wissenschaftspolitik. Bestandsaufnahmen zu Formationen, Brüchen un Kontinuitäten im Deutschland des 20. Jahrhunderts. Stuttgart 2002, 32–51.

Atzl, Isabel et al. (Hrsg.): Zeitzeugen Charité 2. Arbeitswelten des Institutes für Pathologie 1952–2005 Münster 2006.

Atzl, Isabel et al. (Hrsg.): Zeitzeugen Charité. Arbeitswelten der Psychiatrischen und Nervenklinik, 1940–1999. Münster 2005.

Autorenkollektiv: Die Bau- und Kunstdenkmale in der DDR, Hauptstadt Berlin I. Berlin 1983.

Baader, Gerhard: Sozialhygiene und Rassenhygiene. In: Geschichte der Universität zu Berlin, 1810–2010. Biographie einer Institution, Praxis ihrer Disziplinen. Hrsg. Rüdiger vom Bruch und Heinz-Elmar Tenorth, 6 Bde, Bd. 5. Berlin 2010.

Balz, Viola: Zwischen Wirkung und Erfahrung – Psychopharmaka neu denken. Eine historische Analyse der Wirksamkeitskonstruktionen der Neuroleptika in der Bundesrepublik Deutschland 1950–1980. Diss. phil. Universität Braunschweig 2008.

Bardeleben, Adolf von: Ueber die practischen Resultate der aseptischen Methode. Verhandlungen der Deutschen Gesellschaft für Chirurgie 4 (1875), 70–75.

Bardeleben, Adolf von: Rückblick auf die Fortschritte de Chirurgie in der zweiten Hälfte dieses Jahrhunderts. Rede gehalten zur Feier des Stiftungstages der militärärztlichen Bildungs-Anstalten am 2. August 1876. Berlin 1876.

Bardeleben, Adolf von: Ueber frühzeitige Bewegung gebrochener Glieder, mit besonderer Rücksicht auf die untere Extremität. Verhandlungen der Deutschen Gesellschaft für Chirurgie 23 (1894), II 63–69.

Bartels, Ernst Daniel August: Erster Jahres-Bericht über das im Königlichen Charité-Krankenhause zu Berlin errichtete medicinische Klinikum der Friedrich-Wilhelms-Universität. Rust´s Magazin der Heilkunde 32 (1830), 195–280.

Becken, Jörg: AOK Berlin. Von der Ortskrankenkasse zur Gesundheitskasse – ein Stück gelebte Sozialgeschichte. Berlin 2008.

Becker, Peter E.: Zur Geschichte der Rassenhygiene. Wege ins Dritte Reich. Stuttgart, New York 1988.

Beddies, Thomas: Universitätspsychiatrie im Dritten Reich. Die Nervenklinik der Charité unter Bonhoeffer und de Crinis. In: Die Berliner Universität in der NS-Zeit. Band II: Fachbereiche und Fakultäten. Hrsg. Rüdiger vom Bruch. Stuttgart 2005, 55–72.

Beddies, Thomas und Kristina Hübener (Hrsg.): Dokumente zur Psychiatrie im Nationalsozialismus. Schriftenreihe zur Medizin-Geschichte des Landes Brandenburg 6. Berlin 2003.

Beddies, Thomas und Peter Schmiedebach: ‚Euthanasie'-Opfer und Versuchsobjekte. Kranke und behinderte Kinder in Berlin während des Zweiten Weltkriegs. Medizinhistorisches Journal 39 (2004), 1–33.

Behring, Emil: Die Geschichte der Diphtherie. Leipzig 1893.

Behring, Emil und Shibasaburo Kitasato: Über das Zustandekommen der Diphtherieimmunität und der Tetanusimmunität bei Thieren. Deutsche Medizinische Wochenschrift 16 (1890), 1113–1114.

Berger, Eva: Frühmodernes Krankenhaus und Pflegeversicherung in der ersten Hälfte des 19. Jahrhunderts – Instrumente städtischer Armenfürsorge? In: Einem jeden Kranken in einem Hospitale sein eigenes Bett. Zur Sozialgeschichte des Allgemeinen Krankenhauses in Deutschland im 19. Jahrhundert. Hrsg. Alfons Labisch und Reinhard Spree. Frankfurt, New York 1996, 208–235.

Bergmann, Ernst von: Zur Erinnerung an Bernhard von Langenbeck. Rede bei der von der Deutschen Gesellschaft für Chirurgie und der Berliner medicinischen Gesellschaft am 3. April 1888 veranstalteten Gedächtnisfeier. Berlin 1888.

Bergmann, Ernst von: Vorrede. Zu: Curt Schimmelbusch: Anleitung zur aseptischen Wundbehandlung. Berlin 1892. V-VI.

Bergmann, Ernst von: Bericht über die im Ordinationssaale seiner Klinik am 20.4.1894 demonstrierte Infiltrations-Anästhesie. Verhandlungen der Deutschen Gesellschaft für Chirurgie 23 (1894), 101 f.

Bergmann, Ernst von: Nachruf auf Dr. Kurt Schimmelbusch. Berliner klinische Wochenschrift 32 (1895), 780f.

Bergmann, Jürgen: Das Berliner Handwerk in den Frühphasen der Industrialisierung (= Einzelveröffentlichungen der Historischen Kommission zu Berlin, 11). Berlin 1973.

Bernard, Claude: Einführung in das Studium der experimentellen Medizin (Paris 1865) (= Sudhoffs Klassiker, 15). Leipzig 1961.

Berndt, H.: Zum Gedenken an Ludwig Traube (1818–1876). Charité-Annalen; N. F. 13 (1993), 211–215.

Bernet, Brigitta: „Der bürgerliche Tod": Entmündigungsangst, Psychiatriekritik und die Krise des liberalen Subjektentwurfs im Kontext der „Irrenfrage" um 1900. In: Zwang zur Ordnung: Psychiatrie im Kanton Zürich 1870–1970. Hrsg. Brigitta Bernet et al. Zürich 2007, 117–154.

Bernstein, Eduard: Die Berliner Arbeiter-Bewegung von 1890 bis 1905. Berlin 1924.

Bethanien. Die ersten fünfzig Jahre und der gegenwärtige Stand des Diakonissenhauses Bethanien zu Berlin 1897, 145–50.

Bielka, Heinz: Geschichte der medizinisch-biologischen Institute Berlin-Buch. Berlin und Heidelberg 2002.

Billroth, Theodor: Jugendbriefe Theodor Billroths an Georg Meissner. Hrsg. Walter von Brunn. Leipzig 1941, 48–89.

Binding, Karl und Alfred Hoche: Die Freigabe der Vernichtung lebensunwerten Lebens ihr Maß und ihre Form. Leipzig 1920.

Blaschko, Alfred: Syphilis und Prostitution vom Standpunkt der öffentlichen Gesundheitspflege. Berlin 1893.

Blaschko, Alfred: Die Verbreitung der Geschlechtskrankheiten in Berlin. Dermatologische Zeitschrift 25 (1918), 90–125.

Blaschko, Alfred und Alfons Fischer: Einfluß der sozialen Lage auf die Geschlechtskrankheiten. In: Krankheit und Soziale Lage. Hrsg. Max Mosse. München 1913, 497–531.

Blasius, Dirk: Der verwaltete Wahnsinn: eine Sozialgeschichte des Irrenhauses. Frankfurt a.M. 1980.

Bleker, Johanna: Über den Zusammenhang zwischen politischen und wissenschaftlichen Tendenzen in der deutschen Medizin um 1848. Münstersche Beiträge zur Geschichte und Theorie der Medizin 13 (1978), 60–75.

Bleker, Johanna: Die Idee der Einheit von Theorie und Praxis in der Medizin und ihr Einfluß auf den klinischen Unterricht im 19. Jahrhundert. Arzt und Krankenhaus 6 (1982), 232–236.

Bleker, Johanna et al.: Kranke und Krankheiten im Juliusspital zu Würzburg. Zur frühen Geschichte des Allgemeinen Krankenhauses in Deutschland (= Abhandlungen zur Geschichte der Medizin und der Naturwissenschaften, 72). Husum 1995.

Bleker, Johanna: „… der einzig wahre Weg, brauchbare Männer zu bilden“. Der medizinisch-klinische Unterricht an der Berliner Universität 1810–1850. In: Die Medizin an der Berliner Universität und an der Charité zwischen 1810 und 1850. Hrsg. Peter Schneck und Hans-Uwe Lammel (= Abhandlungen zur Geschichte der Medizin und der Naturwissenschaften, 67). Husum 1995, 90–100.

Bleker, Johanna: To benefit the poor and advance medical science. Hospitals and hospital care in Germany, 1820–1870. In: Medicine and Modernity. Public Health and medical care in the 19th and 20th century germany. Hrsg. M. Berg und G. Cocks (= Publications of the German Historical Institute Washington, D.C.). London, New York 1997, 17–33.

Bleker, Johanna: Fallgeschichten aus der Berliner Charité. Unveröff. Manuskript 2009.

Bleker, Johanna und Norbert Jachertz (Hrsg.): Medizin im Dritten Reich. Köln 1993.

Bleker, Johanna und Sabine Schleiermacher: Ärztinnen aus dem Kaiserreich. Weinheim 2000.

Blumenthal, Franz: Georg Arndt †.Dermatologische Zeitschrift 57 (1930), 1–4.

Böhme, Karlheinz: Untersuchungen über die Charité-Patienten von 1731 bis 1742 – Eine Studie zur Funktion und Soziologie eines Krankenhauses im 18. Jahrhundert. Diss. med. Humboldt-Universität Berlin 1969.

Böhme, Marion: Leben und Wirken des Chirurgen Otto Hildebrand im Rahmen seiner Zeit. Diss. med. Humboldt-Universität Berlin 1967 (masch.).

Bonah, Christian und Anne Rasmussen (Hrsg.): Histoire at médicament au XIXe et XXe siécle: Pour une nouvelle histoire du médicament en France. Paris 2005.

Bonhoeffer, Karl und Paul Jossmann: Ergebnisse der Reiztherapie bei progressiver Paralyse. (Abhandlungen aus der Neurologie, Psychiatrie, Psychologie und ihrer Grenzgebiete; 65). Berlin 1932.

Borck, Cornelius et al.: Einleitung. In: Maß und Eigensinn. Studien im Anschluß an Georges Canguilhem. Hrsg. Cornelius Borck et al. München 2005, 7–41.

Borck, Cornelius: Hirnströme. Eine Kulturgeschichte der Elektroenzephalographie. Göttingen 2005.

Borck, Cornelius: Nervenmassage. In: Sachunterricht. Fundstücke aus der Wissenschaftsgeschichte. Hrsg. Thomas Brandstetter et al. Wien 2008, 189–197.

Brain, Robert M.: Representation on the line: graphic recording instruments and scientific modernism. In: From energy to informatics: representation in science and technology, art, and literature. Hrsg. Bruce Clarke und Linda Dalrymple Henderson. Stanford/CA 2002, 155–177.

Brandt, Ludwig: Illustrierte Geschichte der Chirurgie. Stuttgart 1997.

Bremberger, Bernhard und Andreas Frewer: Zwangsarbeitereinsatz an der Berliner Charité: Hausdiener, Heitzer und Küchenhilfen, Baracken- und Bunkerbauer. In: Frewer, Andreas, Bernhard Bremberger und Günther Siedbürger (Hrsg.): Der „Ausländereinsatz“ im Gesundheitswesen (1939–1945). Historische und ethische Probleme der NS-Medizin. Stuttgart 2009, 173–218.

Briese, Olaf: Angst in den Zeiten der Cholera. Seuchen-Cordon, 4 Bde. Berlin 2003; bes. Bd. 3: Panik-Kurve: Berlins Cholerajahr 1831/32.

Brinkschulte, Eva: Professor Dr. Rahel Hirsch (1870–1953) – der erste weibliche Professor der Medizin – vertrieben, verfolgt, vergessen. In: Weibliche Ärzte. Die Durchsetzung des Berufsbildes in Deutschland. Hrsg. Eva Brinkschulte. 2. Aufl. Berlin 1995, 103–110.

Brinkschulte, Eva: Krankenhaus und Krankenkassen. Soziale und ökonomische Faktoren der Entstehung des modernen Krankenhauses im frühen 19. Jahrhundert. Die Beispiele Würzburg und Bamberg (= Abhandlungen zur Geschichte der Medizin und der Naturwissenschaften, 80). Husum 1998.

Broman, Thomas: University reform in medical thought at the end of the eighteenth century. Osiris 5 (1989), 36–53.

Brüning, Hermann (Hrsg.): Verhandlungen der einundreissigsten (ausserordentlichen) Versammlung der Gesellschaft für Kinderheilkunde in Leipzig 1917. Wiesbaden 1918.

Brunn, Walter von: Die Chirurgie unter Bernhard von Langenbeck 1848–1882. In: Das Universitätsklinikum in Berlin. Seine Ärzte und seine wissenschaftliche Leistung 1810–1933. Hrsg. Paul Diepgen und Paul Rostock. Leipzig 1939, 82–92.

Brunner, Otto: Das „ganze Haus" und die alteuropäische Ökonomik. In: Neue Wege der Verfassungs- und Sozialgeschichte (1956). Hrsg. Otto Brunner. Göttingen 1968, 103–127.

Buchholtz, Arend: Ernst von Bergmann. Leipzig 1911.

Buess, Heinrich und Heinz Balmer: Carl Emil Buess (1849–1878) und die Begründung der Salicylsäure-Therapie. Gesnerus 16 (1962), 130–154.

Burmeister, K.-J. und Ruth Lange-Pfautsch: Die Charité von der Befreiung Berlins bis zur Wiederaufnahme des Lehrbetriebes an der Berliner Universität (1945–1946). In: Charité-Annalen [1985. Schwerpunkt: 275-jähriges Jubiläum 1710–1985] Neue Folge 5. Berlin 1986, 263–268.

Büsch, Otto: Das Gewerbe in der Wirtschaft des Raumes Berlin/Brandenburg 1800–1850: Entwicklung, Bedeutung und regionale Gliederung des „strategischen Sektors" in der frühindustriellen Wirtschaft und Gesellschaft. In: Untersuchungen zur Geschichte der frühen Industrialisierung vornehmlich im Wirtschaftsraum Berlin/Brandenburg. Hrsg. Otto Büsch (= Einzelveröffentlichungen der Historischen Kommission zu Berlin beim Friedrich-Meinecke-Institut der Freien Universität zu Berlin, 6). Berlin 1971.

Büttner, Johannes: Die Entstehung der klinischen Laboratorien in den deutschsprachigen Ländern im 19. Jahrhundert. In: Johann Christian Reil (1759–1813) und seine Zeit. Hallesches Symposium 1988. Hrsg. Wolfram Kaiser und Arina Völker. Halle a.d. Saale 1989, 118–135.

De Chadarevian, Soraya: Graphical method and discipline. Self-recording instruments in the nineteenth-century physiology. Studies in the History and Philosophy of Science 24 (1993), 267–91.

Cunningham, Andrew und Perry Williams (Hrsg.): The laboratory revolution in medicine. Cambridge 1992.

Czerny, Adalbert: Die Pädiatrie meiner Zeit. Berlin 1939.

David, Heinz: „... es soll das Haus die Charité heißen ..." Kontinuitäten, Brüche und Abbrüche sowie Neuanfänge in der 300jährigen Geschichte der Medizinischen Fakultät (Charité) der Berliner Universität, 2 Bde. Hamburg 2004.

Demps, Laurenz: Der Gensd'armen-Markt. Gesicht und Geschichte eines Berliner Platzes. Berlin 1988.

Dettke, Barbara: Die asiatische Hydra. Die Cholera von 1830/31 in Berlin und den preußischen Provinzen Posen, Preußen und Schlesien (= Veröffentlichungen der Historischen Kommission zu Berlin, 89). Berlin etc. 1995.

Dewey, Marc et al.: Ernst Ferdinand Sauerbruch and His Ambiguous Role in the Period of National Socialism. Annals of Surgery 244 (2006), 315–321.

Diepgen, Paul und Edith Heischkel: Die Medizin an der Berliner Charité. Bis zur Gründung der Universität. Ein Beitrag zur Medizingeschichte des 18. Jahrhunderts. Berlin 1935.

Dierig, Sven: Wissenschaft in der Maschinenstadt. Emil Du Bois-Reymond und seine Laboratorien in Berlin. Göttingen 2006.

Dinter, Andreas: Berlin in Trümmern. Ernährungslage und medizinische Versorgung Berlins nach dem II. Weltkrieg. Berlin 1999. (Dinter 1999a).

Dinter, Andreas: Seuchenalarm in Berlin. Seuchengeschehen und Seuchenbekämpfung in Berlin nach dem II. Weltkrieg. Berlin 1999. (Dinter 1999b).

Doetz, Susanne, Praxis und Alltag der Zwangssterilisation. Die Berliner Universitätsfrauenklinik Walter Stoeckels 1942 bis 1944. Diss. med. Charité-Universitätsmedizin Berlin, Berlin 2010.

Dost, Friedrich Hartmut: Geschichte der Universitäts-Kinderklinik der Charité zu Berlin. Bis zum 250. Jahre des Bestehens des Charité-Krankenhauses. Giessen 1960.

Dost, Friedrich Hartmut und Gerhard Joppich: Die Kinderheilkunde an der Friedrich-Wilhelms-Universität von der Reichsgründung bis 1945. In: Studium Berolinense. Aufsätze und Beiträge zu Problemen der Wissenschaft und zur Geschichte der Friedrich-Wilhelms-Universität zu Berlin (Gedenkschrift der Westdeutschen Rektorenkonferenz und der Freien Universität Berlin zur 150. Wiederkehr des Gründungsjahres der Friedrich-Wilhelms-Universität zu Berlin). Hrsg. Hans Leussink, Eduard Neumann und Georg Kotowski. Berlin 1960, 256–272.

Ebert, Andreas und Hans Karl Weitzel (Hrsg.): Die Berliner Gesellschaft für Geburtshilfe und Gynäkologie. 1844–1994. Berlin, New York 1994.

Eckart, Wolfgang U.: Friedrich Althoff und die Medizin. In: Wissenschaftsgeschichte und Wissenschaftspolitik im Industriezeitalter. Das „System Althoff" in historischer Perspektive. Hrsg. Bernhard vom Brocke (= Geschichte von Bildung und Wissenschaft, 5). Hildesheim 1991, 375–404.

Eckart, Wolfgang U.: „Der Welt zeigen, daß Deutschland erwacht ist ...": Ernst Ferdinand Sauerbruch (1875–1951) und die Charité-Chirurgie 1933 bis 1945. In: Schleiermacher/Schagen 2008a, 189–206.

Ehrlich, Paul, Hermann Kossel und August Wassermann: Über Gewinnung und Verwendung des Diphtherieserums. Deutsche Medicinische Wochenschrift 20 (1894), 353–355.

Elkeles, Barbara: Der Patient und das Krankenhaus. In: „Einem jedem Kranken in einem Hospitale sein eigenes Bett". Zur Sozialgeschichte des Allgemeinen Krankenhauses in Deutschland im 19. Jahrhundert. Hrsg. Alfons Labisch und Reinhard Spree. Frankfurt a.M. 1996, 357–373.

Eller, Johann Theodor: Nützlich und auserlesene medicinische und chirurgische Anmerckungen so wohl von innerlichen als auch äusserlichen Kranckheiten, und bey selbigen zum Theil verrichteten Operationen, welche bishero in dem von Sr. Königl. Maj. in Preußen gestifteten großen Lazareth der Charité zu Berlin, vorgefallen; Nebst e. vorangegebenen kurtzen Beschreibung der Stiftung, Anwachs u. jetzigen Beschaffenheit dieses Hauses. Berlin 1730.

Engeli, Christian und Wolfgang Haus (Bearb.): Quellen zum modernen Gemeindeverfassungsrecht. Stuttgart 1975.

Engstrom, Eric J.: The birth of clinical psychiatry: Power, knowledge, and professionalization in Germany, 1867–1914. Diss. phil. University of North Carolina 1997.

Engstrom, Eric J.: Disziplin, Polykratie und Chaos. Zur Wissens- und Verwaltungsökonomie der psychiatrischen und Nervenabteilung Charité. Jahrbuch für Universitätsgeschichte 3 (2000), 162–180.

Engstrom, Eric J. und Volker Hess: Zwischen Wissens- und Verwaltungsökonomie. Zur Geschichte des Berliner Charite-Krankenhauses im 19. Jahrhundert. Jahrbuch für Universitätsgeschichte 3 (2000), 7–19.

Erbe, Michael: Berlin im Kaiserreich (1871–1918). In: Geschichte Berlins, Zweiter Band: Von der Märzrevolution bis zur Gegenwart. Hrsg. Wolfgang Ribbe. München 1987, 691–792.

Ernst, Anna-Sabine: „Die beste Prophylaxe ist der Sozialismus". Ärzte und medizinische Hochschullehrer in der SBZ/DDR 1945–1961. Münster etc. 1997.

Esmarch, Friedrich: Ueber die künstliche Blutleere. Verhandlungen der Deutschen Gesellschaft für Chirurgie 3 (1874), II 1–9.

Esmarch, Friedrich: Ueber Antiseptik auf dem Schlachtfelde und Paul Bruns: Zur Antiseptik im Kriege. Verhandlungen der Deutschen Gesellschaft für Chirurgie 8 (1879), II 33–38 sowie 39–45; Diskussion: I 47–56.

Esmarch, Friedrich: Verhandlungen der Deutschen Gesellschaft für Chirurgie 5 (1876), I 3; II 123–146; Diskussion: 3–17.

Esse: Geschichtliche Nachrichten über das Königliche Charité-Krankenhaus zu Berlin. Annalen des Charité-Krankenhauses zu Berlin. 1 (1850), 1–45.

Falk, Johann Daniel: Denkwürdigkeiten der Berliner Charité aufs Jahr 1797 in alphabetischer Ordnung nebst e. Gegenstück zu Herrn Biesters Darstellung aus Acten. Weimar 1799.

Falk, Johann Daniel: Reisen zu Wasser und zu Lande von Scaramuz. In: Taschenbuch für Freunde des Scherzes und der Satire. Leipzig 1798, 55–112, hier 98.

Fischer, Ernst-Peter: Die Charité: Ein Krankenhaus in Berlin – 1710 bis heute. München 2009.

Fischer, Hermann: Der Hospitalbrand. Eine klinische Studie nach Beobachtungen während des Wintersemesters 1864/65. Annalen des Charité-Krankenhauses und der übrigen Königlichen medicinisch-chirurgischen Lehr- und Kranken-Anstalten zu Berlin 13 (1865), 1–280.

Formey, Johann Ludwig: Versuch Einer Medicinischen Topographie von Berlin. Berlin 1796.

Forsbach, Ralf: Die medizinische Fakultät der Universität Bonn im „Dritten Reich". München 2006.

Förster, Adolf: Denkschrift über das zwischen dem Charité-Krankenhause und der Stadt Berlin bestehende Rechtsverhältnis. Berlin 1895.

Förster, Andrea: Eduard Heinrich Henoch – ein Leben im Kampf um die Anerkennung der Pädiatrie. Diss. med. HU Berlin 1964.

Frank, Robert: The telltale heart: Physiological instruments, graphic methods, and clinical hopes, 1854–1914. In: The investigative enterprise: experimental physiology in nineteenth-century medicine. Hrsg. William Coleman und Frederic L. Holmes. Berkeley 1988, 211–290.

Franke, Henrik: Moritz Traube (1826–1894). Leben und Wirken des universellen Privatgelehrten und Wegbereiters der physiologischen Chemie. Diss. med. Humboldt-Universität Berlin 1994.

Freiberg, Reinhard: Der Charité-Boykott im Jahre 1893 in Berlin. Eine medizinhistorische Studie über Auswirkungen der Arbeitersozialreformen der 80er und 90er Jahre des 19. Jahrhunderts. Diss. med. HU Berlin 1997.

Freiberg, Reinhard: Der Charité-Boykott im Jahre 1893. In: Medizin in Berlin an der Wende vom 19. zum 20. Jahrhundert. Theoretische Fachgebiete. Hrsg. Peter Schneck (= Abhandlungen zur Geschichte der Medizin und der Naturwissenschaften, 90). Husum 1999, 141–149.

Frevert, Ute: Krankheit als politisches Problem 1770–1880: soziale Unterschichten in Preußen zwischen medizinischer Polizei und staatlicher Sozialversicherung (= Kritische Studien zur Geschichtswissenschaft, 62). Göttingen 1984.

Frewer, Andreas: Medizingeschichte und „Neue Ethik" in Berlin: Fachpolitik, NS-Disziplin und SS-Moral (1939–1945). In: Schleiermacher/Schagen 2008a, 85–104.

Fritze, Johann Friedrich: Vorerinnerung. Annalen des klinischen Instituts zu Berlin 1 (1791), I–XX.

Gaudillière, Jean-Paul: Inventer la biomédecine: la France, l' Amérique et la production des savoirs du vivant (1945–1965). Paris 2002.

Genschorek, Wolfgang: Ferdinand Sauerbruch. Ein Leben für die Chirurgie. 5. Aufl. Leipzig 1985.

Goschler, Constantin: Rudolf Virchow: Mediziner, Anthropologe, Politiker. Köln etc. 2002.

Gradmann, Christoph: „Auf Collegen, zum fröhlichen Krieg": Popularisierte Bakteriologie im Wilhelminischen Zeitalter. Medizin, Gesellschaft und Geschichte 13 (1995), 35–54.

Gradmann, Christoph: Krankheit im Labor. Robert Koch und die medizinische Bakteriologie. Göttingen 2005.

Gradmann, Christoph: Das Maß der Krankheit – das pathologische Tierexperiment in der medizinischen Bakteriologie Robert Kochs. In: Maß und Eigensinn. Studien im Anschluß an Georges Canguilhem. Hrsg. Cornelius Borck et al. Paderborn 2005, 71–90.

Grimm, Heinrich Gottfried und Johann Christian Jüngken: Bericht über die Anwendung des Mathysen'schen Gipsverbandes im Königlichen Charité-Krankenhause in Berlin. Annalen des Charité-Krankenhauses und der übrigen Königlichen medicinisch-chirurgischen Lehr- und Kranken-Anstalten zu Berlin 5 (1854), 157–170.

Grotjahn, Alfred: Soziale Pathologie. Versuch einer Lehre von den sozialen Beziehungen der Krankheiten als Grundlage der sozialen Hygiene. 3. Auflage, Berlin 1923.

Grotjahn, Alfred: Erlebtes und Erstrebtes. Erinnerungen eines sozialistischen Arztes. Berlin 1932.

Gurlt, Ernst: Robert F. Froriep. In: Biographisches Lexikon der hervorragenden Ärzte aller Zeiten und Völker. Hrsg. August Hirsch. 2. Aufl. Wien 1880, 635f.

Gurlt, Ernst: Zur Narkotisirungs-Statistik. Verhandlungen der Deutschen Gesellschaft für Chirurgie 20 (1891), 46–65; 22 (1893), II 8–45, Diskussion: I 21–26; 23 (1894), 11–62.

Gurlt, Ernst: Zur Narkotisirungs-Statistik. Verhandlungen der Deutschen Gesellschaft für Chirurgie 22 (1893), II 8–45; Diskussion: I 21–26.

Güterbock, L[udwig] (Hrsg.): Schönleins klinische Vorträge in dem Charité-Krankenhause zu Berlin. Berlin 1842.

Guttmann, Samuel: Das Charité-Krankenhaus. Deutsche Medizinische Wochenschrift 33 (1892), 1–3.

Hagner, Michael: Homo cerebralis: der Wandel vom Seelenorgan zum Gehirn. Berlin 1997.

Hahn, Judith: Grawitz, Genzken, Gebhardt. Drei Karrieren im Sanitätsdienst der SS. Münster 2008.

Hanke, Clemens: Untersuchungen über die Charité-Patienten von 1743 bis 1752 – Eine Studie zur Funktion und Soziologie eines Krankenhauses im 18. Jahrhundert. Diss. med. HU Berlin 1981.

Harig, Georg: Zur Geschichte der Charité in Berlin. Ärzte und Patienten der Charité im 18. Jahrhundert. In: Miniaturen zur Geschichte, Kultur und Denkmalpflege Berlins, 18. Hrsg. von den Bezirksvorständen Berlin der Gesellschaften für Heimatgeschichte und für Denkmalpflege im Kulturbund der DDR. Berlin 1985.

Harig, Georg: Zur Geschichte der Beziehungen zwischen der Charité und Berlin (1710–1945). Charité-Annalen 7 (1987), 241–250.

Harig, Georg: Zur Stellung und Leistung jüdischer Wissenschaftler an der Berliner Medizinischen Fakultät. Charité-Annalen 8 (1989), 213–225.

Harig, Georg und Hans-Uwe Lammel: Zur Geschichte der Beziehungen zwischen der Charité und Berlin (1710–1945). In: Die Charité in der Geschichte der Berliner Medizin (1710–1987). Wissenschaftliche Zeitschrift der Humboldt-Universität zu Berlin, Mathematisch-Naturwissenschaftliche Reihe 36 (1987), Heft 1/2, 14–21.

Harms-Ziegeler, Beate: Außereheliche Mutterschaft in Preußen im 18. und 19. Jahrhundert. In: Frauen in der Geschichte des Rechts. Von der Frühen Neuzeit bis zur Gegenwart. Hrsg. Ute Gerhard. München 1997, 325–344.

Harnack, Klaus: Die Hautklinik der Charité und die Dermatologie in Berlin (1710–1999). Berlin 2000.

Hausen, Karin: Arbeiterinnenschutz, Mutterschutz, und gesetzliche Krankenversicherung im Deutschen Kaiserreich und in der Weimarer Republik. Zur Funktion von Arbeits- und Sozialrecht für die Normierung und Stabilisierung der Geschlechterverhältnisse. In: Frauen in der Geschichte des Rechts von der frühen Neuzeit bis zur Gegenwart. Hrsg. Ute Gerhard. München 1999, 713–743.

Heinrich, Jörg: Johann Theodor Eller. Ein bedeutender Arzt, Wissenschaftler und Medizinalbeamter in Brandenburg-Preußen in der ersten Hälfte des 19. Jahrhunderts (= Abhandlungen zur Geschichte der Medizin und der Naturwissenschaften, 93). Husum 2003.

Heller, Florian: Bericht an das Hohe k.k. Ministerium des Cultus und öffentlichen Unterrichtes über die im Jahre 1850 im Auftrag Desselben zurückgelegte wissenschaftliche Reise im Ausland. In: Die „klinische Chemie" im Jahre 1850. Hrsg. Alois Kernbauer. Stuttgart 2002, 29–154.

Helmchen, Daniel: Malariaimpftherapie der Progressiven Paralyse in den Wittenauer Heilstätten. In: Die Patienten der Wittenauer Heilstätten in Berlin 1919–1960. Hrsg.: Thomas Beddies und Andrea Dörries. (= Abhandlungen zur Geschichte der Medizin und der Naturwissenschaften, 91). Husum1999, 435–461.

Henke, Klaus-Dietmar et al.(Hrsg.): Anatomie der Staatssicherheit. Geschichte, Struktur und Methode. Berlin 1996.

Henoch, Eduard: Aus der Kinderklinik. Charité-Annalen 1. Jg (1874). Berlin 1876, 557–619.

Henoch, Eduard: Vorlesungen über Kinderkrankheiten. Ein Handbuch für Ärzte und Studierende. Berlin 1881.

Herxheimer, Herbert: Die Entwicklung der Medizinischen Fakultät der Friedrich-Wilhelms-Universität zu Berlin seit 1810. In: Studium Berolinense. Aufsätze und Beiträge zu Problemen der Wissenschaft und zur Geschichte der Friedrich-Wilhelms-Universität zu Berlin (Gedenkschrift der Westdeutschen Rektorenkonferenz und der Freien Universität Berlin zur 150. Wiederkehr des Gründungsjahres der Friedrich-Wilhelms-Universität zu Berlin). Hrsg. Hans Leussink et al. Berlin 1960, 205–212.

Hess, Volker: Das Krankenhaus als wissenschaftlicher Raum. Ein neues Selbstverständnis der medizinischen Klinik 1800–1850. Historia Hospitalium 20 (1995–1997), 130–152.

Hess, Volker: Medical semiotics in the 18th century – a theory of practice? Theoretical Medicine and Bioethics 19 (1998), 203–213.

Hess, Volker: Der Verwaltungsleiter als erster Diener seiner Anstalt. Das System Esse an der Charité. Jahrbuch für Universitätsgeschichte 3 (2000), 69–86. (Hess 2000a)

Hess, Volker: Der wohltemperierte Mensch. Fiebermessen in Wissenschaft und Alltag 1850–1900. Frankfurt a.M., New York 2000. (Hess 2000b)

Hess, Volker: Aufnahme, Belegung und Kurkostenerstattung. Fragmente einer Sozialgeschichte der Charité. Jahrbuch für Universitätsgeschichte 3 (2000), 218–226. (Hess 200c)

Hess, Volker: Die Bildtechnik der Fieberkurve. Klinische Thermometrie im 19. Jahrhundert. In: Ganz normale Bilder. Historische Beiträge zur visuellen Herstellung von Selbstverständlichkeiten. Hrsg. David Gugerli und Barbara Orland (= Interferenzen. Studien zur Kulturgeschichte der Technik, 2). Zürich 2002, 159–180.

Hess, Volker: Der Eigensinn des Fiebers. In: Maß und Eigensinn. Studien im Anschluß an Georges Canguilhem. Hrsg. Cornelius Borck et al. München 2005, 109–133.

Hess, Volker: Die Medizin als Disziplin bis 1945. In: Geschichte der Universität zu Berlin, 1810–2010. Biographie einer Institution, Praxis ihrer Disziplinen. Hrsg. Rüdiger vom Bruch und Heinz-Elmar Tenorth, 6 Bde, Bd. 5. Berlin 2010a.

Hess, Volker: Medizin zwischen Sammeln und Experimentieren. In: Geschichte der Universität zu Berlin, 1810–2010. Biographie einer Institution, Praxis ihrer Disziplinen. Hrsg. Rüdiger vom Bruch und Heinz-Elmar Tenorth, 6 Bde, Bd. 4. Berlin 2010b.

Hess, Volker: Psychochemicals crossing the wall. Die Einführung der Psychopharmaka in die DDR aus der Perspektive der neueren Arzneimittelgeschichte. Medizinhistorisches Journal 42 (2007), 61–84.

Hess, Volker: „Treu und redlich an der Menschheit handeln": Medizinische Innovation zwischen Markt, Öffentlichkeit und Wissenschaft um 1800. Medizinhistorisches Journal 41 (2006), 31–49.

Hess, Volker: The administrative stabilization of vaccines: regulating the diphtheria antitoxin in France and Germany, 1894–1900. Science in Context 21 (2008), 201–227.

Hess, Volker und Eric J. Engstrom: Neurologie an der Charité zwischen medizinischer und psychiatrischer Klinik. In: Geschichte der Neurologie in Berlin. Hrsg. B. Holdorff und Rolf Winau. Berlin, New York 2001, 100–110.

Heubner, Otto: Die Erfolge der Heilserum-Behandlung der Diphtherie. Verhandlungen des Kongresses für Innere Medizin 13 (1895a), 19–132.

Heubner, Otto: Über die Erfolge der Heilserumbehandlung bei der Diphtherie. Deutsche Medicinische Wochenschrift 21 (1895b), 687–690.

Heubner, Otto: Über das Gedeihen und Schwinden im Säuglings-Alter. Festrede, gehalten am Stiftungstage der Kaiser-Wilhelms-Akademie für das Militärärztliche Bildungswesen, 2. December 1897. Berlin 1898.

Heubner, Otto: Pathologisches in Veranlagung und Entwicklung des Kindes. Rede am Geburtstage des Kaisers 1911 an der Berliner Universität. Berlin 1911.

Heubner, Otto: Lebenschronik. Hrsg. Wolfgang Heubner. Berlin 1927.

Hildebrand, Otto: Experimentelle Chirurgie. Verhandlungen der Deutschen Gesellschaft für Chirurgie 46 (1922), 1–14.

Hilf, Eric: Zur Geschichte der Charitédirektion im 19. Jahrhundert. Aufbau, Struktur und Personen der Charitéverwaltung zwischen 1820 und 1870. Jahrbuch für Universitätsgeschichte 3 (2000), 49–68.

Hilf, Eric: C. H. Esse und die Verwaltung der Charité in der zweiten Hälfte des 19. Jahrhunderts. Diss. med. Freie Universität Berlin 2003.

Homburg, Herfried: Ein gesunder Zufluchtsort für Kranke: die Charité. In: 200 Jahre Charité – Städtische Kliniken Kassel: Beiträge zur Entwicklungsgeschichte des Krankenhauswesens von 1785–1985. Hrsg. Städtische Kliniken Kassel. Kassel 1985, 7–49.

Horn, Ernst: Fragmente aus den Annalen der Königl. Klinischen Lehranstalt im Charité-Krankenhause. 1. Glückliche Heilung eines Wahnsinns, nebst Bemerkungen über die heilsame Wirkung der Cox'schen Drehmaschine in Geisteszerrüttungen. Archiv für medizinische Erfahrung (1813), 114–129.

Horn, Ernst: Oeffentliche Rechenschaft über meine zwölfjährige Dienstzeit als zweiter Arzt des Königlichen Charité-Krankenhauses zu Berlin. Berlin 1818.

http://ns-schulzeit.bonn.de/intervie/glees.htm.

http://www.dermatology.uni-kiel.de/pages/forschung/moulagensammlung.php.

http://www.dmykg.de/history/persoenlichkeiten/asta-vmallinckrodt-haupt.html.

http://www.sgipt.org/gesch/kronf.htm.

Hubenstorf, Michael: „Aber es kommt mir doch so vor, als ob Sie dabei nichts verloren hätten." Zum Exodus von Wissenschaftlern aus den staatlichen Forschungsinstituten Berlins im Bereich des öffentlichen Gesundheitswesens. In: Exodus von Wissenschaften aus Berlin. Fragestellungen – Ergebnisse – Desiderate. Entwicklungen vor und nach 1933. Hrsg. Wolfram Fischer et al. Akademie der Wissenschaften zu Berlin, Forschungsbericht 7. Berlin 1994, 355–460.

Hübner, Lydia: Hundert Jahre Anästhesie in Berlin im Spiegel der medizinischen Fachpresse. Diss. med. Freie Universität Berlin 1969.

Huerkamp, Claudia: Der Aufstieg der Ärzte im 19. Jahrhundert. Vom gelehrten Stand zum professionellen Experten: Das Beispiel Preußens (= Kritische Studien zur Geschichtswissenschaft, 68). Göttingen 1985.

Huerkamp, Claudia: Das unterschiedliche Verhalten von Arzt und Patient in der Krankenhauspraxis und der privaten ärztlichen Praxis im 19. Jahrhundert. In: Die Medizin an der Berliner Universität und an der Charité zwischen 1810 und 1850. Hrsg. Peter Schneck und Hans-Uwe Lammel (= Abhandlungen zur Geschichte der Medizin und der Naturwissenschaften, 67). Husum 1995, 254–268.

Hufeland, Christoph Wilhelm: Hufelands Ideen über die neu zu errichtende Universität zu Berlin und ihre Verbindung mit der Akademie der Wissenschaften und anderen Instituten – Undatiert. In: Geschichte der königlichen Friedrich-Wilhelms-Universität zu Berlin. Hrsg. Max Lenz. Halle a.d. Saale 1910, 75–88.

Hufeland, Christoph Wilhelm: Zweck und Einrichtung des medicinischen Kursus zu Berlin und Nachricht von den im Jahr 1802 daselbst öffentlich geprüften Aerzten und Wundärzten. Neues Journal der practischen Arzneykunde und Wundarzneykunst 17.4 (1802), 5–31.

Hulverscheidt, Marion und Volker Hess: Zur Etablierung der Hygiene an der Medizinischen Fakultät der Friedrich-Wilhelms-Universität. In: Geschichte der Universität zu Berlin, 1810–2010. Biographie einer Institution, Praxis ihrer Disziplinen. Hrsg. Rüdiger vom Bruch und Heinz-Elmar Tenorth, 6 Bde, Bd. 5. Berlin 2010.

Hüntelmann, Axel C.: Hygiene im Namen des Staates. Das Reichsgesundheitsamt 1876–1933. Göttingen 2008.

Hürtgen, Renate: Die rechte Hand des MfS im Betrieb – der Sicherheitsbeauftragte. In: Potsdamer Bulletin für Zeithistorische Studien, 2004, 38–44.

Jäckel, Gerhard: Die Charite: Die Geschichte eines Weltzentrums der Medizin. Bayreuth 1986.

Jessen, Ralph: Akademische Elite und kommunistische Diktatur. Die ostdeutsche Hochschullehrerschaft in der Ulbricht-Ära. Göttingen 1999.

Jossmann, Paul und P. Steenaerts: Über Malaria-Behandlung der progressiven Paralyse. Monatsschrift für Psychiatrie und Neurologie 61 (1924), 241–256.

Kästner, Erich: Fabian, die Geschichte eines Moralisten. (1. Aufl. 1931). Zürich 1985.

Karbe, Karl-Heinz (Hrsg.): Salomon Neumann 1819–1908. Wegbereiter sozialmedizinischen Denkens und Handelns – Ausgewählte Texte (= Sudhoffs Klassiker der Medizin – Neue Folge, 3). Leipzig 1983.

Kaufmann, Doris: Aufklärung, bürgerliche Selbsterfahrung und die „Erfindung" der Psychiatrie in Deutschland, 1770–1850. Göttingen 1995.

Kirsch, Frank-Peter: Das wissenschaftliche Laboratorium in den Militärärztlichen Bildungsanstalten im Zeitraum 1870–1895. Diss. med. Berlin 2009.

Kirst, Inge Luise: Hugo Rühle's Leben und Wirken. Diss. med. Bonn 1966.

Klaschka, Franz und Karl Rauhut: 100 Jahre Dermatologie in Berlin (Beiträge und Aufzeichnungen anlässlich der Festsitzung der Berliner Dermatologischen Gesellschaft am 12. und 13. Februar 1982). Berlin 1984.

Klein, Kathrin: Die klinischen Lehrer am Berliner Collegium medico-chirurgicum (1724–1809): Ihre Lehrthemen und wissenschaftlichen Leistungen dargestellt am Beispiel der Geburtshilfe. Diss. med. Humboldt-Universität Berlin 2001.

Klöppel, Ulrike: Brigade Propaphenin arbeitet an der Ablösung des Megaphen. Der prekäre Beginn der Psychopharmakaproduktion in der DDR. In: Arzneimittel des 20. Jahrhunderts. Historische Skizzen von Lebertran bis Contergan. Hrsg. Nicholas Eschenbruch et al. Bielefeld 2009, 199–227.

Kluthmann, G.: Neubau eines Kinderkrankenhauses für ansteckende Krankheiten bei der Königl. Charité in Berlin. Zentralblatt der Bauverwaltung 8 (1888), 61–63.

Koch, Robert: Ueber Desinfection: Mittheilungen aus dem Kaiserlichen Gesundheitsamte 1 (1881), 234–282.

Koehn, Michael: Zahnärzte 1933, Berufsverbot, Emigration, Verfolgung. Berlin 1994, 75–81.

Koelbing, Huldrych M.: Joseph Lister (1827–1912). In: Klassiker der Medizin. Hrsg. Dietrich von Engelhardt und Fritz Hartmann. München 1991, 234–246.

Kohl, P. K. und I. Winzer: 100 Jahre Entdeckung der Spirochaeta pallida. Der Hautarzt 56 (2005), 112–115.

Koehler, Albert: Die Kriegschirurgen und Feldärzte Preussens und anderer deutscher Staaten in Zeit- und Lebensbildern. Teil 1: Kriegschirurgen und Feldärzte des 17. und 18. Jahrhunderts. Hrsg. von der Medizinal-Abtheilung des Königl. Preuss. Kriegsministeriums. Berlin 1899.

Köhler, Henning: Berlin in der Weimarer Republik (1918–1932). In: Geschichte Berlins, Zweiter Band: Von der Märzrevolution bis zur Gegenwart. Hrsg. Wolfgang Ribbe. München 1987, 797–923.

Köhler, Rudolf: Die complicirten Fracturen des Jahres 1875. Charité-Annalen 2 (1877a), 410–462.

Köhler, Rudolf: Amputationen, Exarticulationen und Resectionen i. J. 1875 Charité-Annalen 2 (1877b), 463–496.

König, Fritz: Die Chirurgie unter Ernst von Bergmann 1882–1907. In: Das Universitätsklinikum in Berlin. Seine Ärzte und seine wissenschaftliche Leistung 1810–1933. Hrsg. Paul Diepgen und Paul Rostock. Leipzig 1939, 95–106.

Koselleck, Reinhardt: Preußen zwischen Reform und Revolution. Allg. Landrecht, Verwaltung u. soziale Bewegung von 1791–1848. Stuttgart 1975.

Krecker, Thea und Hartmut Krecker: Untersuchungen über die Charité-Patienten von 1754 bis 1772 – Eine Studie zur Funktion und Soziologie eines Krankenhauses im 18. Jahrhundert. Diss. med. HU Berlin 1978.

Kretschmann, Carl-Ernst: Friedrich Althoffs Nachlass als Quelle für die Geschichte der medizinischen Fakultät Halle 1882–1907. Diss. med. Halle 1959.

Kümmel, Werner: Die „Ausschaltung". Wie die Nationalsozialisten die jüdischen und die politisch mißliebigen Ärzte aus dem Beruf verdrängten. In: Bleker/Jachertz 1989, 30–37.

Küster, Ernst: Geschichte der neueren deutschen Chirurgie (= Neue deutsche Chirurgie, 15). Stuttgart 1915.

Labisch, Alfons: Das Krankenhaus in der Gesundheitspolitik der deutschen Sozialdemokratie vor dem Ersten Weltkrieg. Medizinische Soziologie 1 (1981), 126–151.

Labisch, Alfons: Das Krankenhaus in der Sozialdemokratischen Kommunalpolitik in Berlin um die Jahrhundertwende. Historia Hospitalium 14 (1981/1982), 337–345.

Labisch, Alfons: Sozialgeschichte des allgemeinen Krankenhauses in Deutschland (19. und frühes 20. Jahrhundert). Bericht über die 5. Tagung der Internationalen Interdisziplinären Arbeitsgemeinschaft zur Sozialgeschichte der Medizin, Universität Düsseldorf, Institut für Geschichte der Medizin, 1. bis 3. April. 1993. In: Historia Hospitalum 19 (1993–94), 287–300.

Labisch, Alfons: Stadt und Krankenhaus. Das Allgemeine Krankenhaus in der kommunalen Sozial- und Gesundheitspolitik des 19. Jahrhundert. In: „Einem jeden Kranken in einem Hospitale sein eigenes Bett". Zur Sozialgeschichte des Allgemeinen Krankenhauses in Deutschland im 19. Jahrhundert. Hrsg. Alfons Labisch und Reinhard Spree. Frankfurt a.M., New York 1996, 253–296.

Lachmund, Jens und Gunnar Stollberg: The doctor, his audience, and the meaning of illness: The drama of medical practice in the late 18th and early 19th century. In: The social construction of illness. Illness and medical knowledge in past and present. Hrsg. Jens Lachmund und Gunnar Stollberg. Stuttgart 1992, 38–51.

Lachmund, Jens und Gunnar Stollberg: Patientenwelten. Krankheit und Medizin vom späten 18. bis zum frühen 20. Jahrhundert im Spiegel von Autobiographien. Opladen 1995.

Laitko, Hubert: „Befreiung – Besinnung – Neubeginn". In: Autorenkollektiv. Hubert Laitko [Ltg.], Wissenschaft in Berlin. Von den Anfängen bis zum Neubeginn nach 1945. Berlin 1987, 592–692, 617.

Lammel, Hans-Uwe: „Nachwort". In: Theodor Brugsch, „Arzt ...", 2. Aufl. Berlin 1987, 209–235

Lammel, Hans-Uwe: Johann Philipp Hagen (1734–1792). Zeitschrift für ärztliche Fortbildung 86 (1992), 1201–1210.

Lampe, Richard: Dieffenbach. Leipzig 1934.

Lange, Annemarie: Berlin zur Zeit Bebels und Bismarcks. Zwischen Reichsgründung und Jahrhundertwende. Berlin 1984.

Langenbeck, Bernhard von: Ueber die Bedeutung des Jodoforms für die Wundbehandlung, besonders über die Heilung unter dem Jodoformschorf. Verhandlungen der Deutschen Gesellschaft für Chirurgie 11 (1882), 137: Diskussion: 137–158.

Langermann, Johann Gottfried: Bericht des Medicinal-Raths Dr. Langermann, die Veränderungen in dem Bayreuther Irrenhaus betr. (Bayreuth den 28. Mäy 1804). Allgemeine Zeitschrift für Psychiatrie und psychisch. gerichtliche Medizin 2 (1845), 571.

Leidinger, Barbara: Die Krankenhaus-Versicherung – ein süddeutsches Modell? Die Allgemeine Krankenkasse der Krankenanstalt Bremen 1858–1895. In: „Einem jeden Kranken in einem Hospitale sein eigenes Bett". Zur Sozialgeschichte des Allgemeinen Krankenhauses in Deutschland im 19. Jahrhundert. Hrsg. Alfons Labisch und Reinhard Spree. Frankfurt a.M., New York 1996, 273–292.

Lenoir, Timothy: Social interests and the organic physics of 1847. In: Science in reflection. (The Israel Colloquium: Studies in History, Philosophy, and Sociology of Science. Hrsg. Edna Ullmann-Margalit, 3). Dordrecht 1988, 169–191

Lenoir, Timothy: The eye as mathematician: Clinical practice, instrumentation, and Helmholtz's construction of an empiricist theory of vision. In: Hermann von Helmholtz and the foundations of nineteenth-century science. Hrsg. David Cahan. Berkeley 1993, 109–153.

Lenz, Max: Geschichte der Königlichen Friedrich-Wilhelms-Universität zu Berlin. Halle a.d. Saale 1910.

Leubuscher, Rudolf: Bericht über die bisherigen Reformbestrebungen in Berlin. Die medicinische Reform 1 (1848), 2–4.

Leyden, Ernst: Gedächtnisrede auf Ludwig Traube. Charité-Annalen 2 (1875), 767–800.

Leyden, Ernst von: Lebenserinnerungen. Stuttgart, Leipzig 1910.

Lischke, Ralph-Jürgen: Friedrich Althoff und sein Beitrag zur Entwicklung des Berliner Wissenschaftssystems an der Wende vom 19. zum 20 Jahrhundert. Berlin 1990.

Lister, Joseph: Erste Veröffentlichungen über antiseptische Wundbehandlung (1867.1868.1869). Hrsg.: Friedrich Trendelenburg (= Klassiker der Medizin, 17). Leipzig 1912.

Loeffler, Friedrich: Zur Therapie der Diphtherie. Deutsche Medizinische Wochenschrift 17 (1891), 353–356.

Lönnendonker, Siegward: Freie Universität Berlin. Gründung einer politischen Universität. Berlin 1988.

Loytved, Christine: Zur Gründung der Hebammenschule an der Berliner Charité 1751. In: Von der Wehemutter zur Hebamme. Zur Gründung der Habammenschulen mit Blick auf ihren politischen Stellenwert und praktischen Nutzen. Hrsg. Christine Loytved (= Frauengesundheit, 1). Osnabrück 2001, 63–78.

Lucas-Langenohl, Hermann: Hermann Senator. Wissenschaftliches Werk und klinische Tätigkeit. Diss. med. Berlin 1993.

Lundgreen, Peter: Techniker in Preußen während der frühen Industrialisierung. Ausbildung und Berufsfeld einer entstehenden sozialen Gruppe (= Einzelveröffentlichungen der Historischen Kommission zu Berlin, 16). Berlin 1975.

Lyncker, Alexander von: Die Matrikel des preußischen Collegium medico-chirurgicum in Berlin 1730 bis 1768. Archiv für Sippenforschung 11 (1934), 129–158.

Lyncker, Alexander von: Die Matrikel des preußischen Collegium medico-chirurgicum in Berlin 1769 bis 1797. Archiv für Sippenforschung 12 (1935), 97–135.

Malycha, Andreas: Institutionelle und individuelle Strategien im Umgang mit der nationalsozialistischen Vergangenheit an der Medizinischen Fakultät der Berliner Universität in den Jahren von 1945 bis 1949. In: Oehler-Klein / Roelcke 2007, 147–168.

Malycha, Andreas und Peter Jochen Winters, Peter Jochen: Die SED. Geschichte einer deutschen Partei. München 2009.

Malycha, Andreas und Udo Schagen: Die Medizinische Fakultät der Berliner Universität und ihr Verhältnis zur zentralen Hochschulbehörde 1945 bis 1949. Zentrale Konflikte im Vorfeld der Gründung der Freien Universität Berlin. In: Lemke, Michael (Hrsg.): Schaufenster der Systemkonkurrenz. Die Region Berlin-Brandenburg im Kalten Krieg. Köln etc. 2006, 225–245.

Mamlock, G. L.: Zur Geschichte des Charitékrankenhauses in Berlin. Charité-Annalen 29 (1905), 61–86.

Marcus, Adalbert Friedrich: Kurze Beschreibung des allgemeinen Krankenhauses zu Bamberg. Weimar 1797.

Mehrtens, Herbert: Kollaborationsverhältnisse: Natur- und Technikwissenschaften im NS-Staat und ihre Historie. In: Christoph Meinel und Peter Voswinckel (Hrsg.): Medizin, Naturwissenschaft, Technik und Nationalsozialismus. Kontinuitäten und Diskontinuitäten. Stuttgart 1994, 13–32.

Mein Besuch bey den Irren und Wahnsinnigen in der Charité zu Berlin. Magazin für die psychische Heilkunde 1 (1805), 115–173.

Meyer, Bernhard: Einweihung der »Alten Charité«. Berlinische Monatsschrift 9 (2000.11), 82–87.

Meyer-Seitz, Christian: Die Verfolgung von NS-Straftaten in der Sowjetischen Besatzungszone. Berlin 1998.

Michler, Markwart: Bernhard von Langenbeck. In: Neue Deutsche Biographie 13. Berlin 1982, 580–582.

Mieck, Ilja: Von der Reformzeit zur Revolution (1806–1847). In: Geschichte Berlins. Bd. 1: Von der Frühzeit bis zur Frühindustrialisierung. Hrsg. Wolfgang Ribbe. München 1988, 407–602.

Mikulicz, Johann: Ueber einige Modifikationen des antiseptischen Verfahrens. Verhandlungen der Deutschen Gesellschaft für Chirurgie 13 (1884), II 220–278.

Mitscherlich, Alexander und Fred Mielke: Medizin ohne Menschlichkeit. Dokumente des Nürnberger Ärzteprozesses. Frankfurt a.M. 1962.

Mocek, Reinhard: Johann Christian Reil (1759–1813). Das Problem des Übergangs von der Spätaufklärung zur Romantik in Biologie und Medizin in Deutschland (= Philosophie und Geschichte der Wissenschaft, 28). Frankfurt a.M. etc. 1995.

Moritz, Carl Ernst Heinrich: Treue Erzählung meiner gehabten Schicksale in Berlin vor, und nach der Aufnahme in die Charité: Mit eingestreueten Bemerkungen über das mir lieb, auch misfällig Gewordene in der Verfassung des Hauses selbst. Berlin 1803.

Mühlens, Peter et al.: Die Behandlung der Paralyse mit Malaria- und Rekurrensfieber. In: Münchener Medizinische Wochenschrift 67 (1920), 831–833.

Müller, Eduard Heinrich: Die Cholera-Epidemie zu Berlin im Jahre 1866. Amtlicher Bericht. Berlin 1867.

Müller, Hans-Heinrich: 80 Stunden Arbeit für einen Hungerlohn. Berlinische Monatsschrift 2 (1998), 12–16.

Müller, Jens Theo: Hans Mahle berichtet: 10 Tage im Mai. In: Heiß und kalt – Die Jahre 1945–1969. 2. Aufl. Berlin 1986, 85–89.

Münch, Ragnhild: Gesundheitswesen im 18. und 19. Jahrhundert. Das Berliner Beispiel. Berlin 1995a.

Münch, Ragnhild: Probleme der städtischen Armenkrankenpflege 1810–1850. In: Die Medizin an der Berliner Charité zwischen 1810 und 1850. Hrsg. Peter Schneck und Hans-Uwe Lammel (= Abhandlungen zur Geschichte der Medizin und der Naturwissenschaften, 67). Husum 1995b, 228–240.

Naser, Gerhard: Hausärzte in der DDR. Diss. med. FU Berlin 2000.

Naunyn, B[ernhard]: Erinnerungen, Gedanken und Meinungen. München 1925.

Neuber, Gustav: Zur aseptischen Wundbehandlung. Verhandlungen der Deutschen Gesellschaft für Chirurgie 21 (1892). II 76–85; Diskussion: I 69–75.

Neuhaus, Reiner: Die Militärassistenzärzte der Berliner Charité (1727–1920). Diss. med. München 1971.

Neumann, Salomon: Die Krankenanstalten im preußischen Staate, nach den bisherigen vom statistischen Bureau über dieselben veröffentlichten Nachrichten. Archiv für Landeskunde der Preußischen Monarchie 5 (1858), 345–388.

Neumann, Salomon: Der Gesundheitspflegeverein der Arbeiterverbrüderung zu Berlin (1850). In: Salomon Neumann (1819–1908) Ausgewählte Texte. Hrsg. Karl-Heinz Karbe. Leipzig 1983, 121–152.

Oppitz, Ulrich-Dieter: Der Prozeß gegen Karl Brandt und andere („Ärzteprozeß“). In: Medizinverbrechen vor Gericht. Das Urteil im Nürnberger Ärzteprozeß gegen Karl Brandt und andere sowie aus dem Prozeß gegen Generalfeldmarschall Milch. Hrsg. Andreas Frewer und Claudia Wiesemann. Erlangen etc. 1999, 25–98.

Paubel, C.: Kommandant für 30 Tage. Ein sowjetischer Major war in den Maitagen 1945 Chef der Charité. Berliner Zeitung vom 20./21.4.1985.

Pawlow, Valentin: Carl Ferdinand von Graefe, Johann Friedrich Dieffenbach und die Frühzeit der Plastischen Chirurgie in Berlin. In: Die Medizin an der Berliner Charité zwischen 1810 und 1850. Hrsg. Peter Schneck und Hans-Uwe Lammel (= Abhandlungen zur Geschichte der Medizin und der Naturwissenschaften, 67). Husum 1995, 161–166.

Peiper, Albrecht: Chronik der Kinderheilkunde. 3. erw. und umgearb. Auflage Leipzig 1958.

Personal-Nachrichten. Die medicinische Reform 29 (1849), 184.

Poppelauer, Moritz: Die Cholera-Epidemie des Jahres 1866. Statistische, aetiologische und therapeutische Beobachtungen. Berlin 1867.

Porter, Roy: Die Kunst des Heilens. Eine medizinische Geschichte der Menschheit von der Antike bis heute. Darmstadt 2000.

Prahmer, Johann Georg Wilhelm: Einige Worte über Berlinische Charité zur Beherzigung aller Menschenfreunde. Von dem z. luth. Prediger dieser Anstalt. In: Denkwürdigkeiten und Tagesgeschichte der Mark Brandenburg 6 (1798), 1011–1032.

Prahmer, Wilhelm: Sendschreiben an die Herren Armendeputirten, die zu Abstellung der Mängel der Charité mit über diese Anstalt gesetzt sind. Berlin 1799.

Preuß, J. D. E.: Das Königlich Preußische medizinisch-chirurgische Friedrich-Wilhelms-Institut zu Berlin. Berlin 1819.

Probst, Christian: Der Weg des ärztlichen Erkennens am Krankenbett. Herman Boerhaave und die ältere Wiener medizinische Schule, Bd.1: 1707–1787 (= Sudhoffs Archiv, Beiheft, 15). Wiesbaden 1972.

Proposal for improving the practice of medicine, by the introduction of clinical tables. Medical and Physical Journal 1 (1799), 180–181.

Prüll, Cay-Rüdiger: Zwischen Krankenversorgung und Forschungsprimat. Die Pathologie an der Berliner Charité im 19. Jahrhundert. Jahrbuch für Universitätsgeschichte 3 (2000), 87–109.

Pütter, Ernst: Verwaltungsbericht. Chronik der Charité. Charité-Annalen 37 (1913), 1–57.

Pütter, Ernst: Erinnerungen an die Charité in Berlin. Düsseldorf 1928.

Pütter, Ernst: Die historische Entwicklung der Charité. In: Erinnerungen an die Charité Berlin. Hrsg. Ernst Pütter 1928, 5–98.

Rabl, Marie: Rudolf Virchow. Briefe an seine Eltern. Leipzig 1906.

Radkau, Joachim: Das Zeitalter der Nervosität. München 1998.

Radtke, Wolfgang: Die preussische Seehandlung zwischen Staat und Wirtschaft in der Frühphase der Industrialisierung (= Einzelveröffentlichungen der Historischen Kommission zu Berlin, 30. Publikationen zur Geschichte der Industrialisierung). Berlin 1981.

Ramm, Rudolf: Ärztliche Rechts- und Standeskunde. Der Arzt als Gesundheitserzieher. 2. [durchges. und verm.] Auflage Berlin 1943.

Rat der Medizinischen Fakultät (Hrsg.): 250 Jahre Charité 1710–1960. Berlin 1960.

Reichsmedizinalkalender 1926: Die Medizinischen Fakultäten im Deutschen Reich, 1. Berlin 1926.

Reil, Johann Christian: Rhapsodieen über die Anwendung der psychischen Curmethode auf Geisteszerrüttungen. Halle 1803.

Reil, Johannes Christian: Reils Entwurf zur Organisation einer wissenschaftlich-medizinischen Schule. In: Geschichte der königlichen Friedrich-Wilhelms-Universität zu Berlin in 4 Bänden. Hrsg. Max Lenz, 4. Halle a.d. Saale 1910, 50–67.

Richtlinie zur Durchführung des Perspektivplanes zur Entwicklung der medizinischen Wissenschaft und des Gesundheitswesens in der DDR vom 22.11.1960. In: Verfügung und Mitteilungen des Ministeriums für Gesundheitswesen Nr. 12, 1960, 65f.

Ridder, Paul: Chirurgie und Anästhesie. Vom Handwerk zur Wissenschaft. Stuttgart 1993.

Risse, Guenter B.: The history of therapeutics. In: Essays in the history of therapeutics. Hrsg. William F. Bynum und Vivian Nutton. Amsterdam, Atlanta 1991, 3–11.

Rosenberg, Charles E.: The therapeutic revolution: Medicine, meaning, and social change in nineteenth-century America. In: The therapeutic revolution: Essays in the social history of american medicine. Hrsg. Morris J. Vogel und Charles E. Rosenberg. Pennsylvania 1979, 3–25.

Roser, W. und C. A. Wunderlich: Ueber die Mängel der heutigen deutschen Medicin und ueber die Nothwendigkeit einer entschieden wissenschaftlichen Richtung in derselben. Archiv für physiologische Heilkunde 1 (1842), i–xxx.

Rothenberger, Aribert und Klaus-Jürgen Neumärker: Wissenschaftsgeschichte der ADHS. Kramer-Pollnow im Spiegel der Zeit. Darmstadt 2005.

Rothschuh, Karl Eduard und Johanna Bleker: Die Einführung naturwissenschaftlich-messender Methoden in die klinische Diagnostik in der deutschen Medizin des 19. Jahrhunderts. In: Proceedings of the XXIII Congress of the History of Medicine (London, 2.–9. September 1972). 1974, 131–135.

Rott, Fritz und Leo Langstein: Die Säuglingsstation der Charité in den Jahren 1894 bis 1908. Zeitschrift für Säuglingsfürsorge 2 (1908), 399–426.

Rüster, Detlef: Über das medizinische Berlin. Berlin 1990.

Rüster, Detlef: Aspekte der Beziehung zwischen Pépinière, Charité und Universität. In: Die Medizin an der Berliner Universität und an der Charité zwischen 1810 und 1850. Hrsg.: Peter Schneck und Hans-Uwe Lammel (= Abhandlungen zur Geschichte der Medizin und der Naturwissenschaften, 67). Husum 1995, 209–221.

Rüther, Bernd: Ärztliches Standeswesen im Nationalsozialismus 1933–1945. In: Geschichte der deutschen Ärzteschaft. Organisierte Berufs- und Gesundheitspolitik im 19. und 20. Jahrhundert. Hrsg. Robert Jütte. Köln 1997, 143–194.

Sabarth, Friedrich: Das Chloroform. Eine Zusammenstellung der bisher damit gemachten wichtigsten Erfahrungen. Würzburg 1866.

Sachse, Arnold: Friedrich Althoff und sein Werk. Berlin 1928.

Sammet, Kai.: Wilhelm Griesinger, die Charite und die „Weiterentwicklung" der Irrenanstalten. Jahrbuch für Universitätsgeschichte 3 (2000), 137–161. (Sammet 2000a)

Sammet, Kai: „Über Irrenanstalten und deren Weiterentwicklung in Deutschland": W. Griesinger im Streit mit der konservativen Anstaltspsychiatrie 1865–1868. Münster etc. 2000. (Sammet 2000b)

Sammet, Kai: Akteure, Konflikte, Interessen: Wilhelm Griesingers Reformversuche in der Irrenabteilung der Berliner Charite 1865–1868. Medizinhistorisches Journal 38 (2004), 285–311.

Sauerteig, Lutz: Krankheit, Sexualität, Gesellschaft. Geschlechtskrankheiten und Gesundheitspolitik in Deutschland im 19. und frühen 20. Jahrhundert. (MedGG-Beihefte, 12). Stuttgart 1999.

Schabel, Elmer: Soziale Hygiene zwischen Sozialer Reform und Sozialer Biologie. Fritz Rott (1878–1959) und die Säuglingsfürsorge in Deutschland (= Abhandlungen zur Geschichte der Medizin und der Naturwissenschaften, 71). Husum 1995.

Schagen, Udo: „Daher ist es selbstverständlich..., daß der Geist der neuen Zeit auch den gesamten Ausbildungsgang der Medizinstudierenden erfasst". Zum Neubeginn an der Medizinischen Fakultät der Berliner Universität. hochschule ost 6, 1997 (Nr. 2): 9–24.

Schagen, Udo: Widerständiges Verhalten im Meer von Begeisterung, Opportunismus und Antisemitismus. Der Pharmakologe Otto Krayer (1899–1982), Professor der Berliner Universität 1933. Jahrbuch für Universitätsgeschichte 10. Stuttgart 2007, 223–247. (Schagen 2007a).

Schagen, Udo: Das Selbstbild Berliner medizinischer Hochschullehrer in der SBZ und ihre Verantwortung für die Universität im Nationalsozialismus. In: Oehler-Klein, Sigrid und Volker Roelcke (Hrsg.): Vergangenheitspolitik in der universitären Medizin nach 1945. Institutionelle und individuelle Strategien im Umgang mit dem Nationalsozialismus. Stuttgart 2007, 121–144. (Schagen 2007b).

Schagen, Udo: Wer wurde vertrieben? Wie wenig wissen wir? Die Vertreibungen aus der Berliner Medizinischen Fakultät 1933. Ein Überblick. In: Schleiermacher/Schagen 2008a, 51–66. (= Schagen 2008a)

Schagen, Udo: Von der Freiheit – und den Spielräumen – der Wissenschaft(ler) im Nationalsozialismus: Wolfgang Heubner und die Pharmakologen der Charité 1933 bis 1945. In: Schleiermacher/Schagen 2008a, 207–227. (= Schagen 2008b)

Schagen, Udo: Wer darf studieren? Ausgrenzung und Chancengleichheit 1933 und 1945. In: Wissenschaft macht Politik. Hochschule in den politischen Systembrüchen 1933 und 1945. Wissenschaft, Politik und Gesellschaft Bd. 3. Hrsg. Sabine Schleiermacher und Udo Schagen Stuttgart 2009, 49–61. (Schagen 2009a).

Schagen, Udo: Walter Stoeckel (1871–1961) als (un)politischer Lehrer. Kaiser der deutschen Gynäkologen? In: Berlin und seine Frauenkliniken der Universität und Charité. 200 Jahre. Geschichte der Strukturen und Personen. Hrsg. Matthias David und Andreas D. Ebert. Berlin 2009. (Schagen 2009b).

Schagen, Udo und Sabine Schleiermacher: Gesundheitswesen und Sicherung bei Krankheit. Rahmenbedingung für die Reorganisation des Gesundheitswesens. Die Sowjetische Besatzungszone und Berlin. Entnazifizierung. In: Geschichte der Sozialpolitik in Deutschland seit 1945, Band 2/1. Hrsg. Udo Wengst: 1945–1949. Die Zeit der Besatzungszonen. Sozialpolitik zwischen Kriegsende und der Gründung zweier deutscher Staaten. Bonn 2001, 482–485.

Schagen, Udo und Sabine Schleiermacher: Gesundheitswesen und Sicherung bei Krankheit. In: Bundesministerium für Arbeit und Sozialordnung, Bundesarchiv (Hrsg.): Geschichte der Sozialpolitik in Deutschland seit 1945. Band 8: DDR 1949–1961. Im Zeichen des Aufbaus des Sozialismus. Bandherausgeber: Dierk Hoffmann und Michael Schwartz. Baden-Baden 2004, 387–433. Bd. 8. Enthält dazugehörige Dokumente auf CD-Rom.

Schaper, Fritz: Über die Grundsätze für die Neubauten von Krankenhäusern mit Rücksicht auf einen Neubau der Charité (Vortrag, gehalten in der deutschen Gesellschaft für öffentliche Gesundheitspflege am 27. November 1893). Berliner Klinische Wochenschrift 30 (1893), 1201–1207.

Schaper, Hermann: Eröffnungsrede zur Gedächtnisfeier für den verstorbenen Ober-Medicinalrat und Generalarzt Professor Adolf von Bardeleben. Verhandlungen der Gesellschaft der Charité-Ärzte aus dem Gesellschaftsjahr 1895 1 (1896) 102–104.

Schaper, [Hermann]: Statistik. Charité-Annalen 22 (1897), 1–125.

Scheibe, Oskar: Die große Heilanstalt Charité. In: Medizinische Anstalten auf dem Gebiete der Volksgesundheitspflege in Preußen. XIV. Internationaler Kongreß für Hygiene und Demographie; Festschrift dargeboten von dem Preußischen Minister der geistlichen, Unterrichts- und Medizinal-Angelegenheiten. Jena 1907, 318–372.

Scheibe, Oskar: Zweihundert Jahre des Charité-Krankenhauses zu Berlin. Mitteilungen aus der Geschichte und Entwicklung der Anstalt von ihrer Gründung bis zur Gegenwart. Charité-Annalen 34 (1910), 1–178.

Scheibe, Oskar: Statistik (1. April 1911 bis 31. März 1912). Charité-Annalen 37 (1913), 1–79.

Schickert, Otto: Die Militärärztlichen Bildungsanstalten von ihrer Gründung bis zur Gegenwart. Festschrift zur Feier des hundertjährigen Bestehens des medicinisch-chirurgischen Friedrich-Wilhelms-Instituts. Berlin 1895.

Schlange, Hans: Ueber sterile Verbandsstoffe: Verhandlungen der Deutschen Gesellschaft für Chirurgie 16 (1887), II 141–150; Diskussion: I 118–123.

Schleich, Carl Ludwig: Die Infiltrationsanästhesie (locale Anästhesie) und ihr Verhältnis zur allgemeinen Narcose (Inhalationsanästhesie).Verhandlungen der Deutschen Gesellschaft für Chirurgie 21 (1892), 121–127.

Schleiermacher, Sabine: Rassenhygiene und Rassenanthropologie an der Universität Berlin. In: Christoph Jahr (Hrsg.): Die Berliner Universität in der NS-Zeit. Band I: Strukturen und Personen. Stuttgart 2005, 71–88.

Schleiermacher, Sabine: Reform oder Restauration? Vorschläge für das Medizinstudium in der amerikanischen und der sowjetishen Besatzungszone. In: Kontinuitäten und Diskontinuitäten in der Wissenschaftsgeschichte des 20. Jahrhunderts. Hrsg. von Rüdiger vom Bruch u. a. Stuttgart 2006, 247–261.

Schleiermacher, Sabine: Die universitäre Medizin nach dem Zweiten Weltkrieg. Institutionelle und persönliche Strategien im Umgang mit der Vergangenheit. In: Oehler-Klein/Roelcke 2007, 21–43.

Schleiermacher, Sabine: Grenzüberschreitungen der Medizin: Vererbungswissenschaft, Rassenhygiene und Geomedizin an der Charité im Nationalsozialismus. In: Schleiermacher/Schagen 2008a, 169–188. (Schleiermacher 2008a).

Schleiermacher, Sabine: Kurzbiografien der im Nürnberger Ärzteprozess Angeklagten und der an Verbrechen beteiligten Mitglieder der Berliner Medizinischen Fakultät. In: Schleiermacher/Schagen2008a, 255–260 (Schleiermacher 2008b).

Schleiermacher, Sabine und Udo Schagen (Hrsg.): Die Charité im Dritten Reich. Zur Dienstbarkeit medizinischer Wissenschaft im Nationalsozialismus. Paderborn etc. 2008. (Schleiermacher/Schagen 2008a).

Schleiermacher, Sabine und Udo Schagen: Enthumanisierung der Medizin und die Charité im „Dritten Reich". In: Schleiermacher/Schagen 2008a, 9–22. (Schleiermacher/Schagen 2008b).

Schleiermacher, Sabine und Udo Schagen: Medizinische Forschung als Pseudowissenschaft. Selbstreinigungsrituale der Medizin nach dem Nürnberger Ärzteprozess. In: Rupnow, Dirk et al. (Hrsg.): Pseudowissenschaft. Konzeptionen von Nichtwissenschaftlichkeit in der Wissenschaftsgeschichte. Frankfurt a.M. 2008, 251–278 (Schleiermacher/Schagen 2008c).

Schlich, Thomas: Surgery, Science and Industry: A Revolution in Fracture Care, 1950s–1990s (= Science, Technology and Medicine in Modern History). Basingstoke 2002.

Schlossmann, Arthur: Kinderkrankheiten und Krieg. In: Verhandlungen der einundreissigsten (ausserordentlichen) Versammlung der Gesellschaft für Kinderheilkunde in Leipzig 1917. Hrsg. Hermann Brüning. Wiesbaden 1918, 1–21.

Schlossmann, Arthur: Zum hundertjährigen Bestehen der Kinderklinik und Kinderpoliklinik der Universität Berlin. Klinische Wochenschrift 9 (1930), 1054f.

Schmiedebach, Heinz-Peter: Wilhelm Griesinger. In: Berlinische Lebensbilder. Mediziner. Hrsg. Wilhelm Treue und Rolf Winau (= Einzelveröffentlichungen der Historischen Kommission zu Berlin, 60). Berlin 1987, 109–131.

Schmiedebach, Heinz-Peter: Die Psychiatrie an der Charité auf dem Weg zur Disziplin – zwischen Erziehung und Therapie. In: Die Medizin an der Berliner Universität und an der Charité zwischen 1810 und 1850. Hrsg. Hans-Uwe Lammel und Peter Schneck (= Abhandlungen zur Geschichte der Medizin und der Naturwissenschaften, 67). Husum 1995a, 111–123.

Schmiedebach, Heinz-Peter: Robert Remak (1815–1865). Ein jüdischer Arzt im Spannungsfeld von Wissenschaft und Politik (= Medizin in Geschichte und Kultur, 18). Stuttgart 1995b.

Schmuhl, Hans-Walther: Die Charité und die Forschungspolitik der Kaiser-Wilhelm-Gesellschaft un dder Deutschen Forschungsgemeinschaft in der Zeit des Nationalsozialismus. In: Schleiermacher/Schagen 2008a, 226–245.

Schnalke, Thomas: Die medizinische Moulage – ein historischer Überblick. In: Internationales Kolloquium „Wachs – Moulagen und Modelle". Hrsg. Susanne Hahn und Dimitrios Ambatielos. Dresden 1994, 13–28.

Schneck, Peter und Hans-Uwe Lammel (Hrsg.): Medizin in Berlin an der Wende vom 19. zum 20. Jahrhundert: theoretische Fachgebiete (= Abhandlungen zur Geschichte der Medizin und der Naturwissenschaften, 90). Husum 1999.

Schneider, Hans: Ernst Horn (1774–1848) – Leben und Werk. Ein ärztlicher Direktor der Berliner Charité an der Wende zur naturwissenschaftlichen Medizin. Diss. med. Freie Universität Berlin 1986.

Schonlau, Anja: Syphilis in der Literatur. Würzburg 2005.

Schrenk, Martin: Über den Umgang mit Geisteskranken. Die Entwicklung der psychiatrischen Therapie vom „moralischen Regime" in England und Frankreich zu den „psychischen Curmethoden" in Deutschland (= Monographien aus dem Gesamtgebiet der Psychiatrie, 10). Berlin etc. 1973.

Schubring, Gerd: Mathematics and teacher training: Plans for a polytechnic in Berlin. Historical Studies in the Physical Sciences 12 (1981), 161–194.

Schubring, Gerd: Spezialschulmodell versus Universitätsmodell: Die Institutionalisierung von Forschung. In: 'Einsamkeit und Freiheit' neu besichtigt. Universitätsreformen und Disziplinenbildung in Preußen als Modell für Wissenschaftspolitik im Europa des 19. Jahrhunderts. Hrsg. Gerd Schubring. Stuttgart 1991, 276–326.

Schultz, Helga: Aus der Geschichte des Berliner Waisenhauses (des Großen Friedrichs-Hospitals) im 18. Jahrhundert. In: Berliner Geschichte. Dokumente, Beiträge, Informationen, H. 5, Stadtarchiv der Hauptstadt der DDR, Berlin 1984, 56–66.

Schultz, Helga: Armut in Berlin im 18. Jahrhundert. In: Chirurgische Ausbildung im 18. Jahrhundert. Hrsg. v. Georg Harig (= Abhandlungen zur Geschichte der Medizin und der Naturwissenschaften, 57). Husum 1990, 23–34.

Schultz, Helga: Berlin 1650–1800. Sozialgeschichte einer Residenz. Berlin 1992.

Schultze, August Wilhelm: Ueber Lister's antiseptische Wundbehandlung nach persönlichen Erfahrungen (Sammlung klinischer Vorträge, 52). Leipzig 1873.

Schulz, F.: Kleine Wanderungen durch Teutschland, in Briefen an den Doctor K-. Der Teutsche Merkur 2. Viertelj. (1785), 54–76.

Schweier, Paul und Eduard Seidler (Hrsg.): Lebendige Pädiatrie. München 1983.

Seebacher, Marieluise: Der Neubau der Charité um die Jahrhundertwende auf dem Charité-Hauptgrundstück. Die Vorbereitungen und Ausführungen in den Jahren 1888–1916. Diss. med. HU Berlin 1991.

Seidler, Eduard: Kinderärzte 1933–1945: entrechtet/geflohen/ermordet. Erw. Neuaufl. Basel etc. 2007.

Silex, Paul: Ueber die Aethernarkose. Berliner klinische Wochenschrift 27 (1890), 169–171.

Sohns, Andreas: Die Entwicklung der Charité zwischen 1800 und 1830 im Spiegel von Hufelands Journal der praktischen Arzney- und Mundarzneykunde. Berlin 1989.

Spaar, Horst: Dokumentation zur Geschichte des Gesundheitswesens der DDR. Teil 3: Das Gesundheitswesen der DDR zwischen neuem Kurs und Schließung der Staatsgrenze (1953–1961). Berlin 1998.

Spaar, Horst und Dietmar Funke: Dokumentation zur Geschichte des Gesundheitswesens der DDR. Teil 2: Das Gesundheitswesen zwischen Gründung der DDR und erster Gesellschaftskrise (1949–1953). Berlin 1996.

Statistisches Amt der Stadt Berlin (Bearb.): Erster Verwaltungsbericht der neuen Stadtgemeinde Berlin für die Zeit vom 1. Oktober 1920 bis 31. März 1924, Heft 1. Berlin 1926.

Stein, Rosemarie: Charité 1945–1992. Ein Mythos von innen. Berlin 1992.

Stelzner, Helenefriederike: Der weibliche Arzt. Deutsche medizinische Wochenschrift 8 (1912) 1243–1244, 1290–1292.

Stieve, Hermann: Der Einfluß des Nervensystems auf Bau und Tätigkeit der Geschlechtsorgane des Menschen. Stuttgart 1952.

Stöckel, Sigrid: Säuglingsfürsorge zwischen Sozialer Hygiene und Eugenik (= Veröffentlichungen der Historischen Kommission zu Berlin, 91). Berlin, New York 1996.

Stoeckel, Walter: Gelebtes Leben, unpublizierter Privatdruck. o.O., o.J. (1953).

Strassmann, Wolfgang Paul: Die Strassmanns. Schicksale einer deutsch-jüdischen Familie über zwei Jahrhunderte. Frankfurt a.M. 2006.

Stürzbecher, Manfred: Zur Geschichte der ärztlichen Versorgung in Berlin im 18. Jahrhundert. Medizinische Mitteilungen Schering 19 (1958), 207–215.

Stürzbecher, Manfred: Beiträge zur Berliner Medizingeschichte. Quellen und Studien zur Geschichte des Gesundheitswesens vom 17. bis zum 19. Jahrhundert. (= Veröffentlichungen der historischen Kommission zu Berlin beim Friedrich-Meinecke-Institut der Freien Universität Berlin, 18). Berlin 1966.

Stürzbecher, Manfred: Bernhard von Langenbeck. In: Berlinische Lebensbilder. Mediziner. Hrsg. Wilhelm Treue und Rolf Winau (= Einzelveröffentlichungen der Historischen Kommission zu Berlin, 60). Berlin 1987, 87–108.

Stürzbecher, Manfred und Gustav Wagner: Die Vorgeschichte der Berufung von Edmund Lesser an die Charité. Kiel 1962.

Tent, James F.: Freie Universität Berlin. 1948–1988. Eine deutsche Hochschule im Zeitgeschehen. Berlin 1988.

Thienel, Ingrid: Städtewachstum im Industrialisierungsprozess des 19. Jahrhunderts : das Berliner Beispiel (= Veröffentlichungen der Historischen Kommission zu Berlin, 39). Berlin, New York 1973.

Thiersch, Karl: Ueber den Ersatz der Carbolsäure durch Salicylsäure bei Durchführung der Lister'schen Wundbehandlung, Verhandlungen der Deutschen Gesellschaft für Chirurgie 4 (1875), 64–70.

Thoms, Ulrike: Individualisierung contra Schematisierung. Die Ernährung der Charitépatienten im Spannungsfeld von medizinischer Wissenschaft und Anstaltsökonomie. Jahrbuch für Universitätsgeschichte 3 (2000), 110–136.

Thoms, Ulrike: Anstaltskost im Rationalisierungsprozeß: Die Ernährung in Krankenhäusern und Gefängnissen im 18. und 19. Jahrhundert (= Medizin, Gesellschaft und Geschichte, 23). Stuttgart 2005.

Thorwald, Jürgen: Die Entlassung. Das Ende des Chirurgen Ferdinand Sauerbruch. München; Zürich 1963.

Throm, Carola: Das Diphtherieserum. Ein neues Therapieprinzip, seine Entwicklung und Markteinführung (= Heidelberger Schriften zur Pharmazie- und Naturwissenschaftsgeschichte, 13). Stuttgart 1995.

Traube, Ludwig: Beobachtungen und Bemerkungen zur Pathologie und Therapie des Abdominal-Typhus und der Pneumonie. Annalen des Königlichen Charité-Krankenhauses 1 (1850a), 244–312.

Traube, Ludwig: Beobachtungen und Bemerkungen zur Pathologie und Therapie des Typhus und der Pneumonie. Annalen des Königlichen Charité-Krankenhauses 1 (1850b), 436–484.

Traube, Ludwig: Vorläufige Mittheilungen aus einer grösseren Arbeit: „Ueber Krisen und Kritische Tage". Deutsche Klinik 3–4 (1851–52), 491–94, 515–17, 145–48, 165 f., 173–77.

Traube, Ludwig: Gesammelte Beiträge zur Pathologie und Physiologie. 2. Bd., 1. Abt. Berlin 1871.

Tsouyopoulos, Nelly: Reformen am Bamberger Krankenhaus: Theorie und Praxis der Medizin um 1800. Historia Hospitalium 11 (1976), 103–123.

Tuchman, Arleen: Ein verwirrendes Dreieck. Universität, Charité, Pépinière. Jahrbuch für Universitätsgeschichte 3 (2000), 36–48.

Turner, R. Steven: University reformers and professorial scholarship in Germany 1760–1806. The University in Society 2 (1974), 495–569.

Tutzke, Dietrich et al.: Die Charitè 1710–1985. Berlin 1985.

Ulbricht, Otto: Kindsmord in der Frühen Neuzeit. In: Frauen in der Geschichte des Rechts. Von der Frühen Neuzeit bis zur Gegenwart. Hrsg. Ute Gerhard. München 1997, 235–247.

Unsere neue Zeitschrift. In: Das deutsche Gesundheitswesen 1 (1946), 3.

Versicherungsanstalt Berlin: Ein halbes Jahr Sozialversicherung im neuen Berlin. 125 Tage Versicherungsanstalt Berlin. Berlin 1945.

Virchow, Rudolf: Über die Standpunkte in der wissenschaftlichen Medicin. Archiv für pathologische Anatomie und Physiologie und für die klinische Medizin 1 (1847), 3–19.

Virchow, Rudolf: Der Armenarzt. Die medicinische Reform 18 (1848), 125.

Virchow, Rudolf: Mittheilungen über die in Oberschlesien herrschende Typhus-Epidemie. Archiv für pathologische Anatomie und Physiologie und für die klinische Medizin 2 (1849a), 214–334.

Virchow, Rudolf: Der Staat und die Ärzte. Die medicinische Reform 2 (1849b), 213–214, 217–218, 221–223, 225–227, 229–230

Virchow, Rudolf: Gedächtnißrede auf Karl Mayer, gehalten am 25. Juni 1868. Verhandlungen der Gesellschaft für Geburtshülfe Berlin Jubiläumsheft (1868).

Virchow, Rudolf: Reinigung und Entwässerung Berlins. General-Bericht über die Arbeiten der städtischen gemischten Deputation für die Untersuchung der auf die Kanalisation und Abfuhr bezüglichen Fragen. Berlin 1873.

Virchow, Rudolf: Erinnerungen an Ludwig Traube. Berliner Klinische Wochenschrift (1876), 209–210.

Volkmann, Richard: Ueber den Einfluss der Listerschen Methode auf den Gang des Wundheilungsprozesses und Carl Reyher: Ueber Listersche Wundbehandlung. Verhandlungen der Deutschen Gesellschaft für Chirurgie 3 (1874), I 44; II 165–184; Diskussion: I 48–62.

Vollnhals, Clemens (Hrsg.): Entnazifizierung. Politische Säuberung und Rehabilitierung in den vier Besatzungszonen 1945–1949. München 1991, S. 43

Vom Brocke, Bernhard (Hrsg.):Wissenschaftsgeschichte und Wissenschaftspolitik im Industriezeitalter. Das „System Althoff" in historischer Perspektive. Hildesheim 1991.

Vom Bruch, Rüdiger: Zur Wissenschafts- und Bildungspolitik im zweiten deutschen Kaiserreich. In: Medizin in Berlin an der Wende vom 19. zum 20. Jahrhundert. Theoretische Fachgebiete. Hrsg. Peter Schneck (= Abhandlungen zur Geschichte der Medizin und der Naturwissenschaften, 90). Husum 1999, S. 29–38.

Vossen, Johannes: Willfährige Wissenschaft: Die Medizinische Fakultät der Berliner Universität und der Nationalsozialismus. In: Schleiermacher/Schagen 2008a, 23–36.

Wagner, Dieter: Medizinisches Hilfspersonal an der Charité des 18. Jahrhunderts. In: Chirurgische Ausbildung im 18. Jahrhundert. Hrsg. Georg Harig.(= Abhandlungen zur Geschichte der Medizin und der Naturwissenschaften, 57). Husum 1990, 69–73.

Wagner, Dieter: Zur Entwicklung der Zivil-Assistentenschaft an der Berliner Medizinischen Fakultät. In: Die Medizin an der Berliner Universität und an der Charité zwischen 1810 und 1850. Hrsg. Peter Schneck und Hans-Uwe Lammel (= Abhandlungen zur Geschichte der Medizin und Naturwissenschaften, 67). Husum 1995, 222–227.

Wagner, Gustav und Andrea Mauersberger: Krebsforschung in Deutschland. Vorgeschichte und Geschichte des Deutschen Krebsforschungszentrums. Heidelberg etc. 1989.

Wagner-Jauregg, Julius: Über die Einwirkung der Malaria auf die Progressive Paralyse. Psychiatrisch-Neurologische Wochenschrift 21 (1918), 132–134 und 251–255.

Wahrig-Schmidt, Bettina: Der junge Wilhelm Griesinger im Spannungsfeld zwischen Philosophie und Physiologie: Anmerkungen zu den philosophischen Wurzeln seiner frühen Psychiatrie. Tübingen 1985.

Walther, Peter Th.: Entlassungen und Exodus: Personalpolitik an der medizinischen Fakultät und in der Charité 1933. In: Schleiermacher/Schagen 2008a, 37–50.

Warner, John Harley: The therapeutic perspective: medical practice, knowledge, and identity in America, 1820–1885. Cambridge, Mass. 1986.

Warner, John Harley: The history of science and the sciences of medicine. Osiris 10 (1995), 164–193.

Wassermann, August von et al.: Eine serodiagnostische Reaktion bei Syphilis. Deutsche Medizinische Wochenschrift 48 (1906), 745–746.

Wechselmann, Wilhelm: Über die Behandlung der Syphilis mit Dioxy-diamido-arsenobenzol. Berliner Klinische Wochenschrift 47 (1910), 1261–1270.

Wehler, Hans-Ulrich: Deutsche Gesellschaftsgeschichte Bd. 1: Vom Feudalismus des Alten Reiches bis zur defensiven Modernisierung der Reformära, 1700–1815. München 1987a.

Wehler, Hans-Ulrich: Deutsche Gesellschaftsgeschichte Bd.2: Von der Reformära bis zur industriellen und politischen 'Deutschen Doppelrevolution' 1815–1845/49. München 1987b.

Weiß, Stefan: Otto Brunner und das Ganze Haus, oder: Die zwei Arten der Wirtschaftsgeschichte. Historische Zeitschrift 273 (2001), 335–369.

Wille, Friedrich Carl: 200 Jahre „Entbindungsanstalt der Charité", zugleich ein Beitrag zur Geschichte der Geburtshilfe in Berlin. Berlin 1927.

Winau, Rolf: Medizin in Berlin. Berlin, New York 1987.

Windholz, George: Psychiatric treatment and the condition of the mentally disturbed at Berlin´s Charité in the early decades of the nineteenth century. History of Psychiatry 6 (1995), 157–176.

Wirth, Ingo; Bernhard Luther und Julius Grosser: Zur Topographie und baulichen Entwicklung der Charité. Zeitschrift für die gesamte Hygiene 31 (1985), 2–15.

Wolff, Horst-Peter und Jutta Wolff: Die Berliner Hebammen-Schule. Wiss. Zeitschrift der Humboldt-Universität zu Berlin, Math.-Nat. 36 (1987), 47–49.

Wunderlich, Gesa: Krankheits- und Therapiekonzepte am Anfang der deutschen Psychiatrie (Haindorf, Heinroth, Ideler) (= Abhandlungen zur Geschichte der Medizin und der Naturwissenschaften, 41). Husum 1981.

Wunderlich, Karl August Wunderlich: Schönlein's klinische Vorträge, redigiert von Güterbock (bis jetzt 2 Hefte). Archiv für physiologische Heilkunde 2 (1843), 290–306.

Zentralsekretariat der Sozialistischen Einheitspartei Deutschlands: Beschluss über gesundheitspolitische Richtlinien. Berlin, 31 März 1947. In: Dokumente der Sozialistischen Einheitspartei Deutschlands. Beschlüsse und Erklärungen des Zentralsekretariats und des Parteivorstandes. Bd.1. Berlin (Ost), 2. Aufl. 1951, 171–175.

Index

Namensregister

Sachregister